全球化的终结?

宗良 冯兴科 / 著

中信出版集团 | 北京

图书在版编目（CIP）数据

全球化的终结？/宗良，冯兴科著 . -- 北京：中
信出版社，2020.11
ISBN 978-7-5217-2438-7

Ⅰ.①全… Ⅱ.①宗… ②冯… Ⅲ.①中国经济—经
济发展—研究 Ⅳ.① F124

中国版本图书馆 CIP 数据核字（2020）第 220560 号

全球化的终结？

著　　者：宗良　冯兴科
出版发行：中信出版集团股份有限公司
　　　　　（北京市朝阳区惠新东街甲 4 号富盛大厦 2 座　邮编　100029）
承 印 者：中国电影出版社印刷厂

开　　本：787mm×1092mm　1/16　　印　　张：34　　字　　数：513 千字
版　　次：2020 年 11 月第 1 版　　印　　次：2020 年 11 月第 1 次印刷
书　　号：ISBN 978-7-5217-2438-7
定　　价：88.00 元

目录 /

推荐序 /　　　　　　　　　　　　　　　　VII

第一章
全球化的演进与全球化 4.0

全球化的演进与全球化 4.0　　　　　　　002
全球化理论简述　　　　　　　　　　　　013
逆全球化现象的兴起　　　　　　　　　　017
新型经济金融全球化的特征　　　　　　　023
新型全球化中的中国角色　　　　　　　　026
中国故事与经济学理论创新　　　　　　　033

第二章
"一带一路"：引领全球化新格局

"一带一路" 1.0—2.0：从理念到行动　　044
"一带一路"：顺时应势的"全球通"　　　054
"一带一路"：全球经济发展的重要动力　062
"一带一路"与全球化 4.0　　　　　　　070

第三章

"一带一路"投融资体系与国际合作

"一带一路"建设实施中的金融需求分析 082

"一带一路"建设实施中的金融机制和体系 104

推动"一带一路"金融创新与国际金融合作 108

人民币国际化与"一带一路"建设实施中的良性互动 114

第四章

新兴市场金融风险与国际经贸规则重构

美联储利息变动意图、路径和前景研判 128

美联储利率政策调整背景下新兴市场金融动荡 140

新兴市场金融动荡发生的原因与逻辑机理 152

新兴市场金融风险识别框架及情景分析 163

重构国际贸易金融新秩序 175

第五章

新冠肺炎疫情下的经济金融全球化进程

新冠肺炎疫情对全球经济金融的影响 186

新冠肺炎疫情推动全球进入负利率时代 203

新冠肺炎疫情下全球化的终结？ 214

后新冠肺炎疫情时代的全球化之路 221

新冠肺炎疫情下中国经济高质量发展的路径选择 228

人民币资产在全球资产配置中的现状和前景 235

全球资产配置策略分析 246

第六章

中国银行业全球经营策略

中国银行业境外发展的主要进展 256

与国际先进同业的比较 266

中国银行业境外发展的战略选择 271

中国银行业境外发展的政策建议 282

加快形成中国银行业对外开放新格局 287

第七章

中国金融市场开放

中国金融市场开放的发展历程与现状 298

金融市场开放的中国经验 311

新型全球化下的金融开放 322

中国资本市场开放的机遇与挑战 327

第八章

人民币迈向主要国际货币

货币国际化的历史演进和理论脉络 338

国际储备货币多元化及人民币国际债券发展前景 341

人民币迈向重要国际货币的进展与前景 355

"一带一路"倡议的实施与人民币地位的提升 364

人民币走向重要国际货币的思路与对策 378

第九章

外汇储备管理与运用：从储备过剩到"藏汇于民"

外汇储备管理与运用相关文献综述 388

日本"藏汇于民"的经验与借鉴 394

德国"藏汇于民"的经验与借鉴 402

新加坡"藏汇于民"的经验与借鉴 407

中国台湾"藏汇于民"的经验与借鉴 412

"藏汇于民"国际经验的总结及启示 415

提高外汇储备运用效益的策略与政策选择 421

全球黄金储备的变动特征与独特作用 434

第十章

金融全球化的新动力

金融科技的全球应用 440

数字贸易的快速发展 448

数字货币的兴起 457

绿色金融的发展及国际合作 465

全球支付体系的变革前景 474

第十一章

国际金融中心的未来

国际金融中心演变的历程和基本特征　　　483

伦敦国际金融中心　　　495

纽约国际金融中心　　　497

法兰克福国际金融中心　　　500

东京国际金融中心　　　503

国际金融中心的未来　　　506

参考文献 /　　　513

后　记 /　　　525

推荐序 /

朱光耀

中国财政部原副部长，国务院参事，

世界金融论坛、金砖智库首席顾问

全球化让世界变成了一个人们可以频繁往来的地球村。在过去的几百年里，全球化在发展中有前行，也有曲折，但基本保持了不断深化的大方向，为全球的经济、金融稳定与发展发挥了重要作用。二战以来建立的世界经济秩序已经持续了几十年，为世界带来了相对和平与稳定的局面，但如今已到了一个十分重要的关口：是继续向前，还是开逆全球化倒车？这已成为一个难以回避的问题。2019 年底暴发的新型冠状病毒肺炎疫情（以下简称"新冠肺炎疫情"）一方面加剧了某些"逆全球化"的动向，另一方面也让世界看到了全球化发展的新动力。此时，若理性地极目远眺，可以发现全球化 4.0 就在前方，它必将坚定并更好地回应当今世界变革的现实和需求。我们只有一个地球，我们有责任让它变得更加富裕和美好。中国提出的"一带一路"倡议不仅是一个重要倡议，而且蕴含了丰富的哲学理念，能够为全球化 4.0 树立光辉典范，目前越来越多的国家都已参与其中。"一带一路"正在打造更加富有远见的国际合作理念，并通过推动基础设施建设和互联互通，催生一系列永载史册的、造福人类的工程，不断促进社会进步、经济发展和世界繁荣，向着人类命运共同的方向迈进。

全球化进程只会向前，不可逆转

从 15 世纪末起，以新航路开通和地理大发现为开端的经济全球化到现在已有 500 多年历史，其大体经历了三个阶段：第一阶段（全球化 1.0）是西方资本主义列强开拓殖民统治的时期，第二阶段（全球化 2.0）是东西方两个阵营相互对立的时期，第三阶段（全球化 3.0）是一些西方大国力量相对削弱、新兴经济体发展壮大的时期。在 20 世纪后半期的第三阶段中，得益于信息技术革命的快速发展和价值链理论的广泛传播，经济全球化取得了爆发式发展。这主要表现为贸易的全球化、生产的全球化、金融的全球化以及劳务的全球化，这几股力量交织在一起，相互作用、相互影响，将世界各国紧密联系在一起，极大地促进了全球的经济与金融发展。

2008 年国际金融危机后，全球化趋势放缓，甚至出现逆全球化现象。美国、欧洲各国等发达国家内部的"逆全球化"势力凸显，尤其是特朗普就任美国总统后实行"美国优先"策略，先后退出跨太平洋伙伴关系协定、巴黎气候协定等。跨境人口流动出现明显障碍，以难民为主体的国际迁徙人口攀升，欧盟内部出现了明显的反移民浪潮。英国已经启动了"脱欧"进程。国际贸易与跨境投资不确定性增加，2018 年全球货物和服务贸易增速 3%，全球外商直接投资（FDI）总量下降 10% 左右。根据国际货币基金组织于 2020 年 4 月 14 日发布的《世界经济展望报告》，2020 年全球 GDP（国内生产总值）增速预期由 3.3% 降至 -3%，美国 GDP 增速由 2.0% 下降至 -5.9%。新冠肺炎疫情可能会给全球人口流动和产业链带来更大冲击，某些逆全球化的表现会更加突出。尽管当前全球化进程面临较大挑战，但其基本趋势不会改变。当今世界已经进入互联网时代，信息技术全面融入传统经济的各个领域，改变着传统的生产和生活方式。从国家层面看，无论是新兴经济体还是发达经济体，都与国际经济保持着千丝万缕的联系；从地区层面看，各大洲之间都离不开国际大市场的互联互通；从产业层面看，无论是传统产业还是新兴业态，无论是"互联网 +"还是"工业 4.0"，都离不开全球产业网络；从行业层面看，无论是贸易还是投资，都需要利用国际金融大平台。科技进步、信息技术发展已使经济全球化变得不可逆转，这是任何组织、国家和个人都无法阻止的。全球化是有益于人类社会进步与发展的必然选择。新冠肺炎疫情更是告诉人们，只有通力合作，才能更好地应对人类共同的灾难。

全球化 4.0 是新型全球化的核心动力

全球化 4.0 是第四次工业革命时代的新型全球架构体系。第四次工业革命是基于以人工智能、清洁能源、机器人、量子信息技术、虚拟现实及生物技术为主的全新技术，将在未来几十年影响众多行业的产业革命。它将推动全球化迈向新阶段，为此全球需要合作与包容、共同面对，单枪匹马将无法解决诸多全球性问题。

未来，传统的全球化道路难以行进，实施保护主义又不可行，唯有走新型全球化之路。在平等合作基础上，各国应互相开放市场，允许商品、要素和劳务自由地跨境流动，遵循平衡普惠的发展模式，确保在新型全球化所带来的技术进步、资源流动以及机遇分享中都能实现共赢，反对贸易保护主义。在全球经济增长乏力的背景下，创新将是新型全球化的主要驱动力，主要大国是推动科学技术创新发展的主要力量，新的技术革命需要全球的分工协作。未来的全球治理模式将超越地域分歧、意识形态分歧与货币分歧，充分考虑不同国家、不同人群的需求差异，在助力经济长期增长的同时，更加注重发展成果的公平分配，及时兑现发展红利，将原有的全球利益共同体凝聚为人类命运共同体。

"一带一路"引领全球化新格局

"一带一路"倡议的实施效益正逐步成为全球共识。历史上，一些典型的基础设施造福了人类，如巴拿马运河、英吉利海峡隧道等，"一带一路"倡议必将催生一批永载史册的、造福人类的工程。"一带一路"建设将产生日益增长的多元化金融服务需求。金融业只有紧跟国家战略、顺势而为，才能把握发展壮大的机遇，与实体经济实现共赢。"一带一路"给中国金融业提供了千载难逢的机遇，金融机构应开拓创新，积极开展国际金融合作，在推动"一带一路"建设高质量发展的同时，引领新型金融全球化潮流。具体可从以下方面着手。

一是重构商业银行全球网络，重点支持"一带一路"倡议布局。坚持金融服务"一带一路"国际经济合作走廊和运输大通道建设的基本原则，全力以赴加大对南亚、中亚、中东欧、西亚和北非等"一带一路"沿线重要地区的机构布局，密切跟进双边和多边合作机制推动进程；增加"一带一路"沿线重点区域的网点数量，在欧洲、亚太等发达地区布局较为成熟的银行，充分发挥业务辐射能力。

二是抓住发展机遇，重点支持"一带一路"合作项目。以交通基础设施、能源设施和国际通信互联互通为核心，重点支持核电、轨道交通等具有自主知识产权和较高技术水平的装备制造业"走出去"，支持农业、轻工业等民生消费产业到劳动力和农业资源丰富、合作前景广阔的沿线国家投资，支持能源、资源"引进来"，服务国家发展的能源需求。针对"一带一路"重点项目外包、投资、运营的建设要求，加大出口买方信贷、银团贷款、结构化融资、并购贷款的融资支持。

三是勇于担当社会责任，重点支持"一带一路"金融服务需求。为"一带一路"客户提供商业银行、投资银行、保险、股权投资、基金、航空租赁等多元化、一体化的金融产品及服务。积极推动境内外资产证券化及境外债券、股票发行承销，支持中资企业国际化、多元化筹资，帮助企业拓宽融资渠道、降低融资成本。持续提升银行在纽约、伦敦、法兰克福等国际金融中心的资金运作能力，调动全球资金支持"一带一路"发展。

四是加快推动人民币国际化进程，构建"一带一路"的金融支撑。大力推动已签署货币互换协议的国外央行、外汇交易所和清算行等机构的人民币资金运作。积极推动人民币在"走出去"重大项目中的运用，提升在经常项目和资本项目项下的人民币运营和投资需求。优化人民币结算账户、人民币账户透支、人民币贸易融资、人民币现钞调运等服务，改善人民币国际化运作环境。

五是加强全球风险管控，为实现"一带一路"愿景保驾护航。加强对"一带一路"沿线国家的业务风险、监管风险等的深入研究和分析。充分利用中国出口信用保险公司、世界银行多边投资担保机构以及其他国际组织的担保增信工具，缓释和化解"一带一路"沿线部分国家较高的国别风险。积极推动设立跨境担保机构，为重点项目和重点企业实施增信。做好跨境联动业务合规审查，防止境内外合规风险交叉传导，强化对反洗钱行为的检查和管理。

新型全球化呼唤中国金融全球化

金融全球化要求重塑国际货币体系，纳入更多具有一定影响力的新兴经济体货币，充实国际货币体系的动态经济基础，实现全球经济金融再平衡。"一带一路"建设将构建中国与发达国家和发展中国家协同开放的新格局，既着眼于国内经济的高质量发展，又着眼于国际产能合作，有利于促进沿线国家的贸易往来与经济增长。亚洲基础设施投资银行（以下简称亚投行）作为区域性国际金融机构，为基础设施建设提供全方位、多元化的金融支持，强化了国际产能合作力度，有利于提高中国在亚太区域的经济整合能力与制度性话语权。中国经济金融进一步全球化需要构建开放型经济新体制，加快培育在国际经济金融体系中的新优势。

第一，积极参与制定国际经贸金融规则。推进国际货币基金组织治理机制和份额改革，提升新兴市场和发展中国家的话语权。加快区域全面经济伙伴关系协定、中欧双边投资协定和中日韩的相关谈判，争取尽快完成协议。同时紧密跟踪国际主要区域谈判进展与动向，全面掌握新一轮国际贸易与投资技术和标准，积极推进世界贸易组织的改革。

第二，以全球化视角配置资源和产能。大力推进国际产能合作，以"一带一路"建设为先导，构建海外产业园区集群，参与跨境或区域战略性项目，以共赢方式在全球范围内实现产能重新配置和转移。尽快梳理和调整对外投资政策，减少一般性投资项目的审批和限制，鼓励各类企业特别是民营企业进行全球化生产和投资。

第三，创造性发挥外汇储备的作用。探索多渠道运用外汇储备，创新委托贷款运用和股权投资模式，创立支持企业"走出去"的担保基金，提高外汇储备使用收益。

第四，打造人民币海内外循环圈。以海外工业园区和通信、高铁等大项目融资为支点，在对外投资、对外援助中扩大人民币使用，增强人民币计价、结算及支付的产业渗透度，多渠道扩大海外人民币"资金池"。

第五，提升中资金融机构的全球服务能力。中资金融机构应充分发挥资金、信息、风险管理等优势，做好内保外贷、贸易融资、现金管理等传统产品，打造"贷款换资源""工程＋金融""投行＋商行"等特色业务。

全球化的未来

当前，贸易保护主义和单边主义在个别发达国家有愈演愈烈之势，全球经济治理也受到较大影响。全球化在相应时期推动了人类文明的发展进步，但是随着全球化的进一步发展，它也带来了一些问题，诸如全球贫富差距拉大、失业现象严重，逆全球化现象开始逐渐显现。在第四次工业革命的前夜，作为代表未来新趋势的全球化 4.0 无疑为我们解决当前问题提供了新的机遇。它突出的数据化和共享性为我们创建更公平、公正的世界提供了基础条件。

首先，我们需要革新全球治理体系。全球化 4.0 的进程已经开始，但与之匹配的全球治理体系尚未形成。过去的治理体系已与现实有一定脱节，因此我们要革新治理体系，以新的智慧提升全球化的新阶段，以适应全球化 4.0 对全球治理提出的新要求。

其次，我们要继续推动自由贸易和投资，尤其是支持数字贸易经济的发展。全球 4.0 依赖智能数字推动，但这仍需要全球贸易作为载体推动全球互联互通。因此，类似服务数字贸易的机构和组织就应该被创立，以便达成维护数字贸易的协议。

最后，我们要鼓励更多国家和组织参与全球体系设计。全球化 4.0 时代，原来国家间物理层面的巨大差距被拉平，互联网提供的虚拟空间为各国平等参与全球治理提供了前提。因此新的全球治理体系能够更多听取多方意见，做到更加公平、公正。

全球化 4.0 开启一个新的时代，人类命运共同体是重要体现，为此需要全球的共同努力。全球化 4.0 作为一个全新的时代没有现成的实施经验，只有各个主体不断探索才能找到最为合理和有效的方案。智库、高校、协会等非政府组织可以发挥重要作用。创新是引领未来发展的主旋律，也是引领未来发展的重要途径。

第一章

全球化的演进与全球化 4.0

全球化是指货物、服务、人口、资金、技术、思想等各类要素和产品的跨国（区域）流动的动态过程。人类有文明史以来，便存在不同程度的跨国人口流动和经贸往来。地中海很早就成为亚非欧的贸易摇篮，中国在汉代即开辟了中国与西域的丝绸之路。从欧洲文艺复兴到地理大发现，从蒸汽革命、电气革命、电子革命到互联网革命的四次工业革命浪潮，经济全球化始终呈渐进发展之势。

二战以来，和平、稳定和发展成为时代潮流，全球政治、经济、技术、人口、教育等的发展为全球化提供了有利的外部环境，以跨国公司为主导的全球资本流动，强力驱动了全球产业进一步精细分工，并由此带动新兴市场加快融入经济全球化浪潮。战后全球制造业中心明显经历了美国、德国和日本、"亚洲四小龙"、中国大陆的顺次转移。伴随全球化的快速发展，全球价值链的形成和演化也更趋复杂，使得各经济体的贸易竞争力更多体现为在全球价值链中的相对位置和利润份额，国际贸易版图已非简单的出口和进口的地理关系，而是更加复杂的产业链、供应链、价值链的产业竞合关系。2008 年国际金融危机爆发之后，全球经济步入艰难恢复期。货币流动性的宽松政策始终未能重振经济动力，反而进一步加剧了贫富分化的鸿沟。全球化的利益在不同阶层的分化和固化，催化了民族主义、民粹主义和贸易保护主义的抬头，全球化发展面临史无前例的挑战，最终带来人们对全球化利弊的深刻反思。

全球化的演进与全球化 4.0

经济全球化由来已久，自 15 世纪地理大发现以来，已有超过 500 年的历史。纵观全球化的历史进程，全球化通常是以技术突破及其带来的劳动生产率优势为依托，快速形成经济和军事上的强大力量以及相应的中心消费市场，进而加速推进经济全球化进程。

全球化的演进过程

自 19 世纪开始，经济全球化开启快速发展步伐，至一战前夕有极大发展。1929 年经济大萧条之后，各国均纷纷提高关税，全球贸易发展势头受到抑制。二战期间国际贸易因受到中断而步入谷底，二战之后国际环境迎来极大改善，和平稳定与经济发展成为各国的政策首选，政策成本极大降低。战后一系列技术进步及军用技术民用，促使生产和贸易效率极大提高，特别是互联网信息革命出现之后，全球经济分化更趋精细，越来越多的新兴经济体加速融入全球经济价值链中，从而产生了资源型国家、生产加工型国家、贸易服务型国家、技术和消费型国家等不同特征的经济实体。国际分工提升了效率，也提高了贸易强度，更进一步扩展了贸易的内涵（见表 1.1）。2008 年国际金融危机打断了经济全球化的高歌猛进之势，以美国为首的发达经济体的过度消费模式难以为继，全球经济由此前的"大缓和"切换为"新平庸"，国际贸易增速持续低于全球经济增速，经济全球化浪潮有所放缓（见图 1.1）。

表 1.1　贸易类型及其要素特征

	资源	劳动密集型	资本密集型	知识密集型
货物	初级生产产品	初级消费产品	现代工业制造	现代工业研发
服务	－	低端服务业	现代金融服务业	现代高端服务业

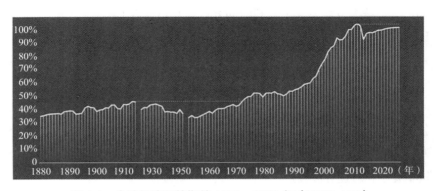

图 1.1　全球经济开放指数 1880—2020 年（2008=100）

资料来源：维基百科

人类历史证明，亚当·斯密对全球化下世界格局终将达到"势均力敌"态势的判断是极富远见的。科技的进步和普及、人口结构的变化正潜移默化地改变着当前的世界格局。未来任何国家或地区都难以在经济、技术和人口方面占据绝对主导地位。

从微观上看，经济学家约翰·邓宁（1974）提供了一个研究跨国公司的分析框架：一是技术所有权；二是地理位置，如果贸易壁垒过高，地理位置就成为跨国公司决定是否到海外设厂时一项极其重要的影响因素；三是内在化，要占领受到保护的市场，最好的办法是在这个国家生产，而不是向这个国家出口。跨国公司可以用更低的成本生产产品，通过技术转移、动员不同地点稀缺的生产资源，从而提高生产模式的效率。微观行为决定了宏观表现，表现具体如下。

一是货物价值链的贸易强度有所放缓。贸易强度由 2007 年的 28.1% 下降至 2017 年的 22.5%。贸易量增长放缓，1990—2007 年货物贸易增速是 GDP 增速的 2 倍，而 2011—2017 年货物贸易增速仅为 GDP 增速的 1.1 倍。

二是服务贸易在全球价值链当中的作用日益提升。近年来，全球服务贸易总量增速较快，高于全球货物贸易增速。但世界贸易组织发布的 2020 年第一季度《全球服务贸易晴雨表》报告指出，新冠肺炎疫情冲击了全球经济，全球服务贸易增长减弱。

三是基于劳动力成本套利的部分行业开始显著下降。现在基于这一比例的意愿仅为 18% 左右。而生产基地的选择更多会考虑技术型劳动力、自然资源、消费市场和基础设施质量。劳动密集型的制造业由 2005 年的 55% 下降至 2017 年的 43%。

四是全球价值链的知识密度日益增加。研发、品牌、软件、知识版权的营收越来越多。总体上，这一占比已经由 2000 年的 5.4% 上升至 2016 年的 13.1%。同时，价值链更加区域化，主要发达国家在全球价值链中处于相对优势位置。

亚当·斯密指出，全球化能够提高全球福祉，"通过某种方式将世界上距离遥远的各地连接在一起，通过使它们相互满足各自的需求，全球化可以提升不同地区的幸福指数，同时促使各地相关产业的发展"。亚当·斯密还指出，在哥伦布和达伽马航行后所引发的第一波全球化浪潮中，欧洲人在美洲和亚洲地区对当地人民实施奴役或政治压迫，却仍可以凭借"武力优势"而"逍遥法外"，这导致当地人民深受其害。

然而，亚当·斯密也预见到，在未来的时代，美洲和亚洲"会变得更加强大，或者欧洲会日渐衰落"，从而达到一种"势均力敌"的状态，而这种状态将带来"对彼此权益的相互尊重"。斯密认为，国际贸易和"信息知识的相互交流"将推动这种均衡状态的早日实现。

世界范围的商品和要素流动是英国工业革命扩张的条件，而运输成本的降低则是商品和要素市场流动的先决条件，技术进步则是生产和运输成本下降的终极源泉。人类文明过去 200 年之中所发生的四次工业革命，无疑为工业生产和国际贸易大幅降低了各种成本，从根本上推动了经济全球化的蓬勃发展。

首先是运输成本的下降。相对于商品价值而言，运输成本下降之后，更多的商品就有可能变成贸易品。一战前的运输成本大幅下降，蒸汽动力、煤炭和钢结构货轮的成本大幅下行，在 1840—1895 年以煤、铁和铁路建设为代表，催化了第一波全球化浪潮。大西洋是英国工业革命向美国转移的最主要阻力，运输费用高昂成为 19 世纪资源丰富但劳动力稀缺的美国经济起飞的重要阻碍。而随着航运和铁路技术发展，运输费用大为下降，加上战争因素带来了新移民，为美国提供了高素质劳动力。二战后航空、电信等物流和信息流的大规模普及和应用，更是加速了全球化浪潮。航运方面，1820—1860 年，运输费用的降低缩短了各大洲之间的距离。苏伊士运河极大地缩短了欧亚之间的通航距离，巴拿马运河的开通缩短了南美洲与欧洲之间的经济距离。铁路方面，19—20 世纪的铁路建设浪潮在全球扩张。空运方面，二战之后的民用航空极大发展。

其次是通信成本的下降。20 世纪 90 年代以来，越来越多的商业服务可以贸易，生产外包更加普遍了。麦肯锡研究显示，发达经济体的服务贸易持续扩张而货物贸易持续收缩，其背后主要是相对贸易优势发生结构性变化所致。发达经济体拥有更多的高技能和知识密集型人力资本，加上全球产业链分化日益精化，通信成本微乎其微，从而使得发达经济体可以通过出口知识型服务获得相对优势。比如，美国在计算机研发、通信和软件服务、金融服务等知识密集型行业享有强大的出口优势。由于通信技术的低成本普及性使用，实时通信技术打破了过去的集成化生产模式，通信成本的极大降低使得企业能够实时掌控全球资源的状态，进而极大地促进了全球的精细化分工，每个国家都专注于某一细分领域的特有技术。当前 2/3 的全球贸易是中间投入品贸易，终端产品贸易只占 1/3。

斯密的预测已经被事实印证。我们这一代人见证了历史趋势的峰回路转，欧洲以及随后的美国在享受了几百年的全球主导地位之后，现今正在受到日益崛起的亚洲、非洲、中东以及南美洲的力量制衡。在过去的大约 100 年里，美国的外交政策是建立在北大西洋地区（西欧和美国）引领全球经济这一前提之上。然而，这种由北大西洋经济体引领的全球化正在走向终结。我们目前看到的存在于世界很多地区的紧张局势正是这种旧秩序逐渐消亡的较好例证。

在哥伦布和达伽马时代的世界，据经济史学家安格斯·麦迪森的估算，1500 年，全世界（除大洋洲）4.4 亿人口的区域分布情况大致为：亚洲占 65%，非洲占 11%，欧洲占 20%，美洲占 4%。全世界（除大洋洲）经济产出的区域分布情况则为：亚洲占 65%，非洲占 8%，欧洲占 24%，美洲占 3%。当时的世界很贫穷，各区域都处于乡村状态，实力强大的农业帝国则位于东南亚。

尽管在哥伦布发现新大陆之后兴起的商业往来让欧洲在亚洲有了立足之地，同时还让欧洲人征服了美洲大陆，但真正创建欧洲时代的因素是那场由蒸汽机的发明、工业钢铁的生产、科学种田以及纺织机械化所引发的英国工业革命。到 1900 年，无论是世界政治还是世界经济，都在很大程度上为欧洲所掌控。亚洲仍然是世界人口中心，却不再是世界经济中心。

1900 年，全世界约 16 亿人口的区域分布情况为：亚洲占 56%，欧洲占 27%，非洲占 7%，美洲占 9%。根据麦迪森的估算，全世界经济产出的区域分布情况则为：亚洲占 28%，欧洲占 47%，非洲占 3%，美洲占 20%。其中，美洲的产出绝大部分来自美国经济，亚洲的经济占比显著下降，欧洲的经济占比则飞速上升。如果我们将目光聚焦在西欧、美国和加拿大（北大西洋经济体）上面，1900 年，上述三者的经济产出之和占世界总产出的 51%，这一数字令人瞩目。显然，亚洲引领世界经济的方向因工业革命的爆发而被完全掉转。到 1900 年，世界被牢牢掌控在北大西洋经济强国的手中。特别是英国，处于权力之巅，正因如此，那个时代也常常被称为"大不列颠治下的和平"。然而，这种全球和平并不像欧洲人自己预想的那样普遍存在，原因在于欧洲人在非洲和亚洲发起战争、掠夺土地，并抑制由当地人发起的旨在反抗欧洲人统治的暴力叛乱（欧洲人称之为"恐怖主义"）。

工业革命前的经济全球化

　　工业革命之前，受制于货物流和信息流的高昂成本，全球化主要是以最终消费品的跨区域贸易为主。早期的荷兰和英国东印度公司主要是将亚洲特有的香料、丝绸、茶叶运往欧洲中心消费市场，贸易的巨额利润主要源于航运的巨大风险补偿。正是由于贸易的巨大风险和高昂成本，这些货物只能供西方上流社会专享，而普通百姓则难以直接分享国际贸易的好处。尽管如此，国际贸易仍然促进了东西方文明交流，也促进了航运、贸易、金融、算术、天文、地理等新型知识的积累和扩散，由此也加速孕育了现代文明。

19 世纪英国主导的经济全球化

　　1500 年，亚洲是全球中心，人口和经济均占世界总量的 65%。以航海技术的突破和文艺复兴的思想突破为基础，哥伦布发现新大陆，达伽马绕过好望角抵达东印度群岛，掀起了第一波全球化浪潮，也揭开了欧洲兴盛的序幕。英国工业革命更是将亚洲引领世界经济方向的局面彻底扭转。

　　英国的工业革命极大地提升了社会生产力水平，改变了人们的生产生活方式。工业革命的成果使英国在经济上和军事上都成为 19 世纪世界上最强的国家，也成为 19 世纪经济全球化的主导者。工业革命带来的生产力提升使英国急需打开海外市场，在全球范围内主张自由贸易。遇到市场封闭的国家，它就通过"枪炮＋鸦片"的方式打开市场，因此在推动国际贸易的发展中常伴随着海外扩张和殖民。19 世纪英国主导的经济全球化缺乏统一的贸易规则来约束各方行为，更谈不上包容新兴经济体的利益，当经济萧条时，各国采取保护主义政策，导致了英国所主导的全球化的衰落。

20 世纪美国主导的经济全球化

1900 年，欧洲成为全球的主导，经济占世界总量的 47%。此时，深受欧洲殖民掠夺之苦的亚洲、非洲和美洲却停止了发展的脚步。然而，随后爆发的两场世界大战和一场经济大萧条将欧洲拖入深渊。

19 世纪末，全球的经济格局出现变动，经济轴心开始从欧洲向美国转移。1872 年，美国超过英国成为世界上经济总量最大的国家，到 1901 年，美国的人均 GDP 水平首次超过英国。二战后，世界政治和经济秩序需要重建，美国作为当时经济实力和军事实力最强大的国家，为主导世界政治和经济秩序的重建提供了坚实的物质基础。可以说，20 世纪以来的经济全球化，是美国通过将世界分成资源提供国、生产和商品输出国、消费和标准制定国三个层级，制定在全球范围内适用的贸易、投资、金融等规则，并建立以美元为中心的国际货币金融体系的方式所主导的全球化。应该说，这种全球化在推动全球经济发展和金融稳定方面发挥了重大作用，在今天仍发挥着比较大的作用。

1950 年，全球主导地位转移至崛起的美国，其经济超越西欧，占世界总量的 27%。冷战结束后，单极世界的建立更进一步增强了美国称霸世界的雄心。如今，美国的主导地位开始受日益崛起的亚洲、非洲及中东地区制衡。在全球化的进程中，一些地区在结束了数百年被殖民统治的历史后，开启了追赶式发展，"追赶者"同"领头羊"的差距不断缩小。"美国世纪"的到来有其深刻的历史背景。

1914—1945 年，欧洲几乎是经历了政治自杀：两次世界大战和一场经济大萧条。到 1950 年，北大西洋的领导地位已经从被战争拖垮的英国转移至美国。为躲避希特勒的屠杀，大批难民涌入美国，并将欧洲在希特勒统治前的先进科技也带入了美国。以 1950 年为例，美国经济占世界经济的比重约为 27%，西欧约占 26%，苏联占 9%，中国占 5%。

1942 年，《时代周刊》编辑亨利·露丝宣称美国世纪到来。美国人很快接受了这种观念。它符合长期以来美国对其自身的描述：美国是一个杰出的国家，是一个由上帝创造出来的终结旧世界背信弃义的国家，是一个承载着（通过种族清洗和对原住民的种族屠杀）将北美大陆以及随后整个世界带入文明时代的使命的国家，是"全人类最后的伟大希望之所在"。

1945—1991 年，美国外交政策的构建背景是冷战。尽管美国在经济领域称霸世界，但由苏联引领的共产主义同盟国家在意识形态以及地缘政治领域对美国构成了威胁。尽管"遏制"苏联成为当时被广泛接受的一种教条观念，但美国"主流派"与"现实派"之间的矛盾分歧日渐凸显。前者认为，通过采取遏制手段将逐渐成就一个伟大恢宏的理念，即美国将引领全世界；后者则更多地视采取遏制手段为一种传统的力量制衡措施。

有趣并值得关注的是，最早提出采取遏制手段的乔治·柯南对"主流派"的观点却嗤之以鼻，他认为这是一种非常危险的傲慢情绪，那种美国会统领世界的断言是虚幻且无法实现的。除了上述两种观点外，还有被称为"合作派"的第三类观点。持这类观点的人认为冷战本身并不是必须存在的，或者至少认为其必要性被过分夸大了。美国和苏联完全可以通过直接合作来避免冲突和对抗。

大体来说，二战的结束标志着欧洲帝国在非洲和亚洲统治的终结，当然这一去殖民化的进程跨越了数十年，且其间充满了暴力。美国经常将"去殖民化"误视为冷战本身，正因如此，美国主动承接了针对那些反殖民主义力量的斗争。其中，最值得一提也最具有破坏力的当属越南战争。1955 年法国撤出越南，在随后 20 年中，美国为阻止越南统一而对其发动了战争，最终以失败而告终。同样，美国试图插足于去殖民地化后的中东地区，一方面旨在将苏联的势力彻底清除，另一方面则旨在将埃克森美孚和雪佛龙石油公司留在中东。

欧洲帝国的消失使得新独立的非洲和亚洲国家有了新的投资机会，特别是在教育、公共卫生和基础设施方面。至少其中有些国家非常好地利用了这个机会。中国的苏醒始于1949年中华人民共和国的成立。在过去200年里日渐强盛的欧洲霸主地位开始逐渐让位于一种"追赶过程"。其间，一些过去的殖民地国家开始采用现代技术，传播知识文化，采取疾病防控，并通过融入全球生产体系而实现了超越北大西洋经济体的发展速度，其中最成功的案例存在于亚洲。北大西洋"领头羊"国家与发展中国家"追随者"之间的差距终于开始缩小。

最成功的案例确实当属亚洲。首先是日本，从二战中快速恢复后，日本逐渐成为工业强国。其次是"亚洲四小龙"，即中国香港、新加坡、中国台湾和韩国。然后就是中国大陆。1978年，中国开启改革开放。20世纪80年代，亚洲的案例激发东欧和苏联国家开始效仿开启市场改革，米哈伊尔·戈尔巴乔夫的上台使得这一改革成为可能。而这种改革的最初结果更多体现在政治层面而非经济层面上。1989年，东欧国家和平脱离苏联；1991年底，苏联解体为15个共和国。

1992年，美国"主流派"环顾世界，认为其美国将雄霸世界的断言得到了现实的印证。美国的劲敌消失了，曾经的美苏两极权力结构被单极世界取代。"主流派"曾经预言的"历史终结"近在咫尺。然而，那些"主流派"却忽视了另一个重要的事实，那就是1992年对中国而言意味着其加速增长的拐点。1992年，美国经济产出占世界经济总量的20%，中国只占5%。在经历了20多年的加速增长后，2018年中国的经济总量达13.6万亿美元，在世界经济中的占比已经达到美国的60%以上。

与此同时，支撑新一代全球经济增长的信息技术浪潮正在世界各地迅速兴起，科技革命为全世界创造着更多的财富。中国现在是世界上最大的互联网用户，世界各地的宽带使用数量也是突飞猛进。人口的变化趋势同样助推了世界经济重心向亚洲和非洲转移。相关数据显示：1950

年，美国、加拿大和欧洲地区的人口数量占世界人口总数的 29%；2015年，这一数字下降到 15%；到 2050 年，这一比重会继续下降，可能会降至 12%（基于联合国的预测）。相反，1950 年，非洲的人口数量占世界人口总数的 9%；2015 年，这一比重上升为 15%；到 2050 年，这一比重将可能上升为 25%。2050 年，美国人口数量占世界人口总数的比重将不会发生太大变化，仍维持在目前 4% 左右的水平。

世界已经发生了根本性改变，美国需要重新审视其外交政策。亚洲、非洲呈现加速发展趋势，信息技术革命正在全球范围内风起云涌，全球人口格局也发生着重大变化，北大西洋的主导地位或许正在成为渐行渐远的世界历史。虽然现在的美国依然强大和富裕，但其主导地位相对趋于下降。

我们抑或不会步入中国世纪、印度世纪，或由任何一个国家主导的世纪，我们将要步入的是世界世纪。科学技术的迅速普及和民族国家的独立主权意味着任何一个国家或地区都无法在经济、技术或人口等方面主导全世界。此外，随着世界人口增速放缓和人口老龄化的到来，老年人口将越来越多。1950 年，中国人口的中位年龄（在这个年龄以上的人数和以下的人数相等）是 24 岁，2015 年则上升至 37 岁，到 2050 年预计将进一步上升至 50 岁。美国人也不再年轻：到 21 世纪中叶，美国人口的中位年龄将为 42 岁。历史经验表明，当人口总数中青年人的占比突出时，矛盾冲突将处于频发状态。而目前中国的总人口中老年人的占比将会越来越高。

我们这个时代所面临的外交政策的最大挑战在于，在众多相互竞争且科技水平发达的地区之间开展合作，最为迫切的任务在于应对我们共同面对的环境问题以及健康危机。我们应该超越过往的大帝国、殖民化以及冷战时代，实现很早前就已被亚当·斯密预见到的"勇气与力量的均等"，应该欣然踏入可持续发展的时代。所有国家特别是大国都应坚持类似这样的重要目标：通过合作来共同保护环境，彻底消除极端贫困，以及坚决防止因固守于某地或某国必须占据主导地位的陈旧思想而导致的无谓暴力冲突的发生。

全球化 4.0

2019 年 1 月，世界经济论坛年会在瑞士达沃斯举行，年会主题为"全球化 4.0：打造第四次工业革命时代的全球结构"。2018 年 11 月，世界经济论坛创始人克劳斯·施瓦布在宣布 2019 年世界经济论坛年会主题时表示，全球化 4.0 时代到来。全球化 4.0 的概念与第四次工业革命的概念相伴而生。第四次工业革命带来的挑战与全球治理的许多问题同时发生、错综交织，全球化面临重新调整和再平衡，这就是全球化 4.0。它将推动全球化迈向新阶段，为此全球需要合作与包容，共同面对，单枪匹马将无法解决这些全球性问题。

相较于全球化 4.0，第四次工业革命更深入人心。第四次工业革命是基于以人工智能、清洁能源、机器人技术、量子信息技术、虚拟现实以及生物技术为主的全新技术，将在未来几十年影响众多行业的产业革命。它将推动全球化迈向新阶段，同时也有可能带来失业、不均衡发展加速等一系列问题和挑战。

在第四次工业革命浪潮之下，技术进步带来了行业重组和经济活力。有关预计显示，到 2025 年，第四次工业革命将创造 3.7 万亿美元的经济价值，数字化对经济增长的贡献将超过商品贸易，企业全球化的成本将降低。而反观当前世界，经济金融新旧风险叠加，地缘政治博弈加剧，多边主义与全球治理遭遇逆转危机，世界经济不确定性加大，旧有全球治理体系仍在加剧经济不平等，技术进步不同步也间接造成了国与国之间更为激烈的矛盾和冲突。

面对日益复杂严峻的风险与挑战，世界期待各国携手并肩，共同创建开放、包容、共赢的创新与合作之路。在一个日益互联的世界中，只有各国更加包容地发展，建立起新的规则和制度框架，才能让成千上万掉队的人重新追赶上来，减轻发展不平衡、经济不平等所带来的内部动荡和外部冲突。在探索协同合作新观念的同时，力求把握住第四次工业革命的脉搏，激荡出改善世界现状的新思路。

在全球化 4.0 时代，数字技术的发展在实现国际工资差异套利的同时，避免了劳动者的实际流动。以往的全球化主要是"物的全球化"，从全球化 1.0 时代至 3.0 时代主要影响的是制造业从业者，而全球化 4.0 时代将会使服务业从业者受到更大的影响，服务行业的许多工作者有可能被人工智能技术取代。如果服务业从业者与在全球化 3.0 时代受到影响的制造业从业者联合起来，就有可能造成"全球化机器人剧变"。因此，我们要做好充分准备，迎接全球化 4.0 时代的到来。

全球化 4.0 时代，技术使得世界更加迫切地需要全面合作。因此，人类命运共同体更加深入人心，并成为未来全球努力的方向。在这当中，全球治理体系迫切需要变革，要更加尊重新兴经济体的权利，并通过各国合作共同管控数据安全。中国将在全球化进程中发挥更为重要的作用。

全球化理论简述

全球化的核心是经济全球化，而与经济全球化最相关的理论则是国际经济或国际贸易理论。经济全球化的本质是要素资源、产品资源和市场资源的全球化配置，这一配置或交易过程总体而言是一种帕累托改进，其重要前提是要素、产品与市场分布天然存在的不均衡。开放贸易的好处是，消费者有机会选择的商品种类大大增加了。全球化带来资源配置的效率提升和国民福利改善，成为全球化潮流势不可当的根本力量。

国际贸易理论的历史演进

古典贸易理论的标志性起点是亚当·斯密（1776）。在 1776 年出版的《国富论》中，亚当·斯密描述了全球化早期进程中的一些事件，最初的两个标志性事件分别为：1492 年哥伦布发现欧洲到美洲的航线，以及 1498 年达伽马从欧洲航行至印度。亚当·斯密在书中写道："美洲大陆的发现以及从好望角到东印度群岛的航行，是人类历史上最伟大和最重要的两个事件。"这为其进行理论分析提供了重要支持。亚当·斯密在《国富论》中指出，全球化可提高全球福祉，并逐步缩小不同地区的发展差距，最终达到势均力敌态势。其背后蕴含的理论基础是：贸易带来了资源的重新配置，使贸易国的相对价格均等化，并且提升了两国的经济福利。

亚当·斯密在《国富论》中指出,"不同国家的生产成本存在绝对差异",即贸易互惠的基石是绝对优势理论。李嘉图在 1817 年出版的《政治经济学及赋税原理》中提出用劳动投入衡量的实际成本的比率为相对成本,贸易互惠的基石更多是取决于比较优势。穆勒扩展了亚当·斯密和李嘉图的分析,研究均衡的国际价格或交换比率是如何决定的,把需求因素带入了分析当中。他认为一国消费者在某一价格之下愿意进口的商品数量等于其他国在该价格下愿意提供的出口商品数量。古典经济学家说明了贸易改善福利的基本原理,但都没有深入分析影响各国劳动生产率的根本原因。

赫克歇尔-俄林(1934)形成了比较系统的要素禀赋理论,强调了不同国家具有差异化的资本密集型商品(资本与劳动之比高),或劳动密集型商品(资本与劳动之比低)。贸易建立在出口要素禀赋优势商品,进口要素禀赋劣势商品的基础之上。萨缪尔森(1949)在赫克歇尔-俄林理论的基础之上,证明了在生产要素能够自由流动的条件下,国家之间的要素价格、商品价格将趋于均等。列昂惕夫(1953)的投入产出理论以美国为分析对象,发现美国属于资本-劳动比率高的资本密集型国家,但出口了更多的劳动密集型产品。

20 世纪 60 年代,越来越多的学者开始放宽新古典理论中的假设条件,引入了不完全竞争(科拉维斯,1971;迈尔文和沃纳,1973)和规模经济(巴拉萨,1966;格鲁贝尔和劳埃德,1975)对国际贸易的重要性,国家间的规模经济比国内规模经济更重要(埃瑟,1979)。保罗·克鲁格曼(1979,1980)系统地将不完全竞争和规模经济融入了传统贸易理论的模型中,成为新贸易理论的集大成者,演化出了替代产业间贸易理论的产业内贸易理论,产业内不同企业可以实现资源的优化配置(克鲁格曼,1979;法尔维,1981)。布兰德与克鲁格曼模型(1983)是国家间贸易进行"古诺博弈"达到的局部均衡分析。异质性企业贸易模型(梅利兹,2003;耶普尔,2005)和内生边界模型(安特拉斯,2003;格罗斯曼和赫尔普曼,2005)等被称为新新贸易理论。梅利兹(2003,2005)

的异质性企业贸易模型放宽了克鲁格曼（1979）的同质性企业假设和生产率的外生性，认为贸易自由化会促进低效率企业的淘汰和高效率企业的发展，从而提高整体的平均生产率水平。安特拉斯（2003，2005）提出的企业边界理论引入了产权和不完全契约，用动态一般均衡解释了国际契约的不完全性导致的产品周期的出现。

新结构经济学认为，国际贸易理论中的要素禀赋结构对一国的宏观经济分析同样重要（林毅夫，2013）。不同发展程度的国家的要素禀赋结构在每一特定时点上是给定的，但随着时间的推移，人口、资本等要素禀赋的结构是会发生变化的。当一国发展的技术和产业与国家原本的要素禀赋结构特征相适应时，企业的生产成本就会比较低，也就产生了比较优势，进而有助于提高国家的竞争力（林毅夫，2017）。该理论解释了为什么发展中国家可以通过后发优势取得比发达国家更快速的技术和产业升级。

自由贸易与保护贸易之争

自由贸易和保护贸易的政策观点在各国不同时期具有不同的倾向。自由贸易的支持者认为，自由贸易可以提高效率，促进资源的优化配置。国家不应限制本国进出口贸易和服务，也不应提供优待特权，只有自由贸易才能产生福利最大化效应。古典贸易理论、新古典贸易理论、要素贸易理论、规模经济论、生命周期论、产业内贸易理论等，本质上都支持自由贸易。19 世纪的萨伊市场定律同样表述了必须实行自由贸易竞争政策，才能促进市场本身达到总供需的均衡。从干中学（阿罗，1962）和规模经济的角度来说，劳动力丰富的欠发达国家可以通过自由贸易积累大量的人力资本（杨格，1991）。琼斯（1990）用生命周期贸易模型表明，贸易自由化有利于物质资本的积累和经济增长，促进发达国家和发展中国家之间经济增长率的趋同（费雪，1995）。梅利兹（2003）的异质性企业贸易理论认为，自由贸易鼓励企业提高创新力度，有利于提高国内企业的生产效率。贸易自由化不仅有利于实现产业内、企业间的资源优化配置，还有利于实现企业内、产品间的资源优化配置（梅耶，2011）。

贸易保护主义的观点认为，国家应采取政策措施，为本国的进出口贸易提供限制或优惠政策，以达到保护本国产品市场需求的目的，减少本国商品在国际竞争中可能受到的损失。李斯特（1841）的古典贸易保护理论认为，国家减免关税有利于鼓励复杂产业的进口，加征关税可以一定程度上保护国内尚未成熟的幼稚产业。1933 年大萧条后，为了保护国内产业的竞争力，凯恩斯（1936）提出了超贸易保护理论，该理论强调贸易顺差能扩大国内市场的有效需求。20 世纪 70 年代中后期，受石油危机的影响，全球又掀起了以美国为首的、强调"公平贸易"的新贸易保护主义主张（克鲁格曼，1979），该理论将一国的生产率水平视为外生给定，不随贸易成本的变化而变化，结论是贸易自由化并不能提高企业的平均生产率。战略贸易政策论（布兰德和斯潘塞，1984）主张，政府应发挥辅助企业在贸易市场上竞争的作用，给予补贴或支持企业抢占市场。

关于自由贸易还是保护贸易的政策争论一直都存在。大量的理论、实证研究证明，自由贸易和要素自由流动带来了巨大的优越性。但无论是发达国家还是发展中国家，在贸易政策的博弈中，都会针对实际形势选择相应的贸易保护主义政策，以保护国内产业的国际竞争优势。特别是国际金融危机爆发以来，贸易保护主义行动开始增加（乔治斯，2016）。自由贸易政策从长期来看利大于弊，但在经济衰退阶段，出现短暂的贸易保护主义政策是正常现象（苏海勒，2010）。

总的来说，早期的贸易理论随着英国的历史演进而变革，解释了在"看不见的手"影响下，贸易要素的自由流动对一国产出增长和福利最大化的促进作用。我们可以看到，在国际贸易理论的演进过程中，异质企业、规模经济和不完全竞争等假设条件被逐渐放宽，以期构建更加符合现实情况的理论模型，但自由贸易和保护贸易旗帜下的理论均不能完全解释现实面临的贸易问题。现实情况是，国际上没有国家实现完全的自由贸易，保护贸易更不适用于新时代的国际贸易。多数国家采用的是自由贸易与保护贸易相结合的政策操作，这是自由贸易与一定的保护贸易的结合。可见，国际贸易理论的发展进程中，尚缺少一套完整的逻辑解释理论与现实情况的偏差，因此需要进一步探索。

现代经济学认为，国际贸易产生的基础是：消费者偏好不同，资源（自然资源、地理资源、人力资源）禀赋不同，生产能力（劳动参与率、劳动倾向等）不同。自英国工业革命创造现代工业以来，工业制造就开启了在各大洲之间持续不断的转移过程。其基本动力在于不同地区的要素禀赋的不同及其变化，在于生产活动的潜在收益在地理上的差别；其主要阻力在于成本——在于人员、设备和资金流动的成本。要素禀赋差异引起的收益超过产业流动的成本，就会发生产业转移。收益差在引起产业流动的同时，也会引起劳动力和资本的流动。产业、劳动力、资本的流动，不但形成了新的制造业中心，而且形成了新的中心市场。制造业在地理上的转移与世界范围内要素的分布和市场的分布有关，生产必须以市场为目标，生产规模必须以要素聚集程度和市场规模为基础。当存在规模经济时，通过扩大产出来满足世界市场而非仅仅满足国内市场，这样可以使单位成本下降。

逆全球化现象的兴起

斯托尔珀与萨缪尔森（1941）应用赫克歇尔-俄林模型推出：一国出口产品价格上升会导致该国相对丰富要素的真实回报上升，而该国相对稀缺要素的真实回报下降。贸易机会使相对丰富的要素获得更快的回报率，而相对稀缺的要素实际上境况变差了。所以，这一理论的政策含义是：伴随全球经济一体化的推进，一国稀缺要素的所有者倾向于反对自由贸易，而支持保护主义。在欧美国家，相对稀缺的要素是非熟练工人，而相对丰富的是人力资源和物质资本。根据这一理论，自由贸易可以增加欧美国家的总收入，但会使收入的分配更加不均衡。非熟练工人工资下降，对此广泛的解释是：技术变化起了主导作用，尤其是技术变化导致对非熟练劳动力的需求减少。故反对经济全球化或自由贸易的主要论据一是挽救本国的就业机会，二是减少贸易赤字，三是阻止血汗工厂，四是避免对收入分配产生负面影响。

可见，经济全球化给一国的经济和产业结构带来的冲击是非均衡的，比如在美国等发达经济体，资本、知识和技术精英更加受益，而普通劳动阶层受到负面冲击更大一些。社会阶层之间的利益差异导致了政治层面的抵制，由此给全球化带来新的挑战。

逆全球化浪潮正冲击世界

得益于信息技术革命的快速发展和价值链理论的广泛传播，20 世纪后半期，经济全球化取得爆发式发展，主要表现为贸易的全球化、生产的全球化、金融的全球化以及劳务的全球化（袁志刚、余宇新，2013）。这几股力量交织在一起，相互作用、相互影响，将世界各国紧密联系在一起，极大地促进了全球经济金融的发展。

2008 年国际金融危机后，经济全球化的步伐有所放缓，甚至出现了逆全球化现象。特朗普上台后，推行"美国优先"的发展战略，贸易保护主义态势明显。美国在全球范围内掀起"退群"热潮，退出跨太平洋伙伴关系协定，退出巴黎气候协定，北美自由贸易协定重谈为美墨加三国协议，并发起与全球多个经济体的"贸易战"。欧洲方面，英国于2020 年初完成了"脱欧"，但仍有许多复杂而困难的问题亟待解决。

跨境人口流动出现明显障碍。2015 年，国际迁徙人口占世界人口的比例已攀升至 3.3%，其中难民占据主体地位，光叙利亚登记的难民就高达 490 万人①。美国新任政府希望限制全球难民和西亚、北非多国公民入境。欧洲虽然对难民保持开放态度，但大量难民涌入欧洲对当地的治安与财政提出了挑战，激起了欧盟内部大规模的反移民浪潮。

欧盟的反移民运动主要源于伊斯兰教极端组织以及恐怖主义。巴黎、布鲁塞尔与伦敦相继发生恐怖袭击事件，使得欧洲陷入恐慌情绪。欧洲穆斯林难民的贫困境况和意识形态的分歧也是导致东道国某些社会群体与移民发生冲突的主要根源。然而，欧盟在难民危机时仍然坚持原

---

① 数据源于联合国贸易和发展会议（UNCTAD）发布的《2016 年全球投资趋势监测报告》。

有的申根制度，不仅其成员国公民在欧盟内部可以自由流动，而且其他国家的难民也能够进入欧盟，这难免会激起强烈的政治反弹（高柏、草苍，2016）。

国际贸易与跨境投资不确定性增加。受贸易保护主义的影响，全球贸易和投资面临较大的不确定性，之前根据世界贸易组织的预测，2019年全球贸易增速会由2018年的3.9%回落至3.7%。根据《2019年世界投资报告》，2018年全球外商直接投资连续三年下降，总量仅1.3万亿美元，较2017年减少13%。

新冠肺炎疫情的全球传播是对全球化的又一冲击。2020年初，新冠肺炎疫情在世界范围的侵袭对全球供应链协作、人员与物资流动、全球经济交流等方面产生了严重的冲击，迫使部分国家基于国家安全的角度思索基础制造业国内回流的可能。新冠肺炎疫情对全球经济发展的阻碍进一步激化了全球化所带来的经济发展不平衡的矛盾，引发民粹主义、贸易保护主义的反扑，给全球化发展的前景蒙上了一层阴影。

传统全球化的利弊与逆全球化现象出现的根源

以欧美为首的发达国家主导了传统全球化的进程，可以说是传统全球化的最大受益者，然而其内部却率先涌现出逆全球化的呼声，这表明全球化在提高全人类福祉的同时，也出现了一些曲折。

经济全球化的积极影响

经济全球化推动了高效的国际分工体系的建立，实现了生产要素的优化配置。随着全球生产体系的建立以及外包的实践，国家和企业边界被突破，过去市场自发形成的国际分工转向价值链生产的上下游环节。各国可以充分利用自身要素禀赋的结构差异，集中生产具备比较优势的产品，推进产业升级和制度创新，经济也由此获得了较快的发展（见图1.2）。

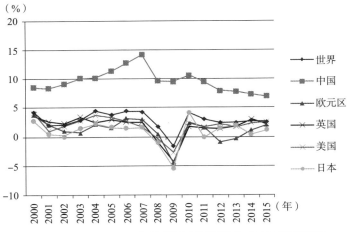

图 1.2　2000—2015 年世界及主要经济体 GDP 增速情况

资料来源：Wind（万得）、中国银行研究院

　　经济全球化加速了资本、技术和劳务等生产要素的流动，提高了资源配置的效率（见图 1.3）。全球化赋予了市场全新的内涵与运行规则，推动了全球一体化市场的形成，国际贸易获得迅猛发展。总之，经济全球化可以实现以最有利的条件进行生产，以最有利的市场进行销售，促进经济高效运行。

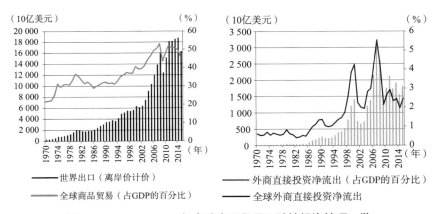

图 1.3　1970—2015 年全球商品贸易和跨境投资情况一览

资料来源：Wind，中国银行研究院

　　经济全球化推动了国际利益融合，加快世界多极化发展趋势。随着

经济全球化的深入，各国呈现利益交融的局面，这既表现在经济领域又表现在其他领域，既表现在双边关系又表现在多边关系上。除了国家利益外，地区共同利益和全球利益明显增多，以往的国家关系、地区关系发展成为多极关系和全球关系。各种利益集团力量的分化组合以及大国关系的深刻调整正在推动国际政治格局向多极化演变。

经济全球化促进了国际组织的发展，重塑了全球治理体系。经济全球化使得国际关系更加复杂，国际协调机制应运而生。政府间国际组织制定并监督实施全球性经济规则，设计全球性争端的解决机制。所有参与经济全球化进程的国家必须出让或放弃部分主权利益，遵守这些经济规则。国际规则与国际组织正在成为重塑世界政治经济格局的重要机制。

经济全球化的负面影响

由发达国家主导的传统全球化存在立足自身发展的偏见，以自身内部的利益诉求为出发点制定规则，而对发展中国家及其人民关注甚少，其实质是少数精英的全球化（施图尔茨，2005）。当前的全球治理体系缺少全球经济制度和政治秩序的顶层设计，使得少数人的私利与一国主权及全球公共利益产生冲突，从而导致了逆全球化现象的爆发。

全球利益分配不平衡是逆全球化现象爆发的根本原因。当前的全球经济制度框架带有很强的政治导向性和封闭性。以欧美为首的发达国家处于绝对的领导地位，而发展中国家为了加入国际分工体系中不得不做出让步，在经济领域依附于发达国家。因此，本轮经济全球化在提高全人类福祉的同时，也会带来发展中国家的相对贫困化，拉大世界的贫富差距（库珀，2016）。

目前的全球利益分配框架以生产要素为基础，稀缺要素的拥有者会得到更高的回报。由于发展中国家的资本稀缺而劳动力丰富，因此资本收益必然高，而劳动力收益必然低。而且，发展中国家庞大的人口基数会将劳动力的报酬压缩到更低的水平。此外，对于转轨经济体与新兴市场而言，由于市场要素配置能力的缺失，在转向开放型经济的初期必然会受到以发达国家的跨国公司为代表的"压迫与剥削"。跨国公司因其雄厚的经济实力占据主导优势，具有较强的议价能力。为了保持自身的竞争优势，跨国公司牢牢掌握价值链中战略性的生产环节，而将低增值的生产环节转移到发展中国家。发展中国家只能获得劳动力价格收入，政府为了吸引外资还会给予跨国公司税收减免和优惠政策，为其投资收益创造了更为可观的拓展空间。

发达国家内部利益分配不平衡是逆全球化现象出现的重要原因。随着发达国家生产过程中资本密集度的上升，国民收入分配中资本份额正在提高，侵蚀了劳动者的收入。高净值人群是全球化的最大受益者，然而底层人群则经历了收入增长缓慢、福利水平降低与就业机会减少等变化。比如，根据 2015 年美国商务部普查局的数据，美国前 5% 的高收入家庭占据了 22.13% 的国民收入，前 20% 的高收入家庭占据了 51.06% 的国民收入，而 20% 的低收入家庭只拥有 3.15% 的国民收入。[①]

剧烈的贫富分化会带来严重的社会阶层固化，代际流动性的丧失使底层人民缺乏上升通道。政界、商界和学术界的精英阶层与低学历、低收入的中下层群众的两极分化日益严重，在由精英把控的政权内部，底层人民的利益诉求无法通过正常的民主渠道解决，由此导致的政治对立也愈加尖锐，保护主义、民粹主义和民族主义在各国竞相抬头。

发达国家自身的政策惯性是逆全球化现象出现的直接原因。在金融危机背景之下，利益受到全球化伤害的群体期待政府出台更有力的社会保护措施，但是发达经济体的政治领袖依旧采取老办法解决新问题：对外蛮横干涉他国内政，引起地区冲突与战乱，导致大量难民、移民出现；对内政策出现偏差，利益分布明显不均，一般工人阶层的待遇多年来几乎没有提升。跨太平洋伙伴关系协定及跨大西洋贸易与投资伙伴协定和欧洲的难民危机就是西方国家原有政策范式的典型代表。当奥巴马政府全力推行上述协定时，美国正在经历二战以来最为脆弱的经济复苏。2010 年以来，美国的经济增长率一直徘徊在 2% 左右，与此前几次经济复苏时期 2.6%~7.5% 的增长率形成鲜明对照。2009 年 10 月，美国失业率骤升至

---

① 数据来源于 Wind、中国银行研究院。

10.2%，达到 1983 年 4 月以来最高水平，一直到 2016 年 5 月才恢复到与 2006—2007 年度的 4.6% 相近的 4.7%。[①] 结果是，底层群众难以忍受奥巴马政府用经济利益的妥协换取军事战略或政治同盟，这也是跨太平洋伙伴关系协定和跨大西洋贸易与投资伙伴协定失去支持的重要原因。

欧洲难民危机的根源在于，美国等发达国家蛮横干涉西亚与北非局势，导致这些地区常年受战乱与恐怖袭击的困扰，无力发展经济。加之伊斯兰教派斗争，难民所在国家大都出现了严峻的经济问题，社会秩序破坏殆尽，由此产生大量生活在贫困线以下的平民，从而造成难民潮。

新型经济金融全球化的特征

金融危机以后，全球经济增长放缓，逆全球化势力暗流涌动。虽然历经诸多波折，但是经济金融全球化的基本趋势不可逆转。本书通过分析传统全球化的重要作用，揭示逆全球化思潮出现的根源在于现有的全球治理体系不能适应未来发展的需要。我们认为打造新型全球化才是正确的路径选择，同时探讨了中国在推进新型全球化中应扮演的角色，为中国如何推进全球治理体系转型提供了很强的参考价值。

当前全球经济增长动力不足，政治事件多发，发达国家内部出现明显的逆全球化现象。但也应该看到，经济金融全球化的趋势虽出现一些新变化，但趋势不可逆转。从 20 世纪 70 年代开始，全球化的加速发展已经使得世界成为相互依存、相互联系的有机经济整体。逆全球化现象出现的根源在于现有的全球治理体系不能适应未来发展的需要，新型全球化正开始逐步走向前台。中国领导人屡次在国际舞台上为全球治理体系转型进言献策，展示了中国积极推进新型全球化的意愿和能力，彰显了负责任大国的智慧和形象。随着经济的发展和国际形势的变化，新型全球化模式也需要新的理论指导。2019 年底暴发的新冠肺炎疫情一方面加剧了某些逆全球化的动向，另一方面也让世界看到了全球化发展的新动力。

---

① 数据来源于 Wind、中国银行研究院。

新型全球化的前景与特征

当前，逆全球化现象更多地出现在欧美国家，带有地域性、周期性与阶段性的特点。总体来看，欧美国家的经济体量和影响力对全球有较大影响，但新兴经济体对全球化的影响正逐步扩大。中国正在积极推进"一带一路"倡议，印度的外包产业也在快速发展，全球化的趋势无法逆转，但是会呈现新的态势，这是由社会生产力的发展和技术进步所决定的。未来传统的全球化道路难以行进，实施保护主义又不可行，唯有走新型全球化之路。新型全球化应具有如下特征。

坚持平等合作，实现各国互利共赢。平等合作、互利共赢是新型全球化的应有之义。国家不分大小、强弱、贫富，都是国际社会的平等成员，需要共担责任，共享发展红利。各国应在平等合作基础上，互相开放市场，允许商品、要素和劳务自由地跨境流动，遵循平衡普惠的发展模式，确保在新型全球化所带来的技术进步、资源流动、机遇分享中都能实现共赢，反对贸易保护主义。

坚持与时俱进，提高全球贸易投资包容度。随着国际行为主体的多元化、合作领域的深化、组织机制的复杂化，多边自由贸易体系仍将在新型全球化中扮演重要的角色，但现有的贸易规则需要与时俱进，打造合作共赢的贸易模式。贸易准则的制定应充分照顾所有国家的实际情况，确保发达国家与发展中国家都能平衡参与国际贸易，既不受封闭的既得利益群体左右，也不构筑排他性经济贸易圈子进行歧视。各个区域合作组织应当共存共赢，防止出现相互排斥、恶性竞争的局面。

坚持创新驱动，培育新的经济增长点。在全球经济增长乏力的背景下，创新将是新型全球化的主要驱动力，新技术会带来大量的新产品、新业态，为全球经济的发展提供重要动力。新的技术革命需要全球的分工协作，不可能只在一国内部进行，不能因文化、制度、实力、意识形态的差异而排斥某些国家。主要大国作为推动科学技术创新发展的最主要力量，应在重塑全球经济增长动力中发挥不可替代的作用。

坚持平衡发展，塑造多元化货币格局。在全球经济多极化发展的背景下，建立多元化的国际货币体系是大势所趋。新型全球化将改变当前以美元为主导的国际储备体系，纳入更多具有一定影响力的新兴经济体货币，进一步充实国际货币体系的动态经济基础。多元化货币不仅有助于解决"特里芬难题"，而且为各国提供了分散风险的选择，有利于实现全球经济金融的再平衡。

坚持包容开放，构建公正合理的全球治理体系。新型全球化不是推倒重来，也不是另起炉灶，而是在现有国际经济运行机制的基础上，对其失衡的地方做出补充和完善。各国应该抱着开放的心态，以共商、共建、共享的原则去探索新架构、新共识。未来的全球治理模式将超越地域分歧、意识形态分歧与货币分歧，充分考虑不同国家、不同人群的需求差异，在助力经济长期增长的同时，更加注重发展成果的公平分配，及时兑现发展红利，将原有的全球利益共同体凝聚为人类命运共同体。

探索建立结构化的全球化新模式

当前全球化的模式呈现明显的碎片化特征，有全球性的世界贸易组织，有不同类型的自贸区，如区域性的欧盟和美墨加三国协议，还有大量双边的自贸协定等。未来可考虑将主要合作模块分为几种类型和不同层次，形成规范化、标准化的模式。对一些标准化的模式，新成员加入或者退出时，不用进行复杂的谈判，可以直接进行选择，重点就特别关注事项、权责对等进行讨论，从而使全球化的模式简单且便于操作。

全球合作模式有点类似目前欧洲分层的经济合作模式，有不同类型的参与者，可以是欧元区成员、欧盟成员或其他层次的合作成员。其中，世界贸易组织为通用规则，需各国共同遵守，但应与时俱进进行改革。自贸区参与者可分为不同类型：区域高级（A级）合作框架的建设可以引领国际经贸潮流，中级（B级）合作框架是在贸易和投资领域的重要安排，普通级（C级）合作框架则是基于目前各国易于达成共识的安排。比如，A级自贸区合作框架可能与最初的跨太平洋伙伴关系协定类似甚至水平更高，但更加体现公平、公正的原则。B级合作框架可能与修改后的跨太平洋伙伴关系协定基本一致，C级合作框架可能与区域全面经济伙伴关系协定等机制基本保持一致。同时应注意，未来最先进的合作可能就是运用电商平台和金融科技，建立良性的调整机制和成员引入机制，成员可以自主选择是否加入自贸区。

传统全球化的理论和模式发挥了重要作用，但也面临较大挑战。总体来看，全球化仍是未来经济发展的基本方向。当前新兴经济体对全球化的影响正逐步扩大，全球化模式亟待调整。新型全球化之路需要新的全球化理论与模式为指导，更需要世界各国转换思维路径，重新审视自己的外交政策，让全球化为世界经济的发展和稳定发挥更大的作用。

新型全球化中的中国角色

中国的发展得益于对外开放的基本国策，得益于贸易自由化和投资便利化的开放型经济模式。中国也是全球化的贡献者，已经成为驱动全球经济前进的引擎。根据国际货币基金组织的测算，2016 年中国对世界经济增长做出的贡献超过所有发达国家贡献率之和。在世界掀起逆全球化潮流之时，中国应坚持全球化发展的基本方向，以"中国智慧"引领构建新型全球化。

新型全球化中的中国角色

中国应利用"峰会外交"机遇，引领新型全球化发展理念。近几年，中国利用举办"一带一路"国际合作高峰论坛、金砖国家领导人峰会、国际进口博览会以及博鳌亚洲论坛等机会，把握峰会外交的机遇，强调全球化符合所有国家的利益，引领讨论全球化的发展趋势。同时，中国在二十国集团、亚太经济合作组织、达沃斯等国际平台上发挥了积极作用，重视与各国合作，推动国际秩序和全球治理体系朝着"平等、开放、合作、共赢"和"共商、共建、共享"的方向发展。中国倡导主要大国不能仅根据自身的需要来制定宏观经济政策，而要着眼于全球经济的复苏，将长期目标与短期收益结合考虑，通过密切的国际宏观政策协调合作来推动新型全球化的发展。

中国要在支持多边机制发挥作用的同时，推动贸易规则与时俱进。国际货币基金组织、世界贸易组织等目前仍得到欧洲国家、新兴经济体等多数成员的支持。中国应积极推动发挥世界贸易组织等现有全球化框架的作用，强化与上海合作组织、中国-东盟"10+1"、亚太经合组织、亚欧会议、亚信会议等多边机制的合作关系，加强与相关国家的沟通，推进全球自由贸易和投资发展。当然，中国应注意到，多边机制也存在一些局限性，难以全面反映世界新技术、新贸易的发展需要。因此，中国要积极寻求与多方合作，制定与推动反映世界各国利益需求和比较优势的适当规则：一方面强调应保障促进发展的国内政策空间；另一方面强调应消除各种贸易干预措施，从而倡导构建合作共赢的贸易模式。

中国应争取尽快完成区域全面经济伙伴关系协定和中欧双边投资协定等的谈判，促进贸易投资包容性发展。在积极维护多边机制和世界贸易组织改革的同时，中国还应加强相关协议的谈判。区域全面经济伙伴关系协定和中欧双边投资协定是加强区域合作和推动全球贸易投资自由化的重要抓手。中国应当寻求各方的利益共同点，积极推动相关协议尽快达成，推进经济全方位互联互通和良性互动，发展区域合作经济。此外，中国应当对促进区域自由贸易的任何协定都持有开放包容的态度，同时切实防范自贸协议的碎片化及政治化。为了达成更高水平的区域自贸协定，中国还应当加强国内自贸试验区的建设，发挥自贸区的"窗口效应"，探索开放型经济发展新领域，带动各自贸区周边的发展。

中国应推进"一带一路"与亚投行建设，实现各国互利共赢。在"逆全球化"潮流来袭时，中国应稳步推进"一带一路"与亚投行建设，与沿线各国互利共赢，打造政治互信、经济融合、文化包容的利益共同体，实现全球化的再平衡。"一带一路"改变了过去中国对外开放更加偏向与发达国家互动的格局，是中国打造包容性全球化、推进贸易自由化和投资便利化的重要倡议，既着眼于国内发展，输出优势产能，又放眼沿线国家的贸易往来与经济增长。亚投行作为区域性国际金融机构，为基础设施建设提供全方位、多元化的金融支持，强化了国际产能合作的力度，有利于提高中国在亚太区域的经济整合能力与制度性话语权。

中国应稳步推进人民币国际化进程，构建多元储备货币体系。人民币国际化已经取得重大进展，已成为全球新的货币选择，人民币国际化必然依靠资本市场推动和发展。未来逐步取消资本项目管制、推动中国资本市场与境外资本市场的进一步融合将是人民币国际化的发展方向。中国应创造条件，稳步提升人民币在全球货币体系中的地位。为此，中国首先应当加快建设人民币跨境清算支付系统，积极推进人民币"走出去"；其次可以通过优惠贷款等方式鼓励企业使用人民币进行境外直接投资，也可在双边贸易与对外援助中推动使用人民币结算；最后还应当加快人民币离岸市场的建设，积极创新海外人民币产品与服务，满足各国金融市场对人民币投资产品日益提升的需求。

中国应致力于提升新兴市场在全球治理中的作用，促进福利均衡分配。中国已经高度融入世界经济，提高自己在全球经济治理中的地位和作用意义深远。中国要秉持开放包容的态度，既要在已经参与的制度内积极争取话语权，对于全球治理体系中的不合理部分提出改革和完善建议，又要在新兴国际制度建设领域发挥更加积极主动的作用。

提高制度性话语权是一个循序渐进的过程，中国已经取得阶段性成果，比如中国在国际货币基金组织中的份额和投票权升至第三位，中国成为欧洲复兴开发银行成员，亚投行投入正式运营，但是这些尚未与中国庞大的经济体量相匹配。中国应继续实行互利共赢的对外开放政策，积极参与全球经济金融治理和公共产品供给，使各国人民公平享有全球化福利；要发挥企业的主体作用，鼓励中国企业能够更加积极地参与国际谈判、规则制定和争端解决；同时还要加大法律人才的培养力度，实现政府、企业与法律服务机构的协同配合。

中国参与全球化的组织机构与基础设施

"一带一路"倡议："一带一路"倡议于 2013 年被提出，是中国对外开放的新型顶层设计，也是具有影响力的新型区域间合作模式，为沿线国家提供了良好的互利合作和发展平台，加深了中国与周边国家的区域贸易和投融资合作。自该倡议被提出以来，人民币在支付、投融资、储备货币的职能等方面均有所加强。目前，有不少项目已经或即将发挥作用。在"一带一路"沿线国家中，人民币的使用率逐步上升，人民币跨境支付业务取得新进展，随之衍生出对人民币可持续的、长期的、较为稳定的流通和支付需求。2018 年，德国、法国、西班牙、比利时等多个国家陆续将人民币纳入外汇储备，全球有几十个国家和地区正式将人民币纳入官方外汇储备。

在"一带一路"倡议的践行过程中推进人民币国际化也面临着一系列风险，比如沿线各国经济发展水平不均，金融市场健全度不够，政治、历史、文化背景存在差异。中西亚地区一些国家政治时局动荡破坏了经济发展，人民币承受的市场进入风险加剧，人民币在这些国家的投资可能会面临资金供应链中断、政府清偿能力不足等经济风险，人民币投资的安全回收无法保障。

要利用"一带一路"推进人民币国际化，中国一方面需要继续加强与"一带一路"沿线国家和地区的经济合作，开展基础设施投资建设，鼓励合作的国家使用人民币来支付和结算，并为这些国家的企业提供人民币贷款，为在更广泛的范围内储备人民币创造条件；另一方面要积极与世界银行、亚洲开发银行、国际货币基金组织等大型金融机构合作，搭建大型经济项目融资平台，降低"一带一路"沿线地区的信贷融资成本。

亚投行：2015 年 12 月 25 日，由中国倡议发起、57 个国家共同筹建的多边开发性金融机构亚投行正式成立，成为全球多边开发性金融体系中一个由发展中国家主导的新成员，是破旧立新的国际金融秩序中新兴力量的代表。运行至今，亚投行赢得了国际社会的认可，成员数量从 57 个创始国上升到 102 个。

截至 2018 年底，亚投行累计批准贷款 75 亿美元，撬动其他投资近 400 亿美元，已批准的 35 个项目覆盖印度尼西亚、印度、巴基斯坦、塔吉克斯坦、土耳其、埃及等 13 个国家，涉及交通、能源、电信、城市发展等多个领域。亚投行目前大约 40% 的项目是独立融资的，60% 是与世界银行、亚洲开发银行、欧洲投资银行、欧洲复兴开发银行等多边开发银行联合融资合作的。此外，亚投行还在不断创新项目融资方式。亚投行的发展加大了对基础设施建设投资的需求，同时为人民币在外贸交易中作为贷款和结算货币提供了机会。

丝路基金： 2014 年底，中国出资设立丝路基金，定位于以股权投资为主的中长期开发投资基金，重点推进"一带一路"建设相关国家和地区的基础设施、资源开发、产业合作和金融合作等项目。"一带一路"建设合作项目往往投资规模较大，投资回报期限较长，对股权投资支持具有较大需求。丝路基金可以通过提供较小比例的股权资本支持，撬动更多资金投入，既能对投资项目起到增信作用，又有助于投资项目具备更加合理的融资结构，支持所在国家中长期基础设施等项目的可持续发展。

截至 2018 年 8 月底，丝路基金已签约投资 25 个项目，承诺投资金额超过 82 亿美元和 26 亿元人民币，实际出资金额超过 68 亿美元。此外，丝路基金还单独出资 20 亿美元设立中哈产能合作基金。目前，丝路基金的投资已覆盖中东欧、南亚、中亚、西亚、北非等"一带一路"沿线主要区域，为支持"一带一路"沿线国家的经济发展与民生改善发挥积极作用。

丝路基金与亚投行以基金模式和银行模式互补的方式共同为"一带一路"建设项目提供资金来源，同时"一带一路"的项目投资需求和良好发展前景也吸引着亚投行和丝路基金进行投资，三者结合，共同助力人民币国际化进程。此外，金砖国家开发银行等国际或区域金融合作也正在发挥很好的作用。

跨境银行间支付系统： 在中国推动人民币国际化的进程中，跨境银行间支付系统应运而生。国际货币发展史表明，跨境支付系统是主权国家货币国际化的应有内容，是货币国际化的重要支柱，人民币国际化需要稳定、安全、高效、便捷的跨境支付系统等金融市场基础设施。

跨境银行间支付系统是中国人民银行根据中国支付清算体系的发展状况以及未来需求建立的，可以满足跨境人民币的支付清算需求，是人民币国际化的重要保障，并且能隔离境内外的支付清算风险。跨境银行间支付系统上线以后，成功地解决了时差覆盖不全面、第三方支付风险大的困难，有效地加大了中国支付工具的安全性，为人民币国际化奠定了良好的基础。跨境银行间支付系统自上线以来，运行稳定，可用率保持 100%，为人民币结算提供了安全且便利的条件支持。

深化金砖国家开放合作，引领全球化进程

中国推动金砖国家开放合作取得重要进展。近年来，金砖国家已成为推动全球经济发展的重要动力，金砖国家之间的开放合作在经济全球化进程中起到了重要推动作用。"金砖四国"一词是由高盛公司前首席经济学家吉姆·奥尼尔于 2001 年首创，对此后 10 多年的全球贸易和投资走向产生了较大影响。2010 年南非加入后，"金砖四国"改称"金砖国家"。金砖国家合作会议始于 2009 年，其背景是国际金融危机爆发后，二十国集团跃升为全球经济治理的最重要平台，此后金砖国家的合作领域不断扩展。近年来，金砖国家合作机制所取得的主要进展体现在三大方面。

首先，在国际舞台上协同发声，推进了国际货币体系改革。金砖国家的协同发声对于推动国际货币基金组织、世界银行的治理改革，加强国际金融监管与政策协调，提高发展中国家在国际经济舞台上的发言权等方面都起到了积极作用。

其次，成立金砖国家新开发银行和应急外汇储备安排，取得金融合作标志性突破。这是金砖国家开展合作以来具有标志意义的成果，有助于改善以发达国家为主导的国际金融机构在融资与救助条件、标准上存在的垄断局面，为新兴经济体制定符合自身国情的金融标准开辟了新路。金砖国家应急外汇储备成员国出资情况如表 1.2 所示。

表 1.2　金砖国家应急外汇储备库出资情况

国家	出资额（亿美元）	出资比例（%）
中国	410	41%
俄罗斯	180	18%
巴西	180	18%
印度	180	18%
南非	50	5%

资料来源：公开资料整理，中国银行研究院

最后，探索更广泛的合作领域，构建了全方位、立体式的合作框架。在金砖国家领导人峰会的带动下，金砖国家在各个专业领域的合作不断深化和拓展，建立了包括经贸部长会议、农业部长会议、财长和央行行长会议、安全事务高级代表会议、国家统计局局长会议、地方政府论坛、工商论坛、智库论坛等近20个对话机制。

加强金砖国家开放合作既是顺应经济全球化的客观要求，又是金砖国家间合作共赢的现实需要，不仅有利于金砖国家的发展，而且有助于推动人类命运共同体的构建。金砖国家应在现有合作的基础上进一步深化经贸合作，构建互利共赢的合作伙伴关系，推动和引领经济全球化进程。具体可考虑从以下方面深化合作。

与全球有关组织和经济体一起，坚持多边机制，坚持全球化和自由贸易，反对保护主义，引领全球化和国际经贸合作新潮流。多边自由贸易是21世纪新型全球化的必然要求，金砖国家应强调各国之间建立合作，推动国际秩序和全球治理体系朝着"平等、开放、合作、共赢"和"共商、共建、共享"的方向发展，积极寻求与多方合作，制定与推动反映世界各国利益需求和比较优势的相关规则。

充分发挥金砖国家新开发银行尤其是金砖国家应急外汇储备安排的功能，稳定成员国经济金融形势。金砖国家应急外汇储备安排在当前成员面临金融压力时应充分发挥稳定功能，建立自主的金融危机管理模式。与一般的双边外汇储备合作机制不同的是，金砖国家应急外汇储备安排具有较强的外溢效应，并可补充现有国际金融机构的稳定职能，可与国际货币基金组织、区域金融安全网等展开合作，或者吸纳新的成员，拓展服务范围。

推动金砖国家智库峰会和研究向纵深发展，增强金砖合作机制的软实力。发挥智库作用是应对国际形势变化、推动经济发展的重要途径，也有助于增强金砖国家在国际事务中的话语权，提升对全球经济发展的影响力。

加快推进金砖国家评级机构的建立工作，推动评级更加公平、公正地展开。评级机构作为促进经济、金融发展的重要手段，有助于推动金融市场的建设和发展。评级机构的建设能够促进市场公平，有利于国际合作的开展，是金砖国家开放合作的重要保障。

作为全球最重要的黄金生产者和消费者，金砖国家应探索加强在黄金领域的合作。无论是在黄金的生产、消费还是储量方面，金砖国家都处在世界的前列。在金砖国家的货币与金融合作中更多地发挥黄金的作用，不仅能够稳定国内的金融环境，而且能巩固金砖国家的国际地位。因此，加强在黄金领域的合作，对金砖国家有着重要的意义。

综上，金砖国家作为全球经济增长的推动者，在经济全球化的进程中发挥着重要作用。金砖国家应进一步深化开放合作，探索建设分层、组合的金砖国家自贸区平台，积极推进全球化和国际经贸理论的创新，顺应新型全球化的发展趋势。金砖国家开放合作具有巨大的潜力和广阔的前景，有利于构建更加公正合理和更为民主的国际经济新秩序，从而推动新型经济全球化的发展。

中国故事与经济学理论创新

改革开放 40 多年来，中国的经济发展取得了举世瞩目的成就，但与其相适应的经济学理论体系创新还处于探索阶段。改革开放形成了中国的经济发展模式，为经济学理论创新提供了源泉。特别是，改革的核心是理顺政府与市场的关系，推进市场化改革，不断简政放权，并进行市场经济理论创新。开放主要是指有序融入全球化，推动全球化和国际贸易理论创新。因此，讲好中国故事的核心就是讲好改革开放以来中国在经济上取得成功的故事，并立足中国故事进行经济学理论创新，得到国际认可，经得起实践检验。讲好中国故事与实现经济学理论创新是一个系统工程，可从以下方面提高认识。

中国故事是经济学创新的动力和源泉

改革开放 40 多年来，中国的经济建设取得了巨大成就。中国经济实现了跨越式发展，经济总量稳居世界第二，对世界经济的影响逐步扩大，产业结构从粗放型、劳动密集型向高质量创新发展转变。改革开放初期，中国经济规模较小，即使经济增长速度较快，但总量也相对较低。随着社会主要矛盾的变化，人们从对物质文化的追求转向对美好生活的追求，这种转变意味着中国发展的深刻变革。目前中国消费市场是全球最大的市场之一，未来还将持续扩大，巨大的消费市场将是中国乃至世界经济发展强有力的引擎。同时，几十年来没有发生大的经济金融危机，中国的经济发展真正实现了质、量、速度的有机统一。此外，从加入世界贸易组织（以下简称"入世"）到提出"一带一路"倡议、人类命运共同体，中国在国际舞台上的重要性不断提高。一个突出的现象是，有部分人过分强调我们存在的问题，没有正视我们的优势和成绩，显得比较悲观，其原因就在于没有充分认识到改革开放以来中国所取得的发展成就。实际上，不少国家是带着羡慕或者是嫉妒的眼光看待中国发展的。

中国成功的关键在于从实践中摸索出一套系统化的、比较合理的思路和方法，比如坚持改革开放的基本原则、坚持实践是检验标准、坚持问题导向，以及"摸着石头过河""黑猫白猫论"等，它们不仅在实践中有效，而且包含了很深的经济学逻辑。就改革而言，从逐步完善市场经济模式到由市场发挥决定性作用，中国逐级完善社会主义市场经济体制，从而形成了具有中国特色的市场经济模式。在这个过程中，中国很好地把握了其中的关键环节。一是理性综合思维。如"黑猫白猫论""目标引领，规划先行"等都体现了理性思维；如认真研究各种理论和实践中的方法，结合中国实际，形成不同组合方案，积极开展试点，在取得成效的基础上进行推广，反之则调整，这体现了综合思维。二是科学发挥政府与市场的作用，在重视市场的同时做好宏观调控，让"有效市场和有为政府"共同发挥作用，将市场作用和政府作用看作统一体，这是中国实践的重大创新。

经济学理论的困境与突围路径

首先，大家很熟悉，稀缺性是西方经济学的重要概念，是基于早期资源和产品稀缺而提出的。而在今天，生产力大大提高，很多产品出现了过剩的情况，这样的概念至少与实际情况不是十分相符。其次，关于均衡与去均衡问题。人类历史上几乎找不到绝对均衡的状态，而经济学主要理论都是以此为研究对象，这决定了经济学理论普遍研究某个特定状态。在不同特定状态下对经济学展开研究，所得出的结论也一定不同，因此经济学一定是学派林立。如果对于确定的经济对象，不同的人给出不同的结论，比如邀请 8 位经济学家讨论一个问题，结果给出 9 种答案，可以预见，这样一来，经济学理论的科学性一定会让人质疑。最后，经济学的核心问题——市场与政府到底是对立的还是统一的。人类历史上，经济学研究总体就是围绕着这个问题展开。从亚当·斯密开始，西方经济学就把政府和市场对立起来，此后无论是哈耶克与凯恩斯的世纪争论，还是所谓的"咸水学派"与"淡水学派"之争，都是在市场和政府中二选一，当然不同时期对立的程度有所差异。由于立场不同，不同学派在表达自身观点时都有其合理性，而在批评他人观点时又都有其局限性。既然这一问题在人类历史上一直争论不清，始终存在对立的观点，就说明两者之间不是简单的可替代关系，一方无法全面合理解释另一方，而是需要更高级阶段的统一，即对立与统一的辩证关系。因此，政府与市场的关系并不像西方经济学认为的那样绝对对立。在实践中，市场机制通过"看不见的手"提高对社会资源的有效利用，但有其局限性，需要政府通过"看得见的手"适时发挥调控作用。

在这个问题上，很多经济学家提出过很有价值的观点。克鲁格曼得出的重要结论是，"要接受市场的不完美，也要接受精巧的大统一的经济学还在天边的现实"，也就是要接受市场的不完美和经济学理论走向统一。哈克认为，20 世纪经济社会发展的繁荣与稳定要归功于政府干预与市场的有机结合，因此未来世界经济的发展还是要寻找政府与市场的合理平衡点。林毅夫的新结构经济学是现实中一国可追及另一国实践的理论升华。蔡继明认为，政府与市场之间要有一定的统一，但统一的方向是劳动价值论。李稻葵提出，中国经济学界必须有紧迫感，必须把我们伟大的经济实践和思想转化为国际上有广泛说服力的、具有中国特色的、与西方自由经济学理论分庭抗礼的经济学思想，为中国经济的重大决策做出应有的贡献，他还提出政府与市场经济学的概念。萨缪尔森的逻辑比较典型，主要有六大特点：一是混合经济理论在萨缪尔森的逻辑中达到了高峰；二是把市场与政府的作用有机结合，但是又强调政府的作用是市场的附属；三是将总供给和总需求统一考虑，构建（总需求-总供给模型），不光强调凯恩斯理论中的有效需求，还强调了供给侧；四是将严谨的数学逻辑引入经济学，适度的数学化对经济学逻辑有重要意义；五是提出中国可以走计划经济和市场经济中间的道路或称之为第三条道路，经济发展模式应是多重的，经济发展模式里面最核心、最典型的市场经济模式也应该是多种的；六是不再将经济发展当作是静态的，而是将其视为诸多动态因素的组合。可见，实现政府与市场的有机结合是经济学家的共识，只是不同经济发展模式中政府与市场有不同的权重而已。

索洛经济增长理论是近几十年比较流行的，其研究的是潜在经济增长而非经济增长。潜在经济增长有其合理性，但并不是实际的经济增长，这是索洛观点的局限性，正如不能用潜在军事家的标准来评判一个人是否是军事家一样。实际经济周期理论，也是经济增长理论，实际上提出了影响实际经济增长的要素，对索洛经济增长理论是一个很好的补充。鉴于潜在经济增长不能很好地反映经济发展状况，该理论提出了第二个要素，即技术冲击，随后又提出第三个要素，即政策冲击。其中，财政政策的影响较明显，而货币政策无影响。应该说，这里用外来的技术冲击来解释周期性有些勉强，财政政策可以调节经济结构，而货币政策并不能有效影响潜在经济增长。因其逻辑仍依赖于索洛经济增长理论的逻辑，自然会得出这样的结论。

实践证明，传统的计划经济模式有问题，完全的市场经济模式也存在缺陷。改革开放以来中国走出了市场与政府结合的道路，中国经济发展模式的成功，是政府与市场关系从对立走向统一的重要探索。中共十八届三中全会提出，要"使市场在资源配置中起决定性作用和更好发挥政府作用"，把市场机制与政府作用实现了有机结合。习近平强调："我们要坚持辩证法、两点论，继续在社会主义基本制度与市场经济的结合上下功夫，把两方面优势都发挥好，既要'有效的市场'，也要'有为的政府'，努力在实践中破解这道经济学上的世界性难题。"[1] 习近平的指示为经济学理论创新指明了方向。

要通过创新建立具有中国特色的市场经济模式

经济模型的构建对于宏观经济理论的发展至关重要。宏观经济学分别从市场经济和国家干预角度建立了相应的理论，并在相应的范围内较好地发挥着作用。本书运用宏观经济学理论的核心成果，将"有效市场和有为政府"有机结合，建立了理性综合模型。模型的主体部分由以下三个方程构成：

$$\Delta Y_t = a\Delta Y_t^* + b\Delta \hat{Y}_t \tag{1}$$

$$Y_t^* = f(K_t, L_t) = \lambda K_t^\theta L_t^{1-\theta} \tag{2}$$

$$\Delta \hat{Y}_t = \Delta AS + \Delta AD \tag{3}$$

方程（1）中，ΔY_t 表示经济总产出水平的变化，$\Delta Y_t = Y_t - Y_{t-1}$。$Y_t^*$ 表示完全市场经济条件下的潜在产出，属于长期趋势的主体部分。$\Delta \hat{Y}_t$ 表示政府作用部分带来的变化。参数 a、b 表示权重，在理想的"有效市场和有为政府"情况下，两者之和为 1。满足此条件的可以看作是市场经济模式。方程（2）中，λ 为常数，K 表示资本，L 表示劳动，参数 θ 和 $1-\theta$ 分别表示资本产出弹性和劳动产出弹性。方程（3）中，ΔAS 表示来自供给端的冲击，ΔAD 表示来自需求端的冲击。政府作用于经济波动的部分是供给端和需求端冲击叠加的影响。从本质上，理性综合模型改变了以往经济理论基于纯市场经济的前提，是重大的思路创新。该模型得出的与经济增长相关的方程与实际周期理论的基本逻辑和要素是一致的。

首先，该模型描绘出了经济发展模式及变革动态曲线。参数 a、b 的权重大小不同，表示经济体中政府与市场的关系情况。根据现实经济中市场作用与政府作用的程度不同，可描绘出经济模式变革动态曲线，不同的经济模式处于曲线的不同点上。实际上，经济发展的理想模式也不

---

[1]　习近平. 不断开拓当代中国马克思主义政治经济学新境界［J］. 求是，2020（16）。

是一成不变的，既与社会发展阶段密切联系，又与社会总供给和总需求关系的协调程度密切相关。具体情景如下。

当 AD（总需求）>>AS（总供给）时，即社会总需求远远大于总供给，社会资源极度稀缺，主要矛盾集中在如何满足社会需求的问题上，此时完全市场经济模式将是最优选择。当 AS>>AD 时，即社会总供给远远大于总需求，社会供给非常丰富，主要矛盾转为如何管理总需求，凯恩斯理论建立时的背景就属于这种情况。可见，在生产力大幅提高、供给能力远超需求的情况下，计划经济模式或将成为较好的选择。值得注意的是，此处的"计划"随着大数据、人工智能技术发展而被重新定义。当 AD 与 AS 相差不大时，属于模型当中 $0<a<1$，$0<a<1$，$a+b=1$ 时的情况。这属于既有市场又有政府的混合经济模式，是更贴近当前现实的经济模式。当 AD 与 AS 出现急剧失衡时，经济体往往处于经济过热或危机状态。但应注意，经济模式的变革既是一个动态发展的过程，又在特定生产力下具有较长时期的相对稳定性。

其次，该模型反映了市场经济国家内涵与标准的新变化。当今世界或是历史上并不存在完全市场经济模式。只是在资本主义早期，在总供给远远小于总需求的特定背景下，十分接近完全市场经济模式。实际上，一个由市场发挥决定作用并且是"有效市场和有为政府"相结合的体系，就是市场经济模式。当今市场经济存在五大模式，各具特色：一是美国模式，即"自由主义"的市场经济模式；二是欧洲模式，即社会市场经济模式；三是日本模式，即政府指导型市场经济模式；四是瑞典模式，即福利型市场经济模式；五是中国模式，即社会主义市场经济模式（有效市场和有为政府）。美国、欧洲总拿"中国不是市场经济国家"说事，这本身就是不合理的。从市场与政府结合的视角看，只是不同的市场经济模式中市场所占的成分相对不同而已。比如，中国的市场经济模式中政府的作用略大一些，美国的市场经济模式中市场的作用略大一些。从现实角度看，中国正趋于加强市场化改革，而美国则有强化政府作用的倾向，两国的市场化程度呈现趋同的新特征。

西方经济学的逻辑无法适应经济发展新形势的要求

首先是宏观政策或宏观调控目标的调整。宏观经济学理论中的宏观调控目标包括充分就业、物价稳定、经济增长和国际收支平衡。这四个目标来自凯恩斯理论。宏观调控目标应综合考虑供给侧和需求侧，但凯恩斯理论仅考虑了需求侧，因而确定的这四个目标是不合理的。其中，经济增长和充分就业可在某种程度上统一为经济增长。宏观调控目标还需考虑供给侧，应有结构优化或调整的目标，这样才更合理。物价稳定的目标也应调整，需要综合考虑金融稳定。金融稳定不只是简单的物价稳定，还包含宏观审慎视角下的系统性风险防范，当前央行实施的"双支柱"政策就是具体体现。国际收支平衡的目标可保留，只是内涵应更加深入。由此，我们可将宏观调控或宏观经济政策目标加以调整，包括经济增长、结构优化、金融稳定、国际收支平衡。从上述目标可理解中国实践的合理性，比如"稳增长、调结构、防风险"实际上正好体现了上述目标，高质量发展则是稳增长、调结构和防风险的协同。宏观调控理论是一个集供给侧和需求侧管理有机结合的调控体系，二者贯穿始终，只是根据经济中总量与结构问题的突出程度而有所侧重。今天，我们针对结构问题比较突出的情况进行供给侧结构性改革，就是一个很好的说明。

其次是宏观调控的重要性越发凸显，要建立供给侧与需求侧有机结合的调控体系。这就将凯恩斯的宏观经济政策上升到了更高的高度，同时也与萨缪尔森综合考虑总供给和总需求的逻辑一致。但是，整个西方经济学理论在上升到总供给与总需求的层面时，并没有形成完整的理论体系。中国实践实现了供给侧和需求侧调控政策的结合。依据理性综合模型推出的宏观调控的政策组合表，既考虑了经济周期，又考虑了经济结构的变化，综合考虑了结构性问题与周期性问题的叠加。当结构性问题突出或者可以忽略周期性问题时，就是提出供给侧结构性改革的新时期。而当需求侧问题或者说是周期性问题突出时，实质上就是凯恩斯理论给出的政策体系。因此，在经济上行期与下行期，结构性问题与周期性问题的解决路径是相反的。这与凯恩斯理论只考虑需求侧的政策是不同的。

中国提出供给侧结构性改革，可以说是在需求侧矛盾不突出的背景下宏观调控的结果，但此时也不能完全忽视需求侧的管理，因为需求侧问题不是没有了，而是不突出。因此，要采取综合思维，以供给侧改革为主，兼顾需求侧管理，既要实施供给侧结构性改革，又要适度扩大总需求。中国在实践中也确实是这样处理的。

中国经验为经济学创新提供了深厚的理论基础

中国经济的成功是社会主义市场经济模式的成功，包含深刻的经济学理论基础和创新契机，将对宏观经济理论创新发挥重要作用。我们相信，一个源于实践而又服务于实践的"理性综合经济学"不光在中国适用，还将具有更广阔的适用空间，既为全球提供了一个可供选择的经济发展模式，又为经济学创新提供了深刻的基础。经济学应是研究经济动态运行的科学，经济增长理论作为经济学理论的核心也随之变得更加重要。在这个逻辑体系下，可以较好地解释经济周期和中等收入陷阱理论。

从理性综合模型中，我们可以进一步得出结论：如果在某个时期，一国或全球部分主要经济体的经济发展具有较好的基础和环境，随着供给侧和需求侧的转型升级，全要素生产率不断提高，而且没有出现供给与需求的巨大失衡或危机，则经济体可实现较长时间的快速发展。可见，从理论上说，无论是全球经济还是单个经济体，如果实现需求侧与供给侧的协同升级和发展，并伴随全球化进程的推进，均可望迎来经济的黄金发展期。改革开放40多年来的中国经济就经历了持久的黄金发展期。

未来，如果中国需要保持较长时间的黄金发展期，需要具备以下几个条件：经济要保持比较好的基本素质；政府要能够采取有效措施提高劳动生产率，技术创新保持稳定；要保证一定程度的合理需求。中国要实现短期增长稳定，长期结构优化，且不出现大的风险，才能保持高质量增长。同时，中国要重视外部环境对自身经济发展的影响，努力营造良好的外部环境。面对中美贸易摩擦，中国应坚持自由贸易和全球多边框架，保持定力，精准出击，做好自己的事，迎接新的黄金发展期。

国际经贸理论创新与中美贸易摩擦

依据我们构建的相关模型可得出结论：两国所交易的产品不是简单地由其要素禀赋决定的，而是由其综合动态竞争优势决定的。综合动态竞争优势的影响因素包括初始期的要素禀赋和全要素生产率的可能变动，以及相关政策的配合等。综合动态竞争优势是可以改变的，并且存在一个优势转换点。优势转换点的意义在于：对于某一时期的某一商品，一国可能不具有要素比较优势，但如果该商品的全要素生产率在该国具有较高的提升空间，就可从供给侧为其发展创造有利的环境，通过提升该商品的全要素生产率，改善其综合动态竞争优势，使其成为重要的贸易商品。这意味着一国具有比较竞争优势的产品或行业并不是不可超越的，在合理的调控政策作用下，实现产业追及和超越是正常现象。

国际贸易应是基于国际规则下的自由贸易发挥主导作用，并与有限的保护结合。国际规则解决国际经贸的顺利运行和利益的基本平衡问题；自由贸易是全球相互依赖和相互联通的必然要求；有限的保护针对的是各国的核心利益关切，但保护必须有严格的条件和程序。维持相对公平的贸易条件和有限的保护有助于国际贸易的可持续发展。但公平贸易不等于一国利益的最大化，贸易需要在国际规则的约束和协调下进行，一国法律不能超越国际规则被施加在其他国家之上，这样才可保持国际贸易体系的大体平衡，避免出现恃强凌弱的局面。

理论创新也是应对当前逆全球化思潮和反对贸易保护主义的有力武器，随着经济的发展和国际形势的变化，全球化与国际经贸理论需要新的理论指导。美国发起贸易摩擦的根本目标不是简单的贸易平衡问题，而是希望继续保持其竞争优势，遏制中国的发展。从中美两国情况看，不应是一国一直生产大飞机，另一国一直生产衬衣，而应是两国可以公平竞争。从模型视角，中国应该从以下几方面入手：从自身要素禀赋中找到自身优势并进行强化；加快技术创新，提高全要素生产率；实现政府与市场的有机结合。从具体策略上看，中国要坚持原则性与灵活性统一，审慎对待，坚持战略定力，既不能过于乐观，又要防止过于悲观，要增强措施的针对性和效力；要坚持深化改革，扩大开放，做好自己的事，提升自身的基本素质和抗风险能力，坚定维护国家尊严和核心利益；要加强国际合作，努力创造良好的国际环境；针对中美贸易摩擦的升级预案要综合考虑低级、中级、高级三种情况，从贸易、投资、技术、金融、国际规则、外交等方面着手，形成不同的工具组合，在适当的时机推出相应的政策，以时间换空间，达到最佳效果。

第二章

"一带一路"：引领全球化新格局

2013 年秋，习近平在哈萨克斯坦和印度尼西亚先后提出建设"丝绸之路经济带"和"21 世纪海上丝绸之路"重大倡议。[①] 自此，"一带一路"倡议引起越来越多国家的热烈响应和积极参与，共建"一带一路"正在成为中国参与全球开放合作、改善全球经济治理体系、促进全球共同发展繁荣、推动构建人类命运共同体的中国方案。

"一带一路" 1.0—2.0：从理念到行动

"一带一路" 1.0：谋篇布局的"大写意"

作为一种顺应时代发展的倡议构想，"一带一路"建设有以下特点。一是合作共赢，遵循共商、共建、共享原则，顾及各方利益和关切，寻求利益契合点和合作最大公约数，致力于打造利益共同体、命运共同体和责任共同体。二是开放包容，"一带一路"相关的国家基于但不限于古代丝绸之路的范围，各国和国际组织、地区组织均可参与，求同存异、兼容并蓄、和平共处、共生共荣，让共建成果惠及更广泛的区域。三是积极务实，优先推进基础设施互联互通和经贸、产业、能源、金融、人文、生态环境等方面合作，形成示范效应，逐步构建区域大合作格局。四是灵活高效，根据各国国情探索不同的合作模式，不刻意追求一致的制度安排，具有很强的针对性和可行性。共建"一带一路"的这些理念契合各国发展需求，顺应亚欧合作潮流，得到了越来越多沿线国家的积极响应。

"一带一路"倡议的提出，标志着作为世界第二大经济体的中国更加主动地参与国际新秩序的设计，更加积极地争做国际游戏规则的贡献者。

---

① 习近平在"一带一路"国际合作高峰论坛开幕式上的演讲［EB/OL］.（2017-05-14）. www.xinhuanet.com//politics/2017-05/14/c_1120969677.htm.

几年来，中国与"一带一路"沿线国家不断推进合作，积极利用现有机制，并不断创新，有力推动了区域内和跨区域合作，形成从官方到民间的多层次合作网络。目前，"一带一路"建设取得了以下进展。

政策沟通不断强化。截至 2020 年 11 月，在这一倡议框架下，中国已经与 138 个国家和 31 个国际组织签署了 201 份共建"一带一路"合作文件。共建"一带一路"倡议及其合作理念被纳入联合国、二十国集团、亚太经济合作组织、上海合作组织等重要国际合作平台的成果文件。2015 年 7 月，上海合作组织发表了《上海合作组织成员国元首乌法宣言》，支持关于建设"丝绸之路经济带"的倡议。2016 年 9 月，《二十国集团领导人杭州峰会公报》通过关于建立"全球基础设施互联互通联盟"倡议。2016 年 3 月，联合国安理会通过包括推进"一带一路"倡议内容的第 S/2274 号决议。同年 11 月，联合国大会第 A/71/9 号决议首次写入"一带一路"倡议，欢迎"一带一路"等经济合作倡议，敦促各方通过"一带一路"倡议等加强阿富汗及地区经济发展，呼吁国际社会为"一带一路"建设提供安全保障环境。该决议得到 193 个会员国的一致赞同，体现了国际社会对推进"一带一路"倡议的普遍支持。2017 年 3 月，联合国安理会一致通过了第 2344 号决议，呼吁国际社会通过"一带一路"建设加强区域经济合作，并首次载入"人类命运共同体"理念。2017 年 5 月举行的首届"一带一路"国际合作高峰论坛上，形成了 5 大类 279 项成果。2019 年 4 月举行的第二届"一带一路"国际合作高峰论坛上，又形成了 6 大类 283 项成果。

设施联通加快推进。设施联通是"一带一路"建设的优先领域，它不仅可以缩短各国之间的时空距离，而且拉近了人们之间的心理距离。以铁路、公路、航运、航空、管道、空间综合信息网络等为核心的全方位、多层次、复合型基础设施网络正在加快形成，区域间商品、资金、信息、技术等交易成本大大降低，有效促进了资源要素跨区域的有序流动和优化配置，实现了互利合作、共赢发展。中巴经济走廊、中俄蒙经济走廊等建设顺利推进，亚吉铁路、蒙内铁路竣工通车，中老铁路、中泰铁路、雅万高铁、匈塞铁路开工建设。斯里兰卡汉班托塔港、巴基斯坦瓜达尔港、希腊比雷埃夫斯港等建设运行顺利。以中欧班列为代表，连接亚非欧各区域的交通基础设施网络正在形成，这不仅促进了资金、技术、人力等生产要素的流动，而且带动了国际物流、跨境商贸等产业发展，创造了"一带一路"沿线国家大市场。

经贸合作成效明显。金融危机以来，传统的经济增长模式面临考验，各国都在谋求经济结构的转型与升级。"一带一路"沿线国家大多处于工业化初期，国际产能合作具有强大的吸引力，中国在装备、技术、资金等方面具有较强的综合实力，与这些国家可以实现优势互补。2013年以来，中国与沿线国家贸易和投资合作规模不断扩大，形成了互利共赢的良好局面，中国同"一带一路"相关国家的货物贸易额累计超过44万亿元，对外直接投资超过1 100亿美元，在沿线国家完成对外承包工程营业额超过7 500亿美元，成为拉动全球对外直接投资增长的重要引擎。中国同沿线国家共建境外合作园区，为当地创造37万个就业岗位，中国-白俄罗斯工业园、柬埔寨西哈努克港经济特区、埃及苏伊士经贸合作区等成为"一带一路"产业合作的典范。这些境外经贸合作区的建成有力推动了当地轻纺、家电、钢铁、建材、化工、机械等重点产业的发展，成为当地经济发展的新生力量。

金融服务不断完善。过去几年，全球经济低迷并非源于缺乏资金，而是苦于投资找不到出路。国际资本大进大出，并没有转化为有效的生产力。"一带一路"通过加强国际金融合作，创新融资方式，成功引导了大量国际资本参与建设，促进了货币流动和资金融通，为"一带一路"建设创造稳定的融资环境。多边金融机构、政策性和商业性金融机构互动频繁，合作推动融资落地。据统计，截至2019年4月，中国金融机构为"一带一路"建设提供资金超过4 400亿美元，其中金融机构自主开展的人民币海外基金业务规模超过3 200亿元，中国资本市场为相关企业提供的股权融资超过5 000亿元，沿线国家和企业在中国境内发行熊猫债（指境外和多边金融机构等在华发行的人民币债券）超过650亿元。11家中资银行在28个沿线国家建立了76家一级机构，来自22个沿线国家的近50家银行在中国开展业务。中国人民币跨境支付系统覆盖俄罗斯、新加坡、马来西亚、韩国、泰国等 40 个"一带一路"沿线国家的 165 家银行，并在 7 个沿线国家建立了人民币清算安排。金融产品不断丰富，金融服务涵盖信贷、担保、债券承销、并购重组、风险管理、支付清算等领域。中国人民银行与 21 个沿线国家央行签署了双边本币互换协议，与国际金融公司、欧洲复兴开发银行、泛美开发银行、非洲开发银行等多边机构开展第三方合作。中国还与英国发起了《"一带一路"绿色投资原则》，来自十多个国家和地区的近 20 家金融机构签署了这一协议。截至 2020 年 4 月，亚投行成员总数已达到 102 个，超越亚洲开发银行的成员规模（67 个），成为仅次于世界银行的全球第二大多边开发机构。

民心相通不断深入。中国设置了"丝绸之路"中国政府奖学金，与 24 个"一带一路"沿线国家签署高等教育学历学位互认协议。2017 年，来自沿线国家的共 3.87 万人接受中国政府奖学金来华留学，约占获得奖学金学生总数的 66%。"一带一路"绿色发展国际联盟倡议发起成立。"一带一路"官方网站正式开通，已实现联合国 6 种官方语言版本同步运行。中国与沿线国家互办艺术节、电影节、音乐节、文物展、图书展等活动，合作开展图书、广播、影视精品创作和互译互播。中国与中东欧、东盟、俄罗斯、尼泊尔、希腊、埃及、南非等国家和地区共同举办文化年活动。多层次、多领域的人文交流合作为沿线各国民众友好交往和商贸、文化、教育、旅游等活动带来了便利和机遇，不断推动文明互学互鉴和文化融合创新。

"一带一路" 2.0：深耕细作的"工笔画"

2018 年是"一带一路"倡议提出 5 周年。作为承前启后的一年，"一带一路"建设正在从谋篇布局的"大写意"走向深耕细作的"工笔画"。各相关国家共商、共建、共享，经贸合作领域不断拓宽，贸易投资方式不断创新，各项工作取得积极进展。2.0 时代的"一带一路"建设呈现"合作伙伴多点开花、重点项目亮点纷呈、贸易投资走深走实、第三方合作渐入佳境"等新特征。

合作伙伴多点开花

2018 年以来，"一带一路"朋友圈迅速扩大，与中国签署共建"一带一路"合作文件的国家遍布欧洲、亚洲、非洲、大洋洲、拉丁美洲。

2018 年 1 月，中拉双方共同发表《"一带一路"特别声明》，标志着"一带一路"倡议正式延伸至拉丁美洲。智利、乌拉圭、委内瑞拉、玻利维亚、厄瓜多尔等十多个拉丁美洲国家与中国签订了"一带一路"合作文件，半数拉美国家"入群"；特立尼达和多巴哥共和国与中国签署的《共同推进丝绸之路经济带和 21 世纪海上丝绸之路建设的谅解备忘录》是中国同加勒比地区国家签署的首份"一带一路"合作文件。2018 年 4 月，奥地利成为第一个与中国签订"一带一路"合作文件的欧盟发达成员国。紧接着，希腊、马耳他、葡萄牙等国也陆续加入"一带一路"朋友圈，《欧洲时报》称，欧洲多国已从最初的"旁观者"变为"参与者"。2018 年 9 月，在中非合作论坛北京峰会期间，28 个国家和非盟委员会同中方签署共建"一带一路"合作文件，共建"一带一路"正在中国与非洲之间搭建起新的合作桥梁。2018 年 10 月，澳大利亚维多利亚州与中国达成"一带一路"协议，成为该国第一个正式支持"一带一路"倡议的州政府。"一带一路"朋友圈中除了国际组织、来自各大洲的国家，还出现了州级政府，这充分体现了"一带一路"开放、包容的特征。

2019 年，巴巴多斯、卢森堡、牙买加、意大利、所罗门群岛等国家和地区纷纷加入"一带一路"朋友圈。2019 年 3 月，意大利同中国签署关于共同推进"一带一路"建设的谅解备忘录，成为七国集团中首个签署这一合作文件的国家。2019 年 9 月，中国和哈萨克斯坦签署《关于落实"丝绸之路经济带"建设与"光明之路"新经济政策对接合作规划的谅解备忘录》，以路线图的形式突出战略对接、重点任务和主要举措，共同绘制中哈共建"一带一路"的"工笔画"。此外，中国还不断创新工作平台，与沙特阿拉伯、南非等国新建 6 个贸易畅通工作组，累计建立 8 个工作组；与吉尔吉斯斯坦、孟加拉国等新建 9 个投资合作工作组，累计建立 44 个工作组；优化"丝路电商"布局，与意大利等 5 国新签电子商务合作文件，累计与 22 个国家建立合作机制。

2020 年，面对突如其来的新冠肺炎疫情，中国与共建"一带一路"各方守望相助，共同抗疫。中国领导人与多国领导人互致电话，通过元首外交推动抗疫合作。中国医疗队或专家组携带医疗物资驰援多国。中国企业充分调动资源，承担起抗疫责任。"一带一路"朋友圈更加团结，构建人类命运共同体的理念更加深入人心。

重点项目亮点纷呈

交通设施方面，阿联酋阿布扎比码头、马来西亚关丹深水港码头正式开港，尼日利亚莱基深水港开工，巴基斯坦瓜达尔港具备完全作业能力，斯里兰卡汉班托塔港二期工程主体完工。蒙内铁路、亚吉铁路开通运营，马尔代夫中马友谊大桥竣工，巴拿马运河四桥开建，沙特阿拉伯麦麦高铁运行，蒙古国首座互通立交桥主桥通车。中泰铁路一期工程合作推进，匈塞铁路塞尔维亚境内贝旧段开工建设，印度尼西亚瓦利尼隧道贯通，雅万高铁建设取得重要阶段性进展。同江中俄跨江铁路大桥贯通，将中国东北铁路网与俄罗斯远东铁路干线相连。中老铁路琅勃拉邦湄公河特大桥成功合龙。肯尼亚内罗毕–马拉巴标轨铁路（简称内马铁路）一期工程正式建成通车。

作为"一带一路"旗舰项目，中欧班列拓宽了欧亚国家在地理与经济上的联系，成为名副其实的"开创性通道"。七国签署的《关于深化中欧班列合作协议》有序落实，中欧班列铁路国际合作机制有效发挥作用。2018 年前 3 个月，中欧班列年累计开行数量达到 1 000 列，2016 年"破千"用了 256 天，2017 年"破千"用了 133 天，2018 年"破千"仅用了 88 天。2018 年，中欧班列共开行 6 363 列，同比增长 73%，提前两年实现了《中欧班列建设发展规划 2016—2020 年》确定的"年开行 5 000 列"目标。2019 年，中欧班列全年开行 8 225 列，增长 29%。中欧班列开行数量持续提升的同时，开行质量也有了很大提升，通关时间、物流时长进一步缩短，返程空箱率不断下降，货值呈增长趋势。2020 年，在新冠肺炎疫情暴发的特殊时期，持续开通运行、"逆境"增长的中欧班列更是成为特别的"外交官"，不断推动中欧各国之间交流合作，加深贸易往来，为各国人民注入了抗疫强心针。截至 2020 年一季度，中欧班列累计开行数量已超过 2 万列，到达境外 18 个国家、57 个城市。

能源合作方面，越南永新一期项目 1 号机组投入商运，这是中国企业在越南首个采用 BOT（建设–运营–移交）模式投资的电力项目，每年可提供约 80 亿千瓦时发电量，满足当地 125 万名居民的用电需求。巴基斯坦最大的水电站项目尼鲁姆–杰卢姆首台机组 4 月实现并网发电，被赞为巴基斯坦"三峡工程"。土耳其重点项目胡努特鲁电厂顺利开工。中俄原油管道二线全线贯通，2019 年 12 月 2 日，俄罗斯天然气通过中俄东线天然气管道正式进入中国。

贸易投资走深走实

贸易往来持续深化。2019 年，中国与"一带一路"沿线国家的进出口总值是 9.27 万亿元，增长了 10.8%，高出外贸整体增速 7.4 个百分点，占进出口总值的将近 30%，这一比重比 2018 年提升了 2 个百分点。中国已经成为沿线 25 个国家最大的贸易伙伴，有效对冲了全球不稳定因素，拉动沿线国家经济增长。第二届国际进口博览会吸引 3 800 多家企业参展，50 多万名境内外专业采购商到会洽谈采购，累计意向成交 711.3 亿美元。

双向投资潜力进一步释放。2019 年，中国企业在"一带一路"沿线对 56 个国家进行非金融类直接投资 150.4 亿美元，占同期总额的 13.6%，主要投向新加坡、越南、老挝、印度尼西亚、巴基斯坦、泰国、马来西亚、阿联酋、柬埔寨和哈萨克斯坦等国家。对外承包工程方面，中国企业在"一带一路"沿线 62 个国家新签对外承包工程项目合同 6 944 份，新签合同额达 1 548.9 亿美元，占同期中国对外承包工程新签合同额的 59.5%，同比增长 23.1%；完成营业额 979.8 亿美元，占同期总额的 56.7%，同比增长 9.7%。

未来，预计中国对"一带一路"沿线国家的投资规模将持续较快增长，合作领域将日益向多元化发展。除电力、交通、石油石化、建筑建设等传统领域外，在租赁和商务服务业、金融业、批发和零售业、信息传输、软件信息技术服务等领域的投资规模也将持续扩大。从地域上看，中亚等地区在石油石化、电力工程建设等传统领域具备良好优势，东盟国家则在建筑业、工程承包、制造业等领域有较大投资潜力。

高标准自贸区网络加速形成。2018 年，中国签署了中国-新加坡自贸协定升级议定书，与格鲁吉亚自贸协定正式生效，结束了中国-毛里求斯自贸协定谈判，启动了中国-巴拿马、中国-巴勒斯坦自贸协定谈判和中国-秘鲁自贸协定升级谈判。2019 年，中国与毛里求斯签署自贸协定，与新加坡、智利自贸协定升级议定书生效，与东盟自贸协定升级议定书全面实施，与巴基斯坦自贸协定第二阶段议定书签署并生效，与欧亚经济联盟经贸合作协定生效，与新西兰结束自贸协定升级谈判。区域全面经济伙伴关系协定 15 个成员国整体上结束谈判。

第三方合作渐入佳境

2015 年 6 月，中国政府同法国政府正式发表《中法关于第三方市场合作的联合声明》，首次提出了"第三方市场合作"这一概念。"第三方市场合作"是中国首创的国际合作新模式，将中国的优势产能、发达国家的先进技术和广大发展中国家的发展需求有效对接，实现 1+1+1>3 的效果。这一合作模式在国际上获得了积极响应，呈现良好发展势头，成为共建"一带一路"的重要内容，树立了国际合作的典范。

截至 2019 年 6 月，中国已与法国、日本、意大利、英国等 14 个国家签署了第三方市场合作文件，建立第三方市场合作机制，在基础设施、能源、环保、金融等优势互补领域开展了机制化的合作。其中，中法第三方市场合作具体项目已经有了早期收获。中国还与有关国家推动设立了第三方市场合作基金，如丝路基金与欧洲投资开发银行建立了第三方市场合作基金，中国投资有限责任公司（简称中投公司）也与法国有关金融机构建立了基金。2018 年 10 月，第一届中日第三方市场合作论坛在北京举办，双方共签署 52 项合作协议。目前，中日在能源、石化、电动汽车等领域的第三方市场合作已取得了积极进展，极大地激发了其他国家参与第三方市场合作的热情，为今后的合作起到了良好的示范效应。

推动共建"一带一路"向高质量发展转变

在 2018 年推进"一带一路"建设工作 5 周年座谈会上，习近平指出，要推动共建"一带一路"向高质量发展转变。① 未来，"工笔画"时期的"一带一路"建设将以基础设施等重大项目建设和产能合作为重点，解决好重大项目金融支撑、投资环境、风险管控、安全保障等关键问题，推动取得实质性进展，高质量、高标准、高水平推动共建"一带一路"。

将"一带一路"建设与全球治理改革相结合。当前，保护主义、单边主义抬头，全球治理体系和多边机制受到冲击。"一带一路"倡议秉持共商、共建、共享的全球治理观，坚持开放包容、互利共赢，不仅丰富了国际经济合作理念和多边主义内涵，而且为促进世界经济增长、实现共同发展提供了重要途径。"一带一路"建设不是要替代现有合作机制，不挑战现行国际经济体系，而是与现有体制互为助力、相互补充。中国应以"一带一路"建设为抓手，积极行动，维护世界贸易组织等多边体制的权威性和有效性，充分发挥联合国、国际货币基金组织、世界银行、二十国集团、欧盟等合作机制的建设性作用，消除当前的治理赤字、信任赤字、和平赤字和发展赤字，推动全球治理体系朝着更加公正合理的方向发展。

将"一带一路"建设与可持续发展相结合。首先，要加快第三方市场合作。当前，全球经济放缓，发达国家普遍面临经济增长内生动力不足的问题。中国倡导的第三方市场合作，可以衔接世界不同发展阶段国家的供给和需求，推动全球产业链高、中、低端有机融合，是实现各方互利共赢的创新之举，也是吸引发达国家参与"一带一路"建设的重要举措。我们要积极推广中法、中日等第三方市场合作的经验，促进发达国家、中国以及"一带一路"沿线国家的三方优势互补，开辟共建"一带一路"的新模式，凝聚全球经济增长新动力。其次，要建设绿色"一带一路"。"一带一路"是"绿色之路"，可持续发展是"一带一路"相关国家的共同目

---

① 习近平出席推进"一带一路"建设工作 5 周年座谈会并发表重要讲话［EB/OL］.（2018-08-27）.www.gov.cn/xinwen/2018-08/27/content_5316913.htm.

标。当前，各国正在践行绿色"一带一路"建设理念，要通过清洁能源、环境保护等领域的务实合作，以及绿色信贷、绿色债券等金融工具，推动相关国家共同向可持续发展目标迈进。再次，要建立投融资长效机制。中国要建立"一带一路"投融资新体系，实现资金来源多元、利益风险共担、规则标准透明、体系运行高效、多边沟通顺畅，为"一带一路"建设的可持续发展提供长效机制。中国要加强金融合作，发挥好各类金融资源，包括政策性银行、商业银行、多边开发机构的作用，引导全球资金向"一带一路"地区汇聚。最后，完善风险评估与预警。沿线国家应该加强"一带一路"投融资风险评估与预警工作，树立全面风险管理意识。中国则应规范和加强对投融资项目的国别适应性和债务可持续性考察，切实从沿线国家发展的实际出发，既要适应其经济发展的客观需要和经济可行性，又要符合其经济发展水平和债务可持续能力。

将"一带一路"建设与高水平对外投资相结合。当前，中国已成为世界对外投资大国。随着中国经济迈向高质量发展，对外投资与合作要从追求投资规模转向更加注重对外投资结构优化和投资质量效益的提高，实现从投资大国到投资强国的转变。在微观层面，中国要遵循市场原则，发挥企业主体作用，注重对外投资行为的规范性，避免对外投资"一窝蜂"和非理性行为，真正提高投资效率。企业在做投资决策之前，应做好充分的尽职调查，事先对东道国的经济金融发展状况、营商环境、法律法规、地缘政治、制度文化差异等因素进行详细的考察，对国别风险进行全面的评估，并预设风险防范与应对措施。在宏观层面，中国要充分发挥政府的指导作用，提供良好的制度保障。中国要高度重视和加强政府间的沟通和制度完善，通过各类双边和多边经贸机制和制度性安排，加强与"一带一路"沿线国家的经济对话、沟通和政策协调，增进互信、扩大共识，为中资企业对外投资营造良好环境。在继续推进基础设施互联互通等"硬联通"的基础上，中国要着力实现规则、标准和制度的"软联通"，例如，积极协调各国在信息、财税、法律、信用评级、项目融资等领域的制度规则，完善投融资制度建设，促进国际、国内要素有序自由流动，资源有效配置，市场深度融合。

"一带一路"：顺时应势的"全球通"

"一带一路"极大提升了区域基础设施水平

基础设施不仅是经济发展的必要条件，而且是推动社会进步的重要力量。近年来，中国高速公路和高铁的快速发展不仅推动了中国的经济增长，而且全面改善了人们的生活状态，成为展示中国巨大变化的"黄金名片"。"一带一路"沿线很多发展中国家的基础设施相对滞后，制约了其经济增长的潜力；许多发达国家也面临基础设施的更新维护等问题。鉴于基础设施对经济社会发展的重要意义，"一带一路"把铁路、公路、港口、电力、信息通信等基础设施的互联互通作为优先领域加以推进，并取得了良好的效果。

基础设施建设对经济增长和社会发展具有重要作用

目前，无论是学术界还是实务界，都把基础设施作为推动一国经济增长和社会发展的重要组成部分。早在 18 世纪，亚当·斯密就在《国富论》中指出："分工水平由市场大小决定，而市场大小及商业发展程度取决于道路、桥梁、运河、港口等公共设施建设水平。"此后，保罗·罗森斯坦-罗丹、罗格纳·纳克斯、阿尔伯特·赫希曼等发展经济学家均对基础设施促进经济增长的作用进行了分析。

在总结前人研究成果的基础上，世界银行（1994）对基础设施的含义进行了界定，将基础设施区分为经济基础设施和社会基础设施。其中，经济基础设施被定义为"永久性的工程构造、设备、设施和它们所提供的为居民所用和用于经济生产的服务。这些基础设施包括公用事业（电力、管道煤气、电信、供水、环境卫生设施和排污系统、固体废弃物的收集和处理系统），公共工程（大坝、灌渠和道路）以及其他交通部门（铁路、城市交通、海港、水运和机场）"。经济基础设施之外的其他基础设施被定义为"社会基础设施"，通常包括文教、医疗保健等方面。目前，这一定义已被经济学领域的学者广泛接受。根据 2015 年国家发改委、外交部和商务部共同发布的《推动共建丝绸之路经济带和 21 世纪海上丝绸之路的愿景与行动》，"一带一路"基础设施建设主要包括铁路、公路、港口、电力、信息通信等领域。可见，"一带一路"基础设施属于经济基础设施范畴。

世界银行（1994）指出，基础设施有助于产品的多样化，有利于扩大贸易范围，从而可以提高劳动生产率，降低生产成本。尽管基础设施与经济增长之间的精确关系值得进一步讨论，但定量分析表明，基础设施存量每增加 1%，GDP 会同步增长 1%。吴庆（2001a）总结称，基础设施对居民消费和企业投资有促进作用。增加基础设施投资可以降低厂商的交易费用和生产成本，促进企业扩大投资，从而带动就业，提高居民的消费能力。有些基础设施提供的产品和服务与其他消费品形成互补关系，因而基础设施水平的提高会促进居民对其他消费品的消费水平，例如公路和汽车、电力和家用电器、通信网络和电话、个人电脑等。王任飞、王进杰（2006）分析认为，基础设施网络的不断拓展，将引起公共服务系统的不断完善，形成相关产业生产规模、成本与效益的良性循环，促进产业集聚和产业扩散，从而推动经济增长。例如，交通运输等基础设施网络必定会产生诸多交会地点，这些地点往往会成为产业集聚的地带。产业在发展壮大的过程中必将逐步向外扩散，一般情况下会向周边交通条件较优越的地域扩散，这一方面加速了产业经济带的形成，另一方面又刺激了区域基础设施的强化。

相关研究还发现，不同的基础设施对一国经济增长的贡献程度有所不同。例如，亚洲开发银行（2010）对 1975—2006 年 102 个发展中国家和地区的数据进行了回归分析，发现电力、通信和交通行业对东南亚国家的经济增长具有显著的促进作用，而其他基础设施的作用则不显著。亚洲开发银行（2017）进一步指出，铁路、公路等交通基础设施建设有助于人员、商品等要素的自由流动，推动产业集聚，提高分工合作水平；电力是进行现代化生产、提高人们生活水平的必备条件；信息通信，特别是数字化、网络化通信设施对于信息的及时传输至关重要。

"一带一路"基础设施降低国际贸易成本

根据世界银行（2019）的研究，"一带一路"基础设施的改善将缩短货运时间，使"一带一路"经济体的贸易总量增加 4.1%。"一带一路"经济体和非"一带一路"经济体都将受益，预计全球每对国家的货运时间将平均缩短 1.2%~2.5%。其中，"一带一路"沿线经济体之间的货运时间平均缩短 1.7%~3.2%。受益最大的是连接东亚及南亚的贸易路线和"一带一路"涵盖的交通走廊。例如，中国–中亚–西亚经济走廊沿线国家的货运时间将会缩短 12%。乌兹别克斯坦、伊朗、阿曼和马尔代夫等国在贸易通行时间改善后受益最大，出口增幅超过 9%。另外，世界银行的研究还表明，各方面改善相结合时贸易会进一步增加。具体而言，当贸易时间缩短与其他领域的改善，如边境效率提升、关税削减、更深入的贸易协定和更好的市场准入相结合时，贸易会进一步增加。例如，当贸易时间缩短与边境效率提高相结合时，中西亚和中东北非的贸易分别增长 16.6% 和 12.4%。当贸易时间缩短与贸易路线管理改善和拥堵减少相结合时，撒哈拉以南非洲、中东北非和中西亚国家受益最大，贸易增长率介于 6.95%~8.9%。当贸易时间缩短与关税减半相结合时，"一带一路"经济体之间的贸易增长 12.9%。低收入和中等偏低收入国家的出口平均增长 38%。例如，麦肯锡公司对基础设施的乘数效应进行了估算，预计每 10 亿美元的基础设施建设投资可以创造 3 万 ~8 万个就业岗位，新增 25 亿美元 GDP。蒙内铁路通车一年，拉动肯尼亚经济增长 1.5%，被誉为东非繁荣之路。"三网一化"正帮助非洲国家从经济上摆脱西方殖民统治。

"一带一路"促进了区域资金配置

资金融通是"一带一路"建设的重要支撑。特别是，基础设施建设周期长，资金需求量大，更需要充足的金融资源和有效的融资市场提供支持。当前，"一带一路"建设包含五大资金池：一是世界银行、亚洲开发银行、欧洲复兴开发银行等传统国际金融机构，二是国家开发银行、进出口银行等政策性银行，三是以中国银行、工商银行为代表的商业银行，四是以丝路基金等为代表的专项投资资金，五是以亚投行、金砖国家新开发银行、上海合作组织开发银行等为代表的新兴多边金融机构。

近年来，这五大资金池相互合作，积极促进"一带一路"资金融通，取得了良好的效果。

中国运用开发性金融，助力"一带一路"资金融通。"一带一路"建设具有项目回收周期较长、资金需求规模巨大等特点，开发性金融可以在其中发挥重要作用。长期以来，世界银行、欧洲复兴开发银行和美洲开发银行等开发性金融机构为发展中国家提供了大量融资。近年来，中国开发性金融机构在此领域也做出了积极尝试。实践证明，开发性金融业务具有多重优势，既可连接政府与市场，整合各方资源，又可为特定需求者提供中长期信用支持，还能对商业性资金起引领示范作用，以市场化方式予以支持。

中国推动商业银行开展网络化布局，为贸易和投资提供更好的金融服务。"一带一路"涉及贸易投资、基础设施、能源资源开发等多个领域，既有短期的融资需求，又需要长期的金融安排。银行业作为资金融通的助力者和践行者，需要积极加快打造"一带一路"金融服务网络，着力为"一带一路"建设铺路搭桥，保驾护航。在业务方面，商业银行结合各种金融产品和工具的特点，合理安排金融资源，既满足企业贸易结算、贸易融资、信用担保、避险保值等短期需求，又综合运用双边贷款、项目融资、并购贷款等金融服务，为企业提供长期解决方案，形成了多层次的金融支持体系。在产品方面，除提供传统信贷支持外，中资银行积极开拓创新，发行"一带一路"主题债券，并通过投贷联动等方式开展"一带一路"项目融资，引导保险公司、养老基金、主权财富基金、对冲基金、慈善基金和大学基金等参与投资。在合作模式方面，中资商业银行与政策性银行、中资银行与外资同业以及参与多边机构的合作都进行了很多有益的探索。

中国加强金融基础设施互联互通，推动以社区银行、互联网/电信支付为代表的普惠金融发展。"一带一路"沿线国家的金融基础设施联通有助于保证金融市场高效运行和整体稳定。近年来，中国在这方面已经取得一些进展，比如中国的社区银行以农村信用合作社为代表，在完善农村地区的金融服务、聚拢当地储蓄方面积累了有益经验，可以推动以手机支付和电信支付为核心的普惠金融发展。中国银联的跨境支付网络已遍布众多"一带一路"沿线国家，为各国的企业和居民提供了优质、安全、高效的支付服务。金融科技也在提升跨境支付效率中发挥了重要作用。当前，中国新金融生态领先全球，成为全世界最愿意采纳金融科技的国家。特别是过去几年，中国第三方移动支付业务呈现两位数增长。"一带一路"沿线国家还有很多仍处于从功能机向智能机转换的时代，处于移动互联红利的爆发前期，网络通信等基础设施正在不断改善，对金融科技的需求缺口大。创新科技的运用可以让"一带一路"沿线国家跳入移动互联网、移动支付时代，带动沿线国家的普惠金融技术发展。中国智能科技企业与"一带一路"沿线国家的合作越来越紧密，正在构建和巩固"一带一路"信息科技丝绸之路。

中国积极发挥人民币在"一带一路"建设中的作用。在"一带一路"建设中，积极使用本币有助于有效动员当地储蓄、降低换汇成本、维护金融稳定等。中国与沿线国家可以共同探索，扩大本币在"一带一路"合作中的使用，更好地满足市场的需求和经济发展需要。例如，中国可以积极推进人民币与沿线国家货币的报价和直接交易，进一步扩大人民币在贸易、投资中的使用范围，充分利用双边本币互换机制，降低使用第三国货币对贸易往来造成的不利影响；加快开发人民币跨境融资产品，推出大宗商品人民币计价、结算、清算、融资、套期保值等综合服务方案；针对主权机构研发人民币投资产品，推动人民币进一步发挥国际储备货币的职能。

"一带一路"促进了政策规则标准的软联通

"一带一路"涉及国家众多，各国经济发展水平和政治、经济、社会环境差距较大，这使得"一带一路"具体项目在不同国家的推进速度和力度不一，中资企业"走出去"面临较大的不确定性。例如，沿线国家营商环境参差不齐成为制约项目建设的一个重要因素。营商环境指数是世界银行提出的一套指标体系，用于衡量和评估各国私营部门的发展环境，它代表了企业从开办、营运到结束各环节所处的各种周围环境和条件的总和。营商环境指数排名越高或越靠前，表明在该国从事企业经营活动的条件越宽松。相反，指数排名越低或越靠后，则表明在该国从事企业经营活动越困难。因此，营商环境不仅是东道国综合竞争力的集中体现，也是企业"走出去"决策中很重要的参考指标。世界银行于2001年成立了Doing Business（营商环境）小组，负责创建世界各国营商环境指标体系。自2003年以来，世界银行每年发布一期《营商环境报告》。分析"一带一路"地区的营商环境可以发现，从区域来看，中东欧地区的营商环境最好，地区内各国总体营商环境在全球排名相对靠前（50名以内），且各国之间差异不大（数值基本在70~80区间）；东南亚、中东北非地区的营商环境排名相对靠后，但地区内各国差异很大，如2020年营商指数显示，新加坡排名第2、马来西亚排名第12、泰国排名第21，但缅甸和东帝汶排名在第160名以后，南亚和中亚各国营商环境总体比较恶劣，均排在100名以后。从近10年的指数变化来看，大多数国家的营商环境均有所改善，但一些中东国家受地缘政治局势、国内政治冲突等因素影响，营商环境明显恶化。

目前，国内外各方普遍认识到，随着共建"一带一路"进入新阶段，高质量、高标准、高水平推进"一带一路"建设要求更加深入地推进发展战略对接和政策沟通，凝聚各方共识，促进协同联动发展。我们不仅要推进基础设施的"硬联通"，而且要实现政策、规则、标准的"软联通"，为深化共建"一带一路"提供良好的政策、制度环境，降低政策沟通等各类交易成本。2018年1月16日和5月24日，推进"一带一路"建设工作领导小组会议两次提出政策、规则、标准"软联通"的问题。目前，中国在推进政策、规则、标准的"软联通"方面已取得一些积极进展，主要包括以下方面。

密切政策沟通。根据国家信息中心发布的《"一带一路"大数据报告（2018）》，其编制的"国别合作度"指标呈逐年上升态势，表明中国与"一带一路"沿线国家的合作水平逐年攀升。2018年指数得分为47.12，较2017年和2016年分别提升2.01分和3.57分，俄罗斯、哈萨克斯坦、巴基斯坦、韩国、越南位列前五。其中，俄罗斯连续三年蝉联榜首。在国家间外交关系方面，中国与 56.34% 的"一带一路"沿线国家保持战略伙伴及以上的关系级别，相互合作的共同利益较多，在重大国际和地区问题上关系密切，特别是与俄罗斯、菲律宾、柬埔寨等周边国家交流最为频繁。

推动贸易便利化。中国发起《推进"一带一路"贸易畅通合作倡议》，83 个国家和国际组织积极参与。中国与"一带一路"沿线国家的海关检验检疫合作不断深化。自 2017 年 5 月首届"一带一路"国际合作高峰论坛举行以来，中国与沿线国家签署了 100 多项合作文件，实现了 50 多种农产品食品检疫准入。中国和哈萨克斯坦、吉尔吉斯斯坦、塔吉克斯坦农产品快速通关"绿色通道"建设积极推进，农产品通关时间缩短了 90%。中国进一步放宽外资准入领域，营造高标准的国际营商环境，设立了面向全球开放的 18 个自由贸易试验区，并探索建设自由贸易港，吸引沿线国家来华投资。中国的平均关税水平从"入世"时的 15.3% 降至目前的 7.5%。跨境电子商务等新业态、新模式正成为推动贸易畅通的重要新生力量。"丝路电商"合作蓬勃兴起，中国与 17 个国家建立双边电子商务合作机制，在金砖国家等多边机制下形成电子商务合作文件，加快了企业对接和品牌培育的实质性步伐。

促进运输便利化。中国正式加入《国际公路运输公约》。中国与 15 个沿线国家签署了包括《上海合作组织成员国政府间国际道路运输便利化协定》在内的 18 个双边、多边国际运输便利化协定。《大湄公河次区域便利货物及人员跨境运输协定》的实施取得积极进展。中国与 47 个沿线国家签署了 38 个双边和区域海运协定。中国与 126 个国家和地区签署了双边政府间航空运输协定，与卢森堡、俄罗斯、亚美尼亚、印度尼西亚、柬埔寨、孟加拉国、以色列、蒙古国、马来西亚、埃及等国扩大了航权安排。几年来，中国与沿线国家新增国际航线 1 239 条，占新开通国际航线总量的 69.1%。

制订标准联通行动计划。标准是世界通用的语言。在推进"一带一路"建设中，标准与政策、规则相辅相成，为互联互通提供重要的机制保障。2017 年 12 月，中国发布《标准联通共建"一带一路"行动计划

（2018—2020年）》。该计划聚焦互联互通建设关键通道和重大项目，部署了九大重点任务：一是对接战略规划，凝聚标准联通共建"一带一路"国际共识；二是深化基础设施标准化合作，支撑设施联通网络建设；三是推进国际产能和装备制造标准化合作，推动实体经济更好、更快发展；四是拓展对外贸易标准化合作，推动对外贸易发展；五是加强节能环保标准化合作，服务绿色"一带一路"建设；六是推动人文领域标准化合作，促进文明交流互鉴；七是强化健康服务领域标准化合作，增进民心相通；八是开展金融领域标准化合作，服务构建稳定、公平的国际金融体系；九是加强海洋领域标准化合作，助力畅通"21世纪海上丝绸之路"。

该计划有利于加强中国与沿线国家标准化战略对接和标准体系相互兼容，大力推动中国标准国际化，强化标准与政策、规则的有机衔接，以标准"软联通"打造合作"硬机制"，努力提高标准体系兼容性，支撑基础设施互联互通建设，促进国际产能与装备制造合作，服务投资贸易便利化和人文交流深入化，为推进"一带一路"建设提供坚实的技术支撑和有力的机制保障。例如，以银联为代表的中国金融技术标准正在逐步走向"一带一路"沿线市场，帮助沿线国家发展普惠金融。目前，银联芯片卡标准是泰国、缅甸的行业推荐标准，还成为亚洲支付联盟的统一跨境芯片卡标准。在新加坡、韩国、马来西亚、印度尼西亚、菲律宾等国，银联芯片卡标准也被作为受理、发卡业务的技术标准。

加强金融监管合作与协调。当前，中国已经把"一带一路"金融合作列为"一带一路"工作的重要内容，其中一项重点就是加强监管方面的协调和合作，共同努力保障"一带一路"金融合作的持续性和安全性。在金融监管方面，最为重要的三个方面是：保持币值稳定，避免发生货币危机；保持债务可控，避免发生债务危机，这具体又分为国家层面的主权债务危机和商业层面的市场主体自身的债务清偿能力；防范金融欺诈和洗钱等犯罪活动。

在外汇管理方面，国家外汇管理局已经与多个国家的外汇管理部门建立了协作沟通机制。2018年7月和2019年4月，国家外汇管理局连续两年发布《"一带一路"国家外汇管理政策概览》(以下简称《概览》)。《概览》综合了国际货币基金组织《汇兑安排与汇兑限制年报》与相关国家外汇管理部门的公开信息，从主权货币及汇率形成机制、经常项目外汇管理、资本和金融项目外汇管理、个人外汇管理、金融机构外汇管理等方面对"一带一路"沿线 123 个国家的外汇管理政策进行了全面的编译和梳理。业内普遍认为，《概览》对参与"一带一路"的企业了解掌握相关国家的外汇管理政策有很大帮助。

中国证监会已经与全球 60 多个主要国家和地区的证券监管机构签订了备忘录，必要时可以通过国际协查寻求这些机构的支持和帮助。2017 年，证监会查处并处罚了中国 A 股上市公司雅百特。该公司虚构其与巴基斯坦首都工程建设公司签订了《木尔坦地铁公交工程建设施工合同》，虚构合同金额 3 250 万美元，虚增营业收入和利润以抬升股价。在查处过程中，中国证监会就有关情况请求巴基斯坦金融监管部门给予国际协查配合，查实了雅百特公司伪造巴基斯坦政要信函、伪造项目现场照片和合同文件等一系列造假事实。在该案中，中国金融监管部门与巴基斯坦相关监管部门密切协作，共同打击金融欺诈，维护了金融市场的稳定，对保护投资者合法权益、维护两国投融资环境都具有重要意义，体现了国家之间金融监管合作的重要性。

"一带一路"：全球经济发展的重要动力

当今世界，和平、发展、合作、共赢既是时代潮流，又是国际共识。区域之间、国家之间利益融合不断深化，以融通促合作，以合作谋互惠，以互惠求共赢，既是一国实现发展的重要路径，又是地区乃至全球共同繁荣的必然选择。"一带一路"建设为全球提供了前所未有的机遇。

"一带一路"对全球经济发展的作用

"一带一路"倡议顺应了国际格局"亚洲崛起"的深刻变化。当前，国际政治经济力量对比已经发生重大变化，亚非发展中国家在国际格局中的影响力逐步上升，地位不断提高，成为全球经济发展最快和最具活力的地区。在这种深刻变化的大背景下，"一带一路"倡议拓展了中国和平发展的道路，加强了中国与沿线国家全方位、多层次的互惠合作，为保持与维护中国战略机遇期、保障和平发展打牢了外部条件基础，从而进一步提升了中国及亚太地区的国际影响力和话语权。"一带一路"源于亚洲、依托亚洲、造福亚洲，也必将成为亚洲崛起的有力支撑。

"一带一路"沿线国家积极参与，合作基础稳固。2 000 多年前的古丝绸之路极大促进了沿线国家之间的经济交流和人员往来，开创了古代国际交流合作的成功模式。在深厚的历史积淀下，中国与沿线国家具备坚实的经贸合作基础。特别是在过去 10 年中，中国与沿线国家贸易额年均增长 19%，中国对沿线国家直接投资年均增长 46%，明显高于同期中国对外贸易和直接投资的总体年均增速。促合作、图共赢是沿线各国人民的共同愿望。共建"一带一路"是一项符合国际社会根本利益、彰显人类社会共同理想和美好追求的伟大事业，目前已经有 120 多个沿线国家和国际组织对参与"一带一路"建设表达了积极态度，并愿同各自的发展战略对接，争取实现早期收获成果。

"一带一路"沿线国家的资源和产业结构互补性较强。"一带一路"覆盖区域是全球最主要的能源和战略资源供应基地，沿途国家要素禀赋各异，发展水平不一，但各自的比较优势较为突出，区域内经济互补性很强，在农业、纺织、化工、能源、交通、通信、金融、科技等诸多领域有着广阔的合作空间。建设"一带一路"将促进中国与沿线国家进一步发挥各自比较优势，把经济互补性转化为发展推动力，产生"1+1>2"的叠加效应，形成互补、互利、互惠的良好局面。

"一带一路"建设开创了中国全方位对外开放新格局。改革开放 40 多年来，中国对外开放取得了举世瞩目的伟大成就，但受地理区位、资源禀赋、发展基础等因素影响，对外开放总体呈现东快西慢、海强陆弱的格局。形成全方位开放新格局的重点和难点在中西部，"一带一路"国内段建设加快了中西部地区同长三角、珠三角和环渤海等主要经济区块的联系和整合，使广大中西部地区由"内陆腹地"变成"开放前沿"，为中西部地区提高对外开放水平提供了广阔空间。"一带一路"国际段建设则将中国与东南亚、中亚、大洋洲、非洲东部广大地区、欧洲南部紧密联系在一起，推动形成与太平洋、印度洋和大西洋东西连接、海陆一体的地缘空间格局。可以说，"一带一路"构筑了新一轮改革开放的主体框架，在提升向东开放水平的同时加快向西开放步伐，形成了海陆统筹、东西相济、面向全球的全方位开放新格局。

"一带一路"建设将推动中国经济结构转型升级。国际金融危机爆发以来，发达国家市场需求明显减弱，中国外向型经济发展受到一定制约。同时，中国经济在经历长期高速增长之后进入中高速增长的新常态，结构性矛盾和产能过剩压力凸显，迫切需要更好地统筹国际与国内两个市场，实现高水平"引进来"和大规模"走出去"。"一带一路"建设将进一步优化经济结构和行业布局，推动增长模式转变，拓宽中国战略空间，促进区域间平衡发展。这一方面将带动沿线国家基础设施建设和产业发展，促进沿线国家经贸合作的自由化、便利化和一体化；另一方面将推动国内低端制造业有序向境外梯度转移，缓解产能过剩压力，同时带动建筑工程以及高铁、电力、工程机械、电信等优势行业走出去，对中国经济结构转型升级具有巨大推动作用。

"一带一路"将打造中国与沿线国家利益共同体、命运共同体和责任共同体。"一带一路"体现了新的世界观、国际观、历史观，中国不是要推行强权控制世界，而是要推行合作包容、互利共赢的新世界观。"一带一路"建设顺应世界多极化、经济全球化、社会信息化的潮流，有利于促进要素有序流动、资源高效配置和市场深度融合，推动沿线国家实现经济政策协调，维护全球自由贸易体系和开放型经济，为世界和平发展增添正能量。"一带一路"将搭建灵活开放的战略伙伴关系网络，通过加强政策沟通、道路联通、贸易畅通、货币流通、民心相通等新途径，打通中国与沿线国家的合作交流之路，有助于中国同沿线国家一道，推动政治、经贸、人文、安全等各领域合作再上新台阶，共同打造政治互信、经济融合、文化包容的共同体，真正使中国梦与世界梦交相辉映。

"一带一路"成为全球经济增长的新引擎：用数据说话

"一带一路"地区具有巨大的经济发展潜力，正在成为世界经济发展的新引擎，将引领未来全球贸易、投资、城市化发展的新格局。

"一带一路"地区经济规模已接近全球的 40%

2019 年以来，在全球经济下行、外需疲弱的背景下，"一带一路"地区也受到一定影响，总体经济增速不及 2018 年，且各地区差异较大。这主要体现为以下几点。

亚洲成为拉动全球经济增长的引擎。在全球经济下行、贸易摩擦等不确定性因素的影响下，亚洲经济增速有所放缓，但仍是拉动全球经济增长的重要力量。2019 年，亚洲发展中经济体实际 GDP 增速为 5.5%，远高于全球 2.9% 的增速。中老铁路、中泰铁路、雅万高铁、匈塞铁路等项目扎实推进，瓜达尔港、汉班托塔港、比雷埃夫斯港、哈利法港等项目进展顺利。此外，由东盟十国发起的区域全面经济伙伴关系协定已结束全部文本谈判以及实质上所有市场准入谈判。该协议的达成将有力推动亚太地区经济一体化进程，成为以区域经贸合作应对逆全球化和贸易保护主义的典范。

中亚地区经济增速不降反升，扩张性财政政策或成主因。受全球贸易紧张局势和主要贸易伙伴经济增速放缓的影响，2019 年中亚地区石油出口增速下降显著。国际货币基金组织的数据显示，该地区石油和天然气出口国的商品和服务出口增速预计将降至-1.7%，较上年下降 24 个百分点。为了应对石油收入增速放缓的影响，哈萨克斯坦、土库曼斯坦和乌兹别克斯坦纷纷采取扩张性财政政策加码逆周期调节。得益于扩张性财政政策对国内基础设施建设投资、制造业和消费的提振，上述国家非石油行业 GDP 增速达到 5.1%。

中东欧经济增速下行，"一带一路"成重要增长动能。2019 年，全球贸易疲软拖累了欧洲整体的出口和制造。但得益于"一带一路"对出口的提振和国内私人消费的强劲发展，中东欧地区经济增速降幅较小。当时国际货币基金组织就预测，2019 年欧洲新兴经济体的 GDP 增长率为 2.1%，较欧元区增速高出 0.9 个百分点。未来，随着"一带一路"基础设施建设互联互通的稳步推进，中东欧地区投资增速将进一步提升。此外，中东欧地区可支配收入的提高将进一步释放该地区的私人消费潜力。

2019 年，"一带一路"地区 GDP 总量已达到 33.9 万亿美元，占世界 GDP 的比重为 39.1%，远高于美国的 24.8%，以及欧盟的 21.1%（见图 2.1）。

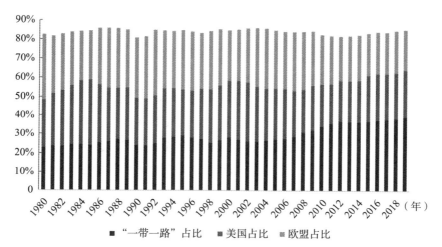

图 2.1 "一带一路"地区 GDP 占世界 GDP 的比重

资料来源：国际货币基金组织、中国银行研究院

"一带一路"超过欧盟成为第一大贸易集团

2019 年，"一带一路"地区进出口规模为 13.6 万亿美元，占全球进出口规模的 35.7%，超过欧盟（12.5 万亿美元），更远超北美自由贸易区（6.1 万亿美元）和东盟（2.8 万亿美元）（见图 2.2），成为当前国际贸易领域不容忽视的重要经济力量。

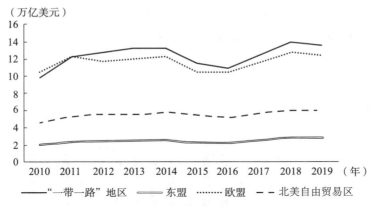

图 2.2 "一带一路"地区进出口贸易总量

资料来源：世界贸易组织、联合国贸易和发展会议、中国银行研究院

"一带一路"吸引了全球 1/3 的直接投资

2018 年，"一带一路"沿线国家人口规模达到 47.1 亿，占全球人口的 62%，其中城市人口规模达到 23.1 亿，占全球城市人口的 55%。未来一段时间，"一带一路"地区城市化进程将有所加快，与全球平均水平的差距不断缩小。根据联合国贸易和发展会议数据测算，到 2020 年、2035 年和 2050 年，全球城市化率将分别达到 56.17%、62.48% 和 68.36%，而"一带一路"地区的城市化率将分别达到 50.36%、58.40% 和 65.52%（见图 2.3）。

图 2.3 "一带一路"地区城市化率

资料来源：联合国贸易和发展会议、中国银行研究院

"一带一路"地区城市化进程的加快预示着巨大的发展潜力,成为吸引国际投资的重要因素。2018 年,包括中国在内,"一带一路"地区共吸收外商直接投资 4 760 亿美元,占全球外商直接投资的 36.7%(见图 2.4)。

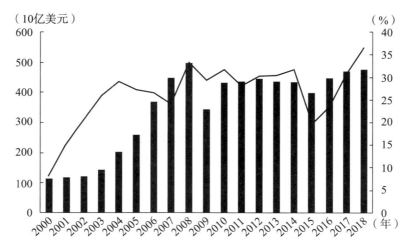

图2.4 "一带一路"地区外商直接投资流量及在全球的占比

资料来源:联合国贸易和发展会议、中国银行研究院

外商直接投资是"一带一路"沿线国家重要的投资来源。2017 年,新加坡的外商直接投资在其资本形成中的占比甚至超过 100%。在一些东欧、中亚和南亚国家,外商直接投资在其资本形成中的占比也超过 20%,在这些国家的经济增长中发挥了重要作用(见图 2.5)。

城市化进程加快与基础设施投资密不可分。很多"一带一路"沿线国家对基础设施的改进和升级都有强烈需求。近年来,一批重大项目陆续落地,中老铁路、巴基斯坦喀喇昆仑公路二期、卡拉奇高速公路已经开工,中俄、中哈、中缅等油气管道项目的建设或运营都在有序推进。两届"一带一路"国际合作高峰论坛达成了数百项具体成果,为该地区经济发展带来新机遇。亚洲开发银行指出,由于交通网络以及贸易便利性的改善,未来"一带一路"建设可为东南亚、中亚、西亚、印度和俄罗斯的经济增速分别提升 0.29、0.25、0.31、0.24 和 0.1 个百分点,增加"一带一路"沿线国家出口 50 亿~1 350 亿美元。

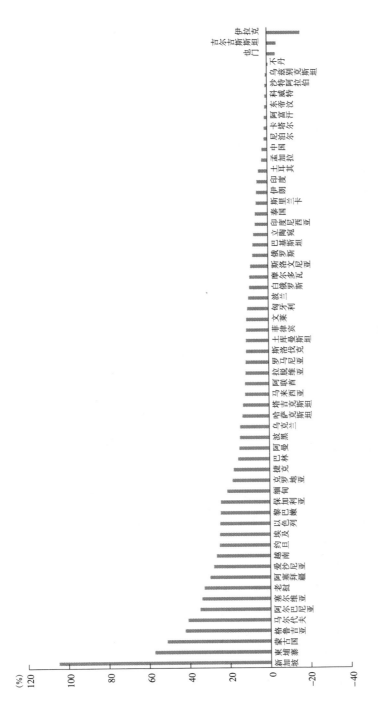

图 2.5 "一带一路"沿线国家外商直接投资在本国资本形成中的占比

资料来源：联合国贸易和发展会议、中国银行研究院

"一带一路"区域是当前全球经济最活跃的地区，在世界经济增长中发挥着重要的引擎作用。未来随着"一带一路"建设不断推进，沿线国家的基础设施和贸易投资得到快速发展，营商环境不断改善，外资流入不断增加，其经济增长潜力还将得到进一步释放，"一带一路"沿线的经济增长相比其他地区将更为亮眼。

中国通过"一带一路"建设重塑了国际价值链、产业链和供应链，编织着一张立体化的贸易投资网络，让过去居于全球化边缘的次区域国家获得发展机会。随着"一带一路"地区的逐步发展，全球经济也将更有序、多元、健康地发展。"一带一路"正为重塑新时代的全球化做出积极贡献。

"一带一路"与全球化 4.0

逆全球化趋势下"一带一路"建设的重要意义

逆全球化趋势对世界经济增长形成制约。客观地说，当前的逆全球化趋势主要是由发达国家所主导的。英国《金融时报》首席评论员马丁·沃尔夫曾指出，在他有生之年看不到发达国家推进贸易自由化的动力。

2008 年国际金融危机对世界经济产生了巨大冲击，引发国际政治经济格局的深刻调整。尽管危机爆发至今已超过 10 年，但世界经济复苏仍不稳定，各种不确定因素仍在增加。特别是，当前的逆全球化风潮正在成为影响多边规则的绊脚石，制约了世界经济复苏的步伐。作为逆全球化的典型表现，英国脱欧一度让全世界惊恐。欧洲政坛选举过程中，一些政党所倡导的民粹主义理念大受欢迎。特朗普在竞选美国总统时提出"美国优先"的口号，并在正式就任总统后一步步兑现其竞选承诺，使美国先后退出跨太平洋伙伴关系协定和巴黎气候协定，又针对中国发起贸易摩擦，试图以单边主义维护美国霸权，挑战世界贸易组织的多边贸易规则。

当前，逆全球化风潮对世界经济的冲击主要表现在以下几个方面。

跨国投资增速下降，生产要素流动受限

逆全球化带来的最主要的冲击在于，它限制了生产要素的国际流动，制约了国际分工水平和劳动生产率的提升。在全球经济和金融一体化趋势之下，全球生产和融资是一个有机的整体，为国际分工和跨国投资提供了广阔的市场和充足的资金来源，由此带动了国内与国际市场的日益融合，实现了全球生产要素的自由流动和生产资源的优化配置。但2008年国际金融危机以来，受经济增长疲弱、跨国企业信心不足等影响，国际投资始终表现低迷。根据联合国贸易和发展会议的统计，2018年全球外商直接投资流量同比减少19%，为1.3万亿美元，连续三年下滑，降至国际金融危机以来的低点（见图2.6）。其主要原因是发达国家吸收外资总量下降40%。发展中国家吸收外资总量增长3%，保持基本稳定。

不仅如此，许多发达国家还对人才、资本、技术的流动设置种种限制。例如，特朗普当选美国总统后，大幅收紧移民政策，主张在10年内将美国每年入境的合法移民数量减少50%。英国脱欧方案中，限制欧盟劳动力向英国的流动是其核心诉求。劳动力的减少无论在短期还是长期内都将削弱经济增长的潜力。此外，欧盟、美国均以"国家安全"为理由修改相关法案，对外国投资进行更加严格的审查。

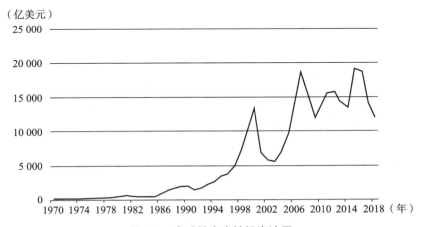

图2.6　全球外商直接投资流量

资料来源：联合国贸易和发展会议

贸易保护主义加剧,国际贸易增速放缓

　　贸易是世界经济增长的重要推动力。但近年来,贸易保护主义呈现复杂化的趋势,对国际贸易的发展产生了冲击。在世界经济持续低迷的情况下,各国为了政治利益或保护本国就业和生产开始主动干预市场,这种情况在发达国家尤其明显。发达国家不仅继续沿用以往的保护举措,而且还通过法律制度和行政干预等设置形形色色的障碍,如征收高额反倾销税、反补贴税,规定优先购买本国产品和服务,提高标准化和技术规定,加强动植物检验检疫、移民限制等,以达到削弱进口产品竞争力或限制外国企业进入的目的。根据世界贸易组织的统计,2019 年 5 月 16日至 10 月 15 日的半年时间内,贸易限制措施所覆盖的贸易量达到 4 604亿美元,较上个记录期(2018 年 10 月 16 日至 2019 年 5 月 15 日)扩大了 37%(见图 2.7)。受此影响,自 2011 年以来,国际贸易持续低迷,2019 年增速仅为 1.2%,连续九年低于 GDP 增速。

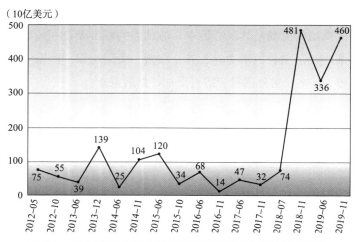

图 2.7　二十国集团出台的贸易限制措施所覆盖的贸易量

资料来源:世界贸易组织

国际政策协调难度加大,加剧金融市场风险

　　受国际金融危机以来世界经济增长乏力、贫富差距扩大、国际关系失衡等因素影响,民粹主义思潮在部分国家再度兴起,继英国脱欧和特朗普就任美国总统之后，德国、法国、意大利、荷兰等国均出现民粹主义政治运动。民粹主义在意识形态上具有反建制、排外主义等特征，进一步加剧了各国的保护主义倾向。这有可能引发各国实施以邻为壑的经济政策，使正在复苏的全球经济重陷衰退。国际货币基金组织指出，一旦全球保护主义情绪进一步加剧，必将放缓甚至逆转国际政策协调和经济全球化进程，阻碍贸易自由化、资本和劳动力流动，并可能引发不可持续的政策，拖累全球生产率和经济增长，加剧金融市场动荡。国际清算银行进一步指出，在当前全球高杠杆率的环境下，保护主义政策还可能恶化企业与家庭的利润和收入，破坏其本已脆弱的资产负债表，酝酿新的金融风险。

正是在这样的国际背景下，习近平提出的"一带一路"倡议具有特殊的重大意义。从历史上看，全球化有力地促进了国际分工，加快了资金、技术、产品的跨国流动，带动了各国的深度融合，为世界经济增长提供了强劲动力。二战后到 2008 年国际金融危机爆发前，欧洲经济的重建（20 世纪 50—60 年代）、"亚洲四小龙"的崛起（20 世纪 80—90 年代）、中国近 40 年的高速发展（20 世纪 80 年代以来），始终以开放合作为主线，引领了全球经济的三轮大发展（见图 2.8）。当前，尽管全球化遭遇一些挑战，但大多数国家仍愿意加强合作，使全球化进程更有活力、更加包容、更可持续。正因如此，"一带一路"倡议一经提出，就得到了世界上大多数国家的认可和响应。

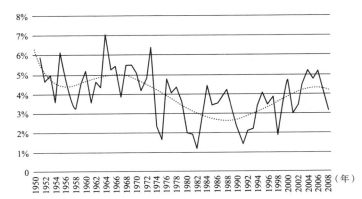

图 2.8 二战后世界经济增速

资料来源：根据麦迪森《世界经济千年史》数据库整理

"一带一路"建设助推全球化4.0

全球化4.0呼唤全新的发展理念

作为人类文明发展的规律之一，全球化的步伐自哥伦布发现新大陆以来就一直没有停歇。在经历了1.0、2.0和3.0阶段后，当前全球化已迈进4.0时代。

根据日内瓦高级国际关系及发展学院国际经济学教授、欧洲经济政策研究中心前主席理查德·鲍德温的研究，19世纪，随着蒸汽动力大幅降低货物的国际运输成本，全球化迅速发展。全球化1.0开始于1820年，结束于一战之初。全球化2.0开始于二战后，结束于1990年左右。在两次大战期间，全球化倒退了。在全球化1.0和2.0时期，七国集团各国的出口、收入和工业增长迅猛，占世界GDP的份额由1820年的1/5升至1988年的2/3，在世界贸易中所占的份额超过50%。全球化1.0对全球工业格局的影响显著。英国作为第一个工业化国家，一直保持着巨大的领先优势，直到20世纪初被美国超越。七国集团中的其他国家在19世纪中后期崛起。自人类文明出现以来，中国、印度、巴基斯坦等国一直是主要的工业强国，但随着七国集团的工业化，这些国家的工业生产能力受到明显削弱。

20世纪后期，在信息和通信技术出现后，国际贸易和生产成本大幅降低，全球化再次向前跃进。这一"新全球化"，即全球化3.0，对全球GDP份额产生了显著影响。20年间，七国集团在世界GDP中所占份额暴跌至原来的50%，在贸易中所占的份额也降至原来的32%，成为过去二三十年引发国际政治经济格局变更的重大因素。1970—1990年，七国集团在全球制造业中的份额就开始逐渐下降，从1990年开始则加速下降。制造业去了哪里呢？"快速工业化六国"几乎占据了所有份额，具体包括中国、韩国、印度、波兰、印度尼西亚和泰国，其中中国表现突出，在短短20年里，中国在全球制造业中的占比提高了将近16个百分点。

与此前三次全球化浪潮不同的是，全球化4.0时代是一个碰撞的时代，也是一个挑战层出不穷且前所未有的时代，包括人工智能、大数据、自动化、未来的网络与虚拟经济、新的地缘政治等。理查德·鲍德温认为，全球化 1.0 代表了一战前世界经济野蛮生长的时代，全球化 2.0 是二战后国际秩序与治理体系建章立制的体现，全球化 3.0 以离岸外包的兴起引发了全球价值链革命，在全球化 4.0 时代，技术进步以指数化速度推进，服务行业贸易壁垒被消除，发达国家乃至全球数以亿计的服务业岗位将受到人工智能带来的自动化和数字技术推动的"远程迁移"趋势冲击。

全球化 4.0 可以被看作人类新的发展阶段。当前贸易保护主义和单边主义在一些发达国家愈演愈烈，全球经济治理似乎正在失去方向。全球化 4.0 之前的三个阶段在相应时期都推动了人类文明的发展进步，但是随着进一步发展，目前全球化带来了一些问题，诸如全球贫富差距拉大、失业现象严重、全球治理不公和失效等，逆全球化现象开始逐渐显现。因此，在全球化 4.0 时代，我们需要以合作共赢、共同发展为核心理念，改革全球治理体系，共同推进全球化发展。同时，各国还需就技术进步带来的新变化、新风险展开对话，加强合作，避免全人类再度陷入危机管理的迷雾之中。

"一带一路"致力于解决全球化的固有缺陷

自 2001 年"入世"以来，中国快速融入全球化，在全球经济中的地位和贡献不断提升。"一带一路"倡议是中国从"融入全球化"到"引领全球化"转变的标志，也成为中国在全球化 3.0 向 4.0 切换过程中的一份全面而主动的规划。

中国主动适应全球化，不断为全球化做出积极贡献。从改革开放初期的简单引入资金、技术和资源，到后来更好地理解和全面拥抱全球化，中国逐步融入世界市场，将自身发展战略与世界发展趋势更加紧密地融合在一起。特别是，2001 年"入世"以后，中国践行自由贸易理念，全面履行加入承诺，大幅开放市场，坚定维护多边贸易体制。关税方面，中国大幅降低进口关税。截至 2010 年，中国关税总水平由 2001 年的 15.3% 降至 9.8%。外贸经营权方面，中国促进经营主体多元化，激发各类企业开展贸易的积极性。2017 年，中国民营企业出口占比达 46.6%，成为对外贸易的第一大出口经营主体。服务业方面，在世界贸易组织划分的服务业 160 个分部门中，中国承诺开放 100 个分部门，接近发达成员平均承诺开放 108 个分部门的水平。知识产权保护方面，中国修订《商标法》《反不正当竞争法》，不断完善知识产权保护法律体系。从 2001 年起，中国对外支付知识产权费年均增长 17%，2017 年达到 286 亿美元。中国为履行承诺付出巨大努力，是多边贸易体制的积极参与者、坚定维护者和重要贡献者。1997 年亚洲金融危机和 2008 年国际金融危机使全球化遭遇重大考验，中国在保持自身经济和金融稳定的同时，积极加强与各国协调合作，参与全球治理改革、危机援助，维护了全球化成果，展现了大国担当。

2013 年以来，中国秉持共商、共建、共享的全球治理观，提出"一带一路"倡议，打造国际合作新平台，构建人类命运共同体，为全球化贡献中国智慧和中国方案。"一带一路"倡议是中国基于自身发展的需要和周边政治经济环境所做出的判断和抉择，也是承接历史与现实、进一步提升国际地位和影响力的蓝图。从以往全球化的历程来看，由于自全球化 2.0 以来所形成的全球治理结构存在先天缺陷，绝大部分国家都期望出现一个具有平等互惠基础的全球经济发展体系。而自 2008 年国际金融危机以来，发达经济体实力相对下降，其主导全球化的意愿、方式发生变化，导致原来支撑全球化的理念规范（如自由贸易、开放市场、民主政治、多元文化等）面临前所未有的挑战。正是基于中国目前的经济规模和发展需要，以及全球化推动下世界经济合作与分工程度的不断深化和广泛需求，中国在内外部环境日趋成熟的条件下，高瞻远瞩地提出了"一带一路"倡议。

"一带一路"引领全球化新格局

"一带一路"建设搭建了中国与世界互联互通的桥梁和纽带，共商、共建、共享的理念不仅极大地激活了全球各国的发展潜力，而且为各国实现互利共赢提供了最重要的前提和基础。"一带一路"建设必将凝聚全球共识，引领全球化新格局。

"一带一路"建设将推动各国抓住新一轮产业革命机遇，实现经济转型升级。现代工业将信息网络、先进材料和工艺以及现代管理等新成果广泛应用于产品研发设计、生产制造、营销管理、售后服务全过程，保障了社会发展的物质供应，同时还具有技术先进、知识密集、附加值大、成长性好、带动性强等特征，是一国综合国力和核心竞争力的重要体现。中国将制造业定位为"立国之本、兴国之器、强国之基"。2008年国际金融危机对实体经济过度虚拟化、服务化的发展模式进行了一次全面洗礼，危机后具有更强经济韧性的经济体，例如中国、美国、德国、日本与韩国等都在制造业发展上表现突出，特别是中国逆势崛起，一举成为世界第一制造业大国。相较而言，一些金融业、房地产和其他服务业较为发达的国家则受到了严峻的挑战，以南欧国家、英国等为典型。正是基于制造业的重要性，发达国家掀起"再工业化"浪潮。在此情况下，工业4.0应运而生，全球化4.0与工业4.0相辅相成。促进制造业的智能升级是各国把握全球化4.0进程的突破口。只有抓住工业4.0的机会，在信息技术和传统工业融合中，实施以创新驱动，对技术、工业体系、商业进行创新，才能实现经济转型升级，在全球竞争中保持持续发展动力。"一带一路"建设大力推动国际产能合作和第三方市场合作，将有助于各国在新一轮产业革命中找准定位，推动发达国家和发展中国家在资金、技术、市场等方面优势互补，实现全球产业链和价值链的大联通。

"一带一路"合作为世界提供了全球公共产品。全球公共产品是一个或多个国家提供给国际社会共同使用的资源、制度、物品和设施等。"公共产品"的概念首先由保罗·萨缪尔森在1954年提出，具有消费的非竞争性和非排他性两大特征。自2008年国际金融危机以来，世界经济遭遇重挫，逆全球化趋势凸显，贸易保护主义有所抬头，全球经济治理乏力，传统的全球化动力正在逐步减退。特别是发展中国家，在基础设施建设、工业及贸易发展等领域面临着资金、技术等多重缺口的难题。在现实条件下，由传统欧美强国提供全球公共产品的可能性逐步降低。自古代丝绸之路起，中国就有提供国际公共产品的先例。改革开放以来，中国一

度是国际公共产品的消费者，但是随着经济实力的不断增强，中国为国
际社会提供公共产品的意愿和能力逐步上升。中国提出"一带一路"倡
议，既填补了发达国家提供公共产品能力下降后的空缺，又为国内提供
了一个前所未有的开发开放平台，构建起了前所未有的"大棋局"。中国
可以以"一带一路"国际合作高峰论坛为契机，推动建立"一带一路"
合作平台，加强合作机制，使其成为新的全球化治理模式；深化和利用
好现有合作平台机制，推进"一带一路"沿线各国务实合作；特别是通
过对有关机制进行补充，加强规则的制定与对接，形成照顾各方利益的
柔性联动机制。

　　"一带一路"建设将促进国际治理改革，构建以合作、平等、共赢为
核心的新型国际关系。"一带一路"倡议旨在构建一个平等、包容、开放、
互惠互利的以合作共赢为核心的新型国际关系，与二战后"马歇尔计划"
所谋求的由美国主导的国际秩序完全不同。这种新型关系不仅是"一带
一路"倡议顺利推进的保障，而且是全球化 4.0 的核心宗旨。中国要促
进国际治理机制改革，使之反映世界政治经济格局的深刻变化，使新兴
市场和发展中国家能够获得与其经济地位和贡献相匹配的话语权。按市
场汇率法衡量，新兴市场和发展中国家的经济总量在全球所占份额已从
2008 年的 31.1% 上升到 2017 年的 40.1%，全球贸易份额也从 32.6% 上升
到 36.3%，对世界经济增长贡献率超过 45%。在此背景下，国际治理规
则和秩序理应向新兴经济体倾斜，以适应国际经济和贸易格局变化，使
责任和权利相匹配。然而，现实情况是，世界上现有的三大经济组织几
乎都被以美国为首的西方发达国家集团主导，在某种程度上已成为西方
对其他国家进行干涉的主要工具，这种组织的运行模式既不符合绝大多
数国家的利益，又不符合世界未来的发展潮流。因此，"一带一路"建设
要与国际治理机制改革相结合，通过带动沿线国家经济发展，提升新兴
经济体的国际话语权和影响力，例如，加强与相关国家战略对接，建立
更加紧密的互利合作关系。"一带一路"建设要积极推进与东南亚、南
亚、中亚、东北亚等周边国家产能合作，加快区域全面经济伙伴关系协
定谈判，争取早日建成亚太自贸区；统筹中国-欧盟和中国-中东欧国家

"17+1"合作，让中国与欧洲利益深度交融；实施中非工业化、农业现代化、基础设施等十大合作计划，助力非洲经济发展，壮大新兴经济体在国际舞台上的地位。"一带一路"建设还要以联合国和国际货币基金组织、世界银行、世界贸易组织、金融稳定委员会等国际机构为重点，维护现行多边体制的权威性；充分利用达沃斯论坛、博鳌亚洲论坛等非官方会议组织，促进国际经济多层次合作与交流；注重发挥亚投行和新开发银行的作用，扩大其影响力。

"一带一路"建设将助力人民币国际化，提高国际货币体系的稳定性。美国能长期维持其在全球化进程中的主导地位，一个重要原因就在于美元是最为重要的世界货币。凭借这种优势，美国不仅能在世界经济竞争中占据主动权，而且能够通过其货币政策的调整影响全球经济格局。自2008年国际金融危机爆发以来，国际社会关于改革"美元独大"的国际货币体系的呼声强烈。在此背景下，人民币国际化成为现实需要。事实上，人民币在过去20多年已经成为维护全球金融稳定的重要力量，这突出表现在两个方面。首先，人民币是金融危机的"稳定器"。1997年亚洲金融危机期间，东南亚各国由于受到金融冲击，汇率竞相贬值。中国对外公开承诺人民币不贬值，为各国抵御危机冲击增强了信心。2008年国际金融危机期间，人民币不但没有贬值，还保持了一定程度的升值，为世界经济的稳定发展承担了重要的责任。中国稳定的社会政治环境、快速的经济增长、平衡的财政收支、较低的外债水平和庞大的外汇储备，是避免汇率大起大落、维持人民币信心的重要基石。其次，人民币是国际汇率风险的"避风港"。随着中国与世界各国经贸往来日益密切，国际上产生了以人民币进行计价结算、规避汇率风险的广泛需求。经过几年的发展，人民币已经成为中国第二大跨境收支货币、全球第一大新兴市场外汇交易货币、第三大SDR（特别提款权）篮子货币、第五大国际支付货币和第六大外汇储备货币。近年来，中国人民银行先后与37个国家和地区央行签署了总额超过3.3万亿元的货币互换协议。据不完全统计，全球已有超过60个国家和地区将人民币纳入外汇储备。这充分说明人民币对各国投资者具有很大的吸引力。"一带一路"沿线大多数国家的汇率波动频繁，通过在与沿线国家进行贸易和投资活动的基础上推进人民币结算进程，逐步提升人民币的国际地位和影响力，不仅有利于降低沿线国家的汇率波动风险，还将促进中国与沿线国家的贸易投资活动，带动沿线国家经济发展，为全球化 4.0 进程注入新的活力。

第三章

"一带一路"投融资体系与国际合作

当前，"一带一路"很多经济体正处在工业化、城市化起步或加速阶段，资金需求旺盛，当然也面临技术、经验缺乏和风险较大的困境，只有用创新的方式才能得以解决。"一带一路"是一个与沿线各国共建的巨大市场，也是一个需要建设的市场。从经济一体化发展需求来看，"一带一路"沿线国家，特别是亚洲地区现有的基础设施与经济发展越来越不相适应，迫切需要金融支持。

"一带一路"建设实施中的金融需求分析

"一带一路"金融需求：基础设施

基础设施互联互通是"一带一路"建设的优先领域。推进基础设施建设包括以下几点。一是交通基础设施，推进关键通道、关键节点和重点工程建设，优先打通缺失路段，畅通瓶颈路段；推动口岸基础设施建设，畅通陆水联运通道；推进港口合作建设，提升航空基础设施水平。二是能源基础设施，维护输油、输气管道等运输通道安全，推进跨境电力与输电通道建设，积极开展区域电网升级改造合作。三是通信基础设施，推进通信干线网络建设，加快推动双边跨境光缆等的建设。

在 2017 年 5 月中旬召开的"一带一路"国际合作高峰论坛上，中国宣布将追加提供总值 7 800 亿元的融资，用于支持"一带一路"建设相关的基础设施项目。除了表明中国政府对于"一带一路"建设的承诺及认可，这也反映了"一带一路"建设对于投资的需求巨大。

"一带一路"很多经济体正处在工业化、城市化起步或加速阶段，面临建设资金短缺、技术和经验缺乏的困境，这制约了"互联互通"重点项目推进。从经济一体化发展需求来看，"一带一路"沿线国家，特别是亚洲地区现有的基础设施与经济发展越来越不相适应，人均铁路、公路、桥梁、机场、港口数量少，是经济发展的主要制约因素之一，迫切需要加大基础设施投资。其中部分沿线国家的基础设施情况如表3.1所示。

表3.1 "一带一路"沿线主要国家的基础设施概况

地区	国家	城市化率（%）	人均GDP（2011年国际美元）	电力覆盖率（人口%）	每100平方千米的铁路长度（千米）	每100平方千米的公路长度（千米）	港口设施质量（1~7）	物流表现（1~5）
东亚	蒙古国	70.40	8 297	100	0.12	3.20	1.70	2.36
	俄罗斯	73.90	23 310	100	0.51	6.70	3.90	2.69
	中国	53.20	10 756	93	0.71	43.70	4.60	3.53
东南亚	印度尼西亚	52.30	8 855	100	0.26	27.40	4.00	3.08
	泰国	47.90	13 736	73	1.04	35.20	4.50	3.43
	马来西亚	73.30	21 897	83	0.68	47.30	5.60	3.59
	越南	32.30	4 912	96	0.76	51.60	3.70	3.16
	新加坡	100.00	74 609	94	NA	487.40	6.70	4.00
	菲律宾	44.60	6 005	73	0.16	67.70	3.50	3.00
南亚	印度	32.00	5 050	91	2.17	157.80	4.00	3.08
	巴基斯坦	37.90	4 360	55	1.01	34.10	4.40	2.83
	孟加拉国	32.80	2 364	85	2.18	183.80	3.70	2.56
	尼泊尔	17.90	2 118	100	0.04	13.90	2.20	2.59
西亚	沙特阿拉伯	82.70	51 122	100	0.07	10.30	5.00	3.15
	阿联酋	85.00	57 045	100	NA	4.90	6.50	3.54
	阿曼	76.70	44 491	100	NA	19.50	5.20	3.00
	土耳其	72.40	18 148	100	1.25	48.10	4.40	3.50
	以色列	92.00	30 600	99	4.99	85.80	3.80	3.26

（续表）

地区	国家	城市化率（%）	人均GDP（2011年国际美元）	电力覆盖率（人口%）	每100平方千米的铁路长度（千米）	每100平方千米的公路长度（千米）	港口设施质量（1~7）	物流表现（1~5）
中亚	哈萨克斯坦	53.00	21 506	100	0.53	3.60	2.70	2.70
	乌兹别克斯坦	36.20	4 705	100	0.99	19.20	NA	2.40
	土库曼斯坦	49.00	12 460	100	0.66	5.10	NA	2.31
	吉尔吉斯斯坦	35.00	2 870	100	0.22	17.70	1.30	2.21
	塔吉克斯坦	27.00	2 320	100	0.44	19.80	2.10	2.53
中东欧	波兰	60.60	22 162	100	6.41	134.60	4.00	3.49
	罗马尼亚	54.20	17 237	99	4.69	48.50	3.40	3.26
	捷克	73.10	26 733	100	12.26	169.20	4.00	3.49
	斯洛文尼亚	49.80	27 394	100	7.47	90.20	3.50	3.26
	保加利亚	73.30	15 706	100	3.75	18.00	4.20	3.16
	匈牙利	70.30	22 146	100	8.70	222.00	3.80	3.46
	立陶宛	66.60	23 556	100	2.82	132.30	4.90	3.18

资料来源：中信证券，《A股策略专题：内外兼修，伐谋一带一路》，2015年6月3日

以上统计数据表明，包括中国在内的"一带一路"沿线主要国家仍然有巨大的基础设施需求空间（见图3.1）。根据亚洲开发银行的测算，2010—2020年，亚洲区域的基础设施建设平均每年需要7 300亿美元投资，总需求大约是8.28万亿美元，其中国别投资需求约为8万亿美元，区域投资需求为2 800亿美元。这些投资中，68%为新建投资需求，32%为维护及改造投资需求。从次区域分布看，东亚和太平洋地区的国别投资需求为4.67万亿美元，南亚为2.87万亿美元，中亚为4 600亿美元。

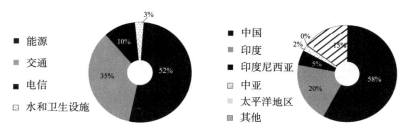

能源
交通
电信
水和卫生设施

中国
印度
印度尼西亚
中亚
太平洋地区
其他

图 3.1 亚洲基础设施需求（分行业／分国家及地区）

资料来源：亚洲开发银行、汇丰银行

到 2030 年，亚太地区要保持目前所预期的增长态势，每年需要约 1.5 万亿美元的基础设施投资（见图 3.2）。2016—2030 年，亚洲基础设施投资总需求将高达 22.6 万亿美元（《满足亚洲的基础设施建设需求》，亚洲开发银行，2017 年）。这一预估涵盖亚洲发展中地区的所有 45 个亚洲开发银行成员，专注于该地区的电力、交通、电信、水利和公共卫生基础设施。目前，亚洲国家每年在基础设施领域投资 8 810 亿美元，预估的融资缺口相当于 2016—2020 年 GDP 预测值的 2.4%。

其中，中国、印度和印度尼西亚的基础设施投资需求最大，中国占到一半以上（约 58%）。其他"一带一路"沿线国家也需要弥补基础设施投资缺口。与中国相似，大部分"一带一路"沿线国家正处于城市化的快速增长阶段（60% 的"一带一路"沿线国家的城市化率在 30%~70%）。根据世界银行的数据，2015 年"一带一路"沿线国家的平均城市化率上升了 0.61 个百分点，同年全球城市化率平均上升 0.15 个百分点，前者明显较快。简而言之，城市化过程催生大量基础设施需求。

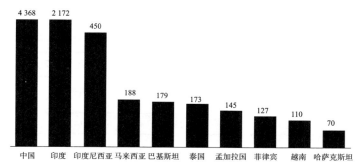

图 3.2 2010—2020 年亚洲主要国家基础设施投资需求（10 亿美元）

资料来源：亚洲开发银行

世界银行 1994 年在其相关报告中提出经济基础设施投资占 GDP 比重不少于 5% 的政策。袁佳（2016）对 2016—2020 年"一带一路"沿线国家和地区基础设施投资额占 GDP 的比重拟定了高、中、低三种方案：在低方案下，"一带一路"沿线国家和地区平均基础设施投资占 GDP 的比重为 6%；在中方案下，"一带一路"沿线国家和地区平均基础设施投资占 GDP 的比重为 7%；在高方案下，"一带一路"沿线国家和地区平均基础设施投资占 GDP 的比重为 8%（见表 3.2）。根据 2016 年 4 月国际货币基金组织在《世界经济展望报告》中对全球经济规模的估算，2016—2021 年，"一带一路"地区的 GDP 规模将由 23 万亿美元（中国的 GDP 规模为 11 万亿美元）上升至 34 亿美元（中国的 GDP 规模为 17.8 万亿美元），"一带一路"地区的基础设施投资规模为 7 万亿~9 万亿美元，年均投资额在 1.1 万亿~1.5 万亿美元；不包括中国在内的"一带一路"沿线 64 个国家的累计基础设施投资规模在 2.5 万亿~3.5 万亿美元，年均投资额在 4 000 亿~6 000 亿美元。考虑到"一带一路"沿线多数国家经济发展水平较低，基础设施建设普遍不足，如果"一带一路"建设顺利实施并能够较好地解决融资问题，那么基础设施的潜在需求将可能高于估算值。此外，考虑到"一带一路"建设具有开放性，不限于沿线 65 个国家，目前已有 100 多个国家和国际组织愿意参与"一带一路"建设，其基础设施投资需求将进一步上升。因此，总体来看，2016—2021 年，不包括中国在内的"一带一路"沿线国家基础设施年均投资规模在 4 000 亿~6 000 亿美元，这是较保守的估计。"一带一路"地区巨大的投资规模，将催生包括融资在内的一系列金融服务需求。

表 3.2　"一带一路"沿线国家和地区基础设施投资需求测算（10 亿美元）

	国家和地区	2016 年	2017 年	2018 年	2019 年	2020 年	总计
低方案：6%	亚洲新兴经济体和发展中国家	1 038	1 120	1 215	1 330	1 455	6 158
	独联体国家	105	116	128	142	157	647
	中东、北非、阿富汗和巴基斯坦	195	211	228	245	262	1 142
	总计	1 337	1 447	1 571	1 717	1 874	7 947

（续表）

	国家和地区	2016 年	2017 年	2018 年	2019 年	2020 年	总计
中方案：7%	亚洲新兴经济体和发展中国家	1 211	1 307	1 418	1 551	1 698	7 185
	独联体国家	122	135	149	166	183	755
	中东、北非、阿富汗和巴基斯坦	227	246	266	286	306	1 332
	总计	1 560	1 689	1 833	2 003	2 186	9 272
高方案：8%	亚洲新兴经济体和发展中国家	1 384	1 494	1 620	1 773	1 940	8 211
	独联体国家	139	155	170	189	209	863
	中东、北非、阿富汗和巴基斯坦	260	282	304	327	350	1 522
	总计	1 783	1 930	2 095	2 289	2 499	10 596

基础设施投资具有较大的乘数效应。根据测算，在亚洲地区，每 1 美元基础设施投资就能拉动 3~4 美元其他产业投资的需求。如果基础设施领域投资 10 亿美元，在亚洲地区就能够创造出 1.8 万个就业机会。此外，根据亚洲开发银行的测算，2010—2020 年，32 个亚洲开发银行成员需要基础设施投资 8.22 万亿美元，每年平均需投资 8 000 亿美元。其中，68% 是新增基础设施的投资需求，32% 是维护或维修现有基础设施所需资金。而根据近几年的数据测算，亚洲开发银行和世界银行两大金融机构每年在亚洲地区进行的基础设施投资总计只有 300 亿美元，远远满足不了资金需求。据有关专家初步估算，"一带一路"沿线涉及 60 多个国家，基础设施建设正进入加速期，投资总规模或高达 6 万亿美元。据中国人民银行金融研究所（2016）测算，2016—2020 年，"一带一路"沿线国家基础设施建设每年资金需求按最低方案估计在 1.3 万亿 ~1.9 万亿美元，若不计中国，每年仍需 6 000 亿 ~8 000 亿美元的注资（见表 3.3）。

表 3.3 "一带一路"沿线（除中国）基础设施投资需求测算（10 亿美元）

	国家和地区	2016 年	2017 年	2018 年	2019 年	2020 年	总计
低方案：6%	亚洲新兴经济体和发展中国家（中国除外）	303	330	359	393	429	1813
	独联体国家	105	116	128	142	157	647
	中东、北非、阿富汗和巴基斯坦	195	211	228	245	262	1 142
	总计	602	657	715	780	848	3 602
中方案：7%	亚洲新兴经济体和发展中国家（中国除外）	353	385	419	458	501	2 115
	独联体国家	122	135	149	166	183	755
	中东、北非、阿富汗和巴基斯坦	227	246	266	286	306	1 332
	总计	702	767	834	910	989	4 202
高方案：8%	亚洲新兴经济体和发展中国家（中国除外）	404	440	479	523	572	2 418
	独联体国家	139	155	170	189	209	863
	中东、北非、阿富汗和巴基斯坦	260	282	304	327	350	1 522
	总计	803	876	953	1 039	1 131	4 802

　　"一带一路"沿线国家强烈的基础设施建设需求难以满足，成为制约其经济增长的瓶颈，而资金短缺正是其基础设施建设面临的重大障碍。然而，现有的多边金融机构，如亚洲开发银行、世界银行、国际货币基金组织等，无论出于机构设立的目的、宗旨及对象的考虑，还是基于资本金对其出资能力的限制，都不足以提供给这些发展中国家如此巨额的资金。例如，世界银行和亚洲开发银行每年只能向亚洲国家提供 200 亿美元资金支持，而用于基础设施的资金仅为其中的 40%~50%。这些国家本身的经济发展情况和资本积累情况也难以满足自身的基础设施投资需求。整体来看，"一带一路"核心区域国家的基础设施建设融资存在巨大

缺口。因此，这对于专注域内基础设施建设的亚投行和服务"一带一路"沿线国家建设的丝路基金是一个极好的发展机遇，可以更好地利用"一带一路"巨大资金需求缺口实现自身的发展壮大。

大量的基础设施建设需求广泛占据交通、能源、通信、海洋建设等诸多领域，这些领域的基础设施建设各有其特点。那么，以全方位基础设施建设为突破，实现互联互通是"一带一路"建设实施的基石。

交通基础设施领域

交通基础设施建设是"一带"与"一路"有效连接的支点，未来它将成为中国和周边国家经贸往来的重要运输服务通道。所以，加快铁路、公路、港口和航空的基础设施及通道建设，是推动"一带一路"建设的巨大力量。

据初步统计，中国与周边国家已经开通 13 条主要公路、6 条铁路、4 条油气管道、78 个一类口岸，连接东亚、南亚、中亚，辐射西亚、欧洲的国际通道网络初步形成。此外还有一些新的发展，比如成都、重庆、郑州、西安也开通了与欧洲之间新的铁路联运大通道。

"一带一路"交通项目重点是推进中老泰、中蒙、中俄、中巴、中吉乌、中哈、中塔阿伊、中印、中越等互联互通交通基础设施建设。在项目优先开发次序的选取上，可酌情根据项目的成熟度、中国与周边地区的现实与长远需求来确定。

东南亚方向（"海上丝绸之路"）有南北向的铁路、公路等交通通道及配套港口建设、跨界电网、油气管线等，如中缅公路、铁路，中老柬铁路、公路，皎漂港、西哈努克港等项目。中亚方向（"丝绸之路经济带"）有中吉乌铁路、中亚油气管线 D 线和 E 线以及延伸至巴基斯坦、伊朗的管线。南亚方向有红其拉甫至瓜达尔港的公路、瓜达尔港口、核电厂、汉班托塔港、科伦坡港、吉大港建设项目。东北亚方向有中俄原油管线复线、黑河至俄罗斯远东的天然气线、同江大桥项目。

相关节点城市积极参与建设。以"一带一路"建设为指导，中国国内相关城市也积极参与各相关区域、领域的建设。根据规划，宁波将围绕港口合作、通道建设等主要任务，每项任务规划实施 10 个左右的重点项目，总投资约 1 420 亿元。厦门的首期实施项目已由之前计划的 33 个增加到 41 个，包括建设厦门东南国际航运中心、东渡邮轮母港以及厦门翔安机场等港陆空基础设施项目，并将重点选择与 9 个"海上丝绸之路"沿线国家实施项目合作，包括马来西亚、新加坡、印度尼西亚、泰国、菲律宾、越南、印度、伊朗、斯里兰卡，计划到 2020 年对这 9 个国家的累计投资总额突破 5 亿美元。西安作为重要节点城市之一，首批将启动 60 个重点项目，总投资达到 1 155 亿元。广州港正酝酿打造"海上丝绸之路"沿线港口城市联盟，以支持广州港与沿线各节点城市深化港口设施与海上运输等有关项目的合作。广西"21 世纪海上丝绸之路"的海上航线项目由钦州市、北部湾港务集团、东盟及国内外知名航运企业联合打造，2015 年起实施与越南、马来西亚的航线项目。此外，钦州、广州、珠海、宁波、厦门等不少港口城市都在推动港口与铁路、高速公路和轨道交通等的紧密衔接，构建港口立体化交通体系。比如，宁波推进内陆"无水港"、码头、泊位等港口基础设施建设，构筑全国港口多式联运枢纽。

交通基础设施建设作为"一带一路"的先行者，目前正进入加速期，而资金融通作为交通基础设施建设的支撑，发挥着非常重要的作用。金砖国家开发银行、亚投行、丝路基金都将集中向"一带一路"沿线国家以及其他面临基础设施瓶颈的发展中国家进行投资，促进和帮助这些国家发展交通、运输、通信、电力等基础设施。除此之外，商业银行资金和私人资本的进入也可以帮助弥补交通基础设施建设的资金缺口。

下面我们以高铁为例，分析"一带一路"沿线的投资带动效应。"一带一路"建设首先要抓住通道、节点和枢纽。例如，北、中、南三条线是通道，通道上有若干节点，北线上有蒙古国、哈萨克斯坦和俄罗斯，中线上有巴基斯坦、伊朗、土耳其，南线上则有越南、老挝、缅甸、泰国、新加坡等。枢纽则意味着，选择了一个节点就覆盖了一个片区。东南亚的很多跨国企业虽然业务在印度尼西亚或者泰国，但是可能会将总部设在新加坡。中东的企业则首选将总部设在迪拜。

此前，中国的央企在海外的发展遵循两条路径：一条是跟着政府援助的项目走，贷款放到哪里项目就跟到哪里；另一条是跟着市场走，随机性比较大，可能因偶然的机会就去承接了某个项目。这些企业在这个阶段承接的项目以工程承包为主，做完项目就走，接着再去找新的项目。此后，这种情况将会发生两个根本性的变化。一是以后的项目是带着投资走，这意味着企业投资完之后要经营，要留下来，要从设施建设到产业投资延展开来。海外项目要跟产能合作关联起来，这就意味着不是"打一枪换一个地方"，而是要扎根下来。二是选择实施项目的地方不再具有随机性，要连点成线，连线成面，将几条大的线路都规划好，直接在这些地方努力。

高铁的建设不只是路的问题，也不只是机车的问题，还有控制系统，还有从电力供应到信号、检修以及与别的线路的衔接，还涉及人流和物流的设计安排。这些不只是单纯的技术设施建设，更不是单一企业能够完成的工作。它的前端可以延伸到项目所属地区的交通规划布局，后端可以延展到沿线的开发、运营和管理。在市场化的条件下，不能单纯指望政府机构协调项目，还需要有商业化的平台发挥承上启下的作用，将诸如整车制造设备商中国中车，工程施工企业中国中铁、中国铁建、中土集团等，专业设备企业永贵电器、鼎汉技术等，信号系统龙头众合机电，车辆检修、安全监测龙头宝利来等企业整合，形成一个联合体。这样的合作模式目前在系统内已经开始，一些施工企业和设计院形成天然的联合，还可以扩大联合范围。最终，在整个项目建设发展的过程中，银行业所起到的支持作用都是举足轻重的。

能源与矿产资源相关领域

加强能源与矿产资源基础设施互联互通合作，维护输油与输气管道、矿产资源开发等通道安全，推进跨境电力与输电通道建设，是"一带一路"的重要内容。

中亚国家自然资源丰富，但分布不均。按照能源进出口情况来区分，中亚五国中，哈萨克斯坦、乌兹别克斯坦、土库曼斯坦三国属于能源输出国，塔吉克斯坦、吉尔吉斯斯坦两国属于能源输入国。哈萨克斯坦石油储量丰富，是重要的石油生产和出口国，也有相当储量的天然气，但出口量不大，有时在局部地区还会出现天然气短缺情况。乌兹别克斯坦天然气储量较大，但出口有限，主要向塔吉克斯坦、吉尔吉斯斯坦等周边国家出口。但塔吉克斯坦、吉尔吉斯斯坦两国经济困难，常常出现拖欠购买天然气款项的情况，导致乌兹别克斯坦停止向其供应天然气，从而引起双边关系紧张。土库曼斯坦天然气储量巨大，出口较多，主要出口对象是俄罗斯、中国、伊朗等。塔吉克斯坦和吉尔吉斯斯坦虽然石油和天然气储量有限，但水力资源丰富。

中亚国家矿产资源丰富，铜、金、锑等资源的储备在全球占有重要地位，目前开发利用程度相对较低，具有良好的开发前景。出于历史、文化、宗教等多方面的原因，目前中亚国家大多处于社会动荡之中，被认为是全球投资风险最高的地区，但跨国公司已开始关注对该地区矿产资源的开发，力拓矿业、自由港麦克莫兰铜金矿公司、三井物产、埃克森美孚等跨国公司逐渐加大对该地区能矿资源开发的布局力度。

在独立之初，中亚国家在资金上和技术上都不具备开发本国能源的能力，因此欢迎外国资本进入本国石油和天然气勘探、开采、加工等领域。很多西方国家大石油公司蜂拥而至，在中亚的能源开发领域占据着有利地位。目前，在中亚国家能源、矿产资源的对外合作中，俄罗斯依然处于主导和有利地位，它在吉尔吉斯斯坦和塔吉克斯坦基本控制了当地的汽柴油销售，并以此对两国政治和社会施加影响。同时，俄罗斯还试图通过建立地区性能源合作组织继续保持甚至加强对中亚的能源控制。美国在中亚和里海地区的能源合作涉及上游油气田勘探开发投资、中游油气管线走向和下游油气产品精炼等领域。欧盟把与中亚国家的能源合作作为战略方向之一，为摆脱对俄罗斯天然气的依赖，计划把中亚作为未来天然气的重要供应地，极力推动纳布科天然气管线的修建，把土库曼斯坦的天然气输往欧洲。但这一计划受到俄罗斯方面的干扰。中国石油公司进入中亚比较晚，遇到的困难较多，经常受到先前已经进入该地区的俄罗斯和西方石油公司干扰。

东南亚一直以来就是各主要发达国家对外投资的重要目的地。一些发达国家的跨国公司实际上对东南亚一些产业已经形成了市场垄断。例如，英国、荷兰、美国等国的石油公司基本上垄断了印度尼西亚、马来西亚、文莱等国的石油和天然气开发、加工及销售。日本的企业则基本控制了东南亚各国电子电气产品的生产。美国和日本一直努力加强在该地区的经济存在。最明显的一个例子是，许多美国公司开始准备大力进军缅甸市场。以前，缅甸的政治体制，以及它在税收、法律、金融和透明度方面与其他国家存在的较大差距，影响了外国的投资热情。但是，随着缅甸政治经济改革的加速，许多欧、美、日公司开始投资缅甸。据缅甸能源部消息，美国能源公司拟投资缅甸石油、天然气领域，包括雪佛龙公司、康菲石油公司及埃克森美孚公司等。日本近年也加大了对东南亚直接投资的力度。据日本新闻网消息，日本财务省国际收支统计报告显示，日本企业正在加快对东南亚地区的投资力度，而且投资金额已经超过了对华投资。

中东位于两洋三洲五海之地，蕴藏着丰富的石油资源，是沟通大西洋和印度洋、连接西方与东方的枢纽，也是欧洲经北非到西亚的枢纽和咽喉。

中东作为世界上最大的原油储存库，其战略地位不言而喻。中国是世界最大的石油进口国，约50%的石油进口来自中东。中国海关总署数据显示，2019年中国原油进口量为5.06亿吨，来自中东的原油进口环比增长了3.58%，达到2.45亿吨，占了总进口量的48.46%。预计未来中东依然是中国最主要的石油进口地。

中国是世界第三大天然气消费国。《2018年国内外油气行业发展报告》数据显示，2018年中国天然气进口量为1 254亿立方米（约9 040万吨），对外依存度升至45.3%。2019年1—12月，中国天然气进口量为9 656万吨，同比增长6.9%。预计到2020年，中国理论上可从中东地区获取天然气383亿立方米，占全球可获取总量的9%。

俄罗斯具有雄厚的油气资源基础，潜力巨大，前景广阔，未来为世界提供油气的能力将逐渐增强，在世界油气供应体系中占有重要地位。与中东、非洲等油气资源富庶地区相比，俄罗斯政局稳定，投资环境相对较好，虽然油气财税政策均有从严趋势，但在国际政治体系中独立性更强，而且紧邻中国，与中国有着良好的外交关系，彼此互补性很强，是中国比较理想的境外油气合作伙伴。加强与俄罗斯和中亚地区主要资源国的油气合作是满足中国国内日益增长的油气消费诉求、促进国内能源结构优化、推动经济和社会发展的重要保障。

俄罗斯矿产资源也非常丰富，虽然部分资源总量低于中国，但人均拥有量远高于中国。据美国地质调查局统计，2010 俄罗斯的铅资源储量为 920 万吨，占全球的比重为 1.5%，居世界第三位；钨资源储量为 25 万吨，占全球的 11.1%，居世界第二；钼资源储量为 25 万吨，占全球的 2.8%，居世界第七；锡资源储量为 35 万吨，占全球的 6.7%，居世界第六。

凭借丰富的有色金属矿产资源，俄罗斯的有色金属工业整体实力不俗，拥有俄罗斯联合铝业公司、诺里尔斯克镍公司、阿菱索马集团等实力雄厚的跨国公司。上述企业涉及的有色金属主要为铜、铝、镍、黄金等，而从事铅、锌、钨、钼、锡等有色金属开发的矿业企业规模不大。这一方面是因为俄罗斯当局高度重视对铜、铝、镍、黄金等资源的掌控，注重相关产业的发展；另一方面是因为铅、锌、钨、钼、锡等资源，尤其是铅、锌资源分布较为分散且绝大部分位于人烟稀少的西伯利亚和远东等高寒地区，大规模发展相关冶炼业务的单位生产成本太高。俄罗斯开发的铅、锌、钨、钼、锡等矿产资源多出口至国外，且境内仍存在一定规模的待开发资源。

中国正与"一带一路"沿线国家一道，积极规划六大经济走廊建设，其中中蒙俄经济走廊建设规划草案已完成，能源领域合作无疑是热点之一。作为"一带一路"建设能源合作的重要实践，国家电网提出"构建全球能源互联网，服务人类社会可持续发展"的观点，主要涵盖电力的洲内联网、洲际联网和全球互联，重点开发以"一极一道"（即北极、赤道）为代表的大型能源基地，构建全球特高压骨干网架，推动智能电网在全球广泛应用，强化能源与电力技术创新，从能源合作的角度进一步推动"一带一路"建设。另外，新能源产业是"一带一路"建设中最具操作性的产业,可以充分释放"一带一路"的政策红利,从中西部地区的化石能源开发转向太阳能、风能、水能等清洁能源开发,向东部地区输送,向丝绸之路沿线国家输送,这必将成为能源行业落实"一带一路"建设的重要环节。

从 2015 年 6 月以来的上市公司定向增发方案可以看出,多个行业上市公司募投项目都在加紧布局"一带一路",能源领域更为突出,广汇能源、华西能源、宝莫股份等公司的募投项目中均有对"一带一路"能源领域的布局。在能源行业巨大的投资需求中,基础设施建设投资所占的比例更是不可忽视,未来广阔的能源基础设施投资市场想必会给中国银行业带来投资市场的雨润春天。

通信行业领域

《推动共建丝绸之路经济带和 21 世纪海上丝绸之路的愿景与行动》中明确提到,共同推进跨境光缆等通信干线网络建设,加快推进双边跨境光缆等建设,规划建设洲际海底光缆项目;完善空中信息通道,扩大信息交流与合作。《关于实施"宽带中国"2015 专项行动的意见》中也提出新增 4 000 万光纤到户的宽带用户,宽带通信建设投资将达 4 300 亿元。通信作为中国与周边国家加强信息联系的关键,成为继交通行业和能源行业之后的另外一项重大基础设施建设领域。

"一带一路"为通信行业"走出去"提供了重要契机,通信行业"走出去"势在必行。近几年,中国通信设备行业产能出现了供大于求的情况,然而在"一带一路"沿线的新兴经济体中,大部分国家在通信设备等领域存在发展短板。所以,有能力在海外进行大型项目实施及通信配套设施生产的通信企业,如中兴通讯、华为、烽火通信,有望进行对外投资运营。2015 年以来,中兴通讯先后斩获了"一带一路"沿线马来西亚、巴基斯坦、俄罗斯等国家的多个项目,涉及金额近百亿。2015 年 6 月,海能达斩获了 6 亿海外项目大单,中标项目位于"海上丝绸之路"沿线的荷兰。目前,华为的海外收入占比已超过 70%,中兴通讯的海外收入占比达到 50%,烽火通信也有 10% 的收入来自海外。中国电信系统设备厂商的全球竞争力为落实"一带一路"建设规划中的通信基础设施建设提供了重要的基础，银行业的支持将为通信行业的发展锦上添花。

此外，《周边国家互联互通基础设施建设规划》明确表示要全力打造"数字丝绸之路"，建设和完善中哈、中吉、中塔、中巴等国际跨境陆地光缆系统。通信干线网络建设属于国家宽带战略范畴，项目资金需求大，投资回报周期长，必由各国政府主导，需要银行业的大力支持，这样建设规划的落地才有充分的可行性。

"一带一路"金融需求：经贸合作

经贸合作的重点需求领域

"一带一路"沿线共有 70 个国家，各国由于地理位置和经济发展阶段的不同，在能源、资源以及产业结构上具有很大的合作空间。随着全球经济一体化，跨国公司普遍兴起，贸易自由化不断推进，中国与沿线国家以及沿线国家之间贸易往来频繁，贸易领域不断扩展，贸易需求不断扩大，对于贸易融资的需求也随之扩大。

经贸合作是"一带一路"建设的重点内容。一方面，贸易环境将持续改善。中国将积极同沿线国家商建自由贸易区，加强海关检验检疫等方面的双边、多边合作，改善边境口岸通关设施条件，降低非关税壁垒，提高贸易自由化、便利化水平，激发释放合作潜力。另一方面，中国将同沿线国家拓宽贸易领域，优化贸易结构，挖掘贸易新增长点，发展跨境电子商务等新的商业业态，建立健全服务贸易促进体系，巩固和扩大传统贸易，大力发展现代服务贸易。国内各地区将充分发挥比较优势，推进"一带一路"相关的经贸合作。

在西北和东北地区，新疆将发挥向西开放的重要窗口作用，深化与中亚、南亚、西亚等国家的交流合作，形成"丝绸之路经济带"上重要的商贸物流中心。西安将打造内陆型改革开放新高地，兰州、西宁将加快开发开放，宁夏将推进内陆开放型经济试验区建设，共同形成面向中亚、南亚、西亚国家的商贸物流枢纽、重要产业基地。东北地区将完善与俄罗斯远东地区的陆海联运合作，推进构建北京-莫斯科欧亚高速运输走廊。

在西南地区，广西应发挥与东盟国家陆海相邻的优势，加快北部湾经济区和珠江-西江经济带开放发展。云南应发挥区位优势，打造大湄公河次区域经济合作新高地，将其建设成为面向南亚、东南亚的辐射中心。西藏将推进与尼泊尔等国家的边境贸易和旅游文化合作。

在沿海和港澳台地区，上海将加快推进自贸区建设，福建将建设"21世纪海上丝绸之路"核心区。深圳前海、广州南沙、珠海横琴、福建平潭等将发挥开放合作区作用，深化与港澳台合作。海南将加大国际旅游岛开发开放力度。

在内陆地区，重庆将打造西部开发开放重要支撑，成都、郑州、武汉、长沙、南昌、合肥等将打造内陆开放型经济高地。内陆口岸与沿海、沿边口岸加强通关合作，开展跨境贸易电子商务服务试点。国家应优化海关特殊监管区域布局，创新加工贸易模式，深化与沿线国家的产业合作。

根据相关资料的测算，未来10年，中国与"一带一路"沿线国家的年均贸易增长率将在20%~30%，这么高的年均贸易增长率意味着巨大的贸易融资需求。2001年以来，中国与"一带一路"沿线国家的贸易总额增长迅速，特别是从2008年国际金融危机以来，中国与东南亚11国和西亚中东19国的贸易增长突飞猛进。其中，中国对东南亚11国的贸易总额早在2014年就达到了480.3亿美元之多。这主要是由于东南亚国家是中国周边外交的优先方向，中国与东南亚各国在经济上有非常强的互补性，东南亚各国加强与中国双边贸易关系、促进共同发展的意识比较强。再加上中国-东盟自贸区的建立，极大地增强了中国和东南亚11国的贸易联系。中国与"一带一路"沿线国家的贸易联系在"一带一路"建设实施之前就已经非常紧密，随着"一带一路"建设的实施，中国与沿线国家的贸易往来变得更加密切。

跨境电子商务领域

随着"互联网+"和"万众创新、大众创业"时代的来临，跨境电子商务已经站到了资本市场的风口上。以跨境电子商务为代表的新型贸易近年来的发展脚步正在逐渐加快，跨境电子商务有望成为中国贸易乃至整个经济的全新增长引擎（见表 3.4）。

表 3.4　中国跨境电商推进路径

地点	服务平台
浙江	中国（杭州）跨境电商综合试验区建设推进大会。浙江省政府发布了《中国（杭州）跨境电子商务综合试验区实施方案》，率先在全国范围内"先行先试"，扶持跨境电商发展
广西	中越边境最大口岸城市凭祥市举办以"跨境合作、开放共赢"为主题的"中国电商凭祥边关行"活动； 南宁跨境贸易电子商务综合服务平台正式启动，中国-东盟（南宁）跨境电子商务产业园同期成立，南宁跨境贸易电子商务综合服务平台主要内容包括跨境贸易电子商务通关服务平台、跨境贸易电子商务政府公共服务平台、跨境贸易电子商务企业服务平台三部分
海南	海南省旅游电子商务专题研讨会在海口举行
福建	《福建省跨境贸易电子商务工作实施方案》出台，在深化闽台电子商务合作方面提出实施方向，建设海峡两岸跨境电子商务示范区，设立区域采购配送中心、研发中心、物流运筹中心，逐步形成两岸电子商务产业链

为了促进跨境电商发展，中国出台了一系列的扶持政策。早在 2015 年，国务院接连发布了《关于大力发展电子商务加快培育经济新动力的意见》《关于加快培育外贸竞争新优势的若干意见》《关于促进跨境电子商务健康快速发展的指导意见》等文件，在跨境电商方面做出了重要部署。

在"一带一路"建设推动下，发展中国家经济充分联系、充分发展、充分融合，将不可避免地产生新市场和新机遇。一大批区域跨境电商市场将会从以前的零散走向集中，从小到大，从弱到强，逐步走向成熟，成为中国跨境电商关注的新兴热点市场。其中在"丝绸之路经济带"上，中东国家和俄罗斯的电商市场尤其活跃。

中国跨境电商交易规模迅速扩张。《2019 中国进口发展报告》显示，2000—2018 年，中国的跨境电商交易规模从 500 亿元上升至 9 万亿元，跨境电商交易规模占总贸易额的比重从 1.27% 上升至 29.5%。跨境电商已经成为中国外贸增长的重要动力,是创新驱动发展的重要引擎。

"一带一路"沿线国家未来将成为世界电子商务发展的重要角色。2016年,新兴市场地区占全球B2C(企业对消费者的电子商务模式)市场的比重超过了北美和西欧地区。中东和北非拥有1.1亿网民,3 000万人已在网上购物,中东六国的电商规模预计从2012年的90亿美元增长到2020年的200亿美元。中东跨境在线采购客单价是其他地区的两倍,并多倾向于奢侈品,发展速度也是其他地区的两倍。俄罗斯不仅有庞大的地域,而且有庞大的消费群体。2012年,俄罗斯的互联网用户超7 000万,首次超过德国和英国,成为欧洲第一互联网大国。2017年,俄罗斯的互联网渗透率提升至71.3%,互联网用户超过1亿。2016年,俄罗斯跨境电子商务交易额达到43亿美元,同比增长26.5%。而且,俄罗斯网民更倾向于"海淘",跨境网购商品90%来自中国。未来,俄罗斯的人均年网购金额有望超过法国等发达国家。

跨境电商属于新兴行业,机会较多。2015年跨境电商单个项目平均最低融资额高达5 650万元。这表明跨境电商的融资额度较高,也显示了整个行业处于高速发展之中。所有跨境电商项目中,使用股权融资方式进行的项目数占比达到了90%以上。银行业需在其中起到整合资源的作用:为跨境电商提供资金,扶持重点企业,建立配套的物流中心和生产基地,积极推广跨境物流和境外仓储;为跨境电商企业或跨境电商平台上的商户提供跨境金融服务,例如跨境支付结算、信用证,也可以为跨境电商的配套设施提供金融支持,如海外仓建设、跨境物流等;做好跨境结算,在"一带一路"建设的实施过程中积极推进人民币国际化,银行业应在跨境金融交易和清算支付中充分发挥自身优势,为跨境电商的资金结算提供便利,帮助企业"走出去"。

跨境开发区的需求不断涌现

随着"21世纪海上丝绸之路"的兴建,沿线国家在基础设施、贸易、产业投资、能源资源、金融、生态环保、人文以及海洋等方面的合作更加深化、广化,这促使了一大批中国企业加入"走出去"的浪潮,一大批跨境开发区，包括一些跨境经贸合作区、跨境产业园区等，正在紧锣密鼓地筹建着。

2015 年 3 月 7 日，国务院同意成立"中国（杭州）跨境电子商务综合试验区"，为杭州在跨境电商领域先行先试打开了政策空间，在"海上"与"陆上"两条丝绸之路之上，开创了一条"空中丝绸之路"。西港特区作为全国首批通过商务部、财政部考核确认的境外经贸合作区之一，正处在"一带一路"的重要节点上，已形成了一个国与国、地区与地区、市与市的，点、线、面有机结合的对外发展模式，更被视作"一带一路"国家倡议下可供借鉴的样本。此外，青岛围绕打造"一带一路"北方重要门户城市的目标，布局了一批投资贸易重点项目。四川拟用三年时间，推动 20 个重点国家，培育 50 个重点项目，重点锁定有能力有意愿的 100 家企业"走进丝路"。

创新园区建设合作模式一直是中国-东盟过去 10 年合作的最大亮点，"21 世纪海上丝绸之路"建设必将带来新一轮跨境产业园区建设高潮。跨境产业园区是在保持现有的行政区划的同时，突破区域分割，实现区域间合作的一种新形式，特点是由点对点的企业转移转变为区对区的产业转移，由单纯的资金承接转变为管理与项目的复合承接。

中国政府、企业依据产业优势，积极扩展跨境产业园项目。中国交通建设股份有限公司（简称中国交建）在"一带一路"沿线 65 个国家追踪了多类项目，已成为"一带一路"建设的推动者之一。以港口为核心，建设产业园区已经成为中国交建海外战略的重中之重。目前，中国交建的港口建设覆盖缅甸、孟加拉国、马来西亚、新加坡、斯里兰卡等国家，已经签约 17 个与"一带一路"相关的产业园区项目，其中主要有：斯里兰卡科伦坡港口城市发展项目，总投资 13.96 亿美元；马尔代夫综合基建项目，包括机场、吹填、岛屿之间交通及相关配套设施；肯尼亚蒙巴萨自由贸易区开发项目，规划占地约 12 平方千米，定位为综合型自由贸易区，功能主要包括转口贸易、出口加工、保税仓储等。中国交建计划利用其丰富的国际化经营实践经验和境外园区建设开发优势，有效整合国际、国内资源，组织实施境外产业园区基础设施开发，帮助中国企业到境外投资，实现企业"组团落户"境外园区，推动"一带一路"建设。此外，中国和白俄罗斯合作的中白工业园区也在开发建设当中，是中国最大的海外工业园区，园区总建设期规划为 30 年，分三期建设，其中一期开发 17.37 平方千米，投资 14.11 亿美元，开发时间为 2014—2020 年。泉州重点推动纺织鞋服等产业到东南亚、南亚、中亚等地投资设立工业园区、营销中心和跨境电商配送中心，开展跨国经营。宁波依托中国-中东欧国家投资贸易博览会、宁波中策尼日利亚工业园项目、宁波（越南）工业园、宁波（柬埔寨）工业园等项目，积极推动和扩大与沿线国家经贸合作。

跨境开发区的建设离不开强大的金融服务作为支撑。首先，在园区建设上，需要有力的资金支持。商业银行要抓住路网、航空网、能源网、水网、互联网"五网"建设重点，围绕跨境开发区项目建设，提供银团贷款、项目融资、股权融资等服务。其次，中国企业"走出去"浪潮的兴起，将派生出更大的人民币跨境使用需求，也对金融服务提出更高的要求，商业银行应该配合"一带一路"建设，为更多的跨境园区企业提供跨境金融服务以及风险规避指导。

"一带一路"金融需求：对外投资、产能合作

在"一带一路"沿线地区，有许多积极的发展动态正支持未来的对外直接投资流量。大量新项目正在进行谈判或即将公布，这将转化成稳定的未来对外投资流量。中国在制造业（尤其是设备制造业）领域的海外投资快速增长，这是另一个需要关注的方面。这反映出中国政府正努力促进工业生产和设备制造方面的国际产能合作，意图通过将国内制造业国际化，推动制造业产业升级。

在对外投资的重点需求领域，"一带一路"建设将加快投资便利化进程，消除投资壁垒，加强双边投资保护协定，避免双重征税协定磋商，保护投资者的合法权益。相关对外投资和产能合作的主要领域包括以下方面。在农业和海洋领域，开展农林牧渔业、农机及农产品生产与加工等领域深度合作，积极推进海水养殖、远洋渔业、水产品加工、海水淡

化、海洋生物制药、海洋工程技术、环保产业和海上旅游等领域合作。在能源领域,加大传统能源资源勘探开发合作,积极推动清洁、可再生能源合作,推进能源资源就地就近加工转化合作,形成上下游一体化产业链,加强能源资源深加工技术、装备与工程服务合作。优化产业链分工布局,推动上下游产业链和关联产业协同发展,提升区域产业配套能力和综合竞争力。探索投资合作新模式,鼓励合作建设境外经贸合作区、跨境经济合作区等各类产业园区,促进产业集群发展。

在产能合作的重点需求领域,按照国家提出的《推动共建丝绸之路经济带和 21 世纪海上丝绸之路的愿景与行动》,中国与"丝绸之路经济带"沿线国家开展产能合作具有广阔的空间。

在传统农业领域,开展农机及农产品生产加工、海洋工程技术、环保产业等合作。在传统能源资源领域,开展煤炭、油气、金属矿产等勘探开发合作,推动水电、核电、风电、太阳能等清洁、可再生能源合作,推进能源资源就地就近加工转化合作,形成能源资源合作上下游一体化产业链。推动新兴产业合作,按照优势互补、互利共赢的原则,促进沿线国家加强在新一代信息技术、生物、新能源、新材料等新兴产业领域的深入合作,推动建立创业投资合作机制。优化产业链分工布局,推动上下游产业链和关联产业协同发展,鼓励建立研发、生产和营销体系,提升区域产业配套能力和综合竞争力。扩大服务业相互开放,推动区域服务业加快发展。探索投资合作新模式,鼓励合作建设境外经贸合作区、跨境经济合作区等各类产业园区,促进产业集群发展。在投资贸易中突出生态文明理念,加强生态环境、生物多样性和应对气候变化合作,共建绿色丝绸之路。

2008 年国际金融危机爆发与 4 万亿投资计划实施后,产能过剩更为集中在钢铁、水泥等行业以及基础设施建设上。"丝绸之路经济带"沿线国家大多数仍处于工业化、城市化起步或正在加速的阶段,对交通、能源、电力、通信等基础设施建设需求大,是消化过剩产能、拉动经济增长的重要手段(见图 3.3)。

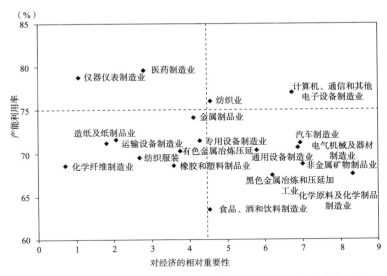

图 3.3 钢铁、电气、汽车等行业的过剩产能具备"走出去"优势

注：经济重要性是指在样本期按照子行业的资产、收入和利润所占份额的均值反映其
　　规模大小。

资料来源：国务院研究发展中心、亚洲开发银行、平安证券研究所

　　中国与"丝绸之路经济带"上的国家进行产能合作，一方面能够通过金融支持所在国家基础设施建设，盘活中国巨额的外储资金，分散风险；另一方面能够将国内过剩产能有效利用起来，从而在境外培育出新兴的大市场。此外，通过产能合作还能够有效扩大中国能源来源的多样化，保障国家能源安全。

　　同时，新兴产业合作的需求日益突出。建设"21 世纪海上丝绸之路"的着眼点在"海"，海洋是连接沿线国家产业合作的纽带。因此，中国与沿线国家首先应加强海洋产业合作，用好中国-东盟海上合作基金，重点发展海滨旅游、海洋运输、海洋生物、海洋环境保护等新兴产业。

　　许多城市已经将海洋产业的发展作为重中之重。例如，厦门在推动"21 世纪海上丝绸之路"建设的项目清单中，把海洋合作放在首要地位，到 2020 年，力争开展 2~3 个合作示范项目，引导 3~5 家渔业企业参与"21 世纪海上丝绸之路"建设，争取将厦门建设成为中国-东盟海洋合作中心。同时，宁波也成立了海洋产业基金等三个产业基金，助力企业对外合作。2014 年的海峡两岸经济合作交流会以"加强海峡两岸海洋产业合作共建21世纪海上丝绸之路"为主题，进一步突出海洋区域合作特色。交流会达成投资、贸易、商贸、农业、文化以及旅游等合作项目共 100 多宗，总金额达 167.3 亿元，25 个项目在现场进行了签约。

海洋产业作为"21 世纪海上丝绸之路"建设的重要新兴产业，在发展的同时离不开金融服务的支撑。商业银行要强化对海洋等新兴产业"走出去"的金融服务，大力发展跨境人民币、贸易融资等重点业务，切实做好互联互通基础设施和产业转移等金融服务。

"一带一路"建设实施中的金融机制和体系

"一带一路"建设长期需要大量资金作为支持，需要进行系统性融资安排。从目前情况看，"一带一路"建设的融资安排主要有以下几方面特点。

金融机构发挥主导性作用。目前，向"一带一路"建设提供资金支持的机构主要有五类。第一类是世界银行、亚洲开发银行、欧洲复兴开发银行等传统国际金融机构，这些机构主要通过提供贷款、联合融资担保、技术援助和赠款等方式支持"一带一路"的基础设施建设项目；第二类是国家开发银行、中国进出口银行等政策性银行，它们不仅提供传统授信，也参与设立国别/产业基金，为境内外企业、大型项目等提供低成本融资支持。第三类是以中国银行、中国工商银行为代表的商业银行，商业银行是筹集"一带一路"建设资金的重要力量，它们不仅通过提供银团贷款和项目融资支持"一带一路"建设，而且积极推出多元化跨境金融服务，通过发行债券、外汇理财计划等方式，将私人资本纳入进来。第四类是以丝路基金等为代表的专项投资资金，例如，丝路基金既可以提供股权、债权、基金、贷款等多种投融资服务，又可与境内外金融机构等发起设立共同投资基金加以支持。第五类是以亚投行、金砖国家新开发银行、上合组织开发银行等为代表的新兴多边金融机构，亚投行已为 70 个项目提供了 137.7 亿美元贷款，除个别项目由亚投行独立提供贷款外，其余项目主要由亚投行与世界银行、亚洲开发银行、欧洲复兴开发银行等其他多边开发银行以及商业银行进行联合融资。

融资方式以间接融资为主。在第二届"一带一路"国际合作高峰论坛的资金融通分论坛上，中国人民银行行长易纲表示，据统计，中国金融机构为"一带一路"建设提供资金超过 4 400 亿美元。其中，金融机构自主开展的人民币海外基金业务规模超过 3 200 亿元。中国资本市场为相关企业提供股权融资超过 5 000 亿元，沿线国家和企业在中国境内发行熊猫债超过 650 亿元。为了拓展融资渠道，中国也开始积极推动服务于"一带一路"融资的债市发展，但是规模仍十分有限。一方面，少数沿线国家和企业开始进入中国发行熊猫债。根据 Wind 数据，继 2016 年 8 月波兰政府在银行间市场发行 30 亿元熊猫债后，马来西亚银行和匈牙利政府也在 2017 年 7 月分别发行了 10 亿元熊猫债。2019 年 5 月，菲律宾发行了 2.5 亿元熊猫债。目前，仅有一家沿线国家的企业在中国完成了债券融资——俄罗斯铝业联合公司于 2017 年 3 月和 9 月在上海证券交易所先后发行了 10 亿元和 5 亿元的熊猫债。另一方面，中国的金融机构和企业也开始利用境外债市为"一带一路"项目寻求融资。中国银行、国家开发银行、中国建设银行等金融机构已经在境外市场发行丝路债券，少数企业也为开展"一带一路"沿线项目在国际债市融资。不过，目前这类融资总额较低，尚不足 200 亿美元。

公共部门资金占比较高。从资金属性来看，公共部门资金特别是来自国家开发银行、中国进出口银行等政策性银行的资金占较大比例。其中，国家开发银行或中国进出口银行在单个项目中的支持力度往往超过 80%。世界银行、亚洲开发银行、亚投行等多边金融机构的资金也是公共部门资金的重要组成部分。亚投行作为新型国际金融机构，其提供贷款时更多采用与世界银行等国际组织合作的方式。私人部门资金参与"一带一路"基础设施建设时，则更加注重项目的可持续性和运营效率，主要通过商业银行提供的项目融资、双边贷款等加以实现。此外，部分企业通过直接设立投资基金、参股项目等形式提供资金支持。表 3.5 列举了部分"一带一路"基础设施建设项目的贷款支持情况。

表 3.5 部分 "一带一路" 基础设施建设项目的贷款安排

国家	项目	贷款安排
巴基斯坦	M4 高速公路（绍尔果德至哈内瓦尔段）	融资额超过 2 亿美元，其中亚投行提供 1 亿美元贷款，与亚洲开发银行、英国国际发展部、巴基斯坦政府共同融资
塔吉克斯坦	杜尚别到乌兹别克斯坦边境的公路改善项目	项目所需资金为 1.05 亿美元，其中亚投行提供 2 750 万美元贷款，欧洲复兴开发银行提供 3 500 万美元贷款和 300 万美元援助
阿曼	铁路系统准备项目	亚投行提供 3 600 万美元贷款，阿曼环球物流集团提供 2 400 万美元贷款
阿曼	杜库姆港商用码头和运营区发展项目	亚投行提供 2.65 亿美元贷款，杜库姆经济特区管委会提供 8 833 万美元贷款
巴基斯坦	燃煤电站项目	预计耗资 10 亿美元，中国国家开发银行为项目提供 7.5 亿美元贷款
印度尼西亚	雅万铁路	项目造价 51.35 亿美元，中国国家开发银行提供 45 亿美元贷款额度
哈萨克斯坦	阿斯塔纳轻轨项目	工程总投资约 18 亿美元，中国国家开发银行提供不超过 16 亿美元贷款
马来西亚	东海岸铁路计划	项目总投资 550 亿林吉特（约 128 亿美元），其中 85% 的资金由中国进出口银行提供年利为 3.25% 的贷款，其余 15% 由马来西亚银行通过伊斯兰债券集资
肯尼亚	蒙巴萨–内罗毕标准轨铁路项目	项目金额约为 38.04 亿美元，其中 90%（约 36.04 亿美元）由中国进出口银行提供贷款，10% 由肯尼亚政府提供
肯尼亚	内罗毕–马拉巴标准轨铁路项目	一期工程 14.8 亿美元，中国进出口银行提供 85% 的信用贷款
埃塞俄比亚与吉布提	亚吉铁路	项目金额 40 亿美元，埃塞俄比亚段 70% 的资金和吉布提段 85% 的资金来自中国进出口银行提供的商业贷款，共计超过 29 亿美元
俄罗斯	亚马尔液化天然气项目	俄罗斯联邦储蓄银行和俄罗斯天然气工业银行提供 36 亿欧元的贷款，并与中国进出口银行和国家开发银行签署了为其 15 年、信用总额度为 120 亿美元的贷款合同

沿线国家信用评级整体不高。在参与"一带一路"投融资机制建设过程中，中国将面临较大风险。据测算，在 2020 年"一带一路"基础设

施建设投资总体融资缺口当中，投资级国家占比更低，只有 39%，剩下的六成都来自投机级国家（占 44%）或者是无评级国家（占 18%）。"一带一路"沿线多为发展中国家，政府财政实力比较薄弱。根据世界银行的数据，沿线约一半国家的外债与 GDP 之比已经超过 60% 的警戒线，吉尔吉斯斯坦、乌克兰、格鲁吉亚和蒙古国等甚至已经超过 100%。通常而言，东道国政府应当作为基础设施项目的主要投资者，因为这类项目建成后将对国家经济产生巨大的外部效益。然而，中国却成为沿线贫困国家项目的主要出资人，同时无法享受项目的外部收益，因此承受了大量额外的风险。此外，发达国家的金融机构都在危机后收缩业务，对海外大型项目贷款越发慎重。国际金融机构本来就对投资周期长、收益率低的基础设施建设项目兴趣不高，金融危机后监管约束的强化使其在缺乏公开透明商业环境和国际通行市场规则的发展中国家放贷更加谨慎。

集中于距离相近和资源丰富的区域。中国对"一带一路"沿线提供贷款支持的区域集中度很高。无论是项目贷款还是银团贷款，都主要集中在以下两类区域。

与中国临近的地区，这里既包括地理距离，又涵盖文化和经济距离。首先是东盟，东盟与中国地理上相邻，且文化相似度高、经贸往来紧密，获得贷款支持的次数最多，在中国向沿线国家提供的项目贷款和银团贷款数量中的份额分别达 70% 和近 50%。从金额来看，东盟在项目贷款总投资额和银团贷款总额中所占的份额也分别超过 40% 和 35%。其次是南亚、西亚和中亚，这些地区与中国的距离较东盟存在明显差距，所得贷款数量也远落后于东盟。但是，这三个区域与东盟在获得贷款金额上的差距并没有那么明显，说明中国银行在这些地区参与的项目普遍规模较大。此外，位于"一带一路"远端的独联体和中东欧获得的贷款支持较少，除俄罗斯以外，中国银行在这两个区域的信贷活动非常有限。

资源和能源丰富的区域（国家）。"一带一路"沿线不乏资源和能源储量丰富的国家和地区，由于存在对资源和能源开发利用的巨大资金需求，这些国家成为中国银行对外贷款的重点对象。在东盟，中国银行提供的项目贷款和银团贷款数量的 40% 以上属于资源和能源类项目。其中，油气和矿产资源丰富的印度尼西亚、大力发展清洁能源的泰国以及能源企业众多的新加坡都获得了中国银行的大量贷款支持。在其他区域，中国银行参与的贷款项目集中在少数几个资源和能源大国，如西亚的卡塔尔、中亚的哈萨克斯坦和独联体的俄罗斯等。

民营资本的参与力度不足。国有大型银行以及中央和地方政府发起设立的投资基金一直是"一带一路"项目的主要资金来源。这不仅容易在沿线国家引发经济安全忧虑（非商业动机）和道德风险，而且不利于金融机构之间的公平竞争。首先，资金接受国的政府和民众很可能质疑带有中国官方背景的金融支持具有政治动机，甚至会危害其国家经济安全，从而对"一带一路"建设产生抵触情绪，并出台一些带有防范意图的政策和法规。其次，部分国家可能会将中国官方提供的金融支持视为援助资金，为一些高风险项目争取融资，或在获得融资后对项目疏于管理，从而将中国资金置于较大风险中。最后，如果国有金融机构在为沿线项目提供金融支持的过程中总是处于优势地位，也不利于它们持续性地改进治理结构和运营效率。国内民营金融机构在参与沿线项目的资金活动时面临着诸多瓶颈。

推动"一带一路"金融创新与国际金融合作

5 年多来，商业银行、多边金融机构等不断创新投融资模式，积极开展合作，为共建"一带一路"提供稳定、透明、高质量的融资支持和服务。其中，金融创新、国际金融合作在"一带一路"建设实施中发挥了重要作用。习近平在第二届"一带一路"国际合作高峰论坛上指出："我们将继续拓宽融资渠道，降低融资成本，欢迎多边和各国金融机构参与投融资合作。"[①] 这为未来"一带一路"建设拓展国际金融合作指明了方向。"一带一路"建设不能只是中资机构的"独角戏"，必须是一个国际

---

① 习近平在第二届"一带一路"国际合作高峰论坛记者会上的讲话（全文）[EB/OL]（2019-04-27）.www.xinhuanet.com/world/2019-04/27/C_1124425067.htm.

金融合作的大舞台。

优化融资结构

中国应适应投资领域向多元化、差异化发展。除了电力、交通、石油石化、建筑建设等传统领域外，租赁和商务服务业、批发和零售业、金融业等领域的投资规模也将持续增加。同时，中国对沿线国家的区域性投资差异也将逐渐显现。未来，传统投资领域，如石油石化、电力工程建设的合作仍然主要在分布于资源丰富但缺少基础设施的中亚各国；菲律宾、印度尼西亚等人力资本相对较低，资源稀少的东盟国家则会在服务贸易等领域占主要份额。投资多元化和差异化发展趋势对金融工具产生了新的需求，中国应根据投资的行业领域、国别特征适时开发各类金融衍生品，包括风险互换、掉期等产品，完善风险对冲机制。

中国应加强重点行业的金融合作。中国在"一带一路"沿线国家的重点行业布局将有以下几个特点。一是利用"一带一路"沿线国家的建设需求推动国内的产业升级，将国内供给过剩而东道国供给不足的钢铁、水泥、化工、电力等行业实现产业转移，释放过剩产能空间，同时注意吸收沿线国家优秀的研发管理技术，优化国内产业结构。二是寻求新的市场机遇，推动"中国制造"走出去，将中国制造业中的电子、高端装备（如高铁）等优势产业积极推广到沿线国家，拓展中国企业的海外市场，实现与东道国的合作共赢。三是开发沿线国家的可用资源空间，借助沿线国家丰富的自然资源和人力资源优势，合理开发煤炭、石油、天然气等传统战略资源，保障资源可持续和能源安全。

中国应优化融资结构，积极培育多层次资本市场，促进区域内融资渠道多元化。除持续发挥开发性金融机构的银行信贷支持作用外，中国要大力发展国际债市场，结合"一带一路"沿线国家资源特征，积极运用创投基金、产业基金、保险资金等推动资产证券化，充分利用直接融资渠道为"一带一路"建设服务；充分发挥亚投行的作用，加强金融基础设施合作。同时，中国应加强与沿线国家中央银行和金融主管部门的沟通与协作，建立上海合作组织各国间金融主管部门协调合作机制，定期交流沟通区域内金融形势，协调各自立场。通过该多边机制，中国可以支持有关中国至东南亚、南亚以及中亚的亚洲互联互通项目，更好地服务于"一带一路"建设。

"一带一路"建设实施中的金融创新与合作

"一带一路"倡议自被提出以来，经过多方努力，已经取得了积极的进展。在"一带一路"建设过程中，资金问题是制约"一带一路"沿线国家和项目发展的瓶颈之一。"一带一路"建设资金需求旺盛，但也面临技术、经验缺乏和风险较大的困境，传统的融资模式已不再适用。有效利用金融创新与金融合作，解决好资金融通和投融资体系问题，这是当前迫切需要解决且非常现实的问题。然而，投融资体系的建设既不能照搬国际已有模式，又不能硬套国内搞项目的做法，必须具有创新性。二战后，美国向欧洲国家推出"马歇尔计划"时，要求受援国做出更加市场化的承诺，这些承诺包括：放松价格管制，平衡政府预算，保持金融稳定，保持汇率在合理水平，降低和消除配额及各种贸易管制，等等。与此同时，提供融资的计划还要包含可置信的惩罚机制。美国在"马歇尔计划"中加入了可置信的惩罚机制，要求受援国每接受 1 美元援助，就要在对应账户中存入相应规模的本币，而这个账户中资金的用途就由美国政府决定。这意味着，美国政府每 1 美元的援助可支配 2 美元的真实资源。相较美国，中国可通过融资机制创造更为有利的市场经营环境，为更好地推进"一带一路"倡议创造空间，建立长期、稳定、可持续、风险可控的金融保障体系。

中国要创新融资机制。新任务要有新机制，中国必须突破旧机制的束缚，针对"一带一路"建设的规律和特征，从项目准入、项目审批、后续管理、考核激励、风险防范和化解等重点环节着手，探索设计新的流程和机制。新任务要有新模式，中国要打破旧模式的惯性，积极探索新的金融服务模式，既要以我为主，广泛吸收国际先进经验，又要敢为人先，大胆尝试新的方法。总之，金融业要紧紧结合"一带一路"建设的实际需求，多种措施"齐头并进"，各方力量"同频共振"，推动建立长期、稳定、可持续、风险可控的金融保障体系，为"一带一路"建设注入源源不断的动力。

中国要完善金融支持体系。"一带一路"涉及贸易投资、基础设施、能源资源开发等多个领域，既需要短期的融资，又需要长期的金融安排。金融机构要跳出传统的"拿着产品找客户"的思维模式，立足"一带一路"融资的复杂性，结合各种金融产品和工具的特点，合理安排金融资源，既要满足企业贸易结算、贸易融资、信用担保、避险保值等短期需求，又要综合运用双边贷款、项目融资、并购贷款等金融服务，为企业提供长期解决方案，真正形成多层次的金融支持体系。

中国要优化金融产品和工具。多项研究表明，发展基础设施建设的主要障碍并不在于获得资金，而在于如何让资金得到可持续的投资回报。金融机构如果能够创新运用合适的金融工具，将"一带一路"建设的远期红利转化为近期可见并且可持续的投资收益，将有助于吸引国际资本。为此，中国可以通过发行"一带一路"债券，引导保险公司、养老基金、主权财富基金、对冲基金、慈善基金和大学基金等参与投资，共同建设"一带一路"；还可以通过结构化的融资模式，共担风险、共享收益，有效增强投资者的信心。

中国要充分发挥人民币的作用。货币流通是"一带一路"沿线国家合作的血液和润滑剂。提高人民币在"一带一路"建设中的使用程度，不光能降低沿线国家的汇率风险，也是深化区域金融合作的应有之义。金融机构应多措并举，创新推动人民币稳步出海。中国要积极推进人民币与沿线国家货币的报价和直接交易，进一步扩大人民币在贸易、投资中的使用范围，充分利用双边本币互换机制，降低使用第三国货币对贸易往来的不利影响；加快开发人民币跨境融资产品，推出大宗商品人民币计价、结算、清算、融资、套期保值等综合服务方案；针对主权机构研发人民币投资产品，推动人民币进一步发挥国际储备货币的职能。

中国要健全风险应对机制。"一带一路"沿线国家风险各异，多边合作项目，特别是基础设施建设领域面临较大风险。部分国家自身实力不足，资金持续投入能力、实际运营管理能力、宏观债务管理能力等还有较大提升空间。金融机构要始终牢固树立风险意识，改变单打独斗、大包大揽的传统思维，创新运用风险分担理念，完善风险抵补和危机应对机制。要充分运用国际银团贷款、资产证券化等手段，在更大市场范围内分散和管理风险。积极开发各类金融衍生品，帮助企业规避交易中的各类汇率和利率风险，提升资金安全性。在涉及大型项目时，金融机构要积极利用国际金融组织担保、出口信用保险、国际商业保险等手段缓释风险。在某些国别风险较高的市场，可以通过引入多边投资担保机构，拓展风险管理渠道。

中国应重视充分发挥金融科技的作用。当前，中国新金融生态领先全球，成为全世界最愿意采纳金融科技的国家。特别是过去几年里，中国的第三方移动支付业务呈现两位数增长，大大提升了海外人民币使用率与便捷度。创新科技的输出让"一带一路"沿线国家跳入移动互联网、移动支付时代，带动沿线国家的普惠金融技术发展。国内智能科技企业与"一带一路"沿线的合作越来越紧密，正在构建和巩固"一带一路"信息科技丝绸之路。中国的创新技术输出沿线国家，必将造福于沿线国家，特别是有助于提升不发达地区人们的金融经济生活，为世界范围内普惠金融的均衡发展做出贡献。

加强国际合作，提升融资能力

在"一带一路"建设中，要充分利用不同类型金融机构的特点，创新打通国内、国际两个市场，积极引导政策性金融、开发性金融与商业性金融的协同并进，增强"一带一路"建设和重大项目融资的合力，形成"众人拾柴火焰高"的局面。中资金融机构一方面要善于与有影响力的国际金融机构合作，积极对接亚投行、丝路基金、世界银行、亚洲开发银行等机构，另一方面也要善于借助东道国的金融网络和调动本土金融资源，共同支持"一带一路"建设。商业银行还可以借助自身代理行资源，为"一带一路"项目提供有力支持。中国应加强国际合作，提升为"一带一路"的融资能力。

中国应以"五通"（即政策沟通、设施联通、贸易畅通、资金融通、民心相通）为基础，全方位打造金融服务体系，继续推进与沿线国家的经济合作伙伴关系，共同打造一个政治互信、经济融合、文化包容的利益共同体、命运共同体和责任共同体。中国应充分调动商业性金融机构的积极性，发挥跨境合作的作用，在开发金融、产业金融、贸易金融、跨境金融和网络金融五大领域打造立体金融服务体系，为基础设施建设、产业项目合作、贸易投资、跨境结算、互联网金融等活动，从"面"到"链"再到"点"地创建全方位金融服务平台。

中国应加强金融机构间合作。中国应鼓励国内政策性银行和丝路基金与沿线国家的开发性金融机构拓展合作，双方可积极探索境内外联动业务合作模式，以银团贷款、融资代理、共建投资平台等方式为沿线项目提供融资；逐步推进双边商业金融机构的合作，允许中国和沿线国家的金融机构建立股权联系，取得战略合作关系。中国应鼓励沿线国家的金融机构进入中国开展业务，特别是为中资企业的境外项目提供融资服务。国内金融机构应加强与国际金融机构的合作，推动与国际开发性金融机构的合作。中国要充分调动亚投行、金砖国家开发银行等国际开发性金融机构的作用，拓展"一带一路"沿线项目的资金来源，利用亚投行积极推动国内金融机构与其他成员国金融机构及相关多边开发性金融机构的合作。中国还应通过开展银团贷款、联合融资、建立担保机制等措施分散风险，提高国际商业金融机构参与"一带一路"项目融资的意愿。

中国应加强跨境征信合作，包括建立信息交流机制、区域征信体系、区域金融信息披露管理系统，加强征信管理部门之间的交流和合作，促进与"一带一路"沿线国家征信管理部门在培育征信市场发展、征信机构监管、建立信用评级体系和标准、防范信用风险、保护信息主体合法权益等方面的沟通，及时交流各国的征信立法情况，增进相互之间的理解和认识。同时，中国应加强征信机构、评级机构之间的交流与合作。通过鼓励"一带一路"沿线国家同类机构在产品设计和开发、信用服务方式、信息安全保障、信用服务领域拓展等方面的沟通与交流，促进区域征信体系的建立。

人民币国际化与"一带一路"建设实施中的良性互动

"一带一路"沿线国家推进金融合作的经济基础与可行性

"一带一路"沿线国家开展金融合作有坚实的经济合作基础。"一带一路"正把全球最具特色的两个市场联系起来:一端是欧洲,具有先进的技术和成熟的经验;一端是亚洲,具有高速的增长、广阔的需求和充裕的劳动力。这两个市场有很强的互补性和包容性,一旦融合起来,将成为世界上最具发展潜力的区域。"一带一路"还能把非洲、拉丁美洲等地区纳入统一的大市场、大格局之中,实现共同繁荣。可以说,"一带一路"通过构建基础设施、产业、制度等纽带,为全球经济合作奠定新的基石。

"一带一路"是打造全球增长新动能、实现沿线各国共同繁荣的重大倡议。当前,世界经济迟迟未能走出困境,新技术涌现但难以形成新的增长点,部分发达国家内部孤立主义、保护主义和民粹主义思潮抬头,给全球化和世界经济增长蒙上了阴影。"一带一路"正是以发展为最大公约数,把中国梦同沿线各国人民的梦想结合起来,奏响沿线国家的"大合唱",为全球增长创造新动能。

"一带一路"是发挥优势互补、创新合作方式的全面发展方案。"一带一路"建设本质上是通过提高有效供给来催生新的需求,实现经济全球化再平衡。许多沿线国家在上一轮全球化过程中融入难、发展难,存在基础设施、工业产能、贸易投资和金融支持等方面的不足。与此同时,中国形成了巨大的产能和建设能力,拥有相对充裕的资金,与"一带一路"沿线国家互补性强。在这种条件下,中国支持"一带一路"沿线区域推进工业化和基础设施建设,探索双边和多边区域合作新方式,有利于让沿线各国共享全球化的好处。

"一带一路"是构建世界经济共同发展纽带的重要实践。经济全球化的历史浪潮不可逆转,但经济全球化是一把"双刃剑",部分国家一遇到风浪就意欲退回到港湾中去。这时,很多国家把目光投向了中国,因为一个能推动超过13亿人口稳定发展的国家,其发展理念必然更容易为国际社会所接受。中国秉持道路自信、理论自信、制度自信和文化自信，提出了构建人类命运共同体的时代命题。"一带一路"践行的"和平合作、开放包容、互学互鉴、互利共赢"核心理念与人类命运共同体一脉相承，构建了贯穿东西的纽带，将沿线各国的发展更加紧密地联系在一起。

"一带一路"将构建基础设施建设纽带，实现基础设施的互联互通。重视基础设施建设已经成为当前各国经济发展的共识，美国近期也提出打造新一轮大规模基础设施建设的设想。"一带一路"倡议将基础设施互联互通作为优先领域。自该倡议被提出以来，"一带一路"沿线在铁路、公路、管道、海运、口岸、能源和国际通信等基础设施的互联互通方面取得了重大进展。中巴、中蒙俄等六大经济走廊相继建立；雅万高铁、瓜达尔港等一大批重大工程相继落地；电站与输电、输油、输气等重大能源项目多达 40 项，涉及沿线 19 个国家。这些都将有力提升沿线国家港口、航空港、铁路、通信等领域的建设水平。

"一带一路"将构建产业纽带，推进国际产能全方位合作。制造业是立国之本和发展之基，中国和"一带一路"沿线国家产业差异大、优势互补性强，这是推进国际产能合作的前提和基础。"一带一路"沿线多数国家还处于工业化初期，基础设施建设相对落后，中国则在电力、通信、能源装备和高铁等方面积累了丰富的经验。把沿线国家的资源基础、市场空间与中国的产能优势结合起来，有助于提升相关国家工业化水平，也为中国缓解建筑等领域的需求压力，带动相关技术、标准和服务"走出去"提供了广阔市场。自该倡议被提出以来，"一带一路"产能合作取得了积极进展。商务部副部长钱克明在庆祝中华人民共和国成立 70 周年活动新闻中心第五场新闻发布会上介绍，截至 2019 年 9 月末，中国企业对"一带一路"沿线国家的投资累计已经超过 1 000 亿美元，对外承包工程超过 7 200 亿美元，沿线国家对中国的投资也达到 480 亿美元。"一带一路"将构建经贸纽带，促进贸易投资自由化。贸易投资自由化对经济全球化至关重要。"一带一路"倡议提出进一步提升投资贸易便利化，基本形成高标准自由贸易区网络。这几年里，"一带一路"沿线国家的投资贸易便利化全面推进，经贸合作成果显著。2013—2018 年，中国与"一带一路"沿线国家的货物贸易总额超过 6 万亿美元，年均增长 4%，高于同期中国的对外贸易增速，占中国货物贸易总额的比重达到 27.4%。一批铁路、公路、港口等重大基础设施项目建成，比如马尔代夫的中马友谊大桥通车，亚吉铁路开通运营，瓜达尔港具备完全作业能力，受到当地人民的普遍欢迎。能源与资源合作、制造业领域重大项目顺利推进，部分已经竣工投产。

"一带一路"金融合作有巨大的发展空间

金融是现代经济的核心，也是"一带一路"建设不可或缺的"血液"。"一带一路"建设落地意味着巨大的金融合作空间，需要跨国金融合作提供资金融通和金融配套服务。

随着经贸合作不断深化，体量不断增大，扩大金融合作是应有之义。截至 2019 年第二届"一带一路"国际合作高峰论坛召开，有 150 多个国家和国际组织同中方签署"一带一路"合作文件。6 年时间里，中国同"一带一路"沿线国家的贸易总额超过 6 万亿美元，对"一带一路"沿线国家直接投资 900 亿美元。

基础设施建设投资潜力巨大，需要大规模的国际资金筹集来支撑建设。据亚洲开发银行 2017 年发布的报告，2016—2030 年，亚洲地区的基础设施建设需求将超过年均 1.7 万亿美元，比其 2009 年的预测增加了一倍多。目前"六廊六路多国多港"建设中的雅万高铁等重大项目已经开工，中蒙俄等经济走廊正抓紧编制规划纲要，筹划的新一批合作项目将陆续落地。

国际产能合作全面推进，创造了国际金融合作的广阔前景。截至 2017 年底，中国已同 30 多个国家开展机制化产能合作，中国企业已在沿线国家建立了 75 个经贸合作区，累计投资达到 270 多亿美元，未来长远合作前景更加广阔。

沿线国家金融水平差异较大，需要各国金融领域携手发展。"一带一路"沿线多为发展中国家，不同国家金融市场的发展水平不同，有的金融体系尚未健全，有的已经成为国际性金融中心。"一带一路"项目融资的金融市场比较分散，统筹规划形成统一、高效的金融服务体系，整合各方金融资源，需要大力强化"一带一路"沿线国家金融合作。

"一带一路"金融合作的使命就是要发挥好建设服务网络、打通金融市场、调动全球资本和有效化解各类风险的作用，既调动中国国内资金，又要将东道国和国际市场的资金聚集起来，为"一带一路"建设落地引入源头活水。

"一带一路"金融合作扩大人民币使用的收益与潜力

扩大人民币的使用会在"一带一路"合作中产生显著收益。2009年以来，中国人民银行开启跨境贸易人民币结算试点，逐步形成了促进人民币跨境使用的政策体系，人民币国际化的广度和深度不断发展。2013年以来，习近平提出的"一带一路"倡议正在由愿景落实到行动，从蓝图转化为现实。从近些年的发展来看，扩大人民币跨境使用在"一带一路"建设中创造了巨大收益。

人民币跨境结算有力提升了中国与"一带一路"沿线国家的贸易投资便利化水平。2016年，中国与"一带一路"沿线国家跨境贸易人民币实际收付7 786亿元，占双边贸易额的13.9%，比2012年底提高了4.3个百分点。通过将人民币用于跨境贸易、投资计价、结算和支付，双方企业有效规避了国际汇率大幅波动的风险，降低了汇兑成本，贸易投资更加便利。

中资金融机构在"一带一路"建设中的人民币金融服务水平稳步提高。伴随着人民币国际使用程度的稳步提高，主要商业银行和政策性银行充分发挥在国际贸易、国际结算、跨境人民币和外汇资金等方面的业务优势，逐步形成了海外机构、代理行和清算网络、综合金融服务体系等，为"一带一路"建设提供投融资和跨境金融服务。在"一带一路"建设的不少项目中，中方既是主要投资方，又是主要建设者。中资金融机构深化与沿线国家金融机构合作，通过设计相应的人民币融资方案，将人民币直接用于国内机械设备和原材料出口、项目施工款支付等，有效缓解了币种错配，规避了汇率风险。中国银行、国家开发银行等机构积极开展大额产品承包出口、出口买方信贷等多种跨境人民币业务，有力带动了中国产品出口和企业"走出去"，实现了优势互补、资源共享和风险共担。

中国与"一带一路"沿线国家的双边货币合作不断深化。2008 年以来，中国先后与 30 多个国家和地区签署了本币互换协议，其中包括 22 个"一带一路"沿线国家，通过货币互换机制向离岸市场和沿线国家提供人民币流动性支持，为沿线国家使用人民币提供了综合保障；与 23 个国家实现双方货币直接交易，其中包括 8 个"一带一路"沿线国家，与 2 个沿线国家实现双方货币区域直接交易，帮助市场主体有效降低汇兑成本并管理汇率风险，便利与沿线国家的贸易和投资；与 23 个国家和地区建立了人民币清算安排，其中包括 7 个"一带一路"沿线国家；与 18 个国家和地区建立 RQFII（人民币合格境外机构投资者）试点机制，其中包括 5 个"一带一路"沿线国家，为沿线国家投资中国的人民币金融产品提供了便利通道；与 9 个国家签署贸易投资本币结算协议，其中包括 8 个"一带一路"沿线国家。

"一带一路"沿线国家增持人民币资产，获取了人民币币值稳定的显著收益。近年来，中国境内金融市场对外开放度和投资便利度稳步提高，境外机构可通过 QFII（合格境外机构投资者）、RQFII、沪港通、深港通、债券通、直接入市等多种渠道投资境内股市和债市。中国外汇交易中心日前发布的数据显示，截至 2019 年 9 月，共有 2 257 家境外机构投资者进入银行间债券市场。境外机构投资债券偏好于政策性金融债、国债、同业存单等流动性较好的债券，此三类债券的交易量总占比约为 96%。境外机构投资者偏好的债券待偿期主要集中在 1 年以内、1~3 年和 7~10 年，交易量占比分别为 21%、21% 和 34%。据国际货币基金组织统计，已有 60 多家境外央行和货币当局将人民币资产纳入外汇储备，金额折合 845.1 亿美元，其中一部分为"一带一路"沿线国家。

金融合作可以释放"一带一路"建设中人民币使用的庞大潜力

2017 年以来，人民币跨境使用总体上出现一定程度下降，但在"一带一路"沿线一些国家,如俄罗斯、马来西亚等则保持较快增长。离岸市场人民币资金池止跌回稳,人民币存款略有回升,人民币账户开立呈上涨势头。总体来看,人民币在"一带一路"沿线国家的使用具有扎实的基础,前景广阔。

首先,人民币跨境支付和结算对双边贸易的支持力度还有较大的提升空间。在"一带一路"沿线区域,人民币的实际收付金额占中国和这些区域贸易总量的比例只有14%,低于总体25%的水平。尤其是在其中55个国家,人民币的使用占比还在5%以下,继续发展的空间非常大。

其次,金融机构合作可以进一步发挥人民币支持"一带一路"建设的作用。金融合作不仅要收益共享,更要做好风险管理,做到风险共担。中资金融机构通过国际化和市场化拓展新的发展空间,有效对接各方需求,充分发挥金融业经营风险的优势,不断完善风险抵补和危机应对机制,将进一步发挥人民币支持"一带一路"建设的作用。

再次,人民币还可以通过政府间合作进一步扩大国际使用。一些沿线国家对外汇使用存在不同程度的管制,金融基础设施建设水平落后,人民币在官方认可、当地开户、跨境支付使用等方面均存在一定障碍,但随着"一带一路"政策沟通的推进,中国进一步提升与沿线国家货币金融合作的层次和水平,减少对美元的依赖,人民币国际化的作用将进一步释放。

最后也最重要的是,扩大人民币使用是"一带一路"金融合作与经济合作的交汇点。"一带一路"建设对中国有大量的资金需求,同时对中国有大量的商品和服务进口需求。这就意味着,如果能够扩大人民币的使用,中国一方面可以通过资本输出的形式输出人民币,另一方面可以促使沿线国家购买中国的商品和服务,形成一种环流机制,这是商品货币循环制度安排的关键交汇点。

"一带一路"建设实施与人民币国际化的协同效应

"一带一路"是中国构建改革开放新格局、实现与沿线国家合作共赢的重大举措。"一带一路"中"五通"的逐步推进,将进一步扩大人民币的跨境使用，促进人民币国际化。同时，人民币国际化将作为"润滑剂"，为"一带一路"建设的实施搭建桥梁。人民币国际化与"一带一路"建设存在高度正相关的逻辑关系，共同构成了新时期中国参与引领国际新格局的两大关键抓手。两者将相向而行，相互促进，协同发展。一方面，"一带一路"将为人民币国际化开辟一条全新的路径；另一方面，人民币国际化将为"一带一路"提供一种长期的、可持续的、风险可控的资金来源。

"一带一路"建设与人民币国际化存在内部关联。"一带一路"建设与人民币国际化是中国在全球经济增长乏力和自身经济发展处于"新常态"的背景下做出的重要部署，也是中国向全球提供的重要公共物品，充分体现了中国的大国责任和历史担当。当前全球公共物品供应面临总量不足、结构失衡的窘境，特别是发展中国家所需的全球公共物品极度匮乏，严重制约世界经济和金融的稳定与发展。在此情况下，作为新兴经济体和发展中国家的代表，中国有能力承担起为全球提供公共物品的重责。

"一带一路"建设与人民币国际化存在内在一致性及协同发展的内在逻辑。从战略层面看，"一带一路"与人民币国际化是战略协同的。"一带一路"以"五通"为核心政策目标，其中货币流通是首先需要解决的问题，基础设施建设、资源、贸易等方面的合作都离不开货币流通，而人民币国际化的进程将逐步巩固和加深区域之间的货币流通，成为其他"四通"的基础和保障。从实施层面看，"一带一路"建设与人民币国际化是互相促进的。"一带一路"建设为人民币国际化创造契机，人民币国际化通过"一带一路"建设实施检验成败得失，从货物贸易到跨境直接投资，从经常项下到资本项下开放合作，未来跨境信贷、金融市场、货币市场开放等，都将因"一带一路"建设的实施产生现实的、巨大的需求；人民币国际化为"一带一路"提供货币支持，推动了"一带一路"建设的深入实施。

"一带一路"建设为人民币国际化提供重要契机

"一带一路"的建设需求为人民币国际化提供了原动力。"一带一路"

建设的实施涉及基础设施建设、能源资源、制造业等众多领域的金融支持，高度汇集了融资、投资、贸易等众多国际经济金融合作项目，在贸易与投资结算、跨境融资等领域将催生出更广泛的人民币跨境使用需求，这种内在需求必将有助于扩大人民币流通规模，加速人民币国际化进程。

"一带一路"的"五通"将助力人民币国际化。为推进沿线国家的互联互通，"一带一路"建设将"五通"作为合作重点，以此全方位推进务实合作，增强区域经济一体化程度，打造经济融合、政治互信、文化包容的利益共同体、责任共同体和命运共同体。

加强政策沟通的着眼点在于区域贸易、物流的便利化，建立"一带一路"沿线国家的货币共同体，尽快扩大货币互换的规模和网络，增强人民币的外汇储备功能；建立区域金融安全网，打击跨国洗钱等犯罪行为；增进区域经济合作，为双方的贸易和投资提供政策支持。这将对人民币国际化起到积极的作用。

"一带一路"沿线国家资源禀赋各异，是世界上最具发展潜力的经济大走廊，基础设施建设是其共同的薄弱环节。中国在基础设施建设方面具有相对优势，设施联通是输出资金、技术的契机，但基础设施建设需要庞大的资金，同时建设周期相对较为漫长。因此，为减少外汇风险，中国提供的建设资金可以用人民币作为计价结算货币，从而将人民币的使用扩大到"一带一路"沿线国家，并使得人民币的使用常态化，加强人民币的区域化进程，从而有利于进一步推进人民币国际化。

贸易畅通直接拓宽了人民币的使用范围。同时，随着贸易规模的扩大，使用人民币结算能够降低交易成本，提高交易效率，间接刺激相关各方对人民币的使用意愿，有利于发挥人民币在区域贸易中的主导地位，进一步深化人民币的国际化进程。

"一带一路"沿线区域目前采用的结算货币主要为美元，汇率风险高、贸易成本高、收益波动大，因此"一带一路"沿线各国有较强的持有人民币的意愿，在此基础上适时地推行人民币流通，对促进人民币国际化有直接的积极作用。

区域贸易包含有形的商品与无形的服务，但更重要的是国家之间、地区之间、民族之间的跨文化理解、交流与包容。"一带一路"建设下，加强民心相通将使区域内对中国文化、制度、经济等领域的了解更加深入，提高中国的国际认同感，进而提升人民币的国际地位。与此同时，民心的相通、文化的交融会伴随着旅游的发展，促进人民币的使用规模，带动人民币国际化进程。

"一带一路"是实现人民币国际化的路径突破。人民币将与中国的贸易结构、金融体系的效率和开放度等因素相适应，逐步实现国际化。在人民币国际化的发展过程中，"一带一路"建设能发挥桥梁和纽带作用，为深化人民币国际化进程提供有利条件，实现人民币国际化既有路径的突破，实际上这将是一个全新的人民币国际化路径。"一带一路"建设将进一步提升人民币在亚欧区域的接受度，特别是，作为实施"一带一路"建设的重要载体，亚投行和丝路基金等将在推动人民币国际化中发挥重要作用。

人民币国际化为"一带一路"建设提供基本保障

"一带一路"倡议被认为是中国对外开放的重要部分，而人民币国际化作为"一带一路"规划中跨境贸易与资金融通的重要支撑，为"一带一路"建设提供资金支持和服务便利，无疑会推动国际投资与区域合作的平稳发展。

人民币国际化为"一带一路"建设提供资金支持。"一带一路"建设主要针对的是涉及民生的基础设施建设项目，具有公共物品性质，建设周期长而直接经济效应不明显，对资金需求量大。可以说，没有人民币国际化，"一带一路"建设很难取得成功。除现有金融机构外，为"一带一路"建设提供资金融通的新制度安排主要有金砖国家开发银行、亚投行和丝路基金。其目标是扩大人民币对外投资，向"一带一路"沿线的公路、铁路、通信管网、港口物流等基础设施建设提供信贷资金支持，并通过经常项目回流，实现人民币的双向良性循环。

人民币国际化为"一带一路"建设提供服务便利。"一带一路"沿线区域贸易和投资增长迅猛，年均增速高于全球平均水平近一倍，市场极具开发潜力。随着"一带一路"建设的逐步推进，区域内贸易合作有望进一步提升，中国与"一带一路"沿线国家有贸易和投资便利化的强烈需求，需要逐步降低贸易和投资壁垒，促进经贸合作，实现互利共赢。

人民币国际化为"一带一路"建设降低风险。国际贸易计价货币的选择受货币供给波动、汇率波动、货币交易成本、利率收益等多种因素影响，其中最重要的影响因素就是使用这种货币的成本。目前世界市场上最重要的贸易计价货币是美元。首先，美元作为关键国际货币，掌握着原油等大宗商品的定价权，国际贸易以美元计价结算的交易成本较低。其次，2008 年国际金融危机以来，美元汇率大幅波动。美联储的多轮量化宽松政策致使美元不断贬值，国际贸易双方使用美元计价结算不得不面临很大的汇率波动风险。至此，人们对国际货币体系变革有了更加广泛的认识。扩大人民币使用可以使双方企业避免因美元币值的波动所产生的汇率风险，规避全球货币政策分化引起的潜在风险，让有关国家在"一带一路"建设中实现收益最大化。美元变动尤其是其升值阶段将使"一带一路"项目融资面临巨大的风险。

发挥"一带一路"建设与人民币国际化协同效应的前景

中国是"一带一路"沿线国家的重要贸易伙伴，经济发展和金融发展居于区域领先水平，国内政治稳定、文化繁荣，这为在"一带一路"沿线扩大人民币使用已经做好了充分准备。随着"一带一路"建设过程的推进，沿线国家必将逐步提高贸易、投融资、金融交易和外汇储备中的人民币份额，为人民币跻身主要国际货币行列提供充足动力，这也将是"一带一路"建设成功的重要保障。因此，必须重视发挥两者的协同作用。

中国应构建多元化离岸人民币中心，拓宽投融资渠道。中国要加快"一带一路"沿线国家人民币清算中心建设。要借助"一带一路"建设优势推动人民币国际化，中国需要不断加快沿线国际金融中心建设，从而拓宽人民币结算的国际范围和规模。中国还应发挥香港、伦敦等离岸金融中心在人民币相关产品创新中的作用。未来中国应把重点从扩大海外人民币清算中心数量，转向深耕人民币海外金融市场，不断丰富离岸市场人民币产品体系，为投资者提供更为丰富的投资选择；抓住欧元区及新兴市场美元流动性不足的机遇，进一步扩大人民币在离岸市场计价结算、投融资和外汇储备的功能，同时推动离岸市场不断扩容和发展。

中国应构建人民币计价、支付和结算的大宗商品交易市场。从 2009 年开始，中国先后与俄罗斯、哈萨克斯坦等国签署了多项"贷款换石油"的合作协议。贷款换石油实际是一种石油金融创新，是准现货和准期货的交易方式，它是以石油输出为偿还的贷款合同，也是货币与资源的互换协议。该模式在亚洲可以尝试推广到更多的大宗商品交易，并更多地采用亚洲域内货币进行贷款。

自 2015 年 8 月 1 日起，中国开始启动境内原油期货人民币计价结算。这意味着中国开始积极推动大宗商品的人民币计价结算。原油期货是上海期货交易所第一个国际化期货品种，人民币在原油期货交易中实现了全面可兑换，同时国际资金将首次被允许参与国内期货市场。目前中国已经超越美国成为全球第一大石油进口国。上海原油期货人民币计价结算将对人民币国际化进程起到非常积极的作用。2018 年 3 月 26 日，中国版以人民币计价的原油期货正式开始在上海国际能源交易中心挂牌交易，此次挂牌的原油期货是国内首个允许境外投资者进行交易的品种。亚太地区作为全球最大的原油进口地，缺少类似的权威原油定价基准。考虑到中国在原油进口市场的地位与强大的综合国力，上海挂牌交易的原油期货有望在亚太地区原油现货定价基准中扮演重要角色。中国石油期货的上市，将有利于完善整个亚洲地区的石油价格体系，能够客观反映亚洲地区的具体需求情况，必将受到亚洲投资者的欢迎，进而扩大人民币的使用范围。从这方面看，推进人民币石油定价将是人民币走向亚洲乃至国际的重要契机。

目前，除了上海国际原油期货上市交易，中国还积极推广上海黄金的国际板交易，同时加快铁矿石、棕榈油等人民币计价商品合约的国际化交易进程。此外，中国还可以结合自身作为碳排放大国的实际情况，主动开发碳交易中的各种人民币标价的金融产品。在未来一段时期内，大宗商品尤其是石油人民币计价结算将成为人民币国际化的重要方向。

中国应促进沿线国家使用并储备人民币。借助"一带一路"的合作平台，中国积极通过政府援助、政策性贷款、混合贷款和基础设施债券发行等方式来解决沿线国家基础设施建设的资金瓶颈问题，这一过程使人民币使用得以推广，为人民币国际化奠定了基础。2016 年 10 月 1 日起，人民币正式成为国际货币基金组织 SDR 货币篮子中的第三大货币，这是人民币国际化进程中的重要里程碑。目前，人民币国际化已初有成效，人民币在"一带一路"相关国家间的流通和使用形成了闭环流转，低风险、低成本，必将给沿线各国带来很多便利和优惠。但这也需要加强金融监管，以促进人民币的有序流动。

中国应充分发挥中资金融机构的载体作用。大型中资金融机构既是人民币国际化的主力军，又是支持"一带一路"建设的重要载体。大型中资银行，尤其是国际化程度较高的银行，能够提供跨境清算、结算、企业投融资等全方位的金融服务。中国应当进一步拓展和完善中资金融机构特别是大型银行在"一带一路"沿线布局，提高其全球服务能力。中资银行作为人民币国际化循环的主渠道主要表现为以下几点：中资金融机构的服务范围首先要覆盖走出去的中资企业和人员；其服务产品及业务在国际化银行体系中占一席之地，特别是人民币国际化业务占主导地位，如借助中资银行发行的熊猫债、绿色金融债等；它在各国际金融中心的人民币市场中占主导地位，并成为人民币走出去、流回来的主要渠道。此外，中资银行可以作为人民币国际化的宣传大使和形象名片，践行"一带一路"建设，推动人民币与中资企业一起走出去，实现中资银行国际化。中国应进一步支持中资金融机构以"一带一路"为轴，谋划全球网络布局，发挥经营管理人民币的优势，在支持"一带一路"建设和人民币国际化协同发展中实现自身利益的发展。

第四章

新兴市场金融风险与
国际经贸规则重构

在新冠肺炎疫情和美联储货币政策的冲击下，新兴市场经济体金融动荡加剧。2015—2018年，美联储9次加息，而2019年美国经济形势发生变化，在经济增长乏力、国债收益率倒挂、金融市场泡沫化等压力下，美联储调整了利率政策，分别在7月、9月、10月三次降息。2020年初，受新冠肺炎疫情影响，美联储更是迅速将联邦基金利率下限降到0，并实施量化宽松和资产购买。在新冠肺炎疫情全球蔓延形势比较严峻的背景下，美国未来利率政策变动及其对新兴市场的影响具有较大的不确定性。

近期，在美元利率政策变动较大、疫情冲击明显的背景下，多个新兴经济体本币大幅贬值，股市急剧下跌，债市承压动荡，资本外流压力进一步显现。

美联储利息变动意图、路径和前景研判

2008年国际金融危机后，美国经济率先开始了稳步复苏。美联储于2015年12月启动首次加息，将联邦基金目标利率区间提高25个基点，至0.25%~0.5%，到2018年底共加息9次。2019年，美国经济潜在增速下降，5月27日更是出现了3月期国债和10年期国债收益率倒挂的现象。为了预防经济衰退，安抚市场情绪，美联储开始进入降息周期，在2019年进行了三次降息。2020年初，新冠肺炎疫情对全球经济产生了巨大冲击。美国股市在10日内4次触发熔断机制，债市上除1月期国债外的大部分债券均遭到大规模抛售，全球美元流动性缺口持续扩大，美元指数保持高位。为应对疫情的冲击，美联储将联邦基金利率下限降低为0。由于全球疫情尚未得到完全控制，经济复苏缓慢，预计未来较长一段时间内美元都会保持较低的利率水平。

2015 年开启的加息周期与之前加息周期的异同点

美联储历次加息周期背景和原因

虽然自 2019 年 7 月美联储已经开始进入降息通道，但是它从 2015 年开始的加息周期给全球新兴市场带来的影响仍然十分值得研究。预期新冠肺炎疫情之后，公共卫生需求和 5G（第五代移动通信技术）等带来的新商业模式会引领全球经济再一次进入繁荣期，量化宽松政策可能会随着经济的好转而逐渐退出，美联储还要再次考虑货币政策的正常化，届时美元利率水平也可能上升，新兴经济体也就面临着新一轮的美元加息周期，不过这应有一个相对较长的过程。

1980 年以来，美联储共经历了六轮较为明显的加息周期。第一轮是两次石油危机背景下的加息周期（1980 年 8 月至 1981 年 5 月、1983 年 2 月至 1984 年 8 月），其间还出现了利率回调现象（见图 4.1）。

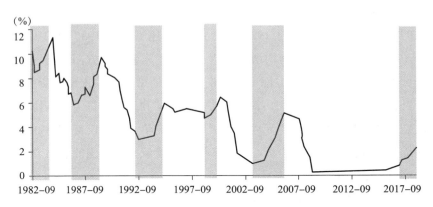

图 4.1　美国联邦基金目标利率历史走势

资料来源：Wind

20 世纪 70 年代，美国深陷滞胀泥潭，美元持续贬值。1973 年、1979 年两次石油危机导致原油价格暴涨，从 1979 年的每桶 15 美元升至 1981 年 2 月的每桶 39 美元。石油危机给美国带来了输入型通货膨胀，加之当时全球央行普遍超发货币，导致 20 世纪 70 年代中后期美国经济增速放缓，物价飞涨，失业率大增，美元持续贬值。到 1980 年 6 月，美元指数较 1976 年峰值下跌超过 20%。时任美联储主席保罗·沃尔克于 1980 年 8 月至 1981 年 5 月采用超常规手段压制通货膨胀,联邦基金有效利率从 9.5% 上升到历史最高水平 19%。美元利率飙升拉动美元指数止跌回升,通货膨胀水平也得到极大程度遏制。

但是,沃尔克的超常规加息措施导致美国经济在 1981 年 7 月开始急剧衰退。1981 年里根上台,大力推进"里根经济学",即减税和放松管制的供给侧改革。到 1983 年,改革开始见效,美国经济强势复苏,失业率开始下降,通货膨胀再起。于是,美联储在 1983 年 2 月至 1984 年 8 月开始了"正常情况下"的一轮加息,共加息 12 次,将目标利率从 8.5% 上调至 11.5%。

第二轮是在《广场协议》与 1987 年全球股灾背景下的加息周期(1987 年 1 月至 1989 年 5 月),基准利率从 5.875% 上调至 9.8125%,其间也出现了短期利率回调现象。

从 1985 年开始,美国通货膨胀率迅速抬头。居民消费价格指数(1978 年 =100,下同)从 1984 年的 119.9 快速攀升至 1985 年的 131.1,至 1989 年达到 209.9,年均增幅高达 12%。美元强势一方面给美国造成巨大的贸易逆差,另一方面也给各发达经济体带来了输入型通货膨胀。于是,1985 年 9 月,美国、德国、法国、英国和日本签订《广场协议》,决定共同干预市场,令美元兑主要货币大幅贬值,美国巨额贸易赤字开始缩减,经济强劲复苏,核心通货膨胀率再度飙升,美国的货币政策在 1986 年后逐步收紧。

然而,1987 年发生的股灾导致美联储紧急降息救市,加息进程出现暂时倒退。由于救市及时,股市下跌对美国经济影响不大,1988 年起通货膨胀率继续上扬,美联储重启加息进程,共加息 17 次,利率从 6.5% 最终升至 9.75%。此轮紧缩使美国经济增长放缓,加上随后的油价上涨和 1990 年 8 月开始的第一次海湾战争严重影响了经济活动,美国的货币政策又迅速转向宽松。

第三轮是通货膨胀恐慌下的加息周期(1994 年 2 月至 1995 年 2 月),共加息 7 次,基准利率从 3% 上调至 6%。

1990—1991 年，美国经济增速放缓，1991 年美国 GDP 同比增速甚至降为-0.1%。为了应对经济衰退，美联储实行宽松货币政策，削减利率至 3%。这一宽松举措取得了不错效果，1992 年美国经济增速开始回升，GDP 同比增速达到 3.6%，之后几年也维持在 2.5% 以上。但紧接着，宽松举措的不良后果逐步显现，从 1993 年开始，美国的通货膨胀率飙升，1993—1995 年通货膨胀定基指数年均增速高达 18.6%。为了对冲通货膨胀影响，美联储开始逐步加息。前三次，美联储先是小幅加息 25 个基点，随后每次加息幅度提高至 50 个基点，最终将基准利率从 3% 提高至 6%，使通货膨胀得到控制，债券收益率大幅下降。

第四轮是亚洲金融危机、互联网泡沫下的加息周期（1999 年 6 月至 2000 年 5 月），共加息 6 次，基准利率从 4.75% 上调至 6.5%。

进入 20 世纪 90 年代中后期，美国经济开启强势增长模式，助推美元指数大幅飙升。受全球化、放松管制、金融自由化、信息技术革命的共同推动，美国在 20 世纪 90 年代中后期保持了低通货膨胀、低失业、高增长的经济奇迹，GDP 增速长期维持在 4% 以上，互联网泡沫加速膨胀。1998 年，美联储将利率下调 50 个基点以应对亚洲金融危机，互联网热潮令信息技术投资增长，经济出现过热倾向，美联储随即再次收紧货币政策，将利率从 4.75% 上调至 6.5%。

第五轮是房地产泡沫下的加息周期（2004 年 6 月至 2006 年 6 月），共加息 17 次，基准利率从 1% 上调至 5.25%。

2000 年互联网泡沫破灭和纳斯达克指数崩溃后，美国经济再次陷入衰退，"9·11"恐怖袭击事件更令经济和股市雪上加霜。美联储随即转向，从 2001 年开始，在三年内将联邦基金目标利率从 6.5% 降至 1%。低利率极大地刺激了美国的房地产泡沫，次贷加速扩张。2003 年下半年，美国经济强劲复苏，需求快速上升，拉动通货膨胀率和核心通货膨胀率抬头。2004 年，美联储开始收紧政策，连续 17 次加息，每次加息 25 个基点，直至 2006 年 6 月基准利率达到 5.25%。此轮加息周期引发了美国房地产泡沫破灭，进而引爆了 2007—2008 年的国际金融危机。

第六轮是非常规货币政策逐步退出的加息周期（2015 年 12 月至 2019

年 7 月），共加息 9 次，目标利率区间从 0~0.25% 上调至 2%~2.25%。

2008 年国际金融危机爆发之后，美国经济连续两年负增长。为了应对半个多世纪以来最严重的金融危机，美联储在短期内将联邦基金目标利率由 4.25% 降至 0.25% 的历史低点，并持续 7 年之久。其间，美联储还推出四轮总额高达 4 万多亿美元的量化宽松政策，美联储资产负债表规模也从危机前的 8 000 多亿美元飙升至 4.5 万亿美元。随着美国经济逐步企稳回升，家庭和企业资产负债表逐渐修复，美联储于 2014 年底宣布退出量化宽松政策，在 2015 年底将联邦基金目标利率上调 25 个基点，开启了国际金融危机后的首次加息，共加息 9 次，加息节奏慢于以往周期。

后国际金融危机时代加息周期的主要意图

2015—2019 年美联储加息周期的主要意图是防范资产泡沫和为未来政策预留空间。非常规货币政策在提供宽松的融资环境、刺激经济复苏的同时，也产生了一些成本，影响了美国经济发展的可持续性。成本日益增加是美联储货币政策走向正常化的重要原因。

长期的供给侧结构性改革受到阻碍。非常规货币政策更多是短期经济刺激行为，是需求端行为。过度依赖超宽松流动性推动资产价格飙升、增加杠杆率，会延缓结构性改革和财政政策等措施的实施，不利于长期经济结构调整。

资产价格被推高，美国存在股票等资产价格泡沫破裂风险。在超级宽松的货币环境下，要素价格扭曲，资源错配，泛滥的流动性涌入房地产、股市、债市等领域，导致房地产价格虚高，股票指数屡创新高。2018 年底，美国三大股指均超过 2008 年国际金融危机前水平，走势逐渐与经济基本面脱离，价格背离价值，社会风险偏好上升，但风险敏感性下降，资产价格泡沫风险较大。如果任由其发展，很容易引发新一轮国际金融危机。

未来货币政策进一步宽松的空间被抑制。货币政策的制定需要与经济周期匹配，非常规货币政策本是为应对全球经济衰退，随着美国经济企稳回升、加快复苏，非常规货币政策应及时退出，利率也需回归合理水平，为经济下行周期重启宽松货币政策预留更多空间。

央行资产负债期限错配风险增加。其间，美联储资产负债表的资产端多为国债等长期资产，负债端以短期的银行存款准备金为主，存在较为严重的期限错配。随着美联储货币政策趋于正常化，短期利率不断攀升，而长期利率被大规模资产购买计划人为压制，期限错配问题不断放大。收益率曲线逐渐扁平化甚至出现倒挂，将扭曲市场定价机制，进而对货币政策独立性形成制约。

与前几轮加息周期对比（见表 4.1），美国 2015 年开始的加息周期经济复苏基础基本稳固，失业率处于历史低位，但通货膨胀率上升幅度不大，就业市场的表现并没有失业率表现得那么好。其中，劳动参与率和劳动生产率下降，在奥巴马医保法案影响下，兼职就业人数较多。因此，这次加息主要是为防范资产泡沫和为未来政策预留空间。

表 4.1　历次加息周期当季 / 当月经济数据对比

	第一轮	第二轮	第三轮	第四轮	第五轮	第六轮
首次加息时点	1980 年 8 月	1987 年 1 月	1994 年 2 月	1999 年 6 月	2004 年 6 月	2015 年 12 月
GDP 环比折年率（%）	−0.60	2.80	4.00	3.30	3.00	0.90
失业率（%）	7.70	6.60	6.60	4.30	5.60	5.00
劳动参与率（%）	63.70	65.40	66.60	67.10	66.00	62.60
核心个人消费支出指数（%）	9.20	2.80	2.30	1.40	1.92	1.40
产能利用率（%）	77.90	79.00	82.60	81.40	77.51	75.40
供应管理协会制造业 PMI[①]	45.50	54.90	56.50	55.80	60.83	48.00

资料来源：Wind、中国银行研究院

与以往相比，此次美联储是在资产负债表空前膨胀、金融体系流动性十分充裕以及经济复苏前景仍不完全明朗的情况下，推进货币政策正常化进程。这既要协调好加息和缩减资产负债表之间的关系，避免流动性急剧收缩对金融体系及实体经济造成严重冲击，又要确保在加息过程中实现对利率的有效把控，使其真实反映美联储的政策意图。

---

① PMI，即采购经理指数。——编者注

2019 年开启降息的背景

2019 年，美联储将停止缩减资产负债表计划时间由 9 月 30 日提前到 8 月 1 日，并进行了"预防性"降息，主要原因是美国经济以及全球经济的变化。从美国国内情况来看，虽然 2019 年第二季度美国 GDP 增长接近预期，就业增长良好，失业率保持低位，市场通货膨胀补偿有所下降，但是企业固定投资疲软，通货膨胀水平低于 2%，并有长期保持低迷的趋势。同年 5 月 27 日，美国出现 3 月期国债与 10 年期国债收益率倒挂现象，短期资金成本上升，投资者对美国经济通缩的预期增加，经济内生增长动力减弱。并且，美国金融市场在长期的低利率环境中形成的资金杠杆率较高，泡沫风险明显增加。从国际经济局势看，一是全球主要经济体，包括欧洲发达经济体和新兴经济体均出现增长放缓甚至出现衰退。欧元区 2019 年第一季度现价 GDP 环比下跌 3.94%，日本下跌 2.98%；新兴经济体中，俄罗斯下跌 14.13%，巴西下跌 3.58%，南非下跌 4.47%。二是欧元区政治不确定性加剧，英国脱欧及与欧洲关系的不确定性增加。三是全球贸易摩擦加剧。2019 年 4—7 月，美国同比出口金额持续负增长，6 月同比负增长达到 1.65 个百分点，进口金额同样出现下滑，4 月环比萎缩 2.11%。事后来看，相较于 2018 年，2019 年美国出口金额下降 0.13%，进口金额下降 0.46%，贸易逆差 6 000 亿美元。在此背景下，虽然市场普遍预期这次降息是暂时的，但是由于国内外因素并未得到有效改善，美联储随后在 9 月和 10 月再次降息。

到 2020 年 3 月，新冠肺炎疫情对美国的经济影响加大。为了对冲疫情影响，缓解美元流动性危机，防止市场恐慌情绪扩散，2020 年 3 月 3 日，美联储降息 50 个基点，联邦基金目标利率区间降至 1%~1.25%，3 月 15 日再降 100 个基点至 0~0.25%。同日，法定存款准备金利率和超额准备金利率下调为 0.1%，一级信贷利率降低 150 个基点至 0.25%。Worldometers 世界实时统计数据显示，截至北京时间 2020 年 5 月 11 日 6 时 45 分，全球新冠肺炎累计确诊病例突破 417 万例，美国新冠肺炎累计确诊病例全球最多，超过 136 万例。虽然美国金融市场用了两个月时间逐渐平复了疫情造成的恐慌情绪，股市有所回暖，市场风险偏好升温，但综合来看，疫情冲击下的总需求疲软并未得到明显改善，预计未来较长时期内美元仍将处于低利率水平。

美联储未来利率调整路径与前景研判

美联储货币政策制定框架演变趋势

20 世纪 90 年代后，美国预算平衡法案通过，美联储废除了弗里德曼的以调控货币供应量方式为主的货币政策规则，开始以调控实际利率作为宏观调控的主要手段，"泰勒规则"由此闻名。泰勒在 1993 年根据美国货币政策实际经验，确立了一种以调整短期利率为主的货币政策规则，标准泰勒规则的反应函数为：

$$i_t = r^* + \pi_t + 0.5 \times (\pi_t - \pi^*) + 0.5 \times (y_t - y^*) \tag{1}$$

其中，i_t 为联邦基金利率，r^* 是实际均衡联邦基金利率，π_t 为当期通货膨胀率，$(\pi_t - \pi^*)$ 代表通货膨胀缺口，$(y_t - y^*)$ 代表产出缺口。传统泰勒规则将联邦基金利率对通货膨胀缺口和产出缺口的系数均设定为 0.5，长期均衡利率 r^* 和美联储的目标通货膨胀率 π^* 均为 2%。从公式中可以看出，美联储的货币政策目标是实现充分就业和保持通货膨胀水平稳定。泰勒规则虽然形式简单，但对后来的货币政策影响深远。1993—2008 年，时任美联储主席格林斯潘和伯南克利用这一规则所计算的利率，被作为联邦基金目标利率制定的参考标准。事实证明，按照上述公式得到的联邦基金利率拟合值与目标值虽有一定差距，但是基本相似。

2008 年国际金融危机发生后，美国经济进入长期低增长，经济及金融市场受到深远影响，发生了许多结构性改变，形成了美国经济新常态。其间，全球经济和金融市场也发生了许多结构性变化，形成了全球经济新常态。相应地，美联储的利率决策框架和机制也发生了一系列变化。

在 2008 年以后的伯南克时期，美联储为了应对危机，曾对传统的泰勒规则做过几次修正，其中最大的改变是采用"伊文思规则"作为决策基础。该规则的主要变化是采用失业率取代 GDP 增长率，并且采用阈值作为开始提升利率、进入利率正常化过程的基准。该规则仍未超出传统泰勒规则的基本框架。

耶伦就任美联储主席以后，美联储的利率决策框架在传统泰勒规则的基础上又发生了新变化。耶伦提出了最优控制法。这套方法的第一步是对经济进行预测，然后提出宽范围的宏观经济模型，以找到实现通货膨胀率和失业率与各自目标之间最小化的利率水平。联邦公开市场委员会将长期的年度通货膨胀目标定为2%，将失业率目标定为6%。在"最优控制"的前提下，美联储可以使用模型计算通往目标的短期利率的最优路径，只要失业率与目标的差距远大于通货膨胀率，货币政策制定者就可以保持低利率。这样，最优控制法弥补了之前的货币政策制定规则，具体表现为当某一目标出现大幅度偏离时，允许另一目标暂时偏离其预设目标，不受单一阶段约束。随着经济复苏，美联储可以提升利率，并且可以跨阶段累计目标偏离值，安排均衡的利率路径。

可以说，耶伦的最优控制法结合了伯南克的利率政策、泰勒规则、伊文思规则、名义GDP目标法以及相机抉择法，是一个全面且灵活的利率政策框架。相较以往的泰勒规则，最优控制法更精准且动态。但其过于理想化的复杂利率政策框架也面临诸多困境，实践不足，真实效果难以确定。具有前瞻性的货币政策涵盖时间长，更依赖市场对美联储的理解与认同，一旦某一环节出错，政策传导机制就会不顺畅。鲍威尔于2018年初就任美联储主席后，基本延续了耶伦时代的货币政策操作框架，在一个基于数据规则和拥有明确框架的环境下制定货币政策。

美联储利率调整路径和前景展望

美联储利率决策框架的变化增加了其利率政策决策的难度和不确定性，而影响其量化宽松持续时间和是否重启货币政策正常化的更深层次因素是，新冠肺炎疫情冲击下美国的经济复苏状况和美联储关于中性利率的判断。

从趋势上看，美国经济刚刚结束了史上最长的扩张期，预计美国在未来一段时间内会保持低利率水平。从2020年2月下旬开始，美国经济开始受到新冠肺炎疫情冲击，金融市场剧烈震荡。全球疫情恐慌在美国金融市场上扩散，大量金融衍生品保证金账户出现巨额亏损，美元流动性趋紧，金融资产遭到抛售，短期内长期国债、黄金等传统避险资产价格也下跌明显，市场对经济通缩的预期增强。在实体经济方面，美国失业人口大幅增加，2020 年 3 月 14 日之前的当周初次申请失业金人数基本在 20 万 ~23 万波动，3 月 14 日突增为 28.2 万，之后两周更是迅速飙升至 330.7 万和 664.8 万。居民实际收入下降，零售、餐饮、航空旅游、能源等行业率先受到巨大冲击。

2008 年国际金融危机虽然最先发端于美国，但美国成为发达经济体中最先走出衰退并持续复苏的国家。美国在 2009 年 12 月就恢复了经济增长的势头。一般来说，经济体量大的发达国家经济增速普遍较低，比如英国、法国、德国、日本等发达经济体危机以来经济增速普遍在 1%~2%，而美国在危机之后 10 年内长期保持高于 2% 的增速。2014 年底，美国退出量化宽松政策，2015 年底开始新一轮加息周期。这说明美国经济体系高度成熟，具有良好的自我修复能力和持续的内生增长动力。

从长期来看，判断美联储未来量化宽松政策结束时点和重启货币政策正常化进程，需要判断长期中性利率水平。中性利率是指与经济长期（5~10 年）潜在增长一致，能够维持充分就业，不会引发通货膨胀，并且使资金供求保持均衡的利率。中性利率也被称为自然利率或均衡利率。中性利率有多种，但和美联储利率决策直接相关的是联邦基金中性利率。将联邦基金利率目标调整到与中性利率一致的水平，是支配美联储利率决策的机制。美联储在决策框架的选择上有一定的自由度，但美联储明白，这些框架必须并且实际上都是以中性利率为基准。所以，影响美联储利率决策的因素有许多，但关键仍然是其对中性水平的判断。在实践中，美联储在每次联邦公开市场委员会会议上都会探讨这一水平。

有别于其他利率，中性利率具有抽象、理论或虚拟特征，只能通过分析推论得出。美联储衡量其利率政策松紧状态的标准不是利率的绝对水平，而是其与中性利率的关系——利率高于中性利率表明政策过紧，反之则过松。美联储正是根据这一判断以及其对未来增长与通货膨胀之间风险的权衡来相应调整利率水平，使增长和通货膨胀达到平衡。

联邦基金实际中性利率的当期值在过去 25 年间出现了趋势性下降，但近年随着经济增速加快有所回升。其中 1990—2007 年下降速度相对缓慢，金融危机发生后降幅加大。美联储经济学家采用动态随机一般均衡模型及宏观经济统计模型得出的联邦基金实际中性利率均显示：2008 年国际金融危机后，该利率一直下降到负值，2015 年才逐渐回升到 0（见图 4.2）。美联储对中性利率的不断下调也反映其对未来利率水平的不确定，以及对未来自然失业率和潜在 GDP 走势的不确定。在这种不确定环境下，保持利率政策惯性，延迟正常化可能造成的社会成本相对更小。因此，在中性利率预期值下调的情况下，达到预期目标所需的幅度、频率也在缩小，这也是 2015 年开启的加息周期内加息节奏相对缓慢的原因。

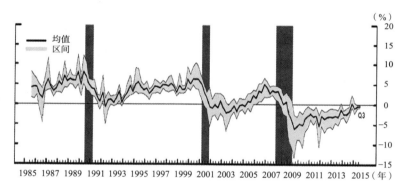

图 4.2　联邦基金实际中性利率水平变化趋势

注：该数据由美联储成员开发和采用的 4 种 DSGE 模型计算得出。

资料来源：那伦（2015）

根据美联储公布的 2020 年 3 月 15 日联邦公开市场委员会会议纪要，联邦基金利率预期路径急剧下跌，隔夜指数掉期利率显示基准利率至少会在 2021 年前保持在 0.25% 以下。2020 年上半年，美国真实 GDP 下降，失业率净上升。由于不确定性急剧增加，当局对于美国经济的预测分化严重，部分官员认为美国经济将会在 2020 年下半年反弹回升，另一部分官员则认为至少在 2021 年之前美国经济难以取得实质性复苏。综合市场预期和美联储的政策力度，可以预期至少在 2020 年，美联储不会停止大规模资产购买和信贷释放，美元利率可能在较长时间里处于较低水平。

美联储未来利率决策面临不确定性

从以往加息周期的经验看，一旦美联储利率调整力度过大、节奏过快，可能引发局部甚至全球性的金融危机，相关风险将回溢美国。自2014年以来，新兴经济体资本持续外流，尤其是亚太新兴经济体2016年资本外流规模达到了3 263.3亿美元。新冠肺炎疫情暴发之后，受美联储大幅降息和国债收益率下降影响，新兴经济体金融动荡加剧，阿根廷率先爆发危机，土耳其紧随其后，巴西、印度尼西亚等新兴市场经济体无一幸免，金融脆弱性显著加剧。如1998年亚洲金融危机再次上演，将会对美国产生较大的回溢效应，加重疫情对美国经济的负面效应，冲击美国金融市场，影响美国长期经济发展。

随着新冠肺炎疫情冲击持续，何时能研发出有效的治疗药物和疫苗尚无明确的时间表。在治疗药物方面，美国最大的生物科技公司之一吉利德科学公司研发的抗埃博拉病毒药物瑞德西韦被一些医疗机构认为对抗击新冠病毒有效，2020年5月1日，美国食品药品监督管理局给瑞德西韦发放了紧急使用授权。但是2020年4月29日权威医学期刊《柳叶刀》上刊登的全球首项关于瑞德西韦的随机双盲对照组、多中心临床试验论文显示，其对重症患者无显著疗效。疫苗方面，中国在2020年4月23日已经发布了首个灭活疫苗试验结果，多种动物试验均证明药物有效，研发进入新阶段。美国、俄罗斯、德国、澳大利亚等国的疫苗研发工作也都已经取得一定进展，同时世界卫生组织总干事谭德塞于2020年5月4日表示，国际社会已承诺提供74亿欧元资金用于新冠疫苗研发与生产。虽然各国的疫苗研制工作都在积极进行，但是在新冠肺炎疫情得到有效控制之前，提振消费和投资难度较大。美联储只能在较长时间内保持低利率水平并持续对金融市场提供流动性，以刺激经济，防止衰退。

特朗普政策的长期效果和可持续性有待观察，美国经济陷入衰退的概率提高。过去几年，特朗普政府实施的积极的财政政策在短期会提振经济发展水平，刺激物价回暖。特朗普的减税和增加支出政策对提升经济增速虽有短期效果，但也会加剧贫富分化，引发全球竞争性减税，增加美国财政负担。据美国国会预算办公室测算，特朗普税改使美国财政赤字规模大幅增加，在 2018 财年较上年增长 20.9%，达到 8 040 亿美元，在 2020 财年将超过 1 万亿美元，比先前预期提前 2 年进入万亿美元赤字时代。赤字和债务快速攀升将导致美国自身信用大幅降低，加重政府、企业和家庭的利率负担，降低联邦政府应对下一次危机和解决深层次结构性问题的能力。强势美元和贸易保护主义会使美国出口下降，贸易逆差扩大。紧缩的货币政策和逐渐趋平的收益率曲线会损害美国企业的投资热情，银行信贷发放将更加偏向于短期投资，对实体经济支持力度有限。税改效应逐渐弱化、原油价格波动会抑制居民的消费积极性。作为经济增长"三驾马车"的消费、投资和出口都将面临一定挑战，美国经济增长可能出现"短升长降"。

预计在经济刺激政策的影响消退后，经济增速将逐渐回落，美国经济出现衰退的概率提高。随着美国经济再次进入下行或衰退周期，美联储很有可能会长期保持接近 0 的利率水平。

美联储利率政策调整背景下新兴市场金融动荡

美联储利息的周期性调整与新兴市场面临的风险密切相关，通常在美元宽松时期，新兴市场积累风险，而在美元紧缩时期，新兴市场往往会经历金融动荡甚至金融危机。

美联储加息背景下的新兴市场金融动荡的表现

2018 年 4 月以后，新兴经济体汇市、股市、债市暴跌现象此起彼伏，多个新兴经济体本币大幅贬值、股市急剧下跌、债市承压动荡，资本外流压力进一步显现，新兴经济体政府纷纷采取多项干预措施应对金融动荡。

新兴市场多国货币大幅贬值（见图 4.3）。到 2018 年底，阿根廷比索、土耳其里拉、巴基斯坦卢比、俄罗斯卢布、巴西雷亚尔、印度卢比、南非兰特等兑美元汇率的年内贬值幅度超过 10%。其中，新兴经济体中经济动荡最严重的国家是阿根廷，比索年内贬值 48.1%。世界银行的数据显示，阿根廷在 2018 年 GDP 萎缩 2.5%，2018 年底通货膨胀率为 40.7%。其次是土耳其，里拉年内贬值 29.6%，货币大幅贬值导致通货膨胀进一步恶化，土耳其国内通货膨胀率已超过 100%，严重的通货膨胀率使货币危机的影响已经扩散到更广泛的经济领域。除此之外，印度、俄罗斯、巴西、南非等新兴经济体的货币虽然也出现了较大幅度贬值，但国内通货膨胀率仍保持在合理水平，国内经济仍保持一定的增长态势，并未出现经济萎缩。

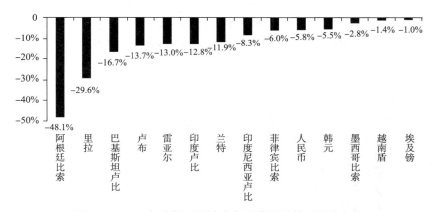

图 4.3　2018 年内新兴经济体各国货币兑美元汇率变化

资料来源：根据 Wind 数据计算

　　新兴市场的股市和债市遭遇不同程度冲击。随着美联储货币政策收紧，全球主要经济体进入货币紧缩周期，新兴经济体的货币危机进一步打击了金融市场的信心，引发资产价格下跌，股市出现了一定程度的抛售潮（见图 4.4 和图 4.5）。2018 年 10 月 MSCI 明晟新兴市场股指创 2017 年 5 月以来新低，较 2018 年 1 月的高点下跌约 21%，年内跌幅显著。2018 年内，新兴经济体中除俄罗斯股市略微上扬外，其他国家股市均呈下跌态势。其中，阿根廷 MSCI 股指年内下跌最为严重，下跌幅度达到 48.5%；土耳其 MSCI 股指年内下跌次之，下跌幅度达到 42%。另外，巴基斯坦、菲律宾、南非、中国、印度尼西亚的 MSCI 股指年内下跌幅度均超过 15%。

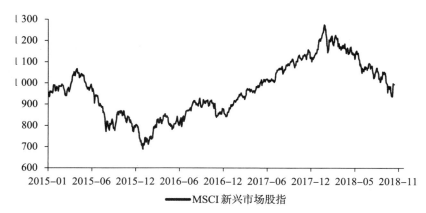

图 4.4　2015—2018 年 MSCI 新兴市场股指变化

资料来源：彭博

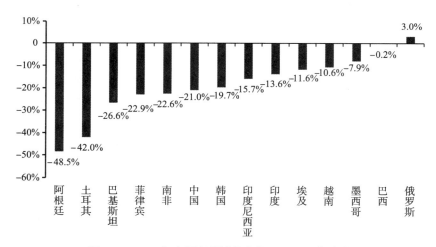

图 4.5　2018 年内新兴经济体各国 MSCI 股指变化

资料来源：根据 Wind、彭博数据计算

美国长期国债收益率大幅跃升，10 年期美债收益率突破 3.2%，新兴经济体多数国家跟随上调本国的国债收益率（见图 4.6）。其中，10 年期国债收益率上调幅度最大的是土耳其，年内上调幅度达到 30.8%；其次是菲律宾和印度尼西亚，年内上调幅度分别为 29.5% 和 23%；除中国和韩国外，其他新兴经济体 10 年期国债收益率年内均出现了不同程度的上调趋势。随着国家债务负担的加重，应对危机的货币政策调控手段将受限。

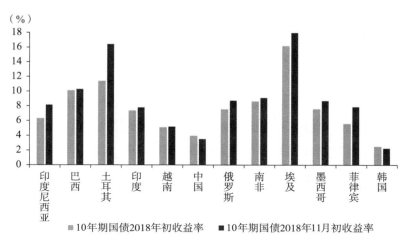

图4.6　2018年初和11月初新兴经济体10年期国债收益率对比

资料来源：根据 Wind 数据计算

　　跨境资本流出新兴市场并表现出显著分化。从新兴经济体整体数据来看，跨境资本在2018年下半年转向外流态势显著，更为明显的是，各新兴经济体的跨境资本流动出现分化。从2018年内资本市场来看，新兴经济体中的中国、巴西、印度为资本净流入状态，俄罗斯、韩国为资本净流出状态，土耳其、阿根廷、印度尼西亚资本流动情况各月变化较大，整体资本流入与流出基本持平（见图4.7）。2018年下半年，新兴经济体资本流出比上半年要更为严重。具体来看，中国跨境资本流入规模在2018年3月、4月、5月、7月、8月显著增大，远超过前一年同期水平，但9月因美国对中国加征贸易关税生效而受到影响，出现大规模净资本外流；印度跨境资本流入规模较前一年略有缩减，但仍属于跨境资本大规模流入国家，各月均是净流入状态；巴西仅6月为跨境资本净流出，在其他月份均为资本流入，和前一年保持基本一致；土耳其除1月、2月、4月、5月、7月为资本净流入外，在其他月份为资本净流出状态；阿根廷除1月、2月、6月为大规模净资本流入外，在其他月份均为资本流出；俄罗斯2018年跨境资本外流现象严重，3—9月各月均呈现资本净流出态势；韩国资本外流最为明显，除2018年4月有小规模资本流入外，两年左右时间内各月均呈现资本大规模外流。

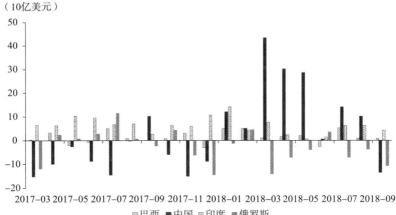

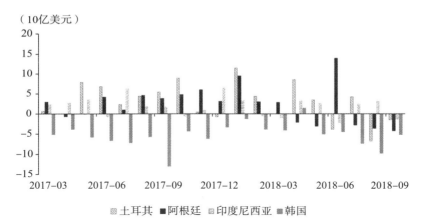

图 4.7　主要新兴经济体资本流动变化

资料来源：国际金融协会

各国政府积极出台应对措施，但效果有限。2018 年 4—10 月，阿根廷央行先后 8 次加息，并向国际货币基金组织寻求 571 亿美元援助，最终阿根廷比索暂时性止跌回稳（见图 4.8）。从具体情况来看，在 4 月 27 日、5 月 3 日、5 月 4 日，阿根廷央行 8 天内连续加息 3 次，但频繁的加息并没有达到预期的效果，阿根廷比索的贬值趋势未得到有效缓解。8 月 13 日，阿根廷央行再次加息，此次加息后阿根廷比索在短期内保持了平稳的走势，但随后受到土耳其里拉大跌的波及，阿根廷比索随之大跌。8 月 30 日，阿根廷央行不得不大幅度加息至 60%，比索停止继续下跌，进入宽幅震荡期。之后，阿根廷央行于 9 月 28 日与 10 月 1 日加息两次，阿根廷比索开始反弹并逐渐企稳回升。为了巩固调控成果，阿根廷央行随后于 10 月 16 日选择再次加息。

图 4.8　2018 年阿根廷比索汇率变化及政府应对措施

资料来源：根据 Wind 数据整理

　　由于阿根廷央行 2018 年 4 月和 5 月的前 3 次加息未能取得预期效果，政府不得不向国际货币基金组织寻求援助。2018 年 6 月 8 日，国际货币基金组织同意向阿根廷提供 500 亿美元的救助贷款，然而市场信心并没有因此得到提升，比索仍呈继续下跌走势。同年 8 月，阿根廷政府不得不请求国际货币基金组织提前发放援助贷款，在双方协商下，国际货币基金组织于 9 月 26 日决定将援助贷款增加至 571 亿美元，并先期向阿根廷发放 150 亿美元援助贷款。但此次援助并没有立刻产生效果，直到 9 月 28 日阿根廷央行第 6 次加息后，阿根廷比索才开始出现暂时性止跌回稳。

　　土耳其政府选择通过多次加息和处理美土关系来解决里拉贬值问题，美土关系缓和后，里拉止跌反弹（见图 4.9）。土耳其在 2018 年 5 月 23 日和 6 月 7 日进行两次加息后，汇率走势恢复平缓。但是，进入 8 月，在美国制裁下，土耳其里拉汇率短期内暴跌，土耳其央行不得不于9月13日大幅度加息至24%。此次加息后，虽然里拉的汇率在几天内仍继续下行，但最终下跌走势得到遏制，暂时趋稳。

在美国宣布对土耳其进行制裁后，2018年8月4日，土耳其宣布对美国采取反制措施，冻结美国司法部部长与内政部部长在土耳其的资产，里拉受政治不稳定因素影响，在短时间内出现暴跌。8月15日，土耳其宣布对美国生产的部分商品加征进口关税，包括对酒精饮料征收140%的关税，对汽车征收120%的关税，对化妆品、烟草征收60%的关税，对大米和纸张征收50%的关税，加征总额达5.33亿美元，以报复美方"蓄意经济攻击"，此后里拉出现短期反弹，但仍难以遏制贬值趋势。10月12日，土耳其政府迫于美国的压力释放了美籍牧师，随后与美国国务卿蓬佩奥在首都安卡拉举行会谈，蓬佩奥表示美国因牧师布兰森遭拘押而对土耳其实施的制裁可予以解除。在多重利好消息下，土耳其里拉持续反弹回升。

图 4.9　2018 年土耳其里拉汇率变化及政府应对措施

资料来源：根据 Wind 数据整理

委内瑞拉货币贬值幅度过大，政府不断进行货币改革，发行新货币，同时推行一揽子经济政策，但基本没有效果。委内瑞拉原货币玻利瓦尔贬值严重，2018年1月1日，委内瑞拉政府推出强势玻利瓦尔代替玻利瓦尔，强势玻利瓦尔与玻利瓦尔的兑换比率是 1 ∶ 1 000。同年 8 月 20 日，委内瑞拉推出主权玻利瓦尔代替强势玻利瓦尔正式在市场流通，主权玻利瓦尔与强势玻利瓦尔的兑换比率是 1 ∶ 100 000，新旧纸币将共存一段时间，但强势玻利瓦尔和主权玻利瓦尔的推出仍难以改变委内瑞拉货币继续大幅贬值的趋势。10 月 8 日，委内瑞拉总统马杜罗通过电视直播宣布，将在 11 月 5 日正式公开发售法定数字货币石油币，石油币的价值构成为：50% 的石油、20% 的黄金、20% 的铁、10% 的钻石。石油币将在 6 家主流国际虚拟货币兑换所交易和流通。委内瑞拉的石油币可以用于购买委内瑞拉境内的大宗商品及成品、购置资产和服务、跨境汇款以及支付税收等，也将作为该国的国际记账单位，以及国内工资和商品、服务定价的基准。由于频繁更换主权货币和货币贬值幅度过大，委内瑞拉官方不再公布具体贬值数据，根据市场统计，该年内货币贬值已超 95%。委内瑞拉的货币整改措施未能改变国内货币体系崩溃的局面。

委内瑞拉政府还出台了一揽子经济政策，但无法使国内经济"起死回生"。委内瑞拉政府在 2018 年内上调最低工资标准 5 次，工资涨幅达到 3 500%，但面对严峻的通货膨胀，委内瑞拉人民面临的"饥饿"现状未能得到改善，同时大量企业减少雇用数量，商店选择关门，失业率继续攀升，国内经济形势更加严峻。此外，为了缓解政府的财政压力，委内瑞拉政府选择提高企业税率，将奢侈品增值税从 12% 提高到 16%，对金融交易税课，税率为 0~2%，取消国内汽油的高额政府补贴，换成对注册的公共交通运营商和个人车主等直接发放补贴，没有注册的人将不会得到补贴，而必须支付国际价格。

印度尼西亚选择多次加息，以保障资本流动性，并通过实施减税和贸易保护等措施来应对冲击，短期内有一定效果，长期效果仍有待观察（见图 4.10）。2018 年内，印度尼西亚央行共进行了 5 次加息，这些加息政策普遍在刚出台时略有效果，印度尼西亚卢比出现短期反弹，但长期来看走势仍呈现贬值趋势。9 月 3 日，印度尼西亚财政部部长表示，为确保汇率价格公平和外汇市场流动性充足，将加大对美元购买的审查力度，规定客户在无特定基础交易的情况下购买美元的数额不可以超出每个月 2.5 美元，一旦超出这个限定范围，就需要有正式的文件证明其购买用途。此外，印度尼西亚政府强化市场主体、金融机构、工商界、经济学界间的有效沟通，共同推动市场形成理性预期。

印度尼西亚政府出台多项减税政策和贸易保护政策来保护本国市场。2018 年 6 月 9 日，印度尼西亚政府取消对糖类产品所得税，以确保政府采购价维持在每千克 9 700 印度尼西亚卢比的水平。为改善投资环境，加大引资力度，印度尼西亚政府针对 1 000 亿~5 000 亿印度尼西亚卢比优先发展行业的投资给予 5 年内公司税减半优惠政策，涵盖制造、石化、制药及药物原料、半导体、电子配件等行业。6 月 12 日，印度尼西亚总统签署了启动"国家进出口单一窗口"的总统令，将集中管理并处理进出口商提交给各部委的数据和信息，包括货物数量、关税、许可证、清关文件等，同时将新增 8 个国际贸易港，投入运营后将大幅削减印度尼西亚偏远或落后地区参与国际贸易的物流成本。

图 4.10　2018 年印度尼西亚卢比汇率变化及政府应对措施

资料来源：根据 Wind 数据整理

新冠肺炎疫情下新兴市场金融动荡加剧

新冠肺炎疫情对包含新兴市场在内的全球经济产生了巨大冲击。

2020 年 2 月下旬，美国开始出现国内市场流动性紧张，引发了世界范围内的美元回流，全球美元缺口持续扩大。不少新兴经济体资产遭到抛售，汇率大幅贬值，股市震荡，债市承压；国际资本大量流出，资产贬值和经济通缩压力增大。

不少新兴经济体货币大幅贬值。阿根廷比索、巴西雷亚尔、土耳其里拉、南非兰特、俄罗斯卢布、印度尼西亚卢比等新兴经济体的货币相对于 2019 年初兑美元汇率贬值超过 10%。其中，阿根廷比索贬值最为严重，超过 70%；巴西雷亚尔、土耳其里拉和南非兰特紧随其后，贬值均超过 20%（见图 4.11）。随着美联储进行一系列释放流动性和预期管理政策，并与国际上其他货币当局和货币组织协调合作，可以预期未来一段时间新兴经济体的货币贬值压力会有所减小。但是从长期来看，这些国家自身存在的经济、社会问题并不会随着美元流动性好转而改善，相反，量化宽松释放的美元会让大量持有美元债务的新兴经济体面临外汇储备贬值的重大风险。同时，低利率美元可能促使一些国家进一步增加美元债务水平，在没有有效提高实际产出的情况下，推高金融市场杠杆率，再一次进入财政、贸易"双赤字"，增大金融市场风险。

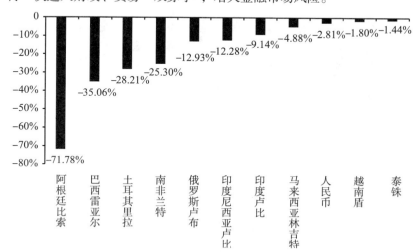

图 4.11　2019—2020 年部分新兴经济体货币兑美元汇率变化

资料来源：根据 Wind 数据计算

新兴经济体股市、债市波动加剧。2019 年 1 月 1 日至 2020 年 4 月，在上述所列举的 11 个新兴经济体中，除俄罗斯和中国股市的 MSCI 指数为正外，其他国家均出现较大幅度的下跌，其中，印度尼西亚、巴西、南非等国家跌幅巨大，超过 30%。如果集中观察 2020 年 2—4 月新冠肺炎疫情在全球开始大规模暴发这一段时间的话，则所有样本国家 MSCI 指数均出现下跌，其中大部分国家的下跌幅度超过 2019 年全年跌幅（见图 4.12）。巴西、墨西哥、印度尼西亚等人口基数大、人口密度大、医疗条件差的国家下跌幅度最大。2020 年 3 月 12 日，美国三大股指暴跌，石油价格战加剧，对新兴经济体的股市影响显著，巴西 MSCI 指数单日暴跌 17.66%，俄罗斯下跌 11.37%，泰国、南非、墨西哥、菲律宾等国单日跌幅也均超过 10%，中国下跌 4.68%。美国股指的震荡带来不少投资者金融衍生品保证金账户的巨额亏损，为了维持保证金比例满足要求，大量新兴经济体的金融资产被抛售以换取美元资产。

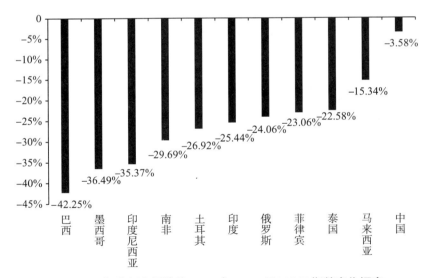

图 4.12　部分新兴经济体 2020 年 2—4 月 MSCI 指数变化幅度

资料来源：根据 Wind 数据计算

由于资本大量流出，新兴经济体的 10 年期国债收益率出现了不同程度的上升（见图 4.13）。2020 年 3 月，南非、土耳其、巴西等国 10 年期国债收益率出现较大幅度上涨，涨幅在 1.5 个百分点以上。中国由于疫情较快得到控制，已经进入复工复产阶段，国债收益率较为平稳，下降 0.14 个百分点。印度则由于暂时还处于疫情初期阶段，疫情的影响还没有完全显现，国债收益率的上升使得进一步推行财政政策的代价增大，债务负担加重。相比之下，中国较为稳定的债务水平和利率水平有利于改革的进一步深化，在美联储大幅降息的背景下，中国的存款基准利率和贷款基础利率都没有明显下降，货币政策操作空间增加，有利于在全面复工复产后进行刺激经济的相关政策制定与推行。

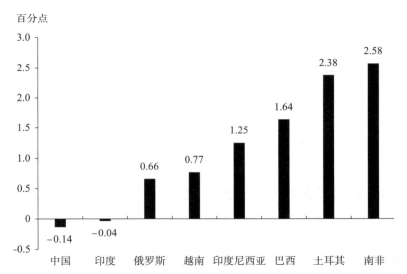

图 4.13　2020 年 3 月部分新兴经济体 10 年期国债收益率百分点变化

资料来源：根据 Wind 数据计算

　　新兴经济体资本大量外流。国际金融协会在 2020 年 4 月 1 日公布的资本流动追踪报告显示，2020 年 3 月，有 833 亿美元流出新兴经济体，其中股市流出 522 亿美元，债市流出 310 亿美元。此次资本外流规模空前，超过 2008 年国际金融危机、2014 年美联储削减量化宽松造成的恐慌和 2015 年人民币贬值风波。股市上，除中国外的新兴经济体流出 401 亿美元。国际金融协会的另一篇报告则预测新兴经济体的非居民投资活动将大幅下降，2020 年非居民资金流动约为 4 440 亿美元，远低于去年值

（9 370亿美元）；除中国外的新兴经济体本年度国外总投资约为3 040亿美元，为2004年以来最低值，其中直接投资略低于2019年值（2 940亿美元）；预计非居民资产组合投资为-410亿美元，今年下半年预期会有一定程度的资金回流，但是回流量不足以弥补上半年的流出量。

报告显示，中国也面临巨大挑战，但是情况要优于其他新兴经济体，预计流出资金少于2015年和2016年。由于中国没有大幅度降息，中国国债对外国资本仍有一定吸引力。但报告同时指出，由于中国经济增长放缓，商业债券和地方政府债务违约的概率有所增加，而且全球的"美元荒"也会增加中国企业海外融资的难度。

新兴市场金融动荡发生的原因与逻辑机理

新兴市场金融动荡既有外部原因，又有内部原因，还有传导机制，本节将对新兴市场金融动荡发生的原因以及逻辑机理进行分析，为构建相应的风险识别模型以及提出政策建议奠定基础。

新兴市场金融动荡的导火索通常以外部因素为主

美国主动发起贸易战，对多国实施制裁。美联储先是连续多次加息、缩减资产负债表，在新冠肺炎疫情突然冲击之下又迅速把联邦基金利率下限降到0，进行量化宽松和资产购买，这会造成新兴市场不良预期，成为新兴经济体金融动荡的导火索。

2018年，美联储加息4次。4月24日，美国10年期国债收益率突破3%的重要关口，为2014年1月以来的首次；5月后，美国国债收益率持续攀升，创近7年新高。2017年10月，美国启动缩减资产负债表计划，按照计划2018年美国国债缩减约2 500亿美元，MBS（抵押支持债券）缩减约1 700亿美元；原计划缩减资产负债表持续至2021年底，但是实际在2019年8月就停止了，之后进入降息阶段。美联储在加息阶段上调目标利率、缩减资产负债表、提高美债收益率的举措共同导致大量资本流入美国，国际市场上美元流动性收紧，美元指数在国际市场上不断抬升，新兴经济体货币持续承压，从而引发了大规模的新兴经济体货币危机。尽管 2019 年 8 月美联储已经开始进入降息通道，新兴经济体资本外流压力相对缓解，但是年底暴发的新冠肺炎疫情迅速冲击全球，美国金融市场流动性严重短缺，全球美元流动性缺口急剧扩大，美元大量回流，导致新兴经济体货币贬值压力骤增，金融资产贬值，资本大量外流。

贸易战持续升级，地缘政治冲突加剧，导致新兴经济体不良预期。从 2018 年初开始，美国开始对诸多国家加征各类关税，内容从铝箔、钢铝、汽车配件逐步扩展到各个领域，涉及中国、俄罗斯、巴西等诸多新兴经济体。美国主动发起的贸易战打破了国家之间原有的贸易平衡，新的贸易平衡又不能立刻建成，贸易严重失衡影响了新兴经济体的稳定发展。受美国的影响，朝鲜半岛周边地区、中东地区关系持续紧张，地缘政治风险仍然很高。在中东地区，美国的制裁加剧了该地区的紧张局势，进一步引发了国际石油价格的动荡，全球投资避险情绪上升，尤其是对新兴市场的不良预期促使大规模资本从新兴市场撤离，新兴经济体融资成本显著上升，极易发生经济不稳定乃至金融动荡。

原油价格异常波动，影响了新兴经济体的生产活动与金融市场稳定，增加了不确定性。2020 年 3 月开始的石油价格战在全球生产和贸易受疫情严重影响、能源需求疲软的背景下爆发，由于沙特阿拉伯和俄罗斯在续签减产协议上没有达成一致，欧佩克国家和俄罗斯在财政收入压力剧增的情况下都开始大量增产，全球油价开始暴跌，美东时间 2020 年 4 月 20 日，美国 WTI（西德克萨斯轻质中间基原油）原油期货甚至出现了每桶 -40.32 美元的极端价格。原油价格的剧烈波动给原油相关的能源、炼油、化工等行业带来巨大亏损和风险。同时，投资组合中包含大量原油题材的股票、债券、金融衍生品的投资者和机构都蒙受了不小的损失。新冠肺炎疫情下，企业投资生产活动和居民消费活动活跃度显著降低，在疫情未得到充分控制的情形下，预计原油价格会持续低位震荡，除投资组合受损之外，能源型国家消费需求和消费能力的显著下降也给新兴市场的出口贸易增加了不确定性。

新兴市场金融动荡风险传播渠道以跨境联动因素为主

部分新兴经济体外债依赖程度过高，外汇储备覆盖率过低，存在双赤字问题。2008 年国际金融危机之后，为应对金融市场动荡和经济衰退，美联储实行了多轮量化宽松政策，全球主要央行也随之进入低利率通道。在此期间，新兴经济体利用流动性充沛以及美元利率不断走低的机会大量举债，当宽松性货币政策开始转向，利率曲线抬头上扬时，新兴经济体的负债成本势必随之上升。通过短期外债与外汇储备的比值能更清晰地看到一些国家十分脆弱的偿债能力：截至 2019 年底，阿根廷外债累计高达 2 776.48 亿美元，但其外汇储备仅为 447.81 亿美元；委内瑞拉外债规模近 10 年来急剧增加，至 2018 年超过 1 540 亿美元，但外汇储备规模不到 100 亿美元；截至 2018 年底，阿根廷的外债余额是外汇储备的 4.2 倍，短期外债是外汇储备的 1.027 倍；土耳其的外债余额是外汇储备的 3.4 倍，短期外债是外汇储备的 0.88 倍；南非的外债余额是外汇储备的 3.34 倍，短期外债是外汇储备的 0.71 倍。这些国家的负债尤其是短期负债均已显著超过本国外汇储备，违约风险清晰可见。

多个新兴经济体已呈现贸易赤字和财政赤字并存的"双赤字"特征，"双赤字"容易引发恶性循环。一方面，贸易赤字导致国际收支失衡，主权债务风险上升；另一方面，持续的贸易逆差导致货币贬值压力增大，政府不得不消耗大量外汇储备和财政开支用于维护汇率稳定，结果导致财政赤字进一步恶化。数据显示，多个新兴经济体的经济均呈现"双赤字"特征。其中，截至 2018 年底，阿根廷的贸易赤字和财政赤字占 GDP 的比重分别达 4.7% 和 6.1%；土耳其 2018 年经常项目逆差占 GDP 的比重为 3.82%，虽然其财政赤字占 GDP 的比重不大，但政府总债务占 GDP 的比重为 30.17%，银行资产负债的期限错配提升了金融系统风险；巴西财政赤字占 GDP 的比重在六国中最高，达到 6.54%。如果为弥补财政赤字而发债，政府将增加公共债务负担，而用资本流入弥补经常账户逆差的做法也将增加经济的外部脆弱性，一旦短期投机资本改变流动方向，那么本币贬值压力就会增大。

新兴市场金融动荡风险放大渠道以内部因素为主

新兴经济体内部通常存在政局不稳、经济增速下行、企业和家庭负债率高、经济结构单一、通货膨胀率高企等问题。政治局势和大选周期是影响一国货币币值稳定的重要因素。从长周期考察巴西雷亚尔的走势不难发现，巴西在 2002—2018 年这 16 年中，因政局和大选周期引发货币贬值的现象至少出现过三次。一是 2002 年巴西大选引发投资者对其政治前景的担忧，进而导致巴西金融市场动荡；二是巴西因腐败案引发的政局震动导致 2015 年雷亚尔持续贬值；三是随着巴西大选形势日趋复杂，雷亚尔的波动性明显加大。

新兴经济体经济结构单一，对外部冲击的抵抗力弱，易放大外部冲击影响。多数新兴经济体经济贸易结构单一，对出口贸易、国外投资等因素依赖程度较高。在此背景下，一旦受到外部冲击影响，如外商直接投资下滑、主要出口产品市场价格下跌或需求不振，经济体增速会显著下滑。例如，阿根廷经济主要依靠出口，经济贸易结构较为单一，受外部环境影响，阿根廷经济增长极不稳定。根据国际货币基金组织的数据，2016 年阿根廷经济增速为-2.08%，2017 年上升至 2.67%，而 2018 年又大幅下滑至-2.48%，2019 年 GDP 继续萎缩 2.16 个百分点。同样，委内瑞拉 2017 年经济增速为-14%，2018 年下滑至-18%。土耳其 2017 年经济增速为 7.47%，2018 年大幅下跌至 2.83%。

新兴经济体通货膨胀率高企，市场形成恶性循环。2018 年以来，委内瑞拉物价已上涨 460 倍，阿根廷通货膨胀率涨幅超过了 30%，土耳其通货膨胀率达 18%，超过该国官方目标的 3 倍之多。同期，菲律宾的通货膨胀率飙升至 6% 以上，创下 9 年新高。包括这些通货膨胀恶化的国家在内，新兴经济体 2020 年以来物价水平平均涨幅超过了 4%，为发达国家的两倍多。此外，新兴市场货币贬值往往并不是孤立进行的，而是形成了"通货膨胀—汇率下挫—通货膨胀加剧"的恶性循环；不仅如此，在汇率下拉效应作用下，新兴市场的股市与债市均出现连连受挫与大幅跳水的行情。其中最有代表性的是，土耳其伊斯坦布尔 100 指数短短 3 个月时间不到就累计下跌超过 3 000 点，该国 10 年期国债收益率也从

12% 飙至 21% 的历史最高值。

历史上新兴市场金融危机典型案例

历史上两次比较典型的新兴市场金融危机事件与本轮金融动荡存在一些共性。

案例一：拉丁美洲债务危机

拉丁美洲债务危机始于墨西哥，之后蔓延到大多数拉丁美洲国家。20 世纪 60 年代，拉丁美洲的债务问题并不突出，1970 年其外债总额只有 212 亿美元，但从 1973 年石油提价和西方世界爆发经济危机后，拉丁美洲的外债急剧增长。1982 年 8 月，墨西哥因外汇储备已下降至危险线以下，无法偿还到期的公共外债本息 268.3 亿美元，不得不宣布无限期关闭全部汇兑市场，暂停偿付外债，并把国内金融机构中的外汇存款一律转换为本国货币。1983 年 3 月，美国连续 4 次加息使资本回流，大宗商品价格下跌，拉丁美洲国家入不敷出，导致大规模债务危机，继墨西哥之后，巴西、委内瑞拉、阿根廷、秘鲁和智利等国也相继发生还债困难，纷纷宣布终止或推迟偿还外债。到 1986 年底，拉丁美洲发展中国家债务总额飙升到 10 350 亿美元，且债务高度集中，短期贷款和浮动利率贷款比重过大，其中巴西、阿根廷的外债负担最为沉重。危机爆发后，拉丁美洲国家经济受到剧烈冲击，通货膨胀率继续攀升，1982 年的通货膨胀率为 47.5%，1984 年上升为 163.4%，1985 年更是恶化为 610%。同期，拉丁美洲国家失业率平均高达 15%，部分国家超过 20%；实际工资水平普遍下降，哥斯达黎加下降 50%，巴西、阿根廷下降 20%。同时，债务危机还引发了严重的货币危机，拉丁美洲国家货币普遍贬值，银行业损失惨重。总之，20 世纪 80 年代的债务危机冲击了拉丁美洲国家前期取得的经济发展成果，使得拉丁美洲经济严重下滑。

拉丁美洲债务危机的主要外因有：美联储不断加息，国际贸易保护主义趋严，西方国家压缩官方援助，高利率加重债务负担。美国经济从石油危机中复苏，GDP 迅速回升，但失业率和通货膨胀率仍然较高，为了加速经济复苏，美国实施减税并连续 4 次加息，基准利率从 8.5% 上涨到 11.75%，资本大规模回流美国，大宗商品价格下跌，拉丁美洲国家因入不敷出导致债务违约。发达国家的保护主义措施造成拉丁美洲国家由贸易顺差转为贸易大额逆差，国际收支严重不平衡。拉丁美洲国家的外汇收入主要依赖出口，出口收入在其 GDP 中历来占有很大比重。在世界经济危机的背景下，发达国家为保护自身利益，采取经济紧缩政策，实行名目繁多的保护主义，从而极大地限制了拉丁美洲国家的出口，加重了它们的债务负担。拉丁美洲经济委员会的材料表明，拉丁美洲国家的一些主要出口商品进入美国、欧洲、日本市场的税率高得惊人。其中，酒类的税率为 57.7%，毛织品为 41.8%，棉布为 25%，巧克力为 27%，龙虾和鱼类为 25%，香蕉为 40%~50%；至于诸如许可证、商标、合格证书、商品质量检验等非关税壁垒，更是不计其数。据联合国调查，美国对其从拉丁美洲国家进口的 1 000 项物品采取了 400 多项非关税壁垒措施，欧洲共同体对其从拉丁美洲进口的 479 项物品采取了 300 多项非关税壁垒措施，日本对其从拉丁美洲进口的 43 项物品采取了 100 多项非关税壁垒措施。拉丁美洲的对外贸易中近 2/3 是同美国、西欧和日本进行的。

拉丁美洲国家从西方获得的贷款额减少，融资更加困难。在第六届联合国贸易和发展会议上，发展中国家要求发达国家提供的官方援助应占其 GNP（国民生产总值）的 0.7%，但据经济合作与发展组织统计，西方发达国家向发展中国家提供的官方援助占其 GNP 的比重在 1961—1980 年平均为 0.52%，1985 年降为 0.32%。美国、日本等主要发达国家的这一占比基本不到 0.3%。1989 年世界银行报告显示，拉丁美洲国家偿付利息额为 235 亿美元，而同期得到的新贷款只有 50 亿美元。

西方国家抬高利率，拉丁美洲外债不断上升，还本付息额逐年增加。在经历两次石油价格上涨的冲击后，西方工业国家特别是美国为了消除严重的通货膨胀，采取大幅度提高利率的政策。随着美国实施高利率政策，国际多边金融机构也相应地提高了自己的利率，而且带动了欧洲资本市场利率的提高。1970—1980 年，除去通货膨胀因素，美国的实际利率一直不超过 2%，但 1981 年突然提高到 7.6%，仅在 1984 年上半年，美国大商业银行利率就调高了 4 次，达到 13%。欧洲资本市场在 20 世纪 70 年代的利率不到 10%，1981 年增加到 20%。据统计，利率每提高 1 个百分点，拉丁美洲每年要多支付 35 亿美元。

拉丁美洲债务危机的内因主要有：经济发展计划不合理，经济结构单一，财政赤字，外债使用不当，外债结构不合理。经济发展计划的不合理表现为超过实际经济承担能力。二战后，拉丁美洲许多国家急于实现国民经济的现代化，制订了远远超过本国财力限制的经济发展规划，以实行高目标、高投资、高速度的方针。为了实现这些雄心勃勃的发展计划，它们不得不大量举借外债。墨西哥 1977—1982 年发展计划规定，要使该国 6 年内经济平均增长率为 8%，就业年增长率为 4.2%，公共投资年增长率为 14%。巴西 1981—1985 年的发展计划中列入了包括能源、矿业、运输、通信和钢铁在内的 43 项大型工程的庞大投资计划，需投入资金共 3 720 亿美元，其中 57.5% 的资金依靠外债筹集。1960—1980 年，拉丁美洲地区 GDP 和国民储蓄仅增加 2 倍，而总投资提高了 2.9 倍。拉丁美洲国家为满足"三高"的资金需求，不可避免地陷入债务泥潭。

拉丁美洲国家出口依赖初级产品，经济结构过于单一。拉丁美洲国家大多依靠少数几种初级产品出口获得外汇，西方经济不景气减少了对原料的需求，还故意压价，这些原因使 20 世纪 80 年代以来初级产品价格普遍下降。1982 年，拉丁美洲出口的主要原料及作物的价格平均下跌 10%，其中糖类下跌 40%，鱼粉、铅、玉米下跌 20%~50%，铜、可可、大豆、锌等下跌 10%~15%。另据统计，1985 年，拉丁美洲 17 种主要出口产品的价格下跌 10% 以上，使拉丁美洲国家的出口收入损失近百亿美元。此外，国际石油价格的下跌减少了拉丁美洲产油国的出口收入。由于贸易顺差减少，为了平衡国际收支余额，拉丁美洲国家不得不继续从国外借款，加重了债务负担。整体来看，1982 年拉丁美洲国家出口收入比前一年下降了 10%，约为 1 026 亿美元，出口收入下降削弱了这些国家的偿债能力，导致借款成本升高，从而陷入了恶性循环。

拉丁美洲国家长期推行赤字财政和信用膨胀政策，通货膨胀严重。长期以来，拉丁美洲国家一直以推行赤字财政和信用膨胀政策来刺激经济增长，其结果是国家和私人债务迅速增加，通货膨胀日趋严重，进一步缩小了国内需求，加剧了生产和消费之间的矛盾和冲突。由于不断增加公共支出，多年来大多数拉丁美洲国家一直处于财政赤字状态。1980年，有将近 20 个拉丁美洲国家出现财政赤字，这些国家国力有限，要消灭赤字只能依靠举借外债和发行纸币。以墨西哥为例，其公共部门的财政赤字从 1977 年的 10% 增加到 1982 年的 16%。它一方面借入大量美元、英镑、联邦德国马克和日元，另一方面大量动用本国银行的贷款，印发纸币，引起恶性通货膨胀。据统计，1983 年拉丁美洲 14 国的平均通货膨胀率为 82.77%，与 1982 年的 71.45% 相比，增加了 11.32%。其中有些国家通货膨胀率的增长达到惊人的程度。比如，同期阿根廷的通货膨胀率从 220% 增至 300%，巴西从 97% 增至约 213%，厄瓜多尔从 23% 增至61%，秘鲁从 70% 增至 120% 乌拉圭从 15% 增至 55%。拉丁美洲国家成为全世界通货膨胀最严重的地区。

外债使用不当削弱了拉丁美洲国家的外债偿还能力。拉丁美洲国家大量借入的外债很大部分不是用于生产性投资，而是用于非生产性支出，或者用于弥补国有企业的亏损，从而大大削弱了这些国家的外债偿还能力，加剧了债务危机。随着经济发展，拉丁美洲国家的非生产性开支急剧增长，委内瑞拉政府的日常开支在预算中的占比从 1974 年的 34% 增至 1979 年的 60%，同期生产发展资金占比却从 56% 降至 23%。巴西的消费性开支占 GDP 的比重也从 1977 年的 78% 增至 1982 年的 81%。智利自1974 年以来，外债的很大一部分用于大量进口消费品。阿根廷在 1981 年和 1982 年花费了 139 亿美元进口国防物资。与此同时，拉丁美洲一些国家政府机构编制庞大，人浮于事，国有企业管理混乱，浪费严重，普遍亏损。1982 年，墨西哥国有企业亏损额占 GDP 的 10%。巴西外债近一半是公共企业借入的。委内瑞拉国有企业除石油公司外基本家家亏损，估计每年亏损额约 20 亿美元。阿根廷国有企业长期亏损，有些企业营业性亏损已超过销售额，到 20 世纪 80 年代初，阿根廷国有企业累积债务高达 150亿美元，其中 115 亿美元是外债，占阿根廷公共债务的一半以上。

拉丁美洲国家的债务结构不合理，短期私人贷款占比增大。在 20 世纪 70 年代之前，拉丁美洲国家的贷款多数是多边政府贷款，特别是偿还期较长的优惠贷款。从 20 世纪 70 年代中期开始，西方工业国家相继陷入危机，经济面临停滞，其中美国实行了削减官方发展援助政策，大大削减对发展中国家的官方优惠政策，并减少了对国际货币基金组织和世界银行的承诺。此外，石油美元大量流入国际资本市场，市场流动资金充裕，利率下降。在这两个因素的作用下，拉丁美洲国家转向私人银行借贷，期限不超过一年的借款大幅增加，截至 20 世纪 80 年代初，其短期私人贷款比例已经普遍超过 70%。

案例二：东南亚金融危机

东南亚金融危机始于泰国，之后蔓延到整个东南亚的汇市、股市、债市。20 世纪 90 年代以来，泰国经常项目逆差迅速扩大，泰铢被人为高估，泰国央行选择入市干预以硬性维持汇率，这给国际投机资本提供了可乘之机。在国际投机资本的冲击下，泰国央行不得不投入 100 亿美元以维持汇率。但随着国际投机资本的持续冲击，泰国外汇储备迅速告罄，泰国当局不得不于 1997 年 7 月 2 日宣布放弃联系汇率制，改为实行浮动汇率制，泰铢一日内大幅贬值 20%，国际投机资本带着胜利转向菲律宾、马来西亚、印度尼西亚等东南亚国家。这些国家同样存在外汇储备不足的问题，无力维持长时间的入市干预。菲律宾、马来西亚、印度尼西亚分别于同年 7 月 11 日、8 月 8 日、8 月 13 日放弃原有汇率制度，改为实行浮动汇率制度。汇市失守后，危机随之蔓延到股市。国际投机资本开始大规模抛售东南亚国家的股票，引起东南亚股市大幅度下跌，到 1997 年 9 月初，泰国、菲律宾、印度尼西亚、马来西亚股指分别比年初下跌 39%、38%、25%、41%。为稳定金融局势，东南亚国家纷纷采取削减预算、提高关税、整顿金融机构等措施，逐渐恢复投资者信心。直至 9 月 15 日，泰国股市和印度尼西亚股市开始止跌反弹，在股市的带动下，东南亚各国货币汇率开始回升企稳。这场危机不仅使东南亚各国长期实行的汇率制度不复存在，而且打断了这些国家持续多年的经济高增长，导致许多国家人民的生活水平倒退。这场危机中，为稳固货币、防止资本外流，东南亚各国紧缩银根，导致流动资金紧张，企业经营成本加大，许多企业削减工资、大幅裁员，相当一部分企业被迫倒闭，失业人口随之大幅增加，货币的大幅贬值导致各种商品价格飞涨，人民日常生活受到严重影响。

东南亚金融危机的外因主要是国际投机资本的冲击。在这场金融危机发生前，每天全球外汇交易总额中只有很少一部分被用于贸易结算和投资交易，其中大部分都流向了投机领域，这些国际投机资本在全球范围内流动，寻找投机机会。1992 年，其投机对象是英镑与里拉。1994 年，国际投机资本把矛头对准了墨西哥比索。到 1997 年，泰国以及整个东南亚的经济、体制问题越来越突出，以泰国为代表的东南亚国家由于经常项目持续出现巨额赤字，为危机的爆发留下了隐患。而且，泰国的资本账户开放程度较高，非居民可以较自由地参与本地市场的交易活动，但监管工作没有及时跟上。此次危机爆发前，外国投机者先广造舆论，甚至传言国际货币基金组织已明确要求泰铢贬值，并利用大量外国资金介入，通过离岸业务从泰国本地银行借入泰铢，利用外汇远期、掉期和利率互换交易，较隐蔽地进行了准备，有预谋地组织了在外汇市场抛泰铢、买美元的突然袭击，导致了泰铢大幅贬值，迫使泰国放弃了原有汇率制度，从而导致泰国爆发金融危机，并迅速波及整个东南亚。

东南亚金融危机的内因主要有：经济结构单一，汇率制度存在问题，外资控制不力。首先，东南亚各国经济结构单一，调整速度缓慢。东南亚各国曾经以出口导向型发展模式取得惊人的经济增长，创造了"亚洲经济奇迹"，但是其出口优势一旦受到挑战，将直接影响其经济发展的基础。1991—1995 年，泰国的经济增长率从之前的年均 9% 减缓到 6.47%。马来西亚、印度尼西亚、菲律宾的出口增长都变缓，出口放慢使东南亚各国的经常账户赤字剧增。1996 年，泰国的经常账户赤字占 GDP 的比重达 8%，马来西亚的这一占比为 6%，印度尼西亚为 4%，菲律宾为 1%。这说明其经济发展模式对于促进经济发展的能动性已经达到极限，经济的持续发展需要有新模式、新动力来替代。否则，当这些国家生产领域投资放慢时，必然使大量资金富余出来，再加上经济发展一段时间后积累的大量资金为寻求经济高速发展时的高利润率必然游离出生产投资领域，由此撒下了危机的种子。

其次，东南亚各国保持固定汇率与扩大金融自由化相矛盾。一方面，泰国 10 多年来一直实行主要盯住美元的汇率体制，其他东南亚国家，如菲律宾、印度尼西亚、马来西亚的汇率政策也大致相同。以泰国为例，在美元兑其他主要货币汇率大幅升值的背景下，泰铢也被人为地高估，由此导致泰国的出口受到抑制。此外，泰国同时保持较高的利率水平以吸引外资，这一政策使得外国资金大量流入国内，套利活动猖獗，对经济金融稳定构成了巨大威胁。另一方面，金融自由化、国际化是 20 世纪 70 年代以来国际金融市场上的一股潮流，许多发展中国家在经济迅速发展的同时都积极地推行金融自由化。20 世纪 90 年代以来，泰国为吸引外资，先后推出了一系列金融改革措施。1990 年 4 月，泰国正式接受国际货币基金组织协定的有关义务，取消了经常项目国际支付的限制。1991 年，泰国开始减少对资本项目交易的外汇限制。1992 年，泰国对外资开放，允许国内投资者直接通过银行获得低息的外国资金，导致出现肆意借贷低息资金现象。1994 年，泰国进一步放松这方面的限制，比如放宽出入境时可携带的外币限额，允许持有泰国离岸银行执照的外国银行在泰国各城市设立分支机构。在某些情况下，金融自由化在很大程度上是针对经济不稳定和滞胀的一种补救措施。因此，当出现外部冲击、宏观经济不稳定加剧和经济增长放缓等情况时，它将会打破企业和金融机构资产负债的平衡，对高负债比例企业的影响更大，导致银行不良债权增加，直至最终破产倒闭。

最后，东南亚各国金融监管不严，外资管控不力。新兴市场的经济发展需要大量资金，但存在资金短缺问题，急需引进大量外资。如果政府对外资引进不加以引导和控制，那么在外资引进过程中，短期投资所占的比例必然会高于长期投资。短期投资比例过大，资本快进快出将使一国的金融市场资金流通量激烈变化，呈现不稳定的状态。东南亚各国的外资有将近 10% 属于短期贷款。泰国的 900 亿美元外债中有 700 亿美元为私营部门所欠，其中大部分被投向房地产行业。此外，在国内经济处于调整时期、经济增长缓慢、生产投资降低的情况下，一旦外资引进失控，大量存在的外资必然难以找到相应的生产投资领域，而国际资金的根本目的在于快速获利。因此，一旦大量外资游离出生产投资领域，便会涌向任何能获利的其他市场，从而使外资的引进由原先的促进生产发展演变为冲击市场稳定。1991 年，泰国的外债规模为 200 亿美元。1998 年，泰国的外债猛增到 900 亿美元，占 GDP 的 40%，菲律宾的这一占比为 54%，印度尼西亚为 47%，马来西亚为 39%，外资引进基本上失控。

新兴市场金融风险识别框架及情景分析

建立健全新兴市场金融风险识别体系是有效防范风险的关键所在。由于目前降息阶段时间尚短，我们主要依据美国加息阶段的相关数据，对有关国家面临的风险进行研判，为新兴经济体应对风险提供依据。

新兴市场金融风险识别框架

本节结合了国际货币基金组织 2018 年《全球金融稳定报告》和国际金融协会 2018 年《新兴经济体金融风险热图》的构建方法，分三大类别和 14 个二级指标，构建了新兴市场金融风险指数。其中三大类别包括：导火索指数、跨境风险指数和国内风险指数。基于指数相关性和数据可得性，每个大类下选取若干二级指标衡量相关领域的风险变化（见表 4.2）。

表 4.2　新兴经济体金融风险指数和权重

分指数	分指数权重	二级指标	二级指标权重	资料来源
导火索 指数	1/3	联邦基金利率水平（%）	1/3	Wind
		美联储加息次数（次）	1/3	美联储官网
		VIX 指数（波动率指数）	1/3	Wind
跨境风险 指数	1/3	短期外债占比（%）	1/5	国际清算银行
		总外债率（%）	1/5	国际清算银行
		外汇储备覆盖率（%）	1/5	国际金融协会
		经常账户赤字（%）	1/5	国际金融协会
		财政赤字率（%）	1/5	国际金融协会

（续表）

分指数	分指数权重	二级指标	二级指标权重	资料来源
国内风险指数	1/3	非金融杠杆率（%）	1/5	国际清算银行
		居民杠杆率（%）	1/5	国际清算银行
		名义房价变动率（%）	1/5	国际金融协会
		预计通货膨胀率（%）	1/5	各国央行官网
		治理指数	1/5	世界银行官网

我们通过构建金融风险指数来观察新兴经济体的风险。首先，计算各二级指标在样本区间内的均值和方差，以各指标的"均值−方差"、均值、"均值＋方差"三个数据为分界点，根据各指标的经济含义，将指标划分为四个区间，分别对应高风险、中高风险、中低风险和低风险，并相应赋值为 4、3、2、1。其次，取一级指标下各二级指标的算术平均值为分指数。最后，取各分指数的算术平均值为全球金融风险指数。显然，新兴经济体的金融风险指数和分指标将处于 1~4 区间，数值处于 1~2 区间为低风险，处于 2~3 区间为中风险，处于 3~4 区间为高风险。具体公式如下。

$$OI_t = \frac{1}{3} * i_t + \frac{1}{3} * in + \frac{1}{3} VIX_t \tag{2}$$

$$CI_t = 0.2 * sd_t + 0.2 * td_t + 0.2 * rr_t + 0.2 * ca_t + 0.2 * dr_t \tag{3}$$

$$DI_t = 0.2 * cd_t + 0.2 * hd_t + 0.2 * price_t$$
$$+ 0.2 * inflation_t + 0.2 * gr_t + Election(0.5) \tag{4}$$

$$FI_t = \frac{1}{3} * OI_t + \frac{1}{3} * CI_t + \frac{1}{3} * DI_t \tag{5}$$

其中，OI_t 为导火索指数，CI_t 为跨境风险指数，DI_t 为国内风险指数，FI_t 为金融风险指数；i_t 代表联邦基金利率水平，in 代表美联储加息次数，VIX_t 代表 VIX 指数，sd_t 代表短期外债占比，td_t 代表总外债率，rr_t 代表外汇储备覆盖率，ca_t 代表经常账户赤字，dr_t 代表财政赤字率，cd_t 代表非金融杠杆率，hd_t 代表居民杠杆率，$price_t$ 代表名义房价变动率，$inflation_t$ 代表预计通货膨胀率，gr_t 代表治理指数，Election 代表总统选举（如果一个国家在 2018—2019 年举行总统选举，此项加上 0.5）。

新兴市场风险指数构建及情景分析

历史经验表明，在美联储加息周期下，新兴经济体相对容易发生金融风险。而且，随着新兴经济体的金融市场规模越来越大，跨境（外债、经常账户等）和国内（通货膨胀、房地产价格等）的金融风险点变得相互交织、相互影响。我们通过国际货币基金组织和国际金融协会的方法，重点研究美国加息期间的变动，观察主要新兴经济体的风险因素，探究可能的金融风险爆发点。

外部导火索指数分析

当美国处于宽松的货币周期时，全球流动性泛滥，同时风险偏好较高，为追求高额回报，资本流入新兴市场。但当美国进入紧缩的货币周期时，美联储加息导致大量资本流回美国，新兴经济体货币面临贬值压力，高负债的新兴经济体还会因为汇率的下跌而面临债务危机。所以，在美联储加息周期中，全球经济特别是新兴经济体，较为容易发生金融危机（见图 4.14）。我们使用联邦基金利率、美联储加息次数和 VIX 指数来构建外部导火索指数（见图 4.15）。

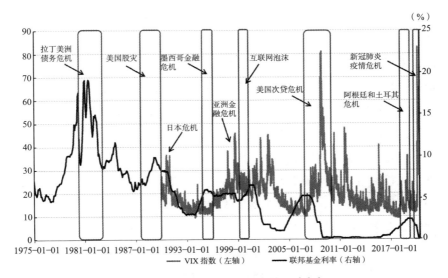

图 4.14　美联储货币周期中的经济危机

资料来源：根据 Wind 数据整理

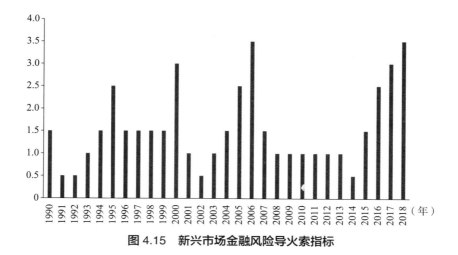

图 4.15　新兴市场金融风险导火索指标

　　由于美国利率政策调整是新兴经济体面临的主要外部风险，我们使用联邦基金利率水平和美联储加息力度来将加息周期数据化。我们借鉴国际货币基金组织和国际金融协会的处理方法，计算联邦基金利率水平在样本区间（1990—2018 年）内的均值和方差，以指标的"均值-方差"、均值、"均值＋方差"三个数据为分界点，根据指标的经济含义，将指标划分为四个区间，分别对应高风险、中高风险、中低风险和低风险，并相应赋值 4、3、2、1。美联储加息力度按照 1990 年后美联储四轮加息的时长来予以赋值，即加息第 1 年赋值 1，第 2 年赋值 2，以此类推。最后，取两个指标的算术平均值为导火索指标。从图 4.16 中可以看出，随着美联储 2015 年开启新一轮加息，导火索指标在 2014—2018 年持续上升，表明新兴经济体外部环境持续变差，流动性趋紧。

　　全球投资者在美国加息周期内的表现也不相同，我们使用 VIX 指数来替代投资者的风险偏好。VIX 指数也采用国际货币基金组织和国际金融协会的处理方法，之后取 VIX 指数和原导火索指数的算术平均值得到新的导火索指数（见图 4.16）。对比原导火索指数，加上投资者风险偏好的新导火索指数幅度相对较小，这也印证了风险偏好对新兴经济体投资具有很大的影响。另外，从新的导火索指数依旧可以看出，2014—2018 年新兴经济体的外部环境在持续变差。

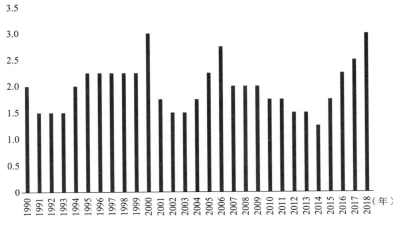

图 4.16 纳入 VIX 指数的导火索指数

跨境风险因素分析

在美联储加息周期下，新兴经济体更容易发生货币风险。为了检测各新兴经济体的货币风险，我们使用外债占 GDP 的比重、短期外债占外债总额的比重、外汇储备覆盖率、经常账户余额占 GDP 的比重、财政赤字率来构建跨境风险指标。

外债风险是货币风险的重要诱因。阿根廷和土耳其的货币风险都跟两国面临较为严重的外债问题有关，而外债问题又与其他金融风险因素相互交织，加剧了风险的传播和恶化。一国外债占 GDP 的比重越高，短期外债占比越大，发生债务危机的风险就越高，尤其是在美联储加息周期和全球流动性趋紧的情况下，该国外债偿还压力变得更大，从而加大了债务危机爆发的概率。国际评级机构穆迪公司也表示，财政规模小、债务期限较短的新兴经济体在遇到全球流动性趋紧的情况下，将更难应对不断上升的债务成本，从而更易爆发债务危机。

外汇储备覆盖率不足极易导致新兴经济体债务违约。外汇储备覆盖率主要衡量一国偿还外债的能力和支付进口商品的能力。根据公式（6），一国外汇储备覆盖率越低，说明这个国家清偿国际债务、调节国际收支的能力越弱，所面临的金融风险就越大。按照国际金融协会的标准，当一国外汇储备覆盖率低于 1 时，这个国家被认为是高风险国家。

$$rr_t = r_t / (cr_t + sd_t + td_t) \tag{6}$$

其中，rr_t 代表外汇储备覆盖率，r_t 代表外汇储备规模，cr_t 代表经常账户逆差，sd_t 代表前一年短期外债偿还金额，td_t 代表今年外债偿还金额。

长期经常账户赤字和财政赤字也会导致新兴经济体货币风险加剧。如果经常账户赤字和财政赤字同时存在的情况，也就是"双赤字"长期存在，新兴经济体的内在经济脆弱性较强，很容易演化成新的金融风险。

我们根据国际货币基金组织和国际金融协会的构建方法，组建跨境风险指数（见图 4.17）。跨境风险指数表示的是一国风险增长的速度，该指数越高，说明该国所面临的跨境风险累积越快。可以看出，土耳其、阿根廷、乌克兰、马来西亚、南非等国的跨境风险指数都接近或超过 3，处于高风险区间。

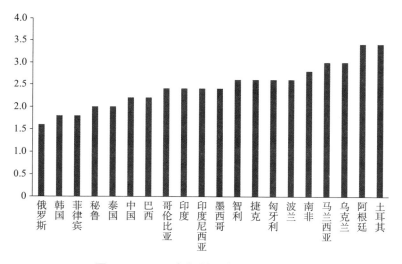

图 4.17　2018 年相关国家跨境风险指数

国内风险因素分析

货币风险实际上是国内风险的外部映射，而且内外部风险相互交织，很容易造成风险共振。为了观察一国的国内风险，我们通过非金融企业负债率、居民杠杆率、名义房价变动率、通货膨胀预计值、政局稳定性来构建国内风险指数。

当外部流动性趋紧时，一国非金融企业负债率越高，就越容易对该国造成冲击，进而造成经济的不稳定。非金融企业负债率等于一国的非金融企业负债除以 GDP，该数值越大，表明在美联储加息周期时，该国为了抵御汇率下跌而抬升利率会导致国内企业融资越困难，企业资金断裂的风险也就越大。

居民加杠杆和房地产市场异常火爆现象通常同时出现，相辅相成，互为因果，容易造成房地产风险。根据历次经济危机的经验，如 1990 年日本房地产泡沫危机、1998 年亚洲金融危机、2007 年美国次贷危机和2009 年的欧债危机，危机前居民部门的负债增速都显著加快，同时房地产市场异常火爆。居民杠杆率快速上升对消费有明显的挤出作用，会拖累经济发展的内在动力。从这两个数据来看，菲律宾、哥伦比亚和秘鲁的房地产市场风险较大，未来应多注意控制房价和限制居民杠杆率的进一步上升。

恶性通货膨胀会掣肘新兴经济体的货币政策和财政政策。根据菲利普斯曲线和奥肯定律，温和的通货膨胀是有利于经济发展的。但恶性通货膨胀的发生会造成货币政策的两难选择：抑制高通货膨胀所需的紧缩性货币政策与刺激经济增长所需的宽松货币政策之间的两难选择。当新兴经济体的财政赤字率过高时，会造成财政政策的两难选择：防止经济滞胀所需的积极财政政策与减少财政赤字所需的紧缩财政政策之间的两难选择。新兴经济体为了促进经济发展一般采取较为宽松的货币政策，导致通货膨胀率一般较高，如果控制不好，很容易造成恶性通货膨胀的发生。

政局稳定性对经济发展可谓至关重要。历史经验表明，国内外重大政治事件一般都会推高新兴经济体的货币风险。比如，2012—2018年，土耳其里拉的每个下跌时点都与其国内外重大政治事件有关（见图4.18）。新兴经济体（不含中国）一般采用西方的全民普选制，但由于新兴经济体采用民主制的时间较短，民众的民主意识淡薄，流程相对混乱，货币风险很容易发生。所以，我们使用全球治理指数来观察政局稳定性，

同时观察近两年各国是否发生总统选举，以使指标更全面地反映各国政
治变动趋势。总统选举事件被赋值为 0.5，加到总指数上。

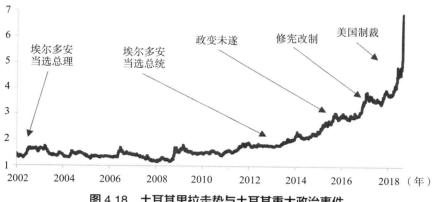

图 4.18   土耳其里拉走势与土耳其重大政治事件

资料来源：彭博

与跨境风险指数一样，国内风险指数也是表示风险增长的速度，我
们通过这个指数可以更好地观察哪些新兴经济体的国内风险累积过快。
从图 4.19 可以看出，土耳其、菲律宾、阿根廷、乌克兰、印度、哥伦比
亚、泰国、印度尼西亚等国的国内风险较大。其中，菲律宾、印度、哥
伦比亚、泰国、印度尼西亚等国都是国内风险较大而跨境风险较小，具
体原因是泰国、印度、印度尼西亚的政局稳定性未来预计将会受到冲击，
菲律宾、哥伦比亚则是由负债较高、通货膨胀预期不稳等因素造成的。

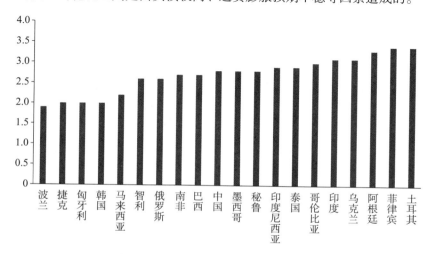

图 4.19   2018 年有关国家风险指数

新兴经济体风险指数构建

我们首先构建只考虑跨境风险因素和国内风险因素的风险评估指数，之后再纳入导火索指数，从而构建完整的金融风险指数。将跨境风险指数和国内风险指数的算术平均值相加，得到风险评估指数（见图4.20）。从图中可以看出，土耳其、阿根廷、乌克兰、南非、印度、哥伦比亚、印度尼西亚等国的金融风险上升较快，未来要特别关注。

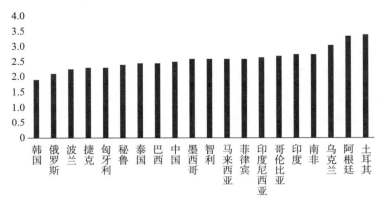

图 4.20　2018 年部分新兴市场金融风险指数

为了加入美国经济周期的影响，我们将导火索指数与金融风险评估指数合并（见图4.21）。根据国际金融协会的数据，可以得到哪些新兴经济体受美联储利率调整影响较大，即资本流出较为严重。其中，俄罗斯、泰国、韩国、菲律宾、南非、阿根廷、土耳其等国资本流出较多，受影

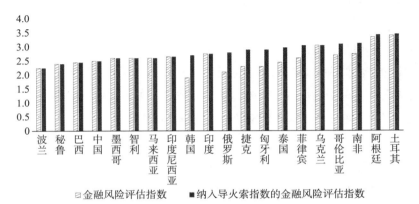

图 4.21　考虑导火索因素的金融风险指数

响较大。经过计算可发现，土耳其、阿根廷、南非、哥伦比亚、乌克兰、菲律宾的金融风险评估指数（纳入导火索指数）均超过 3，处于高风险和中高风险区间内，风险暴露较为严重。

高风险国家研判

根据金融风险评估指数所选出来的国家，都存在通货膨胀率较高、制造业体系不完善、未来政局变动性较大等问题，而且短期内并没有好转的迹象。

高风险新兴经济体的共同风险点

高风险新兴经济体普遍面临通货膨胀率较高、经济"空心化"严重、未来政局变动性较大等局面。土耳其 2010—2018 年 M2（广义货币供应量）同比均值在 16% 以上，2018 年初之后更是持续上行至 19.2%。另外，在伊斯兰保守派思想（"高利率是万恶之母"）的影响下，土耳其的基础利率长期处在低位，隔夜借款利率从 2008 年初的 15.5% 下降至 2017 年的 7.25%，导致实际利率自 2010 年起多数时段低至 0 以下。一些新兴经济体过于追求 GDP 增长，而放任通货膨胀率上升，导致通货膨胀率上升过快。阿根廷、乌克兰、菲律宾、南非等高风险国家都面临高通货膨胀率的局面。当经济危机发生时，这些国家很难再依靠宽松的货币政策来抵御流动性趋紧。在一些新兴经济体，大量资金流入房地产行业，没有进入实体经济来促进经济高质量发展，而是依靠资产价格的虚高实现经济的虚假繁荣，经济"空心化"较为严重。从数据来看，土耳其、菲律宾、哥伦比亚等国的房价上涨较快，对资金流入实体经济有一定的挤出效应。政局稳定性也是影响新兴经济体金融稳定的一大重要因素。从治理指数来看，哥伦比亚、菲律宾、土耳其的指标都处于中高风险区间，可以看出这些国家的政治稳定性都比较差。

高风险新兴经济体的不同风险点

具体来看，各高风险新兴经济体（阿根廷、土耳其、乌克兰、南非、菲律宾、哥伦比亚）可分为两类：一类跨境风险较大，另一类国内风险较大。

跨境风险较大的新兴经济体有阿根廷、土耳其、乌克兰和南非，阿根廷的跨境风险指数为 3.4、土耳其为 3.4、乌克兰为 3、南非为 2.8。阿根廷的跨境风险指数恶化得比较严重，外汇储备覆盖率只是 0.3，说明至少七成债务是暴露在风险下的，有不能按时清偿的风险。阿根廷长期处于"双赤字"下，即经常账户赤字和财政赤字同时存在。除了 2016 年和 2017 年经常账户逆差有所缓解外，阿根廷的经常账户逆差长期存在，导致外汇储备积累缓慢，只能依靠外债弥补经常账户逆差。阿根廷政府的财政赤字庞大，并没有平衡好中央政府的财政状况。2015 年，阿根廷政府的财政赤字高达 522 亿比索，为了消除阿根廷与美国之间惊人的贷款利差（2015 年高达 27.07%，见表 4.3），阿根廷政府取消了长达 4 年的外汇管制，允许国际资本自由进出。这造成了更严重的"过度借贷综合征"，阿根廷政府的财政赤字进一步扩大，最终无力偿还庞大的债务。民粹主义成为拖累阿根廷政府财政的根深蒂固的问题。阿根廷政府为了讨好选民，提高工人工资，实行高福利政策，外加阿根廷工业体系落后，产品附加值低，导致其税收不能弥补高额的财政赤字。阿根廷的偿债能力较弱，外债结构中短期债务占比高。截至 2016 年底，阿根廷的外债已经是其外汇规模的 4.96 倍。而且，阿根廷的外债规模在逐年扩大，2007 年底其外债是外汇规模的 2.62 倍，10 年间外债规模增长了 1.56 倍，偿债压力不断增加。从外债结构来看，2016 年阿根廷短期外债占全部外债的 24.85%，占外汇储备的 123.24%，潜在短期偿债风险非常大。在弱偿债能力和高短期外债占比情况下，外资大量流出最终导致了阿根廷偿债困难，爆发了比索危机。

表 4.3　阿根廷与美国贷款利差变动历史

	1995 年	2001 年	2008 年	2015 年	2016 年
贷款利差	9.02%	20.78%	14.38%	27.07%	22.41%

资料来源：世界银行

　　土耳其与阿根廷的情况较为接近，各跨境风险因素都比较差。2002—2018 年，土耳其的经常账户持续逆差且逆差程度逐步扩大，经常账户逆差平均占 GDP 的-4.7%，2018 年第一季度更高达-7.9%。为了向持续的经常账户逆差提供外汇融资，土耳其较高程度地开放了资本与金融账户，① 但由于外汇资金大多是通过债务类工具借入的，本息刚性兑付带来的流动性风险和宏观脆弱性增加。另外，土耳其的外汇储备增长显著慢于外债增长，市场担忧土耳其的外债偿还能力较弱。截至 2018 年第一季度，土耳其的外债高达 4 666.57 亿美元，是外汇储备规模的 5.48 倍。从短期偿债能力来看，土耳其的短期外债高达 1 222 亿美元，是外汇储备的 1.44 倍。庞大的外债、较差的外债结构、相对缓慢的外汇储备增速使得市场担忧土耳其的外债偿还能力，尤其担忧借款者的风险敞口，其中主要是欧元区银行对土耳其的风险敞口（2018 年第一季度，欧元区银行在土耳其的债务达 1 652.42 亿美元）。之后，虽然美国对土耳其的制裁被取消，土耳其里拉跌势暂缓，但风险点依旧存在，还需持续关注。

　　相对于土耳其和阿根廷，南非和乌克兰情况略好。但南非和乌克兰的"双赤字"问题比较突出，而且都在恶化过程中，外汇储备覆盖率也在持续下降。尤其是乌克兰，外债快速上升，风险急剧增加，外债占 GDP 的比重已经高达 91%，同时其外汇储备覆盖率已经下降到 0.5。随着美联储利率政策变动，乌克兰从资本流入转为资本流出，从而发生资本流出的"踩踏事件"。

　　国内风险较大的新兴经济体中，比较典型的是哥伦比亚和菲律宾，哥伦比亚的国内风险指数为 3，菲律宾为 3.4。这两个国家是典型的居民杠杆率快速上升叠加房地产市场火爆的危机模式。2013—2018 年哥伦比亚和菲律宾的居民杠杆率（家庭负债占 GDP 的比重）分别为 8% 和 5%，且上升速度较快，两国都处于中高风险区间。此外，哥伦比亚和菲律宾

---

① 　直接投资方面，土耳其限制非居民在境内购买房地产的区域和面积；证券投资方面，土耳其要求境外企业资产净值要达到 1 000 万欧元，投资期限至少 3 年；贸易信贷方面，土耳其限制部分商品的长期出口贸易信贷。除了上述限制外，土耳其的资本账户完全开放。

的房价也上涨较快，2013—2018 年的年增长均值分别为 9.1% 和 10.7%，在新兴经济体中属于房价增长较快的两个国家。这两国有点儿像土耳其，中央负债较低，但通过银行将外债借给企业，尤其是房地产企业获得资金较多，经济"空心化"严重。哥伦比亚和菲律宾的非金融企业杠杆率（非金融企业负债 /GDP）较高，在 2013—2018 年的均值分别为 14% 和 15%。两国通货膨胀预期上升较快，导致货币政策掣肘严重，2018 年哥伦比亚的通货膨胀预期为 3.3%，菲律宾为 6.4%。另外，哥伦比亚和菲律宾的政局稳定性也比较差，治理指数分别是-0.2 和-0.4。

值得注意的是，在美国由加息转向实施低利率过程中，各新兴经济体都面临流动性趋紧的局面。目前来看，受疫情影响，美国失业率上升较快，由 2019 年 12 月的 3.5% 升至 2020 年 3 月的 4.4%。全球美元流动性趋紧，美元指数保持高位。新兴经济体，尤其是高风险的新兴经济体，可能都会因流动性趋紧而爆发金融风险，但根据之前的分析，这些国家的风险爆发点并不相同。阿根廷、土耳其、乌克兰要更关注过高外债水平叠加恶性通货膨胀问题。哥伦比亚和菲律宾则要关注居民杠杆率过快上升和房地产市场异常火爆导致的金融风险。南非要注意的是政治不稳定所带来的货币风险。

重构国际贸易金融新秩序

在美元利率水平可能长期保持低位的背景下，新兴经济体要妥善处理本国货币与美元之间的关系，避免过于依赖美元，特别是在美元指数保持高位时期，要避免承担过多的短期美元债务，以防爆发债务违约风险。新兴经济体应支持多元化支付体系，如法国、德国等建立的 INSTEX（货易互换支持工具）系统和中国的跨境银行间支付系统，避免部分国家将国际公共的金融基础设施用于制裁他国，成为引爆新兴经济体风险的因素；要打造货币互换升级版，在必要时使之成为国际流动性的重要补充；要稳妥推进新兴经济体的金融市场开放，特别是保持维护股市和汇市稳定的必要能力，降低爆发风险的可能性。

完善国际经贸策略

新兴经济体应主动调整贸易结构。在贸易摩擦升级、保护主义涌动背景下，全球经济出现下行趋势，国际需求低迷，加之贸易形势复杂，致使新兴市场面临的全球贸易压力加大。随着面临的不确定性加剧，新兴市场应保持良好的战略定力，积极优化调整贸易结构，提升自身的国际贸易水平，防范国际贸易风险。一是结合比较优势理论，顺应市场发展及生产成本的变化规律，积极调整产业结构，主动向高端制造业、高科技产业升级，增加在技术、创新及人力资本方面的投入，培育新的竞争优势，优化国际贸易结构，为经济稳定发展提供长期增长动力。二是做大、做强自主品牌，提高自身竞争力，避免原有市场流失。三是努力开拓欧盟、东南亚等多元化市场，减轻对于单一市场尤其是美国市场的依赖，增强应对贸易战的韧性，同时尽量避免对单一国家顺差过大，致使其贸易保护主义行为阻碍国际化进程。

新兴经济体要大力推动世界贸易组织改革。世界贸易组织的存在推动了新兴经济体和发展中国家的发展，促进了世界经济及贸易自由化。然而，在美国政府奉行保护主义政策、推行以"美国优先"为宗旨的单边主义背景下，加之层出不穷的区域、跨区域自贸协定等实践与世界贸易组织的基本原则相冲突，贸易争端问题逐渐突出，全球多边体制面临严峻挑战，积极推动世界贸易组织改革刻不容缓。世界贸易组织改革要从顺应经济全球化、有利于全球共同繁荣的基本原则入手。一是维护以世界贸易组织为核心、以规则为基础的多边贸易体制，加强新兴经济体之间的团结，坚持改革应以发展为导向，维护或基本维护"特殊与差别待遇"原则，要求发达国家落实对发展中国家的优惠承诺。二是及时跟进对数据流动、投资便捷化等新兴贸易方式的研究，顺应科技趋势，加快完善数字时代的国际贸易新规则，推动 e-WTP（电子世界贸易平台）落地全球，为中小企业进入全球市场提供贸易平台，进一步促进世界经济全球化发展。三是改革争端解决机制，协调区域、跨区域自贸协定与世界贸易组织基本原则冲突问题，中、澳、欧等 17 个成员将建立新贸易解决机制是一个很好的探索。四是强化世界贸易组织对贸易活动的监管权力，积极加强国际合作，加快完成区域全面经济伙伴关系协定、中欧双边投资协定等协议，为全球多边体制和自由贸易增添信心。五是承认市场经济模式的多样性，反对简单采用特定市场经济国家的内涵和标准。实践证明，传统的计划经济模式和所谓纯粹的市场经济模式都是有缺陷的。当今世界或是历史上并不存在完全市场经济模式，只是在资本主义早期，在总供给远远小于总需求的特定背景下，十分接近完全市场经济模式。中国经济发展模式的成功，是政府与市场关系从对立走向统一的重要探索。实质上，一个由市场发挥决定作用并且将"有效市场和有为政府"相结合的体系，就是市场经济模式。检验一种经济模式是否有效的标准不应是以某国为参照，而要看其能否推进经济的发展。难道当今世界还有一种模式比市场经济模式更有效吗？中国模式应该是一种典型且有效的市场经济模式。

新兴经济体之间应深化合作。新兴经济体具有广泛的互补性，加强新兴经济体之间的互动合作是提振全球经济、有效应对当前国际形势的一大重要手段，既有利于化解竞争性，为新兴经济体的发展提供动力，加强其自身对于风险的抵御能力，又有利于提升新兴经济体的整体地位。同时，深化新兴经济体之间的合作能有效促进世界经济的可持续发展。深化新兴经济体之间的合作，关键在于拓展其合作广度及合作深度。在合作广度方面，中国应加强与"一带一路"沿线国家在公路、铁路、航运等基础设施建设领域的合作，完善沿线国家交通网络，为高效率合作及可持续经济增长奠定基础；推进交通物流枢纽和国际商品物流集散中心建设，为企业"走出国门"打通物流通道。在合作深度方面，中国应扩大"金砖+"区域合作，建立新工业革命伙伴关系，结合各国的工业特色，进行务实的产业合作，如建立相关科技工业园区，共同提高在先进制造业领域的水平，提高国际竞争力；构建完善多层次的金融合作对话平台，共同成立危机管理、风险应对等机构，深化金融合作。

建设国际贸易金融新秩序

新兴经济体应推动构建国际贸易新秩序。我们通过模型进行的研究表明，国际贸易新秩序不是完全的自由贸易规则，也不是完全的保护贸易规则，而应是基于国际规则下的自由贸易发挥主导作用与有限保护的结合。国际规则解决的是国际经贸的顺利运行和利益的基本平衡问题；自由贸易是经济全球化和各国相互依存的必然要求；有限的保护针对的是各国的核心利益关切，但保护必须有严格的条件和程序。维持相对公平的贸易条件和有限的保护有助于国际贸易的可持续发展。公平贸易不等于一国利益的最大化，其内涵是清晰的，需要在国际规则的约束和协调下进行，一国法律不能超越国际规则施加在其他国家之上，这才可保持国际贸易体系的大体平衡，避免出现恃强凌弱的局面。主要储备货币和重要基础金融设施，如 SWIFT（环球银行金融电信协会）国际资金清算系统，作为国际公共品不应成为一国制裁他国的工具。先进经济体应主动让渡一些技术，以促进落后经济体发展，而不能以国内法的名义进行保护，这也是实现国际公平的一种方式。从具体形态上看，世界贸易组织是目前国际经贸规则的最高形式，相关区域性自贸协定是国际规则的重要体现，双边协议也对国际规则发挥一定作用。从具体对策上看，影响两国产品竞争力和市场的措施都可能被采取，包括关税、非关税壁垒、技术贸易限制、汇率、市场准入以及改变国际规则等。

新兴经济体应推进新一轮国际货币体系改革。多年来，现行国际货币体系推动了全球经济的增长，但也体现了极大的不稳定性，究其本质在于它是以美元为核心的国际货币体系。大多数国家尤其是新兴经济体为应对国际市场变动，需要大量外汇储备，而在国际货币体系中缺乏平等的参与权和决策权。因此，需稳步推进新一轮国际货币体系改革，促进国际货币体系多元化，加强新兴经济体对风险的应对能力，反映不断变化的全球经济结构，提高发展中国家及新兴经济体的话语权。首先要稳步推进国际货币体系多元化，在区域多边贸易结算中，使用欧元、人民币、日元等替代美元，减弱美元特殊地位带来的不利影响，促进国际货币体系向均衡化、多元化方向发展。其次要推动国际货币基金组织改革，鉴于发达国家和新兴经济体的资本开放程度不同，应协调针对发达国家资本项下完全开放条件制定的《巴塞尔协议》及发展中国家的对外经济政策，给予新兴经济体金融稳定方面更多保护；增加国际货币基金组织份额，扩大 SDR 债券发行，拓展 SDR 功能，充分发挥 SDR 作用，提高新兴经济体的话语权。最后要推进国际金融监管体系改革，完善国际货币基金组织监督框架，加强对各成员国国内货币政策、财政政策的运行监测，关注科技化背景下可能产生的新风险，包括网络安全、金融科技等对金融稳定的影响。

新兴经济体应完善国际金融基础设施。构建高效、完善的金融基础设施对经济发展有着重要作用。国际货币基金组织的调查结果显示，国际金融基础设施的发展与经济增长、技术创新、金融制度的变革息息相关，有效的金融基础设施建设能够促进储蓄转化为生产资本，提升资本配置效率，从而推动经济的可持续增长。具体而言，新兴经济体可从以下方面完善国际金融基础设施。一是推动建立平等、自由、适度中心化的支付清算体系，支持欧洲建设独立于美国的支付结算体系。中国应完善人民币全球支付体系，保持人民币在贸易过程中相对稳定，增强人民币的贸易信用，在贸易联系紧密的区域积极鼓励使用人民币结算。二是降低全球交易成本，实现支付体系的安全高效运转，推动健全、负责任的国际金融基础设施。

新兴经济体应深化区域货币金融合作。新兴经济体在金融领域面对负财富效应、货币错配等问题，具有深刻广泛的合作基础。新兴经济体合作的关键在于货币金融合作。加强货币金融合作有利于为新兴经济体提供更多的投融资路径，改变储备资产单纯流向发达经济体债券的局面，打破由少数发达国家控制的现有世界金融格局。在货币互换方面，新兴经济体应促进"一带一路"资金融通，扩大货币互换机制及使用，打造货币互换升级版，使其成为国际流动性的必要补充，减少对美元的依赖，从而降低美联储利率调整的风险。在外汇储备方面，为满足全球储备货币的安全性、流动性及稳定性，新兴经济体需要增加储备货币种类，促进储备货币的多样化，扩大金砖外汇储备库及影响力，促使新兴市场拥有更大的灵活性。在制度创新方面，新兴经济体要完善金砖国家新开发银行、亚投行、欧元区等治理机制，加强新兴市场金融合作，促进区域证券交易所互通互联，促成本币互换协议等合作项目，深化区域合作，促成经贸往来。

在此背景下，中国应稳步推进人民币国际化。目前人民币国际化具有良好的内外部条件。从内部条件而言，中国已是全球第二大经济体，经济规模巨大，同时中国的汇率、利率等因素决定了人民币在货币币值稳定方面具有优势，人民币在全球市场上能较好地满足安全性、流动性及稳定性条件。从外部条件而言，2016 年国际货币基金组织将人民币纳入 SDR 货币篮子，人民币的国际地位快速提升，人民币的国际使用不断强化。人民币国际化是市场主体的自然选择，也是中国对外开放的必然结果。推动人民币国际化，促使人民币成为全球流动性的补充，有利于缓解新兴经济体流动性紧缩，进而维护新兴经济体金融稳定。推进人民币国际化，一要增加境内外人民币产品发行规模，扩大人民币产品的使用范围与规模持有量，以利于新兴经济体稳定外汇供需求；二要简化人民币跨境结算流程，提升人民币跨境结算功能，促进贸易和投资便利化，促进新兴经济体之间的合作融合；三要优化储备资产结构，即调整以美元资产为主的外汇储备资产结构，调整好储备货币在整个储备资产中的权重，避免过度依赖美元、美债。

合力反制单边制裁

新兴经济体应完善反制经贸制裁工具箱。当前国际形势多变，国与国之间的冲突及措施常呈现多样性，经贸制裁作为军事手段的替代措施，往往是霸权主义国家用来表达立场以达到自身目的的方式。如果说国际博弈中制裁是贸易霸权主义挥舞的"大棒"，那么反制裁则是新兴经济体用以发声的"盾牌"。对于经贸制裁，新兴经济体应该采取积极措施，完善反制裁工具箱，主动联合应对。一方面，新兴经济体应借鉴历史上反制经贸制裁经验，建立完善的反倾销和反补贴监控、纠正、应诉及起诉机制，完善事前预警机制及事后应对机制。欧盟在反制裁方面设立了阻断机制，允许受制裁的公司向欧洲法院寻求补救，向它们提供赔偿，并禁止欧洲公司在未经事先批准的情况下服从制裁，这些做法值得新兴经济体学习。另一方面，新兴经济体应通过对话谈判化解经贸分歧和矛盾，妥善解决世界贸易组织多边争端解决机制并发挥其作用，主动与制裁国进行对话沟通，寻求和解，避免造成进一步的损失。

新兴经济体应携手减轻制裁的负面影响。贸易制裁的影响是双向的，给制裁国与被制裁国都造成了巨大的负面影响。就商品市场而言，商品价格和全球贸易高度关联，经贸制裁直接影响全球供应链，造成商品及服务获得成本提高，企业效率降低，生产者和消费者负担增加，进而导致贸易总量下降，社会福利损失；就金融市场而言，贸易制裁给市场上带来了诸多不确定性，加剧国内利率及国际汇率波动，抑制投融资发展，打击全球金融市场稳定发展，阻碍世界经济持续复苏。面对以单边主义为目的的制裁，新兴经济体应共同研究应对单边制裁所带来的不利冲击的方案，降低负面影响。一是新兴经济体之间应加强贸易交往，促进区域贸易往来，稳定出口，优化出口结构，开拓多元化的出口市场，并且适当降低关税以扩大进口，保证国内产品的良好供给及正常的国际国内贸易。二是新兴经济体应优化国内投资环境，完善知识产权、技术转让等制度，同时多关注除美国之外的市场，促进对外投资多元化，降低国际贸易投融资负面影响。三是新兴经济体要适当调整利率政策以应对资金外流，全球金融市场极具传染性，新兴经济体应安抚国内市场，尽量防止恐慌情绪蔓延，避免制裁引发区域经济动荡甚至危机。

强化跨境宏观审慎管理

新兴经济体应加强跨境资本流动监测。跨境资本流动作为经济全球化的伴生物，对新兴经济体的经济金融稳定影响巨大。对新兴经济体而言，经济形势上升时，跨境资本流入推动外部借贷便利化与经济增长，但也掩盖了经济中的结构性问题；当结构性问题暴露、经济增长减速时，具有逐利性、顺周期性的跨境资本则会大量流出，从而加剧金融市场动荡程度，增加金融体系的脆弱性，进而导致系统性金融风险。总体上，新兴经济体应密切关注资本流动形势，完善跨境资本流动预警体系、统计体系及响应体系，提升国家监测、防范和应对资本流动风险的能力。直接投资方面，新兴经济体在鼓励企业参与国际竞争的同时，要监测对外直接投资中非理性和异常的投资行为，避免高负债企业大额举债进行海外收购、非法转移资产等行为出现，使企业国际化之路走得又"稳"又"好"。新兴经济体在营造宽松有序的投资环境以鼓励外来直接投资的同时，要加强对其财务报告及企业情况真实性、合规性等监测。国际借贷方面，新兴经济体应审慎管理国际资本借贷行为，降低高杠杆经营及货币错配风险。短期资本方面，由于短期资本流动具有极强的顺周期效应，新兴经济体应加强对短期资本流动的监控，通过机制化手段促进资本流动由短期向中长期转变，增强其稳定性。

新兴经济体应审慎有序放开资本项目。资本项目开放是把双刃剑：它有利于新兴经济体实现开放型经济，提高金融市场效率，提升国际地位；同时，开放也伴随着风险，需要稳定的宏观和微观环境及金融管理机制，一旦把握不当，可能对宏观经济金融稳定造成冲击。总体而言，资本项目开放利大于弊，新兴经济体应稳步前行，有序放开资本项目，循序渐进。对中国而言，应在基于利率、汇率市场化改革以稳定人民币国内外价格的基础上，审慎有序放开资本项目，做到"先易后难"，稳步渐进放开资本项目。具体而言，一要稳妥推进境内股市、债市开放，完善境内资本市场建设，同时在部分区域实行离岸金融试点业务，推动金融开放向纵深发展；二要保持必要的资本项目管制，如对跨境资本流动的统计监测与分析预警，找出异常交易行为，加强对交易真实性及合理性的分析、评估及研究，避免过快放松资本管制造成不利冲击。

新兴经济体应强化宏观审慎监管。自2008年国际金融危机以来，宏观审慎监管成为各国金融监管和宏观调控框架改革的重心。美联储利率调整幅度较大，国际金融市场震荡的预期使经济波动加剧，增加了金融运行的不确定性，为避免经济波动环境下出现系统性金融风险，新兴经济体需加强宏观审慎监管，构建完善统一的监管框架。具体而言，一要加强对系统重要性金融机构及其业务的跟踪监测及分析，关注资金流动规模大、对外汇市场影响突出的金融主体，提高对高风险金融机构的监管要求。二要完善现有政策工具，运用风险转换因子、逆周期因子、跨境融资杠杆率等实现逆周期调节，也可通过外汇风险准备金、调节银行结售汇综合头寸实现宏观审慎。三要加强对跨境资本流动管理，逐步改变以往实行的宽进严出政策，加强和改进对资本流入的监管，防范资本流动冲击，维护国家经济金融安全。

加强宏观政策国际协调

新兴经济体应健全宏观经济政策国际协调机制。美联储利率调整促使全球资金大量流动，美元趋于强劲，而包括人民币在内的新兴经济体货币变动形势趋于复杂，经济金融动荡的可能性增大。面对不确定性，新兴经济体唯有深化合作，健全宏观经济政策国际协调机制。首先，新兴经济体要发挥二十国集团、金砖峰会、中国-东盟峰会、"一带一路"峰会等平台作用，建立定期会商宏观经济政策机制，促进双边、多边对话，提高协商效率，为协调宏观经济政策提供政治保障。其次，通过平台对话，各国应及时针对经济水平、产业结构等情况做出有针对性的制度安排，协调宏观审慎政策、金融监管等规则，减少宏观政策负面外溢性。最后，新兴经济体要探索在经济金融动荡背景下的应对机制，降低不利冲击的影响。

新兴经济体应建立国际共识落实评估机制。在美国单边主义背景下，新兴经济体需要达成合作共识、采取联合行动来共同应对风险，并对行动效果及时予以评估。具体可从两方面着手：一是设立专业化的国际政策评估平台，举办深层次国际论坛活动，以评估结果促进政策改善，以便更好地执行国际宏观经济政策协调共识；二是定期对宏观政策国际协调进行评估，监督国际宏观政策重要声明、共识的落实情况，提出改进意见和建议。

第五章

新冠肺炎疫情下的
经济金融全球化进程

新冠肺炎疫情成为 21 世纪第三个 10 年开端的最大事件。这次的新冠病毒以其长潜伏期、高感染率、高死亡率的特点席卷全球，数以百万计的人被感染，数以万计的人因此病毒而丧命。此次疫情的影响不仅仅局限于公共卫生领域，世界经济在弱复苏的环境下同样受到疫情的负面冲击。全球产业链出现断裂风险，金融市场动荡不安，实体需求迅速萎缩，金融危机和经济危机的阴云笼罩全球。在新冠肺炎疫情这个共同的敌人面前，仍有明显的逆全球化声音，但世界各国协同合作、共同抗击疫情、维护金融市场和经济稳定，应该成为引领未来的主旋律。

新冠肺炎疫情对全球经济金融的影响

2019 年底以来，新冠肺炎疫情成为全球经济和金融市场最大的黑天鹅事件，对全球经济和金融市场产生了巨大冲击。全球实体经济面临着供给停滞、需求锐减的压力，金融部门则在市场的悲观预期下遭遇流动性冲击，全球爆发金融危机和经济危机的可能性大幅提升。

新冠肺炎疫情冲击全球供给

此次疫情严重冲击了全球供应链的正常运转。在疫苗被成功研制出来之前，隔离是抑制疫情蔓延的唯一有效方法。在中国采取"封城"等严格的隔离措施成功抑制了疫情蔓延之后，其他后续受到疫情冲击的国家也采取了相应的隔离措施，这在不同程度上导致了工人无法复工和工厂关闭。在经济全球化时代，全球生产分工体系错综复杂，全球产业链越发紧密，一国的生产停滞直接冲击整个产业链，新冠肺炎疫情使得全球供给减少，供应链处于"断裂"边缘。

全球供应链发生巨变

当前全球贸易模式已由产业间贸易转向产业内和产品内贸易，全球生产分工更加细化，全球供应链、价值链更加紧密。比如，2018 年全球贸易量中 70% 以上是零部件、原材料等中间品贸易。中国成为全球供应链中不可或缺的辐射中心，已是亚太地区最重要的供应链主导国。据世界贸易组织报告，2000 年全球供应链的主导国为美国、德国和日本，这些国家与其相邻国家关系最为紧密。美国与美洲其他国家，尤其是加拿大和墨西哥的供应关系最为密切；日本与韩国、印度、澳大利亚以及其他亚太国家的供应链相关性最高；德国则是欧洲最大的供应链集合体。然而，到 2017 年，中国后来居上，不仅取代日本成为亚太地区最大的供应链主导国，而且在全球供应链的影响规模、辐射范围已大幅超越 2000 年的日本，成为全球制造业供应链上举足轻重的大国。

疫情对全球供给产生负面冲击

当前，以东亚"贸易三角"为核心的亚洲和以德国为核心的欧洲成为全球制造业的两大核心枢纽。分行业来看，中国在纺织、服装、鞋帽等低端劳动密集型产业链中占据主导地位，中、日、韩三国组成的"贸易三角"是中间零配件的主要供给国；以德国、意大利为主的欧洲则在机械、化工和装备领域成为全球高端制造产业链的核心。新冠肺炎疫情在中国、日本、韩国、意大利、德国等地的蔓延，对全球不同行业的核心产业链产生了巨大的负面冲击。

此次疫情对汽车行业影响巨大（见图 5.1）。疫情初期对中国影响较大，使得全球汽车零部件供应受阻。出于防控需要，工人返岗和企业复工延迟，导致短期内汽车零部件行业供给短缺。中国是世界上最大的汽车零部件制造基地。2019 年，中国汽车零部件制造企业出口额超过 600 亿美元，较 2018 年增长 8.9%。湖北作为中国重要的汽车及零部件制造中心之一，产量占中国总产量的约 10%。在此次疫情中，湖北作为疫情的重灾区，工人返岗和工厂复工一再延迟，导致包括韩国现代汽车、韩国双龙汽车以及日本日产汽车等在内的多家厂商暂停部分整车工厂的生产。疫情在欧洲的蔓延导致汽车整车制造受到较大影响。欧洲拥有全球最多的汽车制造商和最密集的汽车生产供应链。出于疫情防控需要，欧洲汽车制造商大面积停工停产。大众、雷诺、沃尔沃、福特、克莱斯勒等汽车企业纷纷关闭其位于意大利、西班牙和匈牙利的超过 70 座汽车整车工厂。在中国疫情防控已取得阶段性胜利、汽车零部件供应逐渐恢复后，欧洲疫情的蔓延使得全球汽车生产和销售面临困境。

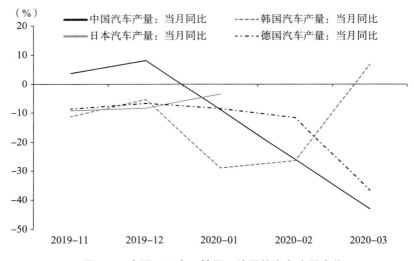

图 5.1　中国、日本、韩国、德国的汽车产量变化

资料来源：Wind

　　除汽车行业外，全球电子行业供应链也受到波及。中国、韩国和日本是全球电子元器件的三大制造巨头，全球 60% 以上的电子元器件来自这三国。由于电子行业库存量较低，且短期内缺乏可替代供应商，因此东亚三角贸易的中断导致短期电子元器件供应严重不足。湖北被称为中国的"光学谷"，拥有大量光纤组件生产公司，全球大约 1/4 的光纤电缆设备都是在这里生产的。湖北同时也是全球高端微芯片制造工厂所在地，大量的智能手机闪存芯片等都产自这里。由于电子元器件生产需要大量的熟练劳动力，企业复工并确保厂区无感染的难度很大，因此复工过程相对缓慢。日本和韩国承载了大量上游高端电子核心元器件及材料的生产。在半导体电子化学品领域，日本占据全球 60% 以上的市场份额；在存储芯片领域，韩国占据全球 75% 的市场份额。此外，日韩两国还是全球最重要的电容电感等元器件供应地。随着疫情在日韩的传播，高端电子核心元器件生产受到冲击。据测算，此次疫情的暴发使得全球手机发货量减少大约 10%。

从国别层面来看，由于对中国供应链的高度依赖，东南亚各国制造业受疫情波及较大。电子、汽车等零部件供应短缺影响了越南的电子业加工组装。越南的供应链与中国紧密相连，其进口的核心中间产品超过 40% 来自中国，特别是汽车、电子制造等行业的零配件更是严重依赖中国。由于疫情导致中国零部件供应短缺，越南工贸部表示其制造业供应链已经"告急"，三星电子的手机等将延迟生产。纺织原料供应不足引发东南亚各国服装、鞋帽生产受阻。柬埔寨、越南、印度、孟加拉国等国对中国的纺织品原料依赖程度较高。新冠肺炎疫情导致中国的纺织品原料等交货延后，进而影响了东南亚国家的服装、鞋帽生产。

全球供给收缩可能在疫情结束后延续

新冠肺炎疫情的蔓延使各国出现制造业回流倾向。在疫情暴发早期，春节期间工人返乡叠加严格的隔离措施使中国国内企业生产停滞，中国作为全球产业链中间品生产大国，对上下游国家产生负面冲击。疫情在全球蔓延后，欧美国家口罩、防护服、呼吸机、检测试剂等产能不足，阻碍了其国内疫情防控的推进。于是，日本、欧美等地意识到生产线多元化的重要性，开始推动制造业回流。日本经济产业省在 2020 年 4 月 7 日推出了一项总额高达 108 万亿日元（约 9 900 亿美元）的抗疫经济救助计划，其中 2 345 亿日元将被用于名为"供应链改革"的项目，主要用于资助日本企业将生产线从中国迁回日本，目的是减少日企对中国作为制造业基地的依赖。美国白宫国家经济委员会主任拉里·库德洛也提出了一项类似的建议，以吸引美国企业撤出中国，回流美国。

产业链转移非一朝一夕能够完成，但其趋势值得关注。经济全球化在微观层面是企业利润最大化的选择，在宏观层面是各个国家发挥比较优势的结果。产业链在全球的布局能够最大化产出，最小化成本。因而，产业链转移必然遵循经济客观规律。中国拥有全球规模最大、门类最全、配套最完备的制造业体系，拥有完善的基础设施建设，且国内市场巨大，在全球产业链中占据着重要地位，除非有强有力的政策激励，否则产业链并不会大规模转移出中国。但日本与欧美的逆全球化浪潮不容忽视，全球产业链可能于疫情结束后在一定程度上脱钩，进而导致全球供给收缩在疫情结束后延续。

新冠肺炎疫情冲击全球需求

新冠肺炎疫情在全球范围内的扩散使得全球总需求收缩问题更为严峻。疫情传播停留在中国境内时，主要导致中国国内生产部分停工，造成全球的"中国供给"不足，并通过产业链传导至各个国家的相关行业。随着疫情在全球扩散，更多国家的基本面受到直接冲击，疫情对世界经济的冲击从供给层面转向了需求层面。更为严峻的是，在全球产业链高度发达的今天，少数几个经济体的需求收缩会蔓延至几乎所有国家，造成全球总需求的收缩幅度远大于单个经济体。因此，疫情对全球总需求的冲击要大于供应链中断对供给侧造成的冲击。

新冠肺炎疫情冲击消费

隔离措施的实施使得居民消费受到直接冲击。其中，体验式服务的消费需求呈断崖式下降，娱乐、航空、餐饮、住宿行业受到的冲击尤为显著。服务业具有较强的聚集性特性，当政府禁止集会和居民自发避免聚集时，服务业首当其冲。娱乐方面，体育活动暂停举办、电影院关闭使得娱乐消费大幅减少。航空方面，经济活动的减少以及限制人员流动的措施使航空业受到沉重打击。2020 年 3 月底，美国航空客运量与 2019 年同期相比减少了 80% 以上，全球航班数量减少了 50% 以上。住宿餐饮方面，在人员减少聚集和流动受限的情况下，酒店入住率和餐厅就餐人数大幅下降，STR（酒店行业的数据巨头）数据显示，2020年3月，美国酒店入住率已由平日的60%锐减至30%。美国联邦运输安全管理局数据显示，美国主要疫情地区的餐厅就餐人数同比增速在3月底连续多日降低100%（见图5.2）。

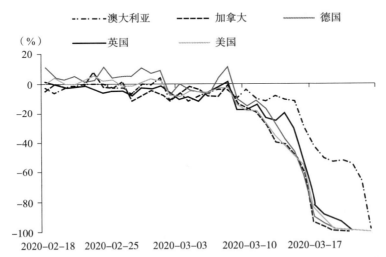

图5.2　美国主要疫情地区餐厅就餐人数同比增速在2020年3月锐减

资料来源：美国联邦运输安全管理局

　　此次疫情除了对服务业消费造成重创之外，对可选消费也冲击较大。疫情对商品消费存在较强的异质性影响，从中国的经验来看，疫情会在短期内改变消费结构，必选消费稳定增长或维持稳定，可选消费显著下滑。与居民生活密切相关的商品消费呈现增长或稳定态势（见图5.3）。2020年3月，粮油食品类、中西药品类和日用品类消费分别增长19.2%、8%和0.3%。相比之下，汽车类、石油及制品类、家电音像类、服装纺织类等可选消费大幅下降，降幅分别为18.1%、18.8%、29.7%和34.8%。

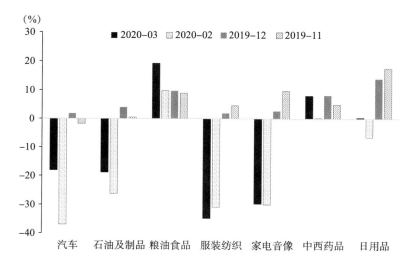

图5.3　疫情会在短期内改变消费结构

资料来源：Wind

消费在疫情冲击下整体下降。疫情对全球需求面的冲击使得居民对未来就业和收入出现悲观预期，在居民部门高杠杆率的约束下，各国消费者信心指数均出现明显下降，下降幅度直逼2008年国际金融危机时的水平（见图5.4）。消费也在疫情冲击下整体承压（见图5.5）。其中，中国社会消费品零售总额累计同比增速在2020年2月和3月均录得负值，分别同比下降20.5%和19%。日本商业销售额同比增速在去年下滑的基础上继续下探，在2020年1月和2月分别下降4.29%和3.88%。在疫情蔓延至美国本土后，2020年3月美国零售和食品服务销售额累计同比下降7.02%。考虑到发达国家的经济增长主要依靠消费驱动，消费的大幅下滑将对其全年的经济增速产生较大的负面冲击。

新冠肺炎疫情冲击投资

在新冠肺炎疫情冲击下，企业投资同样受到压制。新冠肺炎疫情从三方面压制了企业的投资需求：首先，疫情导致的终端消费需求降低使得企业进行投资的必要性降低；其次，疫情导致了强烈的经济衰退预期，面对未来的不确定性，企业不敢贸然增加投资；最后，全球需求下滑引

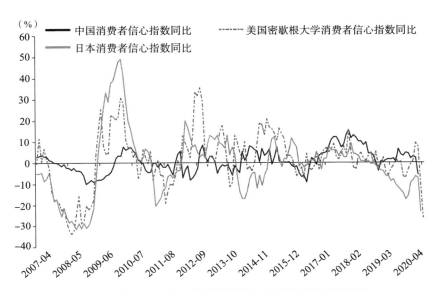

图 5.4　中国、日本、美国消费者信心指数出现大幅下滑

资料来源：Wind

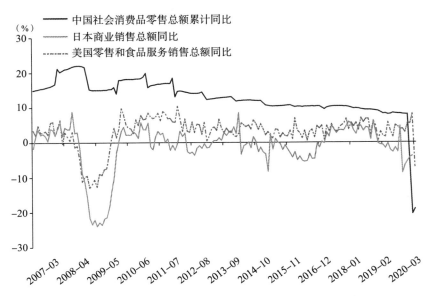

图 5.5　中国、日本、美国消费增速在疫情冲击后均下降

资料来源：Wind

发石油价格战，使得金融市场出现震荡，企业信用利差大幅提高，融资成本提升，企业投资意愿因而降低。2020 年 1—2 月，中国固定资产投资完成额累计同比下降 24.5%，3 月投资边际有所改善，但第一季度累计同比增速仍下滑 16.1%（见图 5.6）。美国资本支出预期指数中，费城联储制造业指数和堪萨斯联储制造业指数均出现大幅下滑，反映投资在疫情冲击下疲软的态势（见图 5.7）。

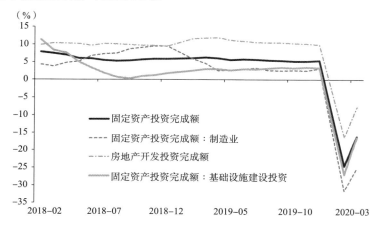

图 5.6　中国固定资产投资完成额累计同比增速

资料来源：Wind

图 5.7　美国资本支出预期指数变动

资料来源：Wind

新冠肺炎疫情冲击国际贸易

新冠肺炎疫情从供给和需求两侧冲击国际贸易。从供给侧来看，因实施隔离政策导致的企业停工停产使产业链运转受到阻碍。在第一阶段，即疫情局限在中国国内时，"中国供给"的缺失对汽车、电子、纺织服装等产业产生较大冲击；在第二阶段，即疫情蔓延至日本、韩国、意大利时，电子、汽车等产业受到新一轮冲击；在第三阶段，即疫情于欧美全面蔓延时，全球产业链风险进一步加剧，但需求侧受到的影响开始超过供给侧。从需求侧来看，全球生产活动的需求中心从 2000 年的美国、德国和日本转变为 2017 年的美国、德国和中国。而美国和中国分别为此次疫情第三阶段和第一阶段的中心，德国在疫情第三阶段也面临严峻的疫情防控挑战。各国居民和企业因隔离以及对于经济的悲观预期而减少了消费和投资需求，美国、德国、中国三大全球需求中心的需求下滑将通过产业链向上下游传导，放大本国需求下降对世界经济的影响，进而将导致国际贸易的减少，削弱出口对经济的提振作用。

新冠肺炎疫情冲击全球金融市场

2019 年至 2020 年初，全球金融市场在波动起伏中维持了相对稳定，特别是随着主要央行采取宽松的货币政策、中美两国正式签署第一阶段贸易协议以及英国脱欧不确定性下降，全球股市估值在 2020 年 1 月初创下新高。新兴经济体的股市受益较大，乐观情绪也使发达经济体的收益率曲线变得陡峭，企业信贷利差缩小。随着风险偏好回升，股市隐含波动性指数回落到低点。但随着 1 月中旬以来新冠肺炎疫情的出现，全球经济增长受到严重威胁，经济前景面临高度不确定性，全球金融市场也开始大幅动荡。

新冠肺炎疫情引致原油价格大跌

在疫情的冲击下，原油率先引爆本轮金融震荡（见图 5.8）。新冠肺炎疫情冲击全球工业生产和航空业、旅游业，导致全球石油需求大幅下降，国际能源署预计此次疫情将在 2020 年抹去近 10 年来的石油需求增长。为应对疫情导致的原油需求下滑局势，2020年3月6日，石油输出国组织及其盟友在维也纳召开了扩大减产谈判，但俄罗斯拒绝了减产协议。沙特阿拉伯随即做出回应，对原油出口提供了大幅价格折扣，并宣布增产，这些举措导致了油价的大幅下跌。2020年3月9日，石油输出国组织一揽子原油价格下跌了28.19%，WTI原油期货下跌24.59%。剧烈下跌的原油价格将俄罗斯和沙特阿拉伯带回谈判桌。4月13日，石油输出国组织及其盟友达成自该组织成立以来最大规模的减产协议，首阶段将于2020年5月和6月每日减产原油970万桶。但在疫情冲击下，人们对石油需求下滑预期更大，瑞银估计第二季度全球石油需求每日将减少约2 000万桶，因而减产协议并未带来价格上升，相反石油价格进一步下挫。4月20日，WTI原油价格史上首次跌至负值，收盘价达每桶-36.73美元。虽然这主要是期货交割前空方逼仓的金融操作所致，但其背后折射的是石油需求的萎靡和储藏成本的高企。

图5.8　原油价格在2020年不断下滑

资料来源：Wind

债市利差扩大

原油价格大跌冲击着美国页岩油企业，企业债利差扩大。尽管页岩油的平均盈亏价格从 2015 年的每桶 68 美元下降至最近的每桶 46 美元，但在 2020 年 3 月 6 日价格战后原油价格始终低于每桶 35 美元，4 月原油平均价格甚至低于每桶 20 美元，这对于负债累累的页岩油企业造成巨大冲击。挪威雷斯塔能源公司的数据显示：油价在每桶 20 美元左右时，美国将有 533 家石油生产商在 2021 年底前申请破产；即便油价回升至每桶 30 美元，破产的美国石油公司也会有 200 多家。页岩油企业所受的冲击反映在逐渐扩大的企业债利差数据中。在美国高收益债市场上，页岩油企业占比约 10%，叠加疫情对航空公司的冲击，美国的信用债市场利差开始扩大。在 2020 年 3 月 6 日原油价格战后，美国各级企业债利差均开始迅速上升，到 3 月 20 日左右达到最高点，之后随着美联储的积极救市举措，企业债利差开始下滑。但截至 4 月底，各级企业债利差均高于 2 月平均水平，而且利差的下降主要体现在投资级（BBB 级及以上）债券，高收益债企业利差依然维持高位，美国企业融资成本提升（见图 5.9）。

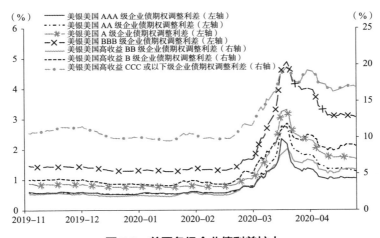

图 5.9 美国各级企业债利差扩大

资料来源：Wind

股市大幅下滑

此次疫情分阶段冲击股市。在第一阶段，疫情局限在中国，受到疫情冲击的主要是那些与中国在地理上或经济上联系更加紧密的地区的股市，投资者风险偏好大幅回落，股市从 2020 年 1 月 20 日至 2 月 6 日左右持续下滑（见图5.10）。在第二阶段，即2月20日左右，韩国、伊朗、意大利的新冠肺炎确诊病例大幅增加，除亚洲股市之外，欧美股市也出现了大幅下滑（见图5.11）。随后，3月6日，石油输出国组织与俄罗斯之间的减产谈判破裂，能源价格大幅下降，使金融市场动荡加剧。伴随

图 5.10 亚洲股市 2019 年以来变化趋势

资料来源：Wind

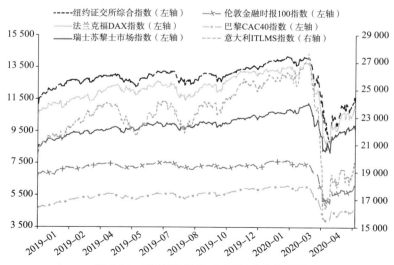

图 5.11 欧美股市 2019 年以来变化趋势

资料来源：Wind

美国新冠肺炎确诊人数不断增多，疫情进入第三阶段。3 月 9 日、12 日、16 日、18 日，美股 4 次熔断，全球股市剧烈下滑，美国、德国、法国、俄罗斯、英国、日本、韩国、印度、澳大利亚股市均跌进熊市。

疫情使经济危机和金融危机成为可能

疫情首先冲击实体经济，使经济危机成为可能

2008 年国际经济危机由金融危机传导而来。当时，美国房地产市场泡沫的破灭使得以住房抵押贷款为基础资产的金融产品价值下滑，金融机构资产侧出现大幅贬值，高杠杆和高度依赖批发市场短期融资的金融脆弱性使得影子银行系统遭遇了批发融资方的挤兑，最终导致 2008 年 9 月 15 日雷曼兄弟破产。商业票据市场随即受到冲击，货币市场基金遭遇投资者挤兑，依赖发行商业票据融资的企业融资渠道断裂，商业银行在住房市场上的损失使得信贷供给进一步减少，企业难以获得金融市场的资金。同时，房地产价格的下跌使居民的资产负债表大幅恶化，可供抵押资产价值的下滑削弱了居民获得信贷的能力，居民消费能力下降。最终，金融部门的危机传导至实体需求的萎缩，进而引发经济危机。

此次疫情直接冲击实体侧，可能直接导致经济危机爆发。随着新冠肺炎疫情的蔓延，隔离措施使得居民和企业的现金流承受极大的压力。企业因停工停产和无法交付订单使得当期收入和未来预期收入均出现下滑，但同时企业面临着刚性的工资、房租、利息等支出成本，现金流有断裂的风险。如果企业选择裁员或降薪以缓解现金流压力，那么居民部门将面临相同的财务困境。根据国际清算银行的统计数据，新兴市场非金融企业部门杠杆率急剧上升，从 2008 年 3 月的 60.10% 上升至 2009 年 9 月的 73.60%，发达经济体的企业部门杠杆率也维持在高位，平均杠杆率达 88.65%。2008 年国际金融危机后，发达经济体居民部门杠杆率有所下滑，但新兴经济体居民部门杠杆率快速上升（见图 5.12）。在实体部门高杠杆率的约束下，现金流的断裂可能引发

企业和个人破产潮，从而冲击企业投资和居民消费能力，进而压制经济总需求，引发经济危机。

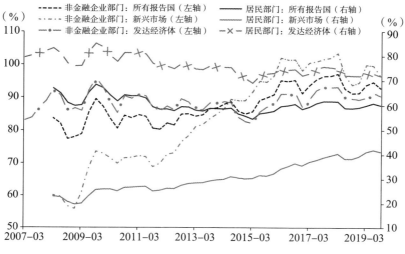

图 5.12　2007 年 3 月以来居民和企业部门杠杆率

资料来源：国际清算银行

金融市场遭遇流动性冲击，国际金融危机可能爆发

美国金融市场的脆弱性不断增加。2008 年国际金融危机后，全球央行的低利率、负利率政策以及大规模的量化宽松使金融市场的流动性处于极为充裕的状态。低廉的融资成本使企业债务大幅扩张，非金融企业杠杆率抬升。量化宽松导致全球安全资产收益率下滑，更多的资金追逐高收益债券，压低了企业债利差，促使债市"资质下沉"。低廉的资金还使得上市公司纷纷采取发行债券回购股票的方式推高股价，叠加 ETF（交易型开放式指数基金）被动投资基金、风险平价基金和算法交易的帮助，美国股市经历了史上最长的一轮牛市，标普 500 指数从 2009 年 3 月 9 日的 676.53 点上升至 2020 年 2 月 19 日的 3 386.15 点，11 年间上涨了 4 倍。然而，美国金融市场的脆弱性不断增加。企业杠杆率的提升使得企业抗风险能力下降，资质下沉使得高收益债占比不断上升，通过股票回购推高股价的操作易在债市受到冲击时传染至股市，且市场算法交易的同质

化、ETF 被动基金的追涨杀跌特性、风险平价基金在波动率扩大时的调整使得金融市场容易出现踩踏，加剧经济不利信息对股市的冲击。政策层面，货币政策空间有限，为应对 2008 年国际金融危机，美联储将联邦基金目标利率下调至 0.25% 的历史最低点，超低利率维持了 7 年之久，直到 2015 年 12 月 17 日美联储才开始货币政策正常化进程。在 2019 年 8 月 1 日美联储重新开启降息进程前，联邦基金目标利率只有 2.5%，应对经济下行的货币政策空间有限。

在"疫情＋原油价格战"双重压力测试下，美国金融市场出现流动性危机。新冠肺炎疫情冲击全球总需求，后续的原油价格战又对油价造成双重打击，这对美国能源企业（特别是页岩油相关企业）的基本面及前景造成了巨大冲击，企业债市场利差迅速拉大。"信用债市场−股票回购"的方法难以继续实施，在常年"低利率＋量化宽松"组合的超宽松货币政策环境下所积聚的杠杆和泡沫加速暴露，美国股市 4 次熔断。占据股市交易 30% 以上的指数共同基金和 ETF 及算法交易等被动交易在技术层面引发踩踏型抛售，诱发羊群效应和系统性危机。风险平价基金根据资产波动率配置风险，在风险资产和避险资产双双下跌、市场波动率快速上升的背景下，风险平价基金压低杠杆、被迫平仓，助长市场暴跌势头。衡量金融市场流动性风险的 TED 利差（即欧洲美元三月期利率与美国国债三月期利率的差值）指标在 2 月 25 日后迅速上升，在 3 月 27 日达到疫情暴发以来的最高点，为 142.01 基点，反映了金融市场流动性风险的加剧，随后 TED 利差在二十国集团领导人应对新冠肺炎特别峰会后开始下降，但截至 4 月底仍高于疫情前水平（见图 5.13）。在需求下滑和原油价格暴跌的背景下，可能出现的企业破产潮叠加金融机构资产负债表的恶化，可能导致国际金融危机的爆发。

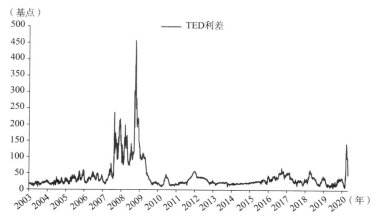

图 5.13　TED 利差大幅上升，但不及 2008 年水平

资料来源：Wind

谨防经济危机和金融危机相互演化

　　过往经济危机大多由金融危机演化而来，这次需谨防实体侧收缩向金融危机的传导以及金融危机向实体侧的次生传导。此次疫情直接冲击实体侧，实体经济迅速萎缩。2020 年第一季度美国经济环比下降 4.8%，前值为 2.1%，欧元区经济环比下降 3.8%，前值为 0.1%。考虑到欧洲在 2020 年 2 月 20 日后进入疫情暴发期，美国在 3 月才进入疫情暴发期，经济增速的迅速下滑印证了疫情对实体经济的强烈冲击。最早抗击疫情的中国第一季度经济增速下滑最大，达-6.8%。在未有效研发出疫苗的情况下，实体经济的萎缩将会持续，而对经济悲观的预期将不可避免地向金融部门传导。

　　实体经济依赖金融部门的信贷供给，信贷同时形成实体部门的负债和金融部门的资产，这是一枚硬币的两面。实体经济的下滑将对金融机构的资产质量产生负面压力，而悲观的预期将会进一步导致债市利差拉大和股市的风险偏好下降，从而削弱实体部门获得信贷的能力，形成实体经济危机传导至金融危机，并进一步传导至经济危机的恶性循环。目前，主要经济体均已实施大规模的救助型财政政策和货币政策，财政政策旨在缓解实体部门现金流断裂的风险，货币政策则主要旨在缓解金融市场的流动性危机。但经济政策只能起到缓冲的作用，疫情的蔓延速度、药物和疫苗的研发成果、政府隔离措施的松紧程度等将决定经济和金融市场的走势。如果疫情在主要经济体得到有效控制，隔离措施放开，企业复工复产加速，那么疫情对经济和金融的冲击则仅仅是短期的，经济有望很快企稳回升。如果疫情继续蔓延，且药物和疫苗研发没有太大成果，隔离措施不得不继续实施，那么经济和金融市场受到的冲击将更加持久，经济政策的缓冲作用或将无效，经济危机和金融危机或将交替演化，并导致全球经济的衰退。

新冠肺炎疫情推动全球进入负利率时代

2019 年以来，伴随着全球央行降息潮，主要经济体基准利率集体下调，引发国债、企业债、存贷款等利率跟随下降，部分经济体国债甚至全部进入负利率区间。事实上，自 2008 年国际金融危机以来，全球利率水平一直在低位徘徊。当前全球已经进入了低利率时代，而新冠肺炎疫情的全球蔓延将推动全球进入负利率时代。

负利率的缘起

负利率政策是一种非常规的货币政策工具，即将名义利率设定为负值，打破了传统经济学中的利率零下限，是中央银行在经济衰退期为提振经济需求而采用的一种新型货币政策工具。

在宏观经济理论中，中央银行调控名义利率，在短期价格黏性的基础上通过费雪恒等式（实际利率＝名义利率－预期通货膨胀率）来改变实际利率，企业投资和居民消费依据实际利率做出调整。因而，在经济下行期，央行通过降低名义利率的方式降低实际利率，以此激励企业投资和居民消费，增加经济总需求。但名义利率在理论上存在着零下限，即资金出借方理应得到更高的回报，否则将不会出借资金。这样在预期通货膨胀率较低的环境下，央行降低实际利率的能力将得到限制，从而难以有效提振经济。而全球经济正在进入"低利率、低通货膨胀"时代，这构成了实施负利率的时代背景。

从长期宏观基本面来看，发达经济体的潜在增长率逐渐降低。在宏观经济分析中，经济从长期来看沿着平衡增长路径成长，长期经济增长速度由供给端的生产要素决定。受限于人口老龄化、资本边际产出减小、人力资本和技术进步提升速度变慢，发达经济体供给端增长动力不足。美国、日本、欧洲国家的人口老龄化使得劳动力供给减少以及消费需求不足，储蓄的增加给实际利率的下行带来了压力；维持在高位的人均资本带来的边际产出减小；发达经济体的教育深化使得人力资本提升边际减弱；计算机及信息技术革命带来的影响局限于金融业等少数产业，远不可与前两次工业革命的影响相比，全要素生产率的增长放缓。综合来看，发达经济体的实体经济供给端增长动力不足。从长周期来看，经济的资本回报率水平决定了长期的实际利率水平，因而资本回报率的下行导致了实际利率水平的下滑，经济维持增长需要更低的实际利率。

从短期来看，2008年后，发达经济体经济进入了"低利率、低通货膨胀"时代。金融危机的爆发严重恶化了金融机构、非金融企业和家庭的资产负债表。为应对2008年国际金融危机，全球央行纷纷调低利率，积极救市。美联储将联邦基金利率上限由2007年12月的4.75%猛降至2008年12月的0.25%，有效的联邦基金利率在之后的7年中一直维持在接近于0的极低水平。全球其他央行也纷纷大幅下调基准利率，并采用量化宽松政策刺激经济，通过大量购买金融资产，金融机构的资产负债表得到了有效恢复。但家庭的资产负债表因房地产泡沫的破灭受到极大损害，财富效应的大幅下滑使得终端消费需求不振，企业投资随之减少，实体回报率的下滑使得金融机构惜贷，进而导致央行释放的流动性集中在金融系统中，未能有效传导至实体经济。终端需求的下滑使得经济进入低通货膨胀时代，量化宽松释放的流动性并未带来价格水平的整体上升，而只是反映为金融资产价格的上扬，实体通货膨胀率迟迟未能达到央行所期望的2%的政策目标。在预期通货膨胀率较低甚至为负的宏观环境下，即使名义利率已经接近零下限，但实际利率依然较高，因而实体经济复苏缓慢。

长期和短期宏观力量叠加，使得负利率作为突破利率零下限的新型价格型调控手段登上了历史舞台。瑞典最早曾在 2009 年 8 月将利率走廊下限降至 -0.25%，随后几年，受困于经济疲软和通货膨胀紧缩，丹麦、欧元区、瑞士和日本等发达经济体也纷纷加入负利率的行列。

负利率的作用机制

负利率通过刺激信贷、降低汇率、稳定通货膨胀目标三条路径提振总需求，推动经济上行（见图 5.14）。

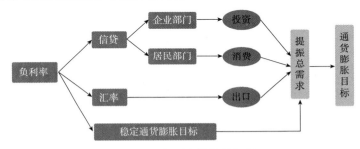

图 5.14　负利率的作用机制

负利率可以引导商业银行增加信贷。2008 年国际金融危机后，央行采用的量化宽松政策释放了大量的流动性，但由于实体领域回报率较低，大量资金积压在金融系统中，反映为商业银行在中央银行的超额准备金增多。通过对全部或部分超额准备金实施负利率，理论上可以激励银行将其储备以较低的利率借出去，打破信贷收缩的循环，破除银行的惜贷倾向。降低的融资成本将增加企业投资和居民消费，从而提振经济总需求。

负利率有利于防止本币升值，增加出口。根据利率平价理论，短期汇率由资本的跨国流动决定，利率高的国家将吸引资本流入，从而导致汇率升值。通过将利率走廊下限设置为负利率，整个经济体利率结构将向下移动，促使国内资产收益下降，进而促使资本流出，本币贬值，利好本国产品出口，提振总需求。

负利率有助于稳定通货膨胀预期。相对于通货膨胀，通货紧缩对经济的负面影响更大。通过实施负利率，央行向公众传达出坚定的维持通货膨胀的信心，有助于企业和家庭稳定通货膨胀预期。在通货膨胀预期稳定的情况下，负利率可以有效降低实际利率，促进需求的恢复。

负利率的实施效果

在 5 个实施负利率的国家和地区中，丹麦、瑞典、瑞士希望通过实施负利率缓解汇率升值压力，而欧元区和日本则主要希望通过实施负利率提升通货膨胀水平，刺激经济。

但负利率政策在丹麦、瑞典、瑞士未能达到预期效果。在汇率变化方面，这三个小型经济体中只有丹麦在实施负利率后本币贬值，瑞典和瑞士在实施负利率后本币明显升值（见图 5.15）。在刺激通货膨胀方面，这三个经济体的通货膨胀水平保持低迷。其中，丹麦的核心调和消费者物价指数（核心居民消费价格指数）在实施负利率 6 个月后迅速下滑；瑞士的居民消费价格指数在实施负利率后依然在负值区间，直到 2016 年 12 月才恢复正增长；瑞典的核心调和消费者物价指数在实施负利率后同样出现下降（见图 5.16）。这三个经济体的通货膨胀水平始终未达到 2%，经济需求依然不足，通货紧缩压力对经济构成困扰。

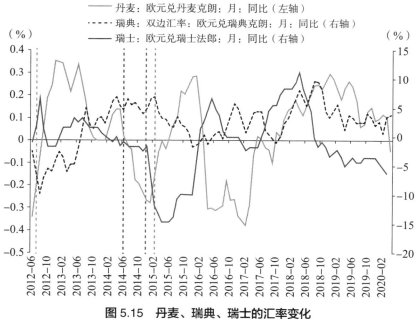

图 5.15　丹麦、瑞典、瑞士的汇率变化

资料来源：Wind

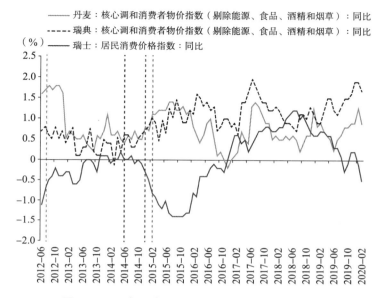

图 5.16　丹麦、瑞典、瑞士的居民消费价格指数表现

注：图中虚线从左至右分别代表丹麦、欧洲央行、瑞士、瑞典实施负利率的时间。
资料来源：Wind

　　负利率政策在欧元区和日本也发挥乏力。汇率方面，2014 年 6 月欧洲央行实施负利率后，欧元兑美元出现了贬值，但日本央行在 2016 年 1 月实施负利率后，日元因避险属性大幅升值（见图 5.17）。银行信贷方面，负利率的实施并未有效激励银行放贷。欧元区银行部门信贷同比增速在实施负利率后仅有小幅上升，并且信贷主要投向了政府部门，私人部门的信贷在实施负利率后一年内增速都为负值（见图 5.18）。日本实施负利率后，长期贷款利率有所下滑，短期贷款利率保持不变，但信贷增速没有明显提升，在 2018 年之后，信贷增速处于较低水平（见图 5.19）。在通货膨胀和经济增长方面，负利率未能提升两个经济体的通货膨胀水平，核心调和消费者物价指数水平均低于 2% 的政策目标，且实际 GDP 增速疲软（见图 5.20）。

图 5.17　欧元、日元汇率变化

资料来源：Wind

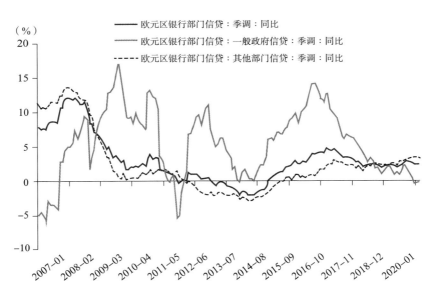

图 5.18　欧元区银行部门信贷变化

资料来源：Wind

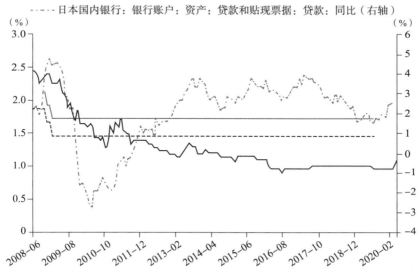

图 5.19 日本银行部门的信贷变化

资料来源：Wind

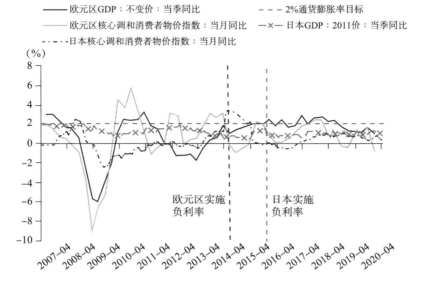

图 5.20 欧元区和日本实际 GDP 与核心调和消费者物价指数变化

资料来源：Wind

负利率的影响

　　长期实施负利率这一非常规模货币政策不仅会造成本国资产价格泡沫，实体经济扭曲，而且将对全球资本流动产生较大影响，导致债务累积，相关风险值得警惕。

　　实施负利率会干扰正常的市场定价机制，导致市场扭曲和实体投资低迷。负利率颠覆了金融常识。由于部分资产收益率降为负值，投资者难以计算金融资产的合理价格，资产价格波动性将会放大。金融机构需要改变交易习惯，重新构建对应负利率的模型，调整金融产品估值体系。负利率将使收益率曲线更加扁平化甚至倒挂，抑制资金流向长期领域和实体经济领域。风险偏好相对保守的投资者可能越来越倾向于持有现金，企业因为对未来增长的预期不乐观，将进一步收缩其投资规模，这会使实体经济更加低迷。瑞银全球财富管理在 2019 年 8—10 月对超过 3 400名净资产在 100 万美元以上的投资者所做的调查发现，60% 的受访者考虑要进一步提高持有现金的水平。在地缘政治风险加剧的情况下，这些人士的现金持有量将增加至平均资产的 25%。截至 2019 年底，巴菲特管理的伯克希尔·哈撒韦公司的资产负债表上有超过 1 200 亿美元现金。

　　实施负利率会导致资产价格泡沫和社会杠杆率高企。负利率政策导致资产收益率下降，那些风险偏好更高的居民或企业可能转而投资高风险资产，推高资产价格。低利率压缩了银行的盈利空间，也破坏了货币基金、保险、养老基金的商业模式。在大量债券收益率下滑至负值后，金融机构不得不寻求更高收益，从而埋下了金融不稳定的隐患，其中一个风险就是企业债务高企。根据国际金融协会的统计，当前全球企业债规模已经达到 75 万亿美元，占 GDP 的比重达 93%，远高于 2008 年的75%。2020 年 3 月以来，美股出现暴跌，背后一个重要因素就是人们对美国企业债务前景的担忧。在 10 年宽松的货币政策环境下，许多高风险企业得以大量发债，最低投资级别的 BBB 债券规模增加了近 2 万亿美元，占比从 2008 年的 36% 上升至 2018 年的 47%。债务需要稳定的现金流支持，但是当前的经济放缓将严重打击实体经济的信心和现金流，大量债券可能被下调评级甚至违约（尤其是油气行业面临油价下跌和疫情的双重冲击，违约风险更高），那些不能承担风险的机构（如养老基金、保险公司等）将不得不甩卖风险资产，这可能导致信用市场流动性枯竭，引发金融危机。

实施负利率会促使资本流向新兴经济体，引发其信贷规模的大幅增长，增加债务风险。国际金融协会的数据显示，截至 2019 年第三季度，全球债务规模已达到 252.6 万亿美元，占 GDP 的比重达 322.4%。其中，新兴经济体的债务水平从 2007 年的 21.8 万亿美元增长到 2019 年第三季度的 72.5 万亿美元，增长了 3.3 倍，远高于发达国家的 1.2 倍。与发达国家相比，新兴经济体的债务增长快，美元债务占比高，自身经济金融体系脆弱性高，防范债务风险的能力相对较弱。在全球经济下行的大背景下，巨额的债务偿还压力、不断上升的利息成本、高位运行的美元指数可能成为引爆新兴市场金融风险的重大隐患。

负利率展望

新冠肺炎疫情的全球蔓延使得当前全球经济处于衰退边缘。以往的经验表明，发达国家在经济衰退期间通常需要降息 500~600 个基点。然而，在经历了长达 10 年的零利率或接近零利率之后，目前发达国家央行通过降息来对抗衰退的空间已大大缩小。如果不实施负利率，这些国家不可能进行如此大规模的降息。这意味着，未来可能很多国家将面临利率零下限的困境。

目前，关于货币政策利率是否可以突破零下限，全球主要央行的态度并不一致。欧洲以及日本等已经实施负利率的地区无疑是支持派。瑞士央行行长指出，负利率的好处大于坏处（有助于避免瑞士法郎被高估），未来一段时间将继续实施负利率。除欧洲以外，新西兰央行行长表示有可能使用负利率来刺激经济。国际货币基金组织的一份报告指出，零下限不是自然规律，这只是一种政策选择，有了现成的工具，央行可以在任何需要的时候实施深度负利率，从而保持货币政策的效果，在短时间内结束衰退。可见，国际货币基金组织对实施负利率是持开放态度的。

也有不少央行反对实施负利率。美联储内部曾就是否实施负利率进行了深入的讨论，认为负利率并不是其当前的选项。2020 年 3 月 15 日，美联储再度紧急降息 100 个基点后，鲍威尔仍然认为，负利率不适合美国，不在美联储的常备工具箱内。英国央行前行长卡尼表示，他不认为负利率是英国央行要使用的工具。在欧元区内部，德国、法国、意大利、荷兰等国央行均认为负利率实施的时间越长，负面影响越大。瑞典央行在 2019 年 12 月 19 日将回购利率提升 0.25 个百分点至 0，成为全球第一个结束负利率政策的国家。

事实上，各国央行是否会实施负利率及实施负利率的程度如何，并没有统一的法则，其决策最终将取决于负利率下限及自身的经济状况。

负利率存在下限

名义利率水平具有物理下限和经济下限，因此一国不可能无限地降低负利率水平。

所谓物理下限，即持有现金的机会成本（如仓储、保险、运输等一系列费用）。国际货币基金组织曾指出，基于各国具体情况的不同，这一下限大约在 $-2.0\%\sim-0.75\%$。其研究表明，负利率一旦达到这一水平，企业和个人将会大量地使用现金作为价值储藏手段甚至支付手段，银行也会通过持有库存现金来从事同业清算，而不是以在央行持有准备金余额的方式来满足银行间的借贷需要。

所谓经济下限，即当利率降至这一水平时，进一步降息将无法对经济产生任何刺激作用，甚至可能产生紧缩效应。持续的负利率政策将削弱银行盈利能力，进而降低银行的资本充足率，减少银行的信贷供给，使得央行扩张性货币政策的效果发生逆转。因此，经济下限也可以被理解为逆转利率。名义利率的经济下限在不同国家之间会有所区别，这与各国金融行业的结构差异等因素相关。例如，货币市场基金、养老金和保险等金融机构的资产组合中，短期的公司债券和政府债券占比较高，因而较易受到低利率或负利率的负面影响。凡是这类机构在金融系统中占比较高的国家，名义利率的经济下限水平会相对较高。

目前，从实施负利率政策国家的情况看，尚未出现企业或个人以现金替代存款，或银行以库存现金从事同业清算的普遍现象。这说明各国的政策利率水平还未达到其物理下限。但从负利率政策对经济的实际影响来看，名义利率水平到底可以下降到什么程度，更主要的是取决于其经济下限。

欧洲的负利率水平恐将触及下限，日本存在进一步降息的可能

在已实施负利率的经济体中，欧元区和日本是最具代表性的。尽管欧洲央行行长拉加德指出，欧元区现阶段尚未到达逆转利率，因为信贷仍在增加，但由于银行利润出现下降的迹象，加上资产泡沫风险在个别国家已经显现，她也曾表示将会谨慎评估负利率的负面影响。值得注意的是，在新冠肺炎疫情蔓延、全球掀起新一轮降息潮之际，欧洲央行并未跟随降息，仅出台了量化宽松和流动性工具，这表明欧元区目前的利率水平正在触及名义利率的经济下限，未来即使下调，空间也很小。在疫情冲击下，2020 年第一季度日本经济将继续下跌，甚至会进入技术性衰退。为应对经济衰退，日本央行很可能进一步降低负利率水平。

美联储已处于零利率水平，未来不排除考虑负利率选项

2019 年 9 月议息会议后，美联储主席鲍威尔表示，美联储在金融危机期间考虑过采用负利率，但最终还是没有这样做，而是采取了提供大量积极的前瞻性指引和大规模购买资产的措施。鲍威尔称："我们觉得，当时的美联储做得相当好，那时候我们也没有采用负利率政策。"美联储在 2019 年 8 月重启扩张资产负绩表，加上鲍威尔连续多次否定负利率，表明其仍在尽力避免实施负利率。但也应看到，作为美联储货币政策的一种选择，负利率在美国所受到的约束其实是有限的，适度的负利率所涉及的经济成本也是可控的。

2020 年 3 月以来，美国股市剧烈震荡并 4 次触发熔断，结束了史上最长牛市。由于股市下跌显著冲击支撑美国经济增长的个人消费，叠加新冠肺炎疫情引发的供需中断，2020 年第一季度美国 GDP 环比折年率

为-4.8%。如果企业债务泡沫被刺破，甚至可能引发新一轮国际金融危机。未来，随着降息和量化宽松政策效果减弱，在吸取欧洲及日本央行实践经验的基础上，以适度的负利率政策作为零利率的一种自然延伸，不失为美联储摆脱经济困境的一条出路。

更多央行恐加入负利率行列

未来不排除更多的央行突破零下限，加入负利率行列的可能性。低利率乃至负利率可能会成为一段时间内的常态。从目前情况来看，诸多央行的政策利率距离零下限仅一步之遥。例如，加拿大、澳大利亚的政策利率分别为 0.75% 和 0.50%，英国、新西兰的政策利率为 0.25%，均处于历史低位。挪威央行于 2020 年 3 月 13 日将基准利率下调至 1%，并表示准备在必要时进一步降息。未来不排除英国、新西兰、澳大利亚、加拿大等国出现负利率的可能。

在新冠肺炎疫情冲击全球供应链和全球需求端的情况下，"低增长、低通货膨胀"的宏观组合在 2020 年将继续维持甚至恶化。在货币政策空间不足的现实约束下，预计将有更多的央行实施负利率政策，以提振总需求，提升通货膨胀水平。但根据过往经验，预计负利率效果有限。全球经济应加强国际合作，实施供给侧结构性改革，真正解决经济低增长、低通货膨胀的顽疾，促进全球经济的健康发展。

新冠肺炎疫情下全球化的终结？

近百年来，全球化在促进世界经济金融发展中发挥了重要作用。但近年来，尤其是 2008 年国际金融危机以来，经济全球化的步伐有所放缓，出现了典型的逆全球化现象。特朗普上台后，推行"美国优先"的战略，贸易保护主义态势明显。在全球化面临重要关口的关键时期，新冠肺炎疫情无疑对全球经济交流、供应链协作、人员与物资流动等方面产生了严重的冲击，给全球化发展的前景蒙上了一层阴影。全球化何去何从是当前全球面临的重大课题。

新冠肺炎疫情给全球化带来较大冲击

史无前例的疫情危机给全球带来了巨大的冲击，不仅对全球化进程产生短期影响，对其长远的变革也将产生影响。

2008 年国际金融危机之后，世界经济长期低迷，进入再平衡的调整期。世界经济低迷引发人们对于经济全球化的质疑，新冠肺炎疫情的持续传播进一步降低世界经济增长预期。以金砖国家为代表的新兴经济体尽管依然保持着中高速经济增长，但也进入了经济调整期（见图 5.21）。受新冠肺炎疫情冲击，世界主要经济体的经济增长预期较为悲观。国际货币基金组织于 2020 年 4 月 14 日发布的《世界经济展望报告》显示，2020 年全球 GDP 增速预期由 3.3% 降至-3%，美国 GDP 增速由 2.0% 下降至-5.9%，日本 GDP 增速由 0.7% 下降至-5.2%，新兴经济体和发展中国家 GDP 的预期平均增速下调至-1%。世界经济低迷叠加新冠肺炎疫情的影响，使得某些国家既对未来的经济发展形势比较悲观，且难以从经济全球化中获得足够推动经济发展的动力，加剧了其对全球化的质疑。

图 5.21　2020 年初全球制造业的 PMI 低于荣枯线

资料来源：wind、中国银行研究院

新冠肺炎疫情在全球范围内的传播，暴露了生产全球化下全球供应链与分销网络的脆弱性。全球供应链使得企业能够在全球范围内组织生产，并及时地将产品投入市场，以发挥企业的比较优势和降低生产成本

（见图 5.22）。供应链中的核心企业与其供应商以及供应商的供应商、核心企业与其销售商及至最终消费者之间，依靠现代网络信息技术支撑，实现供应链的一体化和快速反应运作，达到物流、价值流、信息流的协同通畅，满足全球消费者的需要。但新冠病毒无差别的区域传播对整个实时生产系统造成了严重阻碍，多数国家已经采取了严格的交通运输和人员流动等管制措施。未来一些国家可能会对实时生产模式和全球分散生产采取保守态度，供应链可能会主动趋向贴近本国市场。

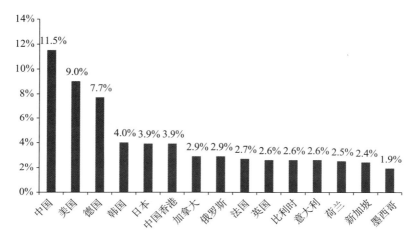

图 5.22　全球主要经济体中间产品出口占世界的比重（2018 年）

资料来源：UN Comtrade、中国银行研究院

　　从国家安全的角度出发，应急物资储备体系可能出现调整，"有限全球化"可能出现。一方面，新冠肺炎疫情的暴发使得应急物资的储备问题成为焦点，企业出于成本考虑无法对其进行长期储备，必须由政府从公共利益和安全角度出发来维护。此次疫情暴发后，短时间内不少国家和地区出现医疗崩溃的状况，反映出大多数国家缺乏一套体系确保极端情况下的应急物资储备，这场疫情会让每个国家重新认真思考未来如何维持某些关键物资的储备。另一方面，全球化带来了产业结构的全球配置，一些发达国家产业出现"空心化"，研发基地留在本土，中低端制造业布局于具有发展潜力的新兴市场。此次新冠肺炎疫情无疑会对这种模

式产生冲击，一国产业结构布局应基于国家基本安全还是资本的利润最大化，这成为一个需要考虑的问题。目前全球产业链的基本布局已经成型，生产在追求经济效率最优的目标下，必要时会融入政治和社会稳定的需要，其作为社会系统的一部分，要服务于国家和社会的发展。因此，主要经济体未来除在国家安全领域外，还会将与基本民生联系非常紧密的生产部门进行适当调整。比如，美国可能希望在疫情后逐步把涉及国计民生的关键领域的产业链尽量留在国内，或者把产业链重新配置在和其政治体制、价值观一致或者没有潜在冲突的国家中。这些国家通过鼓励制造业回流、提高进口关税等措施来维护本国利益，从而形成一股逆全球化潮流。但也应该看到，无视企业重大经济利益的希望很难完全成为现实。

当代全球化的发展既是世界经济一体化的融合，也对各国提出更高的竞争要求，因此催生出区域性的利益集团合作以应对全球竞争，新冠肺炎疫情对此也形成一定冲击。有学者认为，区域一体化是"是以领土与地缘政治经济联系为基础的次国际体系组织形式，是国家应对经济全球化的一种积极反应与策略"。区域一体化将国家行为体的民族主义与利益以集体的形式体现出来，进化出超国家的机构，给全球化的互动与全球治理带来了新的元素。然而，新冠肺炎疫情暴发后，德国、法国先后宣布限制医疗物资出口，德国和波兰曾扣留运往意大利的口罩，此类"各家自扫门前雪"的举措反射出区域经济政治同盟体的脆弱性。若欧盟不能有效应对，区域一体化可能会受到较大的冲击。

新冠肺炎疫情或会加剧全球民粹主义风险，增大全球化的阻力。民粹主义作为一种周期性的社会现象，一般出现在社会转折期，并常常在新的社会历史条件下与新的社会问题相结合。全球化的演进在推动全球经济社会发展的同时，也造成了全球发展失衡加剧、贫富差距加大、风险全球化加重等问题。尽管反全球化者主要反对的并非全球化本身，而是全球化带来的负面影响，但全球化发展的不公正与不平衡等消极影响助长了民粹主义的复兴。此外，在全球化网络的推动下，民粹主义能够突破局限于一国或区域内的传统形态而表现出国际化的倾向，反全球化已成为全球民粹主义共同关注的议题。新冠肺炎疫情的突然暴发使社会民众感到恐慌，民众对于疫情的发展没有可靠的预估，但可预料到的是经济问题的加剧，叠加各国在防控方面行动迟缓等问题，触发社会的不满与愤懑情绪。部分民粹势力将疫情问题归结于全球化带来的经济、人员流动等，通过挑起舆论风波，冲击全球和各国治理体系，给全球化发展增加了的阻力。

新冠肺炎疫情催生全球化新动力

我们认为，全球化仍是当今时代的基本特征，全球化的总趋势不会改变，但全球化的形式和内容会发生变革。正在孕育的新动力将会在未来全球化中发挥越来越大的作用。

新冠肺炎疫情将推动数字全球化的发展

数字全球化是抗击疫情全球蔓延、保障跨境经济活动顺利开展的可行路径之一。依托各类新型数字技术的发展和信息基础设施建设的普及，传统的线下经济跨境活动将转移至线上，数据的跨境流动将部分代替人员的跨境流动。推动跨境贸易、跨境办公、跨境医疗等多方面数字化，能够解决非常时期因物流、人流阻断所造成的经济、医疗等交流阻滞。推动跨境贸易数字化，短期内能帮助全球出口企业匹配海外市场需求，恢复贸易链条各环节的正常运转，长期有助于提升跨境贸易全链路的运转效率，培育企业参与国际竞争的优势，提升贸易企业应对疫情等风险的能力；推动跨境办公数字化，短期内能避免人员跨境流动所导致的疫情全球蔓延问题，尽可能保证跨国公司正常工作的顺利开展，长期有助于提升跨国公司的数字化运营水平，降低跨国办公协调成本，增强防范疫情等各类风险的能力；推动跨境医疗数字化，短期有助于阻止疫情在卫生条件较差国家的传播，避免人道主义危机，同时可以综合利用各国优势医疗资源和专家团队早日研制出治疗药物，长期有助于弱化医疗资源在国家间、区域间分布的不平衡和不充分，促进国家间的医疗合作研究与协同创新，提升全球的疫情防控能力。

新冠肺炎疫情将催生更积极的全球合作模式

此次疫情告诉我们，无论是小国还是大国，都不可能拥有全部资源，因此都需要其他国家的帮助。即使一国有能力制造出全部所需的物品，在时间上也来不及，此时国家间的合作最为重要，打造一个合作协调机制也十分重要。新冠肺炎疫情暴发后，世界卫生组织积极介入疫情防控和全球卫生政策协调，发挥了很好的作用，但也面临一些指责。这种指责是不客观的，当疫情到来时我们需要一个认识过程，不应求全责备。况且世界卫生组织各方前期的行为更多是基于对自身利益的考量，全球面临此次疫情没有形成快速反应和紧急政策合力。由此可见，我们缺乏一个全球治理规则来应对极为特殊情况下的种种问题，未来一种新的更为合作化的世界主义、一种更积极的国际合作立场或将得到发展。

新冠肺炎疫情下全球支援抗击疫情，凸显全球化的必要性

新冠肺炎疫情在全球范围内蔓延，对世界政治、经济产生重大影响。新冠病毒可能是人类历史上最难应对的灾难，对全球化产生了重大冲击，需要全球共同面对。用抑制流动的方式来阻隔疫情是一种临时性的办法，不可能长期化。疫情促使的全球合作和各国为遏制疫情所做的共同努力，使世界更为紧密地联结在一起。无论是应对疫情的医学或流行病决策，还是经济、政治选择，都会由一个国家影响到整个世界，任何一个国家都不可能置身事外。鉴于大家都在一条船上，共同努力想办法是比较现实的途径，企图通过把别人推下船来保护自己的做法，很可能导致自己先掉下船而无人愿意施救。

正视疫情对全球化的冲击，但疫情并非是全球化的终结

逆全球化作为全球化发展的孪生兄弟，在全球化各方利益的角逐和较量中长期存在。19世纪中叶，英国率先完成工业革命，在全球范围内积极推销自由贸易政策，同时通过与多个欧陆国家签订《科布登条约》等来相互降低关税、促进贸易，推动全球化达到历史高潮。但随后，伴随着资本主义经济的周期性衰退，欧陆国家基于自身利益考量决策，以

降低关税为主要标志的自由贸易条约网络很快遭到破坏。20 世纪 30 年代蔓延全球的经济危机同样推使着逆全球化的风潮，美国 1930 年的《斯姆特-霍利关税法案》和 1934 年的《贸易协定法案》大幅度提高了一战后本已下降的关税，英国关税税率提高了 10%，各主要资本主义国家也纷纷跟进。二战以来，美国主导下的全球化也不断受到各种"逆流"的挑战，受苏联控制的经济互助会与以美国为中心的经济全球化分庭抗礼，整个世界被人为分割为两个彼此隔绝的贸易体系。面对欧洲各国经济尤其是德国经济的恢复，以及日本在亚洲的崛起，美国经济实力相对下降，重拾贸易保护主义。20 世纪 90 年代休克疗法在转轨国家的失败和金融自由化后亚洲金融危机的爆发引起发展中国家对于金融全球化的不满，发达国家在贸易协议中纷纷采取保护主义政策（如农业补贴、进口配额限制等）。

我们要正视这场疫情对于全球化的冲击，但它不会宣告全球化的终结。全球化需要互联互通，但应对疫情需要隔断，疫情的加剧会对全球产业链、价值链、供应链产生冲击，也会对贸易、生产、投资、服务的一体化带来冲击，甚至可能冲击这些一体化背后的规则一体化。传染病疫情在历史上曾多次出现，而且不乏同一传染病疫情多次出现的情况，从历史经验来看，疫情对经济的影响往往集中在中短期。自世界卫生组织 2007 年颁布《国际卫生条例》以来，全球共发生 6 次被认定为突发公共卫生紧急事件的传染病疫情，前 5 次分别为 2009 年的甲型 H1N1 流感疫情、2014 年的脊髓灰质炎疫情、2014 年西非的埃博拉疫情、2015—2016 年的"寨卡"疫情、2018 年刚果（金）的埃博拉疫情。就实际情况看，之前发生的传染病疫情会限制人类的经济活动，但并不能彻底破坏经济的供给和需求。疫情期间生产、供应等相关经济活动能力受限，但供给能力、需求欲望仍然存在。

生产的国际化和贸易的全球化几乎已经深入到世界的每一个角落。全球从产业分工到产业内分工已经不断细化，产业链依据各个国家和地区的比较优势跨越国界趋向最优，逐渐表现为生产要素国际化、产品国际化、生产过程国际化和科学技术国际化。全球的自由贸易通过降低不同国家和地区间产品和服务贸易的壁垒和限制，帮助参与全球化的各国在国际市场上找到自己的优势定位，更为充分地利用自身的比较优势和资源禀赋。世界银行的数据显示，2018年全球商品货物贸易占全球GDP的比重为46.12%。生产国际化和贸易自由化相结合，倒逼国内经济结构调整和产业转型，对效率和生产力水平较低的部门进行改造升级，为经济体系注入新的活力。同时，资本的全球流动有效弥补了发展中国家经济发展资金不足问题，与资本同时引进的外来先进技术和管理经验，有力促进了发展中国家的人才培养，推动了其生产力水平的提升，资本也随着所在国家产业和经济的发展获得丰厚的回报。

后新冠肺炎疫情时代的全球化之路

面对新冠肺炎疫情下逆全球化的潮流，任何一个国家都不可能置身事外。世界各国应该放眼大局、求同存异，为了人类共同利益而合作，一起参与制定全球化治理规则，建立一个相互信赖的、科学的、可持续发展的国际经贸体系，通过国际分工和合作提高经济发展效率。因此，公平、公正、合理的国际贸易与国际合作规则的建立，对于解决经济全球化发展带来的地区发展不平衡加剧、欠发达国家在全球价值链中不利地位的日益固化、部分国家产业"空心化"加剧、收入不平等、失业等问题至关重要。我们期待全球共同努力，拒绝双重标准，推动新冠肺炎疫情下的全球化继续前行，让地球村成为真正的人类命运共同体。

拒绝双重标准，实现全球抗击疫情和经济恢复的全面成功

此次疫情对人类文明理念产生了重大冲击。在此次疫情中，东西方展现出了明显不同甚至是互相对立的理念。应该说，东西方的观点站在各自的逻辑角度上都有道理，这导致双方在多数情况下互相指责，而出现这种情况的根源在于双重标准或非理性标准。比较典型的表现是：中国把抗击疫情放在首位，而有些国家更加关注经济发展。中国采取了比较严格的防控措施，但某些国家的舆论则把这些严格措施说成限制自由，

甚至与侵犯人权联系起来。东方国家的民众很容易也比较愿意接受戴口罩，但在西方国家让民众戴口罩成为一个难题，甚至被与限制自由联系起来。有些国家的人认为中国的数据缺乏真实性，而中国人自己知道这些数据是真实的，最多是某些数据出现一些偏差。有一点也颠覆了公众的认知。拥有全球最强的经济实力、医疗科技发达的美国，却连疫情的综合数据都没有，其数据统计主要依据一所大学，有些还需要手工统计，数据的准确性也存疑。凡此种种，我们很难给出清晰的答案。但如果提高维度进行思考，拒绝双重标准和先入为主，从理性思维的视角出发，并降低维度应对关键问题，我们就能找到相对合理的答案：自由是非常重要的，这是单一维度思维，但如果提高维度进行思考，将疫情中遇到的问题综合考虑，即把生命、自由、经济等一系列问题综合考虑，形成一个综合的函数关系，无疑生命应该被放在第一位，其次才是经济、自由等，而不是相反。

关于如何看待所谓"武汉病毒"的说法以及相应的对中国追责问题，人们首先要清楚两点：一是国际上以往出现同类的事情时是否追过责，为什么今天要追责，依据什么理由追责；二是即使要追责，应该追谁的责。要弄清第二个问题，应该先查清病毒起源。举个例子，我们不能因为一人出现在犯罪现场，就认定他是罪犯。类似地，在追查病毒起源时，也不应只查武汉，而且调查过程应基于无罪推定而不是有罪推定。应该由世界卫生组织的全球相关专家进行全球系统的、透明的调查，对各国一视同仁。如果最终查明新冠病毒起源于某国，又该采取何种措施呢？国际社会应转变理念，坚持理性思维，拒绝双重标准，合力找到疫情的真正根源，避免类似的悲剧重演，实现抗疫和经济恢复的"双丰收"。

提升防疫信息透明度，全球联防联控狙击新冠肺炎疫情

防疫信息的透明在抗击疫情中至关重要，保持公开、透明的防疫信息有利于各国之间联合防控，降低疫情在海外传播的可能性，同时便于各国之间交流抗疫经验，密切观察疫情传播的实时数据，也便于制定联

动的抗疫政策。目前新冠肺炎疫情已成为全球性的公共卫生危机。截至2020 年 4 月 30 日，全球共有 212 个国家和地区出现新冠肺炎病例，累计确诊病例达 3 312 753 例，其中死亡病例达 234 363 人，死亡率达 7.07%（见图 5.23）。新冠病毒成为全球所有国家共同面临的无形之敌。疫情的蔓延冲击了各个国家的卫生医疗系统，意大利、比利时、西班牙、美国等欧美发达国家的医疗系统遭到挤兑；拉丁美洲、南亚、中东、非洲等地区医疗系统薄弱的国家面临的挑战则更加严峻。在疫苗和特效药出现之前，物理隔离仍是防控疫情的最有效方式。在这个共同的无形敌人面前，各国政府和国际组织需携手抗疫。

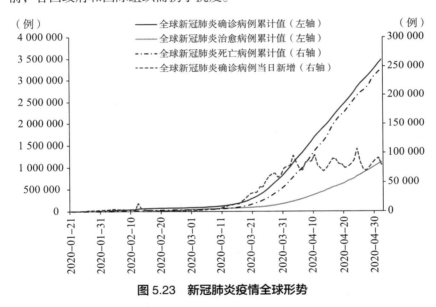

图 5.23　新冠肺炎疫情全球形势

资料来源：Wind、中国银行研究院

　　此外，面对新冠病毒在世界范围内的传播，仅靠单个国家或地区的科技力量难以彻底取得抗疫的胜利，世界各国的医疗、科技部门需开展务实有效的国际合作，集聚全球的科技创新智慧，为战胜疫情提供科技支撑。未来各国在医疗生物科技方面应进一步加快全球交流和合作的步伐。在面对无差别传播的病毒面前，世界需要坚守人类命运共同体的理念。

增强世界卫生组织应对全球紧急公共卫生安全事件的能力

世界卫生组织作为全球性的卫生合作治理组织在这次疫情中应起到中坚作用,但世界卫生组织既难以对成员国政府施加决定性影响,又难以驱使其他专业国际机构为突发公共卫生事件提供快速支持。各方集团前期考量更多的是自身利益,全球面临此次疫情没有形成快速反应和紧急政策合力。目前,全球卫生治理中,主权国家仍然是行为主体,世界卫生组织作为国际组织缺乏足够的权威,且得到的经费等支持有限。根据其官方网站公开披露的 2018—2019 两年的预算数据,世界卫生组织的资金来源主要分为会费分摊(占 17%)与接受捐赠(占 83%)两种形式。新冠肺炎疫情也暴露出世界卫生组织一些功能的欠缺,如全球范围内医疗设备标准统一的问题。诚然,世界卫生组织仍存在一些不足,但我们不能因此就对其横加责备,而应从以下积极角度支持其改革,使其更好地发挥作用:紧急特殊情况下,赋予世界卫生组织制定医疗物资标准等相关权力,提高其在全球范围内统一协调和调度的能力;加强疫苗和医疗医药技术的研发,保障其在全球公正客观地进行调研的权力;保证其资金来源的稳定,不能随便拖欠费用等。

加强国际宏观经济政策协调,联手应对疫情对经济的重挫

当前新冠肺炎疫情对全球经济金融的影响不容忽视,任何一国都无法独善其身。隔离政策的实施、原油价格战的爆发使得企业利润预期大幅下滑,债市利差扩大。对经济前景黯淡的预期叠加市场交易结构的踩踏,导致全球主要股市大跌。国际金融市场的震荡使资金涌入安全资产,新兴市场资本大规模外流,面临债务风险。为缓解金融市场流动性危机,全球央行同步降息,近 30 家央行采取降息操作,其中美联储在 2020 年 3 月 3 日和 3 月 15 日非议息会议期间连续两次紧急降息 50 和 100 个基点,利率降至 0~0.25% 的最低水平,与 2008 年国际金融危机期间持平。英国、澳大利亚、加拿大、挪威、马来西亚、沙特阿拉伯、阿联酋、中国香港等纷纷跟随操作。随着降息潮的蔓延,诸多央行政策利率距离零下限仅一步之遥。

面对全球新冠肺炎疫情蔓延带来的严峻形势，各国政府需要达成共识，合力承担国际责任，稳定国内经济和全球金融市场，避免单方面采取容易引发巨大风险的政策。全球主要央行在通过宽松政策提供充足流动性以稳定市场的同时，需考虑长期货币政策的空间和执行能力，应在考虑自身国情和国际合作的情况下，做出适当且及时的货币政策决策。此外，财政政策方面，各国需要通过制定纾困政策保障民生，例如拨付资金用于补贴受疫情影响的家庭及企业，给部分居家隔离者发放津贴，为企业减免租金、暂缓缴纳税款、提供融资担保等。

提升全球治理能力，加强国际平台协同与合作

新冠肺炎疫情的暴发使得变革全球治理更加迫切。在这个全球联系更加紧密的时代，很多过去不会对全球造成影响的事件现在都可能对全球造成严重的影响。所以，国际社会更加需要进行密切合作，加强全球治理，对各种可能发生的全球性事件进行预判和准备预案，以便在事件发生时能够有效应对。目前的全球治理模式是不同领域由对应的组织分头治理，各组织之间的合作和协同性存在一定的时滞，在面对复杂的突发事件时，并不能有效迅速地进行治理。

新冠肺炎疫情暴发以来，世界卫生组织在信息发布、介绍防治经验、协调国际社会进行抗疫方面发挥了重要的作用。但抗击疫情还包含医疗物资在全球范围内的供给、医疗物资的认证标准等与经济贸易相关的多个领域。比如，就口罩的制定标准而言，现有美国标准、欧洲标准、中国认可标准等，导致在医疗物资紧急调配时要先就适用标准问题进行探讨，这使得现阶段有能力进行口罩出口的国家因口罩标准的不统一而无法出口。因此，在治理全球性突发危机时，各组织应提前加强沟通与交流，尽可能缩小合作前的时滞。

除专业组织之间的合作外，现有国际合作平台的功能应得到进一步发挥。现有国际合作平台为全球治理提供了宽广的空间。例如，二十国集团具有广泛的代表性和较高的影响力，有能力协调各国共同进行全球治理。于 2020 年 3 月召开的二十国集团领导人应对新冠肺炎特别峰会，

通过把各成员国以及联合国、世界银行、国际货币基金组织、世界卫生组织、世界贸易组织等召集起来，使各个组织间进行合作，共同应对新冠肺炎疫情。二十国集团的沟通协调作用应尽可能得到发挥，以加强全球的政策对话和交流。其他平台，如亚太经济合作组织、国际货币基金组织、世界贸易组织、金砖国家、"一带一路"等也应发挥相应的重要作用。在全球治理中，大国发挥主导作用，对于全球治理有重要意义。中国、美国、俄罗斯、欧盟等都应发挥更多、更好的作用。美国一开始试图在病毒的起源等问题上把责任推到中国身上，对中国进行污名化，这导致中美关系陷于僵局。但随着美国国内疫情的蔓延和中国医疗物资供应能力的加强，美国又求助于中国，希望从中国进口医疗物资。大国之间呈现的复杂关系会使全球治理带有更多的不确定性。

坚持内重创新发展、外重合作交流，中国做出应有贡献

中国作为负责任的世界大国，将矢志不渝地推动经济全球化发展，以积极的态度应对新冠肺炎疫情所带来的全球化危机。但面对劳动密集型制造业产品需求的降低、欧美国家以制造业复兴为目标的"再工业化战略"的实施、中国人口红利的消失和要素成本的大幅度飙升等不利因素，中国需要由全球供应链深入全球创新链，更好地面对疫情后中低端制造业回流等"有限全球化"情形出现的可能。

首先，中国应在全球价值链分工参与的基础上，逐步转向嵌入全球创新链，实现从要素驱动和投资驱动向创新驱动的轨道发展。利用比较优势侧重国际代工的发展模式，短时间内可以通过开放取得 GDP 的快速增长和制造业附加值、进出口贸易的快速扩张，但长期来看，以外需为主的制造业低附加值贸易活动无法应对要素成本持续的、大幅度的上升趋势，容易出现持久的经济下行和衰退。中国过去劳动密集型产业所具有的比较优势正面临着要素成本大幅度上升的巨大压力，低价竞争的市场优势正逐步消失，不断让位于其他发展中国家。因此，中国需要嵌入全球创新链，依托对传统制造业的升级和战略性新兴产业的发展，推进以现代服务业开放化发展为核心的经济全球化，通过实施扩大内需战略，

依托创新驱动型经济，从简单的出口导向型经济向高水平的开放型经济转变。这样一来，即便未来可能会出现制造业回流，中国仍能保持自身的高水平发展。

其次，中国应坚持和推动人类命运共同体理念的传播。人类命运共同体理念旨在以"命运共同体"的新视角，寻求人类的共同利益和共同价值。诚然，国家间的交流既存在共同利益又存在冲突利益，但是在面临全球性问题时，共同利益是大于冲突利益的。近年来，世界各国面临金融危机、难民问题、埃博拉病毒、H1N1病毒等全球性问题时均是如此。人们在应对危机的过程中逐渐认识到，在全球化时代，各国休戚相关、命运相连。中国所提出的人类命运共同体思想，提供了一个中国版本的更好的全球化蓝图，经济全球化的前景应该更加具有活力、更加包容和更加可持续。随着中国国际影响力的不断提升，中国需要主动承担国际责任，积极参与全球治理，推动形成国际社会普遍认同的以平等、包容、可持续、共赢为核心的价值观，坚持平衡普惠的世界经济发展模式。疫情当下，人流、物流、资金流作为世界繁荣和发展的重要支撑受到冲击，我们不能依赖各地间的完全阻隔来终止疫情，而是需要大国之间互相放下成见，通力合作，积极进行协商沟通，共同应对新冠肺炎传播及其所造成的全球发展问题。

最后，中国应积极参加和主导国际规则的修订，推动构建合作共赢的全球经贸规则。二战后由发达国家主导建立的国际经济秩序中，发达国家具有相对优势的话语权，目前的全球治理多边秩序实际上存在一定的"制度非中性"现象，即当下的制度更加体现和维护部分国家的利益，并以此为手段排斥有关国家。但随着以中国为代表的新兴经济体的崛起，世界经济增长的贡献来源逐步由发达国家向发展中国家转移，发展中国家需要在国际治理中获得更多的话语权以维护自身的利益。因此，中国需要推动全球多边治理机制的改革，基于对于全球经济发展的贡献，在全球经济治理的制度设计中体现自身的话语权。同时，由于某种资源、技术、资本、劳动等生产要素的跨国流动早已实现，产品销售的世界市场已经形成，解决全球性问题的国际合作也已经在进行，各个国家应努力参与其中并发挥其应有作用。中国将努力为全球经济金融做出应有的重大贡献。

新冠肺炎疫情下中国经济高质量发展的路径选择

新冠肺炎疫情作为 2020 年全球最大的"黑天鹅"事件，对中国和全球经济发展都产生了重大冲击。就具体性质而言，疫情对需求侧尤其是消费端产生较大冲击，对供给侧也产生一定影响。疫情的全球蔓延为全球经济发展蒙上了一层阴影，对全球经济、贸易以及产业链等带来了较大负面影响。但危中有机，中国应化疫情之危为经济高质量发展之机，为长期经济提质增效打好基础。未来政策的基本方向应为在适度扩大总需求的背景下，稳步推进供给侧结构性改革，实现供给侧与需求侧协同升级的动态平衡，政策需针对短期和长期精准发力，兼顾短稳长优，从而推动中国经济的高质量发展。

以疫情为契机促进消费升级，启动消费转型升级规划

消费是中国经济增长的第一动力。2019 年，中国最终消费支出、资本形成总额和净出口对 GDP 的贡献率分别为 57.8%、31.2%、11%。此次疫情让消费短期承压，同时也催生了消费新业态、新模式。

疫情对消费产生较大冲击。在细分行业层面，交通运输、旅游、住宿餐饮、实体商贸零售、线下教育培训、电影院线等相关行业均受到较大冲击，短期内消费呈下行态势，但医疗保健、日用洗涤用品、在线教育、在线办公等行业消费因需求上升而出现增长。由于春节是旅游、购物、娱乐消费高峰时期，中国第一季度消费整体承压，社会消费品零售总额累计同比下降 19%。在居民主体层面，疫情的冲击造成员工延期返程、企业开工不足以及新成长经营主体减少，新增就业数量减少，第一季度城镇新增就业人数累计同比下降 29.32%，城镇调查失业率从 2019 第四季度的 5.2% 上升至 2020 年第一季度的 5.9%，摩擦性失业加剧，2020 年 2 月消费者收入预期指数同比下降 12.29%。2020 年第一季度，居民

部门宏观杠杆率上升至历史最高值，达 57.7%。较高的杠杆率使得家庭支出端面临着较大的刚性支付压力，收入端的下滑进一步压制居民消费，消费者消费意愿指数在 2020 年 2 月下滑 11.77%，印证了疫情对消费的负面冲击。随着疫情在海外加速蔓延，国内防输入、防反弹举措常态化，加上这种病毒难以在短期内被消灭的现实，2020 年居民消费将呈现稳步恢复态势，不会出现报复性反弹，其中人口密集性强的行业，例如电影院线、KTV、餐饮行业等仍将受到一定程度的负面冲击。

疫情催生新业态、新模式。危中有机，此次疫情催生了消费发展的新模式。首先，科技赋能增加，消费效率提升。疫情期间，因为要减少外出活动，需求端消费者将很大一部分线下消费转移到了线上，供给端厂商开始尝试提供机器人、无人机无接触供货等科技赋能方式，同时线下消费中智能机器自助结账方式的应用逐步扩大，消费者从 App（应用程序）中选好商品、超市打包、消费者自取的模式也广为应用，消费效率进一步提升。其次，"互联网＋消费"模式发展，供给质量提升。疫情防控期间，假期的延长和隔离的需要为"互联网＋消费"模式的发展提供了机遇。短视频、院线电影被搬至互联网上映，满足了居民在线娱乐的需求，大中小学延期开学促进了在线教育的发展，延期复工复产推动了互联网公司在线办公软件的开发、升级、完善。大数据、云计算、移动互联网等现代信息技术使"互联网＋消费"的供给质量进一步提升，不断满足居民日益个性化、综合化的消费需求。最后，健康消费增长，消费结构改变。自新冠肺炎疫情发生以来，居民逐步重视日常卫生习惯，家用消毒液、洗手液、口罩等卫生用品消费迎来大幅增长，健身器械、保健用品等旨在提升免疫力、保持身体健康的消费也有所上升，医疗保险、医疗支出等增加，居民消费结构中医疗卫生相关支出占比升高。消费新业态、新模式的出现为消费升级提供了方向。

由此可见，中国的内需潜力有待释放，消费升级正当其时。中国拥有近 14 亿人口，有世界上规模最大的中等收入群体，市场规模在全球位居前列，2019 年社会消费品零售总额达 411 649 亿元，比前一年名义增长 8%。随着居民生活水平的不断提高及供给侧结构性改革的不断深入，国内消费潜力将不断释放，长期消费趋势持续向好发展。鉴于上述形势，我们对于中国经济的发展提出如下对策建议。

中国应在短期内稳定和扩大消费。消费作为经济增长的引擎，中国有必要采取短期应急政策稳定消费，同时着眼长远，采取长期政策助力消费升级。短期政策需着眼稳定就业这个核心点，多措并举稳定消费。一要实施积极的就业政策。将就业优先政策纳入宏观政策层面，宏观经济政策要加大逆周期调节力度以护航经济平稳发展，保持就业稳定；同时实施更有针对性、更加精准的公共就业服务，稳定就业预期。二要稳定居民收入预期。财政政策需精准发力，对受疫情影响较大的个体和家庭进行精准帮助；同时可考虑进一步减轻企业负担，在既有的减轻企业税费负担的措施下，地方政府可考虑设立专项补助金，建议按照疫情持续期间企业工资总额的一定比例，一次性补助所有未及时复工复产的中小企业，以减轻企业正常支付职工工资的负担，稳定居民收入预期。三要恢复短期消费需求。可考虑向各地群众，尤其是湖北省群众提供消费配给券，以刺激消费。2020年特殊地区可适当增加新牌照的投放，增加居民购买汽车的机会。

中国应启动消费中长期规划，推动消费转型升级。长期政策需围绕培育中产阶层、扩大国内市场、增加有效供给等核心点展开。一要启动中长期消费转型升级规划，培育中产阶层，提升居民消费能力。完善有利于促进居民消费的财税支持措施，改革个人所得税，合理提高个人所得税基本减除费用标准，有序减少中等及偏下收入阶层的税收负担，争取在未来10年内增加3亿以上中产阶层。二要构建更加成熟的消费细分市场。基本消费要更加经济、实惠、安全，中高端消费市场要进一步培育壮大；加快建设全国统一市场，营造有利于各类所有制企业公平提供消费产品和服务的市场环境。

中国应有效增加供给，实现消费与供给侧升级的动态平衡。结合此次疫情带来的消费新业态、新模式，中国应大力发展数字经济、互联网消费等消费新业态，重视发掘医疗、健康、卫生用品等新增长点，继续推动教育、文化、娱乐、体育、旅游消费发展，促进服务消费朝更加专业化、多样化、高品质的方向发展。

加强国际合作，促进外贸增长

此次疫情对中国的外贸产生了一定负面冲击，主要可分两个阶段来分析。在第一阶段，疫情主要局限在中国国内。从微观层面看，由于复工复产的延迟和交通运输未完全恢复正常，不少出口企业出现用工难、交货困难等困境，存在订单转移的风险。从宏观层面看，由于此次疫情被世界卫生组织列为国际关注的突发公共卫生事件，因而存在产业链转移的担忧。在第二阶段，疫情在全球范围内蔓延。从供给侧看，在经济全球化的今天，各国产业间相互高度依赖、密切关联，随着韩国、欧洲、美国疫情形势加剧，全球产业链遭受巨大冲击，进而拖累中国产业链生产。从需求侧看，一方面疫情蔓延导致诸多国家居民外出活动减少，对需求带来直接冲击，另一方面供给侧的冲击易传导至需求侧。全球产业链受损可能引起企业的倒闭潮，进而减少就业和居民的收入。世界贸易的减少会削弱各国的出口，传导至终端需求侧，反映为企业投资需求、居民消费需求以及出口的降低。全球总需求的大幅减弱不排除引发全球经济危机的可能性。中国作为全球第一贸易大国，全球总需求的下滑将会冲击中国的出口，中国经济也将在全球经济下行中受到冲击。当然，随着疫情在全球的蔓延，由于中国具有较全的产业链，并且产能也在逐步恢复，全球对中国的出口依赖性也逐渐提高，这是一个重要机遇。具体而言，中国可从以下方面应对当前局势。

加强国际合作，防范疫情扩散和对经济的冲击。随着疫情蔓延至全球，成为世界性问题，各国应加强国际合作，避免疫情的进一步扩散和国际经济危机的发生。作为疫情防控实践比较充分的国家，中国应主动加强国际疫情防控合作，在病毒认知、疫病特征、临床诊断、药物治疗、疫苗研发等方面与其他国家共同努力，同时总结各国遏制疫情传播的经验，结合自身国情，切实行动，最大限度遏制疫情的传播。

多措并举，保持外贸的基本稳定。针对疫情对企业复工复产的冲击，中国要采取有效措施，稳定并争取扩大出口。短期来看，一要稳物流，在分区分级精准防控疫情前提下，尽快疏通交通运输；二要稳生产，加快推进职工的复工复产，鼓励弹性工作制，倡导线上办公、远程办公；三要稳客户，建立应急法律服务机制，为外贸企业提供法律服务，减少国际贸易纠纷；四要稳信心，通过有力政策稳定企业和职工的信心。

进一步扩大对外开放，加强国际产能合作。当前国际产业链高度融合，单凭一国之力难以生产出全部所需产品，中国要坚定不移地进一步扩大对外开放，同时主动积极开拓市场，增强与发展中经济体的合作，避免对外贸易过度集中的情况。中国应进一步加强与"一带一路"沿线国家的合作，积极拓展合作模式，提升"一带一路"建设的合作层次，形成供应链的上下游分工，由市场开拓向产业转移转变。

加强国际供应链和宏观政策合作。疫情扩散对全球供应链产生了负面的冲击，各国要加强国际供应链协调与合作，搭建国际供应链平台，在疫情得到有效防范的情况下，切实推进供应链上下游企业的复工复产，避免对全球经济的冲击。中国要加强与其他国家在宏观政策领域的协调，采取精准有力的货币政策和财政政策对冲潜在的经济总需求下滑，保持全球经济金融的基本稳定，同时应关注货币政策使用过度、未来政策空间较小的状况。

加大民生与新型基础设施建设，支持制造业技术改造

此次疫情导致短期投资阶段性承压，从供需两端冲击投资。从供给端来看，企业投资能力下降。假期的延长、隔离的需要以及交通的阻滞使得企业复工复产较往年延后，企业支出端面临着固定的工资、房租、贷款偿还、社保缴费等刚性支付压力，而收入端面临着订单损失、供应链不畅和需求锐减导致的收入减少，企业现金流压力增大，投资能力有所下降。从需求端来看，企业投资意愿受到非对称冲击。从抗风险的角度分析，此次疫情一方面使抗风险能力较弱的中小企业因生存压力加大而投资意愿减弱，另一方面也使抗风险能力较强的大中型企业因预期到更大的市场空间而投资意愿增强。从行业角度分析，企业对受疫情冲击较大的交通运输、旅游、院线、住宿、线下培训等行业的投资意愿将

减小，但对医疗、保健用品、卫生用品、5G、互联网、物流基地等行业的投资意愿将会增强。总体来看，中国的短期投资阶段性承压，但长期将会释放更多投资需求。中国为完成 2020 年全面建成小康社会和"十三五"规划目标，有必要适当扩大投资，但同时又要避免刺激无效低端的投资。为此，中国要统筹短期和长期经济发展需求，适当扩大投资。

中国应加大新型与民生基础设施建设。首先要加大新型基础设施建设。现代物流体系、远程办公、线上教育等新领域的发展不仅缓解了疫情状态下社会功能停滞的局面，同时也促进了居民消费升级。以此为契机，中国应加大对智慧城市、物流基地、5G 技术、互联网等相关基础设施投资，以新型基础设施建设稳增长、促进产业升级。其次要加大民生领域基础设施建设投资，着重加强对生态环保、公共卫生、医疗、教育、政务协调等领域的投资，提高人民获得感。

中国应支持制造业技术改造。疫情发生后，国内产业链受到冲击，体现了建设产业数字化平台的重要性，国际产业链转移的风险暴露了当前中国制造业技术不够先进的问题。中国政府可通过专项贷款或抵押补充贷款方式，提供较大量的中长期融资，加大对制造业技术改造的支持力度，为企业和产业数字化转型提供切实支持。

中国要提升国内制造业企业的技术能力，增强不可替代性。中国要着眼于国内生产配套能力提升及国内产业资源整合，大力推动技术创新，进一步增强国内中间品尤其是关键零部件生产能力，增强在全球供应链中的不可替代性；同时以进口替代及内生增长能力的提升降低对外部供应链的依赖，减小外生事件可能导致的产业链转移对中国经济的影响。

打造国际一流的医疗、卫生标杆体系

新冠肺炎疫情不仅仅是对中国经济的一次大考，也是对中国医疗、卫生体系的一次大考。中国要吸取经验教训，转危为机，打造国际一流的医疗、卫生标杆体系。同时，中国要以此作为拓展国际合作的重要突破口。

中国要健全公共卫生服务体系，按照经济发展总量、常住人口数量合理布局公共医疗卫生资源，增加特大城市、核心城市圈的医疗资源，同时补农村、社区医疗资源的短板。中国要加强公共卫生队伍建设，特别注意加强执业人员的待遇保障和安全保障，切实提高医生的收入，吸引更多的人才加入医疗卫生事业。中国要切实改革医疗保险制度，加快推进医保全国统筹，提升医保覆盖广度和力度，切实减少居民就医负担，最大程度减少居民"因病致贫"的担忧。中国要加大医药科研支持力度，鼓励医药科研机构、医院、高校的产学研融合，增加对基础医学科研的投入，减轻市场上医药研发机构的税费负担，积极拓展国际合作，努力打造医学研究、药物研发的新高地。中国要完善重大疫情防控体系，依托高校，建设重大疫情防控研究院，提升重大疫情防控研究水平，打造国际领先平台。

加强国际交流和舆情宣传

此次疫情发生后，在党中央的坚强领导下，中国采取了有力有效的措施，遏制了疫情的内部蔓延，并为国际社会抵抗疫情赢得了宝贵的时间窗口。世界卫生组织总干事谭德塞赞扬中国疫情防控措施为世界树立了新标杆。但依然有人散布不实言论，制造"政治病毒"和"信息病毒"。因此，中国应加大国际交流，加强舆情宣传，塑造中国负责任大国的形象。

中国应加强与各国医疗卫生部门的交流合作，比如邀请相关专家来华考察，了解中国抗击疫情的措施。同时，中国要加大对医疗卫生资源薄弱和疫情形势严峻的国家的援助，派出专家组指导疫情防控实践，必要时派出救援组支援海外病人救治，捐赠疫情检测试剂以及相关防护装备，用实际行动赢得国际认可。同时，中国可争取诺贝尔评奖委员会对该领域的特别关注。

中国应加强舆情宣传，比如对疫情一线英雄事迹进行宣传，鼓励在华外国人写下中国抗击疫情一线故事、接受媒体采访，通过网络媒体、官方报道、驻外使领馆宣传等方式向世界宣传中国故事，发出中国声音。

中国应保障抗击疫情信息的公开透明，及时通报疫情的最新数据、病毒认知、临床症状、治疗药物、中西医相结合原理、疫苗研发等专业情况，增强国际社会对中国抗击疫情的信心。

强化政策支持

此次疫情是对中国的国家治理体系和治理能力的一次大考。疫情给我们带来了短期的伤痛，但也为长期改革提供了机遇。在采取政策有效应对疫情冲击时，中国需统筹短期和长期目标。短期政策不宜长期化、固定化、扩大化，长期政策应致力于借疫情之机大力推进改革。

此次疫情对中国经济的冲击核心体现在使企业现金流存在断裂的风险，由此会引发企业破产、居民失业、收入下滑、消费和投资需求不振等次生冲击。因而，短期政策要以稳企业、稳就业为核心抓手。财政政策要积极有为，通过进一步减税降费降低企业支出端负担，适度增加公益性岗位，减少失业。货币政策要精准发力，维持金融市场流动性合理充裕，避免疫情对金融市场的冲击，同时也绝不搞大水漫灌、刺激资产泡沫。信贷政策要发挥逆周期调节作用，不抽贷、不压贷、不断贷，维系企业现金流稳定。

长期政策要贯彻新发展理念，落实高质量发展要求，坚持供给侧结构性改革，弥补相关短板。比如，深化医疗、教育、养老等领域的改革；推进个人所得税改革，培育中产阶层；进一步疏通货币政策传导机制，用市场化的方法为实体经济传导资金，解决长期困扰中小企业融资难、融资贵的问题。

人民币资产在全球资产配置中的现状和前景

近几年，受世界经济增速较低、负利率出现与扩散等因素影响，全球资产配置在风险与收益端口遇到挑战。与此同时，中国经济金融平稳发展，宏观经济政策稳定，金融开放持续推进，人民币资产享有良好的发展红利，在全球资产配置中受到的关注度与影响力持续提升。特别是近期，受美联储降息、油价暴跌、疫情蔓延等因素的影响，美国股市连续遭遇"黑色星期一"，10天内连续4次出现熔断，全球金融市场出现剧烈动荡。预计未来全球资产收益率总体呈下降趋势，并将保持较低水平，人民币资产的避险功能增强，在全球资产配置中的比重将持续提升。

人民币资产正受到全球投资者的关注

随着中国资本市场开放的不断深化以及人民币国际化进程的持续推进，人民币资产通过资本与金融账户开放渠道进入非居民的资产负债表，成为海外投资者资产池的重要组成部分，海外投资者持有的人民币资产规模逐步扩大。

境外投资者稳步增加中国境内股市的持仓

与发达国家的资本市场相比，当前中国股市仍是以大散户、小机构为主要特征的市场，专业机构投资占比为15%左右，导致市场波动幅度较大，境外投资者对中国股市的投资十分谨慎。但是，随着中国资本市场的不断完善，外资正在逐步涌入中国市场，境外投资机构在A股市场的投资占比逐渐攀升。根据Wind数据，2019年境外机构和个人持有境内人民币股票资产的金额已达21 018.75亿元，同比增加82.50%（见图5.24）。境外投资者的进入会推动A股市场的投资者结构不断优化，同时随着国际机构价值投资理念的逐步传播，A股市场逐步趋于理性，中国的资本市场将更加具有吸引力。

图5.24　境外机构和个人持有境内人民币金融资产情况

资料来源：Wind、中国银行研究院

陆股通逐渐成为国际投资者参与大陆资本市场的重要渠道

2019年，陆股通净流入3 500亿元，成交额占全部A股成交净额的7.6%，年底陆股通当月成交额占A股成交金额的比重接近20%，以陆股通为主要通道的外资机构已成为A股市场的重要参与者之一。2019年，除4月和5月之外，其余10个月陆股通均为净流入，全年净流入超过3 500亿元，较2018年增加575亿元，北向资金成交额接近10万亿（见图5.25）。

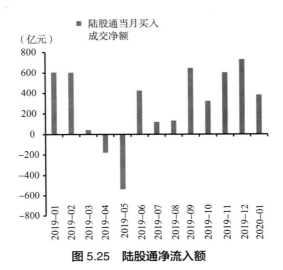

图5.25　陆股通净流入额

资料来源：Wind、中国银行研究院

境外机构继续增持中国债券，高等级债券受市场关注

根据中债登统计月报，截至 2020 年 2 月底，银行间债券市场境外机构所持债券面额为 19 516.02 亿元，同比增加 29.03%，已经连续 15 个月实现债券托管规模的增加（见图 5.26）。

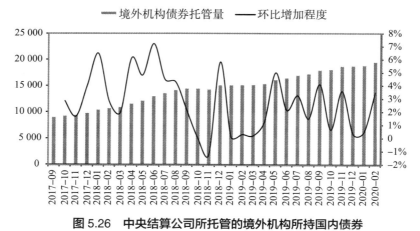

图 5.26　中央结算公司所托管的境外机构所持国内债券

资料来源：中债登统计月报、中国银行研究院

从历史视角看，境外机构对境内债券的配置主要集中在国债、证金债和存单，对诸如政府支持机构债券、商业银行普通债、中期票据等其他类债券资产的配置相对较少。根据 2019 年底中债登与上海清算所的统计月报，国债、政金债和同业存单在海外机构总托管量中的占比分别为 59.82%、22.82% 和 9.91%，其他债务工具合计仅占 1.42%。其中，记账式国债相比 2019 年初的占比 64.14% 略有下降，政金债相比 2019 年初的占比 11.86% 略有上升。相信随着境外投资者对中国市场的逐步熟悉，结合中国债市良好的运行秩序与不断改进的管理制度，中国债市对全球投资者而言会更具吸引力。

外币主权债券在境外受到热捧

2019 年 11 月，中国财政部在巴黎成功定价发行 40 亿欧元无评级主权债券。这是继 2004 年中国第一次发行 10 亿欧元主权债券以来，中国单次发行的最大规模外币主权债券。在 40 亿欧元主权债券中，7 年期债券占 20 亿欧元，发行利率为 0.197%；12 年期债券占 10 亿欧元，发行利率为 0.618%；20 年期债券占 10 亿欧元，发行利率为 1.078%。国际投资者踊跃认购，总申购金额超过 200 亿欧元，是发行金额的 5 倍，其中 57% 的资金来自欧洲，43% 的资金来自欧洲以外。此次债券发行的特殊之处在于"无评级"，中国政府以自身的信誉向全世界做出承诺，同时也反映了国际社会对中国的信心。这与人民币债券形成很好的内容联系，共同满足投资者的需要，未来可通过债券币种的多元加强融合。

人民币在全球资产配置中的地位提升前景可期

由美国股市多次熔断引发的全球金融市场动荡，增大了全球经济衰退的风险，国际金融市场避险情绪持续提升，美欧及部分新兴市场国债收益率持续走低。相对而言，依托于稳健的经济基本面，人民币资产继续保持较高收益率和安全性的优势，尤其是随着中国资本市场对外开放水平的不断提升和投资渠道的不断拓宽与优化，未来人民币资产对国际投资者的吸引力将进一步增强，成为全球资产配置的重点之一。

资本市场的改革与开放为境外投资者的深入参与提供便利

长期以来，影响国际投资者参与中国国内金融市场投资的一个重要原因就是中国的规则和制度与世界上大多数国家有一定区别，例如涨跌幅限制、停牌复牌制度等。近几年的改革正逐步推动中国资本市场与国际金融市场规则的接轨。未来改革会循序渐进地放宽金融衍生品的管控，推进场外交易的发展。就 IPO（首次公开募股）的改革方向来看，目前国际上主流的交易所施行的都是注册制，但随着科创板试点注册制和新证券法的实施，未来资本市场的相关机制将进一步得到完善。

2019 年 4 月，彭博社正式确认将中国债券纳入彭博巴克莱债券指数。2019 年 9 月，标普道琼斯指数纳入 A 股的决定首次生效，纳入因子为 25%，这使标普道琼斯成为继 MSCI、富时罗素之后第三家纳入 A 股的国际指数公司。2020 年 2 月，中国国债正式纳入摩根大通全球新兴市场政府债券指数。2020 年 3 月，富时罗素市场指数将完成第一阶段第三批次纳入因子为 10% 的 A 股纳入工作，A 股在富时罗素全球股票指数系列中的纳入因子将达到 25%。中国在放开外部信用评级机构进入中国的同时，相继取消了海外投资机构 QFII、QDII（合格境内机构投资者）资格限制，取消期货公司外资股比限制等，极大推动金融市场的对外开放。自 2019 年以来，中国金融市场的股、债指数被相继纳入世界主要指数，代表着世界对于中国经济长期健康发展的信心与金融市场开放程度的认可。中国的资本市场仍在不断改革，继续加强金融市场基础制度建设，逐步打通境外投资者投资中国资本市场的障碍，为国际投资者提供更加便利的投资渠道。

低利率下人民币资产较高的收益率与安全性凸显独特优势

经济学原理告诉我们，当经济相对低迷时，国家可通过引导利率下行刺激投资和消费，而低通货膨胀迫使实际利率的降低只能通过降低名义利率实现。可名义利率具有零下限，限制了货币政策的调控空间，会使经济陷入长期停滞，利率持续位于低水平。但若从安全资产配置的视角看待低利率，低利率与安全资产的供求关系密切。安全资产通常指名义价值稳定的债权资产，安全资产的需求大于供给会压低其利率，安全资产的主要生产者为发达国家，然而发达国家的经济增长并不能够支持足量的安全资产。贸易战、美国股市连续熔断、新冠肺炎疫情等不确定因素，使得市场对于安全资产的需求激增，过多的需求促使安全资产的利率处于低位，保持接近于零甚至负收益的水平。

目前，德国、瑞士、丹麦、芬兰和荷兰等国从 1 年到 30 年所有期限国债的收益率都为负；法国、日本等国的国债除超长期限外，收益率均为负；英国国债收益率尽管仍然为正，但相对较低，关键期限收益率都降至 1% 以下；美国 10 年期国债收益率已经处于历史低位（见表 5.1）。政策负利率及负利率资产的出现给金融市场和国际资本流动带来一系列影响，利率进一步下行压低无风险利率，提高了投资者的风险偏好，并使得越来越多的负利率驱动着套利资本等在全球范围内流动。负利率会改变经济主体的资产配置结构，而经济主体始终存在着对正收益资产的追求。因此，从收益率视角看，中国的国债收益率具有显著优势。2020 年 3 月，美国股市在 10 日内遭遇 4 次熔断，两周之内美联储基准利率从 1.5%~1.75% 降为 0~0.25%，全球主要发达经济体普遍进入零利率或负利率的状态。从目前的情况看，这种状态将持续一个较长时期，可以说全球发达经济体已进入"负利率时代"，全球资产配置将面临更大的挑战。

表 5.1　部分主要经济体国债收益率（2020 年 3 月 10 日）

	1 年（%）	2 年（%）	3 年（%）	5 年（%）	7 年（%）	10 年（%）	15 年（%）	30 年（%）
中国	2.0	2.1	2.2	2.4	2.6	2.6	3.0	3.2
美国	0.4	0.5	0.6	0.6	0.7	0.8		1.3
英国	0.3		0.2	0.1	0.1	0.2		0.6
意大利			0.5	0.8		1.4		2.3
日本	-0.2	-0.2	-0.2	-0.2	-0.3	0	0.1	0.3
西班牙	-0.4	-0.4	-0.3	-0.1		0.3		0.6
欧元区公债	-0.9	-0.9	-0.9	-0.9	-0.9	-0.7	-0.6	-0.4
法国	-0.7	-0.7	-0.7	-0.6	-0.5	-0.3		0.3
德国	-0.9	-0.9	-1.0	-0.9	-0.9	-0.8	-0.7	-0.4

资料来源：Wind、中国银行研究院

　　此外，相对于其他国家的债券，特别是大多数新兴经济体债券，人民币债券的安全性更高。近期，在内外部因素的共同作用下，部分新兴经济体暴露出较大风险，使得投资者对于新兴市场债券的投资趋于谨慎。比如，2019 年 8 月阿根廷国内政治局势的变动，引发外界对阿根廷经济金融风险的高度担忧。相比之下，中国经济的韧性与金融市场的稳定性使得人民币债券相较于其他新兴市场债券更为安全。

中美经贸关系缓和与全球疫情演变有利于增强人民币汇率稳定预期

在未来一段时间内，人民币兑美元汇率走势可能仍将受到中美贸易摩擦谈判进程的主导（见图5.27）。谈判进程向好，则人民币兑美元汇率有望继续反弹。谈判进程重新出现反复，则人民币兑美元汇率可能再度贬值。但是，从价值投资的角度出发，短期冲突并不能够反映资产的长期价值。从短期看，人民币汇率的走势主要受中美贸易摩擦、美国疫情控制状况等因素影响。目前，疫情可能对美国经济以及美元汇率走势产生较大影响。但从长期看，人民币汇率的变动主要归因于中国经济的基本面情况。结合人民币汇率月度变动、贸易磋商重要事件点以及疫情动向看，未来人民币汇率预期向好发展，人民币资产更加具有吸引力。

图 5.27　中美贸易摩擦与美元兑人民币即期汇率走势

资料来源：Wind、中国银行研究院

人民币的避险属性增强，易于吸收"避险资产"

目前市场普遍认同的避险资产除黄金外，主要有美元、日元、瑞士法郎等。美元通过捆绑大宗商品标价，作为国际贸易中的"通货"承担了世界上多数国家的贸易结算，同时美国以强大的经济、政治实力为其货币保值提供强力保障。源于日本较强的经济实力和长期实行的宽松货币政策，日元的低息套利属性吸引着投资者。同时，日本拥有发达的金融市场，并且是全球主要的净债权国之一，这使得风险爆发时，大量的投资回撤会推升日元汇率。瑞士法郎则是源于瑞士永久中立国地位和其对于金融外汇市场的保护政策，成为避险货币之一。一般说来，一种货币是否具备避险属性很大程度取决于该货币所属经济体是否具有稳定的政治局势、较好的内外部发展环境、良好的财政状况、相对稳定的货币政策和物价指数、发达而开放的金融市场等条件。

中国当下政治局势稳定，对外始终坚持和平发展、互助互利的发展观念；通过不断加快人民币国际化进程，推进国际大宗商品的人民币计价，以自身独特的"世界工厂"优势推动各国承认人民币的贸易价值；坚持稳健的货币政策，合理运用财政政策手段调控通货膨胀和经济发展方向，推进经济高质量发展；不断地对金融市场进行改革和开放，拥有逐渐完善的资本市场体系。人民币的避险属性正在逐步凸显。

2020 年 3 月 9 日，受美联储降息、油价暴跌、疫情蔓延等因素影响，全球股市遭遇"黑色星期一"。美国股市三大指数收盘跌幅均超过 7%，道琼斯指数下跌 2 013.76 点，报收 23 851 点，跌幅高达 7.79%；标普 500 指数报收 2 746.56 点，跌幅为 7.6%；纳斯达克指数报收 7 950.68 点，下跌 7.29%。美国股市出现自 2008 年国际金融危机以来首次熔断，市值蒸发 3 万亿美元。欧洲股市普遍跌幅超过 7%，均呈现自 2008 年国际金融危机以来最大单日跌幅（见图 5.28）。国际油价跌幅一度超过 30%，创

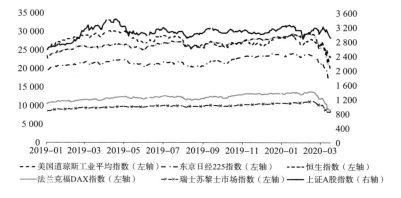

图 5.28　资本市场受疫情冲击严重

资料来源：Wind、中国银行研究院

下 1991 年以来最大跌幅。美国国债收益率跌至新低,全线收益率创下史上首次都低于 1% 的纪录。美国 2 年期国债收益率一度下降至 0.33%,10 年期国债收益率下降至 0.48%,30 年期国债收益率下降至 0.99%。全球金融市场恐慌情绪加剧,这在一定程度上促使国际社会更加关注新的避险资产,人民币资产将成为最引人注目的选择。

人民币资产配置新趋势下的应对

海外市场与中国市场的逐步联通是未来发展的基本趋势。随着中国债市和股市相继被纳入多个全球主要指数,预计外资对人民币金融资产的配置需求将进一步提高,将有更多的境外投资机构对中国市场进行中长期投资。人民币资产在全球的吸引力显著提升,会进一步推升对于人民币资产的配置需求。人民币将成为全球投资者的重要选择,中国和"一带一路"沿线将成为全球资金流动的聚集地。

持续推进中国金融改革开放,为投资者提供便利

在吸引投资者方面,中国应进一步推进在岸市场与离岸市场的联动,加大不同市场间的自由交易、风险对冲和价格发现,以此推进金融市场开放向纵深发展。

中国应加强人民币汇率预期管理。人民币债券市场的发展需要与人民币汇率改革、资本账户开放等方面的改革协调推进,以实现体制机制的完善和配套政策的落实。今后,中国应进一步推进人民币汇率形成机制改革。中国要进一步放开境内外汇市场的准入限制,适当推进外汇衍生品的发展,增进外汇市场的广度和深度,让市场在外汇资源配置中发挥决定性作用;健全市场沟通机制,加强前瞻性指引和窗口指导,增强市场透明度,合理引导和管理汇率预期,稳定市场对人民币汇率长期保持稳定的信心;积极探索灵活的汇率干预手段,在非理性波动增强的情况下进行有效干预,实现人民币汇率在接受区间范围内的有序波动。

中国应稳步推进人民币国际化进程,促进各项跨境人民币业务开展,

加快培育人民币资产计价功能，加速集国际化与多层次于一体的金融市场的形成。通过优化资产管理行业的资金来源，中国可扩大资产规模，在吸引国际资产管理行业的同时吸收海外风控、交易以及投资经验，为基金公司国际化发展奠定牢固基础。

中国应加强对跨境资本流动的监测和管理。海外机构持有人民币资产，必然希望其所持有的人民币资产具有合理完善的流出和回流机制，要求减少资本账户管制。但是，从控制风险的角度看，对投机性较强的短期跨境资本进行适当的管理是必要的，也是国际惯例。可以说，这既是稳定中国金融市场的措施，又是维护全球金融市场的重要条件。

保持中国市场高收益特征，更好地发挥避险市场的作用

对中国而言，由于疫情控制更早、措施更有力，总体局势稳中向好，经济出现逐步恢复的局面，实现疫情的有效控制和经济平稳增长是保持中国市场吸引力的重点。美联储的降息行动以及股市的大幅下跌给中国的货币政策操作打开了更大的空间。中国可能是全球少数可以进行正常货币政策操作的重要经济体，央行应根据实体经济的需要，使用数量型和货币型工具对市场进行调节，稳定市场信心和预期，遏制恐慌情绪的过度蔓延造成的资本市场的剧烈波动。

降低市场投资风险，让投资者分享中国发展的长期红利

理性的投资组合要求注重低成本、多元化和平衡性，负利率容易加强投资者增持现金的倾向。发达国家的股市价格已经比较高，衍生品市场往往交易量会扩大。2020年3月美国股市的连续熔断就是市场做出的重大调整。过去美国的国债是无风险债券，现在美国国债最大的买主是美联储，中国、俄罗斯、巴西、英国、瑞士等国都在不同程度地抛售美国国债。全球配置资产是实现投资组合多元化的重要途径。在当前的情况下，人民币资产无疑具有相对低风险、高收益的特性，值得重点配置。

中长期角度的投资可以忽略短期内的收益和市场波动，适当加大权益类资产的投资。从长期看，权益类资产的投资在对抗通货膨胀、实现长期收益方面有着较为良好的表现，此外中长期投资可投的资产类别覆盖范围更为广泛，可以涵盖基础设施建设、实物资产等低流动性的投资项目。从中长期的角度出发，中国经济将呈现平稳增长的态势，人民币资产所具备的投资价值也将稳步提升。

加强全球货币政策协调与合作，保持国际金融稳定

当前新冠肺炎疫情对全球经济与金融的影响不容忽视，任何一国都无法独善其身。面对全球新冠肺炎疫情蔓延的形势，各国政府需要达成共识，合力承担国际责任，稳定经济生活和全球金融市场，避免单方面采取容易引发巨大风险的政策。全球主要央行在通过采取宽松政策提供充足流动性以稳定市场的同时，需考虑长期货币政策的空间和执行能力，在考虑自身国情和国际合作的情况下，做出适当且及时的货币政策决策。无论是对中国还是对世界而言，政府在制定一系列政策的同时，要重视对市场信心的引导，确立对未来经济发展的信心远比应对短期的经济冲击更为重要。

全球资产配置策略分析

过去，除房地产以外，中国国内投资者拥有最多的是无风险或刚兑金融资产，如信托、银行理财、存款等，这与中国经济发展的时代特征有关。过去 20 多年，房地产成为拉动中国经济增长重要引擎，房价大幅上涨，因此房产成为国内投资者实现财富增值的重要方式。然而，近年来，中国经济转型换挡，单一投资渠道将很难实现财富增值；伴随着金融出清，供给侧改革，资产管理新规定打破刚兑，低风险、高收益率产品成为历史；新冠肺炎疫情等突发事件将会继续增大市场不确定性。在新常态下，中国投资者风险意识被唤醒，开始重新审视财富增值之道。

从国内投资者角度出发，1991—2017 年上海证券综合指数（简称"上

证综指"）平均年化收益率达 14.20%，相当可观，但波动率高达 55.67%，同期美国标普 500 指数的波动率仅为 14.03%。1991—2017 年，上证综指的最大回撤高达 75.42%。这解释了为什么中国 A 股市场收益率可观，但绝大多数投资者并没有从股市中长期获利。倘若投资者将一半资产投资在 A 股，而将另一半投资美国标普 500 指数，经测算年化平均收益为 14.92%，较单一投资 A 股略有增加，波动率大幅降至 29.43%，最大回撤也有明显改善，为-56.99%。由此可见，通过简单的跨国别投资，投资者的投资风险可明显降低。

正如诺贝尔经济学奖得主马科维茨所说，"资产配置多元化是投资的唯一免费午餐"。那么对于中国国内投资者而言，资产配置到底有什么优势？研究指出，91.5% 的投资收益来自成功的资产配置。可见，资产配置是投资的基石。对于投资者而言，资产配置是投资收益的最大决定因素，要想达到投资目标，核心在于做好资产配置，且不仅限于国内。跨期资本资产定价模型研究显示：全球化投资者与本国（此处指美国）投资者实际收益率的夏普比差值大于 0，因此，全球化投资者比本国投资者获得了更好的投资绩效。

专业机构调查显示，个人投资者进行全球资产配置的目的包括财富传承、移民、子女教育、合理避税、养老规划等，但分散风险是最重要的目的。未来，国内投资者将在全球资产配置中获得较大收益。统计显示，全球高净值群体金融资产海外投资（跨境＋离岸）占总体可投资金融资产比例超过 20%，中国的这一占比仅为 5% 左右。未来，越来越多的国内投资者将受益于全球资产配置。

全球资产配置的理论基础及应用

犹太人早在 1 000 多年前已经在其伟大典籍《塔木德》中对资产配置进行了相关阐述：每个人都应该把手里的钱分成三部分，1/3 用来买地，1/3 用来做买卖（实业和金融投资），剩下 1/3 存起来。20 世纪 50 年代以前，资产配置主要用于分散风险，等权重投资组合与 60/40 投资组合策略的恒定混合策略成为当时的主流理论，这种简单机械的操作方法成为资产配置的最早期模型。但由于没有主观判断和相机抉择等机制,该模型并不能为客户提供合理的资产配置。20 世纪 50 年代,马科维茨提出的"现代资产组合理论"奠定了资产配置理论的基础,资产配置从此进入量化时代。该组合理论首次使用期望收益、方差来刻画投资的收益和风险,使收益、风险被量化,投资问题研究转为约束条件下求解最优。此后几十年,资产配置更多是处于理论研究阶段。

直到 20 世纪 90 年代,资产配置理论才进入实用化阶段。1992 年,布莱克-林特曼模型被提出,它在均衡收益的基础上通过投资者观点修正了期望收益,使马科维茨组合优化中的期望收益更加合理,这在一定程度上是对马科维茨组合理论的改进,该模型被华尔街主流广泛接受。捐赠基金在马科维茨的理论上加入了另类资产配置,其中耶鲁基金最为优秀。耶鲁大学捐赠基金的管理机构所提供的均衡资产配置模型为其带来了丰厚的长期收益,1987—2017 年,其 30 年平均年化收益率为 12.9%,是美国表现最好的大型机构投资者之一。2004 年,"美林时钟"被提出,它基于 1973 年 4 月至 2004 年 7 月的美国宏观经济、各类资产和行业回报率数据,将经济周期、资产收益率和行业轮动联系起来,指导投资者在不同经济周期中进行资产配置。风险平价策略被广泛应用。全球最大对冲基金——桥水基金在其管理的全天候基金中最早使用该策略,它的核心思想是基于等风险的理念分配权重,使得组合中每一类资产拥有相同的风险敞口,通过均匀配置不同资产类别之间的风险,试图得到一个长期较为稳定的组合收益。

2008 年国际金融危机之后,现代投资组合理论受到广泛质疑。目前全球各大投资机构在进行资产配置时,根据自身的资产负债特性和风险收益偏好,在传统的资产配置理论的基础上进行改进与创新,发展形成各种风格的大类资产配置策略。

疫情仍是影响全球经济的最大变数

新冠肺炎疫情对全球经济的冲击巨大,2020 年第一季度全球主要经济体中仅有美国表现尚可,实际 GDP 年化同比增长 2.2%,中国则极为罕见地下降 6.8%，英国、法国、德国、意大利等欧洲主要国家均出现不同程度的萎缩（见表 5.2）。第二季度欧美发达经济体疫情加剧，至今未出现明确拐点，经济大幅度下降，预计 2020 年全年或将出现 5% 以上的降幅。中国疫情暴发较早，且政府控制得力，经济低谷出现在第一季度，第二季度企业有序复工复产，经济有所反弹，但 2020 年其全年经济增长将创下多年的低点。

表 5.2 《世界经济展望报告》全球 GDP 增速（%）

	2019 年	2020 年	2021 年
全球	2.9	−3.0	5.8
发达经济体	1.7	−6.1	4.5
美国	2.3	−5.9	4.7
欧元区	1.2	−7.5	4.7
德国	0.6	−7.0	5.2
法国	1.3	−7.2	4.5
意大利	0.3	−9.1	4.8
西班牙	2.0	−8.0	4.3
日本	0.7	−5.2	3.0
英国	1.4	−6.5	4.0
加拿大	1.6	−6.2	4.2
其他发达经济体	1.7	−4.6	4.5
新兴市场和发展中经济体	3.7	−1.0	6.6
亚洲新兴市场和发展中经济体	5.5	1.0	8.5
中国	6.1	1.2	9.2
印度	4.2	1.9	7.4
东盟五国	4.8	−0.6	7.8
欧洲新兴市场和发展中经济体	2.1	−5.2	4.2
俄罗斯	1.3	−5.5	3.5
拉丁美洲和加勒比	0.1	−5.2	3.4
巴西	1.1	−5.3	2.9
墨西哥	−0.1	−6.6	3.0

（续表）

	2019 年	2020 年	2021 年
中东和中亚	1.2	−2.8	4.0
沙特阿拉伯	0.3	−2.3	2.9
撒哈拉以南非洲	3.1	−1.6	4.1
尼日利亚	2.2	−3.4	2.4
南非	0.2	−5.8	4.0
低收入发展中国家	5.1	0.4	5.6

注：2020 年、2021 年为预测数据。
资料来源：国际货币基金组织

　　为应对疫情的冲击，全球各国政策制定者均采取了大规模、有针对性的财政政策、货币政策和稳定金融市场的措施，为受影响的家庭和企业提供支持。受到疫情影响的发达经济体，如澳大利亚、法国、德国、意大利、日本、西班牙、英国和美国，实施了快速、大规模的财政应对行动。新兴市场和发展中经济体，如中国、印度尼西亚和南非等，也已开始提供或宣布将对受到严重影响的部门和劳动者提供大力财政支持。这些政策和措施将有助于减缓疫情对经济的冲击，一旦疫情消退、防控措施取消，将对促使经济逐步恢复正常起到重要作用。低基数效应加上刺激政策逐步发挥作用，预计 2021 年全球经济将强劲反弹，但仍难以达到 2019 年的绝对水平（见表 5.3）。

表 5.3 《世界经济展望报告》预测概览

百分比变化	2019 年（%）	2020 年（%）	2021 年（%）
世界贸易量（货物和服务）	0.9	−11.0	8.4
进口			
发达经济体	1.5	−11.5	7.5
新兴市场和发展中经济体	−0.8	−8.2	9.1
出口			
发达经济体	1.2	−12.8	7.4
新兴市场和发展中经济体	0.8	−9.6	11.0
大宗商品价格（美元）			

（续表）

百分比变化	2019 年（%）	2020 年（%）	2021 年（%）
石油	−10.2	−42.0	6.3
非燃料	0.8	−1.1	−0.6
消费者价格指数			
发达经济体	1.4	0.5	1.5
新兴市场和发展中经济体	5.0	4.6	4.5
伦敦银行同业拆借利率（百分比）			
美元存款（6 个月）	2.3	0.7	0.6
日元存款（3 个月）	−0.4	−0.4	−0.4
欧元存款（6 个月）	0	−0.1	−0.1

注：2020 年、2021 年为预测数据。

资料来源：国际货币基金组织

总体而言，由于政策工具仍然较多、政策空间仍然较大，且固定资产投资占比相对较高，中国经济的韧性更强；疫情会对就业和居民收入造成持续性负面影响，私人消费占比较高的发达国家，如美国、日本、欧盟等的经济状况将更为疲软且反弹较弱。该预测的潜在风险是疫情出现大规模反复，比如第二波疫情暴发。

多元化配置降低风险，战略上增配中国资产

首先需要界定的是，与 2008 年次贷危机引发的金融危机不同，此次新冠肺炎疫情是对实体经济需求侧的冲击。有研究表明，与单纯的经济衰退不同，由金融危机引发的经济衰退往往程度更深、持续时间更长。由于疫情扩散严重，许多国家防控不力，短期内经济下滑可能会较为严重，但它不会造成持续的、不可逆转的危害，而更倾向于造成单向的、短期的严重冲击。一旦经济活动逐渐恢复，金融资产价格就会回归常态。

基于对全球经济前景的判断，以及当前金融资产所处的位置，投资者应采取多元化配置策略，以较低风险的固收类资产为主，获得稳健的收益。从国别上看，投资者应增配中国资产。为应对疫情带来的强烈冲击，多国央行快速出台极度宽松的货币政策，无风险利率大幅下降，美国10年期国债收益率降至1%以下，日本、英国、德国、法国等主要发达经济体的10年期国债收益率则在0左右徘徊，利率进一步下降的空间有限，配置价值有所下降，但持有这些发达市场的高等级债券可以保持良好的流动性。中国的情况则与之不同，其10年期国债收益率在2.8%左右，相对处于较高水平，政府的信用、人民币的价值和尚存的货币政策空间使中国国债利率仍有下行空间，以中国国债利率为参考基准的利率债具备较好的配置价值。随着疫情得到进一步的管控，中高等级信用债的配置价值将显著提升。

权益类资产是多元化资产配置的重要组成部分，建议投资者关注受益于政策的新旧基础设施建设行业和生物制药行业。欧美主要股指从最高点到近期最低点的跌幅接近40%，短时间的急剧下挫使得风险得以快速释放，3月底开始快速反弹，距离前期高点仅有10%的空间。考虑到国外疫情尚未出现明确的拐点，投资者不宜对欧美权益市场做过多配置。疫情对中国国内权益市场影响相对较小，一方面是因为国内疫情控制得力，另一方面则是因为主要指数处于相对低位。相较而言，国内权益市场配置价值高于欧美市场。无风险利率继续下行，中国经济韧性较强，建议投资者关注以政策扶持的信息基础设施、融合基础设施和创新基础设施为代表的"新基建"行业，以业绩确定性较强的建筑建材为代表的"旧基建"行业和具备创新研究能力与生产能力的生物制药行业。

大宗商品和另类投资是多元化资产配置的重要补充，一线和二线龙头城市房产仍具备较好的配置价值。大宗商品、另类投资的价格影响因素与固收类、权益类资产不尽相同，它们之间的相关系数并不稳定，因而在资产组合中加入大宗商品和另类投资可以有效降低组合的风险。大宗商品中基本金属价格主要受宏观经济的影响，当前价格从低位缓慢回升，在经济修复的预期下这一趋势将得到延续，但空间有限。虽然近期原油价格大幅回升，但绝对水平仍然很低，低油价并非常态，在突发性影响因素消失后，油价恢复到每桶50~60美元是合理的。黄金的避险作用消退，但全球流动性充裕，黄金价格高位震荡的可能性较大，战略配置价值有限。房地产黄金十年已经过去，房价全面大幅上涨的动力不复存在，但一线和二线龙头城市在产业分布、人口聚集、城市建设等方面的优势对其房产价格起到较强的支撑作用。

第六章

中国银行业全球经营策略

随着全球经济金融一体化的不断深入发展，中国银行业国际化的步伐不断加快，这既是中国经济日益融入全球的必然结果，又是中国银行业实现战略转型及适应国际竞争的内在要求。中国银行业的境外探索迄今已有 90 多年历史。改革开放以来，特别是国有商业银行股份制改革以来，随着中国经济对外开放程度的不断提高，中国银行业加快境外发展，并取得了较大进展。

中国银行业境外发展的主要进展

境外机构数量增长较快

截至 2019 年底，不包括非营业机构（代表处除外）和非金融业机构在内，中国银行业境外机构数量已达 1 200 多家，覆盖全球超过 60 个国家和地区，基本形成了遍布全球各主要国家和地区的服务网络（见表 6.1）。特别是在"一带一路"倡议不断深入推进和企业"走出去"步伐不断加快的背景下，中国银行业的国际化经营能力不断提升。其中，中国银行和中国工商银行作为中国银行业"走出去"的主要力量，其境外机构数占据了中国银行业境外机构总数的绝大部分。

表 6.1　中资银行境外机构情况（截至 2019 年底）

银行	境外机构数（个）	银行	境外机构数（个）
中国工商银行	560	交通银行	68
中国农业银行	22	招商银行	8
中国银行	557	中信银行	4
中国建设银行	33	上海浦东发展银行	3
合计			1 255

资料来源：相关银行年报

　　我们以中国银行和中国工商银行为例，来说明中国银行业境外机构的增长情况。表 6.2 展示了中国银行和中国工商银行 2004 年以来的机构数量变化情况。2004—2010 年，这两大银行境外机构数呈上升态势，但 2011 年有所下降。部分原因在于，2011 年中国银行调整了机构统计口径，非营业机构和非金融业机构不再列入统计范围。2012 年，两大银行境外机构总数重新回到上升轨道。

表 6.2　中国银行和中国工商银行机构数

年份	境外机构数（个）	境内机构数（个）	总数（个）	境外机构数占比
2004	703	32 537	33 240	2.11%
2005	733	29 791	30 524	2.40%
2006	741	27 595	28 336	2.62%
2007	801	26 621	27 422	2.92%
2008	961	26 235	27 196	3.53%
2009	1135	26 220	27 355	4.15%
2010	1187	26 301	27 488	4.32%
2011	825	27 013	27 838	2.96%
2012	996	27 789	28 785	3.46%
2013	949	28 108	29 057	3.27%
2014	966	28 008	28 974	3.33%
2015	1048	28 083	29 131	3.60%
2016	989	27 766	28 756	3.44%
2017	964	27 529	28 493	3.38%
2018	974	27 587	28 561	3.41%
2019	985	27 319	28 304	3.48%

资料来源：中国银行和中国工商银行年报

　　可以看出，2012 年两大银行境外机构数量占比提高至 3.46%，此后占比一直稳定在 3.3%~3.6%。一方面，这主要是由于两大银行境外机构数本身在增长，另一方面是因为其境内机构数有所下降。两大银行境内机构数下降是中国银行业调整内地布局，进行流程整合与机构改革的结果。2004—2009 年，各银行推进机构网点结构调整，撤并了部分经营规模小、无发展潜力的网点。2009 年后，整改工作接近尾声，两大银行在一些有发展潜力的地区又增设了网点，境内机构数开始上升，这也使得此后的境外机构占比增长趋于平稳。

境外并购加速

中国银行业境外机构数量的增长方式包括自设机构和并购两大途径（见表 6.3）。2006 年以前，中国银行业基本上以设立境外分行的方式实现境外扩张。虽然早在 1998 年中国银行业就有了境外收购行为的案例，但那时这基本上属于个案。1998 年，中国工商银行与香港东亚银行共同收购了西敏证券，成立了工商东亚金融控股公司；2000 年，中国工商银行在香港收购了友联银行，成立了工银亚洲。从 2006 年开始，中国银行业的境外并购开始加速。境外并购有助于引入先进的经营理念和模式，避免面临较长的申报周期和更多的监管限制等，逐步成为中资银行国际化经营的重要选择。2006 年，中国银行业完成两例并购大案：中国建设银行全资收购美国银行（亚洲）公司，中国银行收购新加坡飞机租赁有限责任公司。2007 年，国家开发银行收购了英国老牌银行巴克莱银行 3.3%的股份，收购金额高达 22 亿欧元。同年 10 月，中国民生银行收购了美国联合银行部分股权，开创了中国银行业针对美国本土银行的收购第一案。2009—2012 年，中国工商银行又进行了多项境外并购活动，境外机构数量快速增长。与此同时，中国建设银行、中国农业银行、中信银行等也积极加入境外收购的行列，不断扩充自身境外机构的力量。

表 6.3　2006 年以来中国银行业主要的境外并购案例

时间	收购方	被收购方
2006 年 8 月	中国建设银行	收购美国银行在香港的全资子公司美国银行（亚洲）有限公司及其附属公司的 100% 股权
2006 年 12 月	中国银行	收购新加坡飞机租赁有限责任公司 100% 已发行股本
2007 年 1 月	中国工商银行	收购印度尼西亚哈林姆银行 100% 的股份

（续表）

时间	收购方	被收购方
2007 年 7 月	国家开发银行	收购美国巴克莱银行 3.1% 的股份
2007 年 8 月	中国工商银行	收购澳门诚兴银行 79.93% 的股份
2007 年 10 月	中国民生银行	收购美国联合银行 9.9% 的股份
2007 年 10 月	中国工商银行	收购南非标准银行集团 20% 的股份，成为其第一大股东
2007 年 11 月	中国银行（香港）	收购东亚银行 4.94% 的股份
2008 年 6 月	招商银行	收购香港永隆银行 53.12% 的股份
2009 年 1 月	招商银行	收购香港永隆银行剩余 46.88% 的股份
2009 年 8 月	中国建设银行	收购美国国际信贷（香港）有限公司全部股份
2009 年 9 月	中国工商银行	收购美国盘古银行 19.26% 的股份
2010 年 1 月	中国工商银行	收购加拿大东亚银行 70% 发行在外的普通股
2010 年 4 月	中国工商银行	获得泰国 ACL 银行约 97.24% 的已发行股份，成功收购泰国 ACL 银行控股权
2011 年 1 月	中国工商银行	收购美国东亚银行 80% 的股权
2011 年 3 月	中国工商银行	完成了对工银泰国的退市自愿要约收购
2011 年 3 月	中国工商银行	从东亚银行收购工银加拿大额外 10% 股权的权利，对工银加拿大的持股比例由 70% 增至 80%
2012 年 5 月	中国工商银行	收购美国东亚银行 80% 的股权
2012 年 7 月	中国工商银行	完成了对美国东亚银行的收购
2012 年 12 月	中国工商银行	完成对阿根廷标准银行 80% 股权的收购
2012 年 11 月	中国建设银行	完成对美国银行持有的建信租赁 24.9% 的股权收购
2014 年 8 月	中国建设银行	完成对巴西 BIC 银行 72% 的股权收购
2015 年 5 月	中国工商银行	完成对土耳其 Tekstilbank 银行 75.5% 的股权收购
2016 年 10 月	中国建设银行	完成对印度尼西亚温杜银行 60% 的股权收购
2018 年 4 月	中信银行	联合中国烟草总公司下属的双维投资有限公司完成对哈萨克斯坦阿尔金银行 60% 的股权收购，其中中信银行持股 50.1%

资料来源：相关银行年报

境外机构布局优化

中国银行业在增加境外机构数量的同时，也在不断优化。特别是近年来，随着中国银行业境外扩张步伐的加快，境外机构从以往的集中于欧美国际金融中心和亚太地区逐渐向非洲、南美洲、东欧和中东等新兴市场扩展，网点布局更趋优化。近几年，在中国银行业的境外机构布局中，"一带一路"沿线区域成为布局的重点。

以中国银行为例，自 1979 年 6 月 3 日在卢森堡开设中华人民共和国成立后的第一家境外分行后，中国银行在纽约、悉尼、巴黎、东京等地的分行相继开业，境外市场不断扩大。1997 年赞比亚中国银行、布达佩斯代表处开业，1998 年巴西圣保罗代表处开业，2000 年约翰内斯堡分行开业，填补了中国金融机构在非洲、东欧和南美洲的空白。2012 年 7 月 3 日，中国银行在肯尼亚内罗毕设立代表处的申请获得肯尼亚中央银行批准。这是继在赞比亚、南非设立分支机构后，中国银行在非洲大陆设立的第三家常设机构，也是中国金融机构在非洲东部地区设立的第一家常设机构。2012 年 7 月 12 日，中国银行（卢森堡）有限公司斯德哥尔摩分行对外营业，成为中资银行在北欧地区设立的第一家营业机构。2019 年，中国银行孟买分行、中国银行（卢森堡）有限公司雅典分行、中国银行布加勒斯特分行和中国银行布宜诺斯艾利斯分行等机构相继开业，"一带一路"沿线布局进一步完善。截至 2019 年底，中国银行境外机构已覆盖全球超过 60 个国家和地区；具体分布情况如图 6.1 所示。截至 2019 年底，中国银行累计跟进"一带一路"重大项目逾 600 个，对"一带一路"沿线国家提供授信支持超过 1 600 亿美元。

中国工商银行于 1992 年 3 月在境外设立了第一家境外机构——新加坡代表处，随后，1995 年 11 月伦敦代表处开业，这是中国工商银行在欧洲的第一家境外机构。截至 2019 年底，中国工商银行在 48 个国家和地区建立了 428 家分支机构，通过参股标准银行集团间接覆盖非洲 20 个国家，与 143 个国家和地区的 1 445 家境外银行建立了代理行关系，在"一带一路"沿线 21 个国家和地区拥有 129 家分支机构。

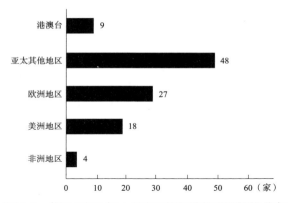

图 6.1　截至 2020 年 4 月中国银行境外主要机构分布

资料来源：中国银行官网

资产规模稳步扩展，服务能力逐步提升

截至 2019 年底，中国银行业境外资产规模超过 14.57 万亿元。随着规模的扩大，中国银行业服务能力和市场开拓能力不断提升，在伦敦、纽约等国际金融中心取得了较好成绩，在港澳等地区已经成为当地的主要银行。表 6.4 是 2019 年底中资银行境外资产数据，可以看到中国银行的境外资产占比较大，约占各行境外总资产的 43.09%；其次是中国工商银行，占比约为 27.25%。

表 6.4　2019 年底中资银行境外资产情况

银行	境外资产规模（百万元）	占比
中国工商银行	3 971 298	27.25%
中国农业银行	419 913	2.88%
中国银行	6 279 672	43.09%
中国建设银行	1 722 884	11.82%
交通银行	1 100 223	7.55%
招商银行	570 267	2.32%
中信银行	338 452	1.16%
上海浦东发展银行	168 994	11.82%
合计	14 571 703	100.00%

资料来源：相关银行年报，其中上海浦东发展银行为 2018 年底数据

我们取五大银行中境外资产排名前四的银行进行分析，以观察其境外资产和境内资产的历年变化情况。表 6.5 是中国银行、中国工商银行、中国建设银行、交通银行自 2006 年以来境外资产和境内资产的数据。可以看到，除中国建设银行在 2007 年、中国银行在 2009 年境外资产略有下降外，其余银行的境外资产基本都呈持续增长态势。整体来看，四大银行的境外资产总和呈现快速上升趋势，从 2006 年的 1.73 万亿元增长到 2019 年的 13.07 万亿元，年均增长 50.42%。

表 6.5　四大银行境外和境内资产情况（万亿元）

境外资产	中国银行	中国工商银行	中国建设银行	交通银行	总和
2006 年	1.29	0.21	0.12	0.11	1.73
2007 年	1.40	0.25	0.10	0.13	1.88
2008 年	1.84	0.27	0.12	0.15	2.38
2009 年	1.76	0.39	0.23	0.20	2.58
2010 年	2.33	0.59	0.27	0.24	3.43
2011 年	2.77	0.93	0.44	0.33	4.48
2012 年	3.14	1.23	0.52	0.40	5.29
2013 年	3.85	1.6	0.73	0.53	6.71
2014 年	4.56	1.92	0.94	0.65	8.07
2015 年	4.83	2.45	1.15	0.64	9.07
2016 年	5.07	3.13	1.67	0.85	10.72
2017 年	5.45	3.38	1.73	0.94	11.5
2018 年	6.21	3.7	1.69	1.01	12.61
2019 年	6.28	3.97	1.72	1.10	13.07
境内资产	中国银行	中国工商银行	中国建设银行	交通银行	总和
2006 年	4.29	10.85	5.33	1.60	22.08
2007 年	4.78	12.18	6.49	1.97	25.43
2008 年	5.58	14.01	7.43	2.53	29.54
2009 年	7.36	16.53	9.39	3.11	36.39
2010 年	8.52	18.40	10.54	3.71	41.17
2011 年	9.61	20.72	11.84	4.28	46.45

（续表）

境内资产	中国银行	中国工商银行	中国建设银行	交通银行	总和
2012 年	10.20	23.20	13.45	4.87	51.72
2013 年	11.93	24.39	19.29	7.83	63.44
2014 年	12.88	25.83	20.52	9.15	68.38
2015 年	14.08	27.11	18.86	8.75	68.8
2016 年	14.4	26.46	23.27	9.89	74.02
2017 年	15.56	30.52	30.21	10.66	86.95
2018 年	16.99	31.58	31.44	10.51	90.52
2019 年	18.0	33.41	33.28	10.64	95.33

注：为统一口径，境外资产均折算为人民币。境内资产及境外资产均未考虑递延所得
　　税资产和抵销。
资料来源：相关银行年报

中国银行业境外资产快速增加的同时，境内业务也在不断加快拓展。
总体来看，各行境外资产在总资产中的占比表现较为平稳（见图 6.2）。
可以看出，中国银行、中国工商银行、中国建设银行、交通银行四大银
行中，中国银行境外资产占比最高，平均为 24.14%，中国工商银行境外
资产占比从 2006 年底的 1.9% 提高至 2019 年底的 13.2%。

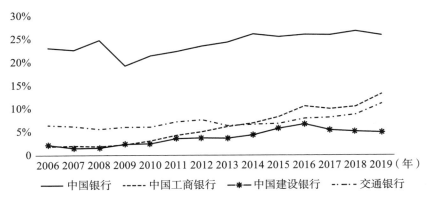

图 6.2　四大银行境外资产占总资产比重情况

资料来源：相关银行年报

近年来，中国农业银行也在逐步探索适合其自身特点的国际化之路。

中国农业银行主要面向"三农"，服务城乡，国际化进程起步较晚。它利用自己熟悉农产品的优势，探索自己的国际化路径。2009 年，中国农业银行计划组建一支全球大宗商品交易团队，帮助客户进行与农产品相关的衍生品交易，协助客户对冲风险并发展该行的贸易融资业务。2012 年 2 月 9 日，中国农业银行的第一家境外子银行——中国农业银行（英国）有限公司在伦敦开业，为农业银行拓展欧洲市场、打造 24 小时全球资金营运平台、建立多币种跨国清算网络提供重要支撑。2012 年 4 月 18 日，中国农业银行与中国进出口银行签署《中国进出口银行与中国农业银行股份有限公司服务"走出去"企业合作协议》，在信贷、结算、贸易融资、清算、现金管理、托管等多个业务领域开展广泛合作，为农产品"走出去"提供多层次、全方位的业务支持。截至 2020 年 11 月，中国农业银行共有香港、新加坡、首尔、纽约、迪拜国际金融中心、东京、法兰克福、悉尼、卢森堡、迪拜、伦敦、澳门、河内共 13 家境外分行及温哥华、台北、圣保罗 3 家境外代表处。

成功应对金融危机，全球地位日益提高

随着中资银行竞争实力的快速提升，特别是成功抵御了 2018 年国际金融危机，其全球影响力显著提升。2019 年，共有 25 家中资银行进入全球 1 000 家大银行，其中中国工商银行、中国建设银行、中国银行和中国农业银行连续两年位列 1 000 家大银行前四名。中国银行、中国工商银行、中国建设银行和中国农业银行全部入选 2018 年全球系统重要性银行。

2007 年，美国次贷危机席卷世界主要金融市场，花旗集团、美林、摩根士丹利、瑞银集团等国际著名金融机构纷纷出现问题，披露巨额亏损。以花旗银行为例，它在英国《银行家》杂志评选的 1 000 家大银行中的排名（按一级资本排序）从 2006 年的第一滑落到 2020 年的第八。花旗银行的税前利润更是一度急剧下跌，2006 年的税前利润高达 294 亿美元，2009 年就亏损了 531 亿美元，跌幅高达 281%。

汇丰银行、瑞穗银行和美洲银行的总资产和一级资本在金融危机前后相对稳定，但税前利润有明显下降。相较而言，中国银行业在金融危机后的表现颇为强劲。中国工商银行的总资产和一级资本排名稳步上升，税前利润从 2006 年的 74 亿美元上升到 2012 年的 491 亿美元，涨幅高达 564%。

欧美银行业在 2008 年国际金融危机中受损严重，不得不经历一轮"去杠杆化"和资产整合的过程。中资银行借助良好的流动性优势和资本优势，开辟更多的市场渠道，并获得丰富的业务资源。在这场国际金融危机中，中国银行业不退反进，原因颇多。其中一个重要原因是中国银行业有充足、安全且质量良好的银行资本。2019 年底，中国工商银行、中国建设银行、中国银行、中国农业银行的一级资本规模达到 86 141.28 亿元，不良贷款拨备覆盖率都在 150% 以上，一级资本充足率在 12% 以上，资本充足率在 15% 以上，从而能够保证中国银行业在国际金融危机中具有良好的抵御能力（见表 6.6）。

表 6.6　2019 年底相关银行基本指标

	税前利润（亿元）	一级资本（亿元）	税前利润／一级资本	资产收益率
中国工商银行	3 917.89	26 575.23	14.74%	1.08%
中国建设银行	3 265.97	22 096.92	14.78%	1.11%
中国银行	2 506.45	18 064.35	13.88%	0.92%
中国农业银行	2 665.76	19 404.78	13.74%	0.90%
	资本充足率	一级资本充足率	拨备覆盖率	不良贷款率
中国工商银行	16.77%	14.27%	199.32%	1.43%
中国建设银行	17.52%	14.68%	227.69%	1.42%
中国银行	15.59%	12.79%	182.86%	1.37%
中国农业银行	16.13%	12.53%	288.75%	1.4%

资料来源：相关银行年报

与国际先进同业的比较

多年来，中国银行业主动把握机遇，积极应对挑战，稳步推进国际化发展，取得了显著的成果，但同时也仍然面临诸多实际困难，与国际先进同业相比仍存在一定的差距。

境外业务规模小，全球化程度较低

境外利润占比偏小

由于发展时间短，与国际先进同业相比，中国银行业境外业务规模仍然较小，全球化程度依然较低，尚无法形成覆盖全球的综合服务体系。2019 全球 1 000 家大银行中，除中资银行外的全球前六大银行平均资产规模为 2.8 万亿美元。以花旗银行为例，其境外收入占比达到 50% 左右。同期中国工商银行、中国银行、中国建设银行、交通银行的平均资产规模为 3.9 万亿美元，境外资产平均规模约为 4 684 亿美元，境外利润平均占比约为 12%。其中，中国银行境外实现利润共计 104.08 亿美元，对集团利润的贡献度最高，但也仅为 28.93%。

从表 6.7 和图 6.3 中可以发现，尽管中国银行的境外利润在总利润中的占比曾在 2005 年一度高达 40.6%，但在除港澳台地区以外的境外其他地区利润占比则仅有 4%。2005—2008 年，中国银行的境内利润快速增长，从 2005 年的约 328 亿元增加到 2008 年的近 794 亿元，年均增长 34.3%。与之相比，境外的利润增长较为缓慢，特别是 2008 年受国际金融危机的影响出现了负增长。2008 年后，中国银行港澳台地区利润逐渐恢复，境外其他地区利润出现了较快增长。2019 年，中国银行境外地区（港澳台除外）利润达 157.65 亿元，但和 1 783.38 亿元的境内利润相比，仍然只是沧海一粟。

表 6.7 中国银行分地区利润表（亿元）

	境内	港澳台	境外（除港澳台外）	境外利润占比	境外（除港澳台外）利润占比
2005 年	327.52	204.5	19.38	40.60%	3.51%
2006 年	426.72	233.95	14.82	36.83%	2.19%
2007 年	596.66	283.16	19.73	33.67%	2.19%
2008 年	793.53	60.07	10.52	8.17%	1.22%
2009 年	860.95	209.36	40.66	22.50%	3.66%
2010 年	1 138.67	247.19	35.59	19.89%	2.50%
2011 年	1 334.21	292.87	66.66	21.23%	3.94%
2012 年	1 524.97	266.96	81.87	18.61%	4.37%
2013 年	1 715.31	324.42	88.00	19.38%	4.14%
2014 年	1 782.85	380.48	151.45	22.98%	6.54%
2015 年	1 768.17	423.76	123.78	23.64%	5.35%
2016 年	1 430.08	690.04	123.86	36.27%	5.52%
2017 年	1 590.67	514.14	151.52	29.50%	6.72%
2018 年	1 622.24	510.04	173.02	29.63%	7.51%
2019 年	1 783.38	568.43	157.65	28.97%	6.29%

资料来源：中国银行年报

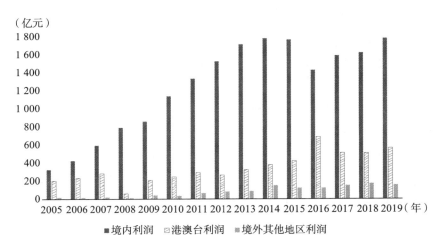

图 6.3 中国银行利润总额分布

资料来源：中国银行年报

境外贷款规模偏低

目前，中国银行业的主要收入来源仍是存贷款息差收入，贷款是中国银行业的重要组成部分。表 6.8 中总结了 2019 年中国农业银行、中国银行、中国建设银行、中国工商银行贷款的地区分布，从中可以看出，除中国银行的境外贷款占比逾 20% 外，其余三大银行的境外贷款占比均不足 10%，中国农业银行仅在 3% 左右。总的来说，中国银行业的境外业务规模依然偏小。

表 6.8　2019 年四大银行贷款分布（百万元）

	境内贷款	境外贷款	合计	境外贷款占比
中国农业银行	12 909 633	404 759	13 329 546	3.15%
中国银行	10 302 408	2 731 781	13 034 189	20.96%
中国建设银行	11 762 984	903 938	15 022 825	6.01%
中国工商银行	15 215 242	1 546 077	16 761 319	9.22%

资料来源：相关银行年报

境外网络布局和客户结构不均衡，全球化结构问题突出

中国各家银行境外机构设立地域比较集中，主要在香港、澳门、新加坡、伦敦、纽约和东京等全球主要国际金融中心、经济体及地区。境外发展基本上是跟随境内客户走，境外客户主要以中资企业、境外华人和华侨为主，普遍较难进入境外主流市场。

境外资产和机构布局不均衡

虽然中国银行业致力于"走出去"，但尚未真正走远，无论从资产还是机构的角度观察，都主要集中在港澳及东南亚地区。从中国的对外贸易情况来看，港澳地区是中国主要的转口贸易基地，实际上中国主要的贸易合作伙伴是欧美发达国家，中国与这些地区的资金来往频繁，但目前中国银行业在欧美市场的投入依然偏低。

以境外机构数位于前列的中国银行和中国工商银行为例，中国银行 2019 年在除港澳台以外的境外地区所拥有的资产仅占总资产的 8.5%，设

立的机构也只占总机构数的 1.11%（见表 6.9）。2019 年，中国工商银行在欧美地区的机构数增加到 230 家，占境外总机构数的比重上升到 54%（见表 6.10）。

表 6.9　2019 年中国银行分支机构和员工地区分布

	资产占比	机构占比	人员占比
境内	74.12%	95.24%	91.82%
港澳台	17.38%	3.65%	6.20%
境外其他地区	8.50%	1.11%	1.98%

资料来源：中国银行年报

表 6.10　2019 年中国工商银行境外资产和机构分布

	资产（百万美元）	税前利润（百万美元）	机构数（个）
港澳	197 279	2105	107
亚太	108 867	1139	90
欧洲	80 926	21	79
美洲	51 836	449	151
非洲	–	–	1

资料来源：中国工商银行年报

境外客户结构单一

中国银行业的境外客户较为单一。从存款业务来看，存款来源主要是当地华人、华侨与中资机构。虽然华人的后代对中资银行有认同感，但是他们有的已融入当地社会，逐渐减少了在中资银行的业务，转向当地银行。虽然近几年也有不少新移民成为中资银行的新客户，但是他们的财富积累有限。中资机构有境外分散化趋势，具有大业务量和较强实力的机构不多。与此同时，中资银行在维护这些境外客户时还要面临与当地银行的竞争。从贷款业务来看，客户也多是当地华人企业以及中资机构，由于客户资信与授信等因素的限制，业务量一直很小，长期以来都是中资银行境外业务发展的瓶颈。

仅仅依靠华人、华侨客户，中资银行在境外很难有长远发展，实现客户的本土化成为中国银行业境外发展的必然出路。然而，这一过程并不容易。银行业的生存基础是客户的信任，但由于文化差异以及中资银行在品牌营销上缺乏经验、在产品开发上不占优势等原因，目前外国居民和企业对中资银行的信任度比较低。如何建立起中资银行在当地的信誉，打开知名度，进而实现客户的本土化，是中资银行境外发展中需要解决的重要问题。

境外员工本土化率仍偏低

中国银行业境外机构的员工中，高层管理人员、部门管理人员、财务人员等都由各总行委派，一般职工多为当地华裔，内部交流语言主要是汉语。虽然近年来这种情况有所改善，部分分支机构总经理已由当地的资深银行职业经理人担任，但是其他人员组成变化不大。员工构成和管理模式不能较快实现本土化，必然制约客户的本土化。

境外产品和服务能力较低，全球服务能力偏弱

中国银行业风险管理的经验和手段不足，境外业务集中于风险较低的传统存贷款、汇兑、结算、清算等业务，且境外业务集约化管理、全球化运作体系正在形成过程中，尚未形成事前金融咨询、事中融资、事后管理支持等一整套的产品体系和服务能力，综合经营服务能力与大型跨国银行集团相比差距较大。中国银行业在境外提供跨境金融服务时，往往局限于一般性的贸易金融业务，如银团保函、海事保函以及跨境贸易人民币结算等，缺乏对当地有针对性的市场需求调研和相应的产品开发。

相反，许多大型国际化银行在境外经营时，通常会为当地市场量身定做合适的金融服务和产品，从而开拓更大的市场。例如，汇丰银行本着"全球金融、地方智慧"的理念，积极顺应当地的金融政策。汇丰银行看到了中国农村金融市场发展的潜力，开始设立汇丰村镇银行以解决当地的简单融资问题。同样，花旗银行也结合中国市场的特点进行业务开拓和创新。花旗银行是首家在中国境内创立贷款公司模式的外资银行，

花旗信贷通过提供抵押贷款及无抵押贷款等，提供更加便捷的服务，满足当地群众未被充分满足的贷款需求。

汇丰银行根据中国发展农村金融的政策导向来定位客户群，并实施走进乡镇的战略。花旗银行积极结合中国客户群创新业务模式，形成独特的网络战略、客户战略、产品战略和股权战略。中资银行在国际化发展过程中，也要结合当地的需求特点，制定更加适合当地的业务发展和经营战略，从而更加有效地提升全球服务能力。

中国银行业境外发展的战略选择

中国银行业加快境外发展的必要性

满足客户经济活动全球化的客观要求

近些年来，中国和世界经济的融合范围越来越广、程度越来越深，越来越多的企业、个人走出国门，走向世界。中国企业主要通过境外投资、承办工程等方式，加快境外发展步伐。2009—2019 年，中国进出口总额、对外承包工程营业额、非金融类对外投资额年均增长率分别达到10.73%、12.25、15.25%，成为全球第一大贸易国、第二大服务贸易国和第二大对外投资国（见图 6.4）。

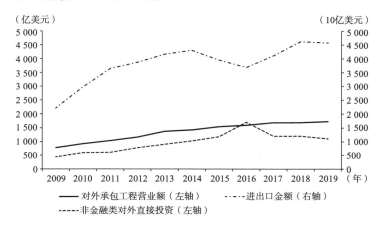

图 6.4　2009—2019 年中国进出口、对外承包工程、非金融类对外直接投资情况

资料来源：Wind

中国个人境外留学、旅游、商务活动等发展迅速。据教育部统计，1978—2018 年，中国各类出国留学人员达到 585.71 万人，2018 年出国留学人员达 66.21 万人。2019 年，中国公民出境旅游达 1.55 亿人次，目的地覆盖近 160 个国家和地区。

客户活动的全球化，需要中资银行提供包括结算服务、融资支持、金融咨询、风险管理、汇兑等在内的跨国金融服务，这对中资银行加快境外发展提出了更高的要求。

开拓全球市场和利用全球资源的必要基础

尽管当前贸易保护主义、单边主义不断抬头，逆全球化问题有所凸显，但经济全球化的大势仍是难以逆转的。任何一家大型银行都需要进行积极合理的全球布局，在全球的整体格局中谋求更好的发展。在国内银行业市场同质化竞争格局依然存在的情况下，全球市场更加广阔，中国银行业需要加快境外发展步伐，充分利用境内与境外两个市场、两种资源，吸引国际一流的人才和技术，提高全球化的资金吸收和运作能力，提供全球化的金融服务，在全球进行资产布局。中国银行业通过参与国际市场的激烈竞争，不断提升经营管理能力、产品研发水平、综合服务能力，反过来也会提升国内的金融服务水平和竞争力。

支持中国"走出去"发展战略的重要内容

"走出去"战略是党中央、国务院根据国际经济形势和中国国民经济发展的内在需要做出的重大决策，是实现中国经济社会长远发展、促进中国与世界各国共同发展的有效途径。中国自"十五"计划以来的三个五年规划均提出要加快"走出去"步伐，"十二五"规划纲要更是明确提出发展中国大型跨国公司和跨国金融机构的要求。特别是 2013 年"一带一路"倡议提出以后，企业"走出去"的步伐进一步加快。"十三五"规划进一步指出要深入推进国际产能和装备制造合作，推动装备、技术、标准、服务"走出去"。在这个进程中，中国银行业应该担当起自己的责任，加快境外发展步伐，积极服务"一带一路"倡议，建立和完善全球服务网络，创新跨境金融服务模式，增强对"走出去"企业和个人的境外服务能力，为"走出去"客户提供全面的金融支持。

中国银行业境外发展的基本原则

整体而言，中国银行业加快境外发展，要抓住时机，本着提前规划、分类指导、稳步推进、风险可控的基本原则，以构建全球金融服务能力、服务中国实体经济"走出去"为目标，加快境外发展的步伐，力争在未来 10 年内搭建一支梯队化发展的银行机构队伍，包括培育 3~5 家全球化服务、多元化经营、具备稳健财务实力和较高国际竞争力的大型银行集团，培育 10~15 家具有区域影响力和跨境金融服务能力的银行机构，以及一批在部分跨境业务领域具有特色服务能力的银行机构。具体而言，可分为以下几个方面。

以服务中国实体经济"走出去"为基本出发点

2008 年国际金融危机使各国政府都深刻认识到，要坚持金融服务实体经济这一重要原则。中国银行业加快境外发展的根本目的，是为了满足中国企业和个人日益增长的境外金融服务需求。因此，中国银行业加快境外发展，必须紧紧围绕"一带一路"倡议等，秉承服务实体经济和跟随客户的原则，以满足"走出去"企业、个人的全球金融服务需求为目标，利用自身资金、渠道、信息、信誉等优势助力中资企业开拓国际市场，促进中资企业的产能出口、工程承包和对外投资。中国银行业要适应中资企业客户全球金融需求变化，积极提升适应企业需求特点的境外产品创新和全球服务能力；还要通过完善服务网络和能力，提供更多适合当地市场和客户需求的金融商品，积极服务境外留学、旅游、商务、探亲等个人客户。

以培育全球一体化的金融服务能力为重要手段

围绕加快境外发展这一目的，各家银行要高度重视培育全球一体化的金融服务能力。所谓全球一体化的金融服务，具体而言，既包括资金融通的全球化，金融产品和服务的综合化、规模化、本地化和专业化，又包括经营管理的全球一体化，即在全球一体化的战略规划统筹下，实现管理理念、管理手段、操作工具的全球化，在客户管理、产品策略、渠道建设、品牌建设、风险管理、人事与财务管理等方面都实现全球一体化的统筹布局。

首先，要建设全球服务能力。中国银行业既要盯住本土市场，又要盯住国际市场，全面加强产品创新，推进跨产品、跨区域、跨渠道的产品组合创新，为客户提供全球化、一体化、综合化的金融服务。

其次，要建设全球管理能力。中国银行业要统筹考虑市场潜力、客户资源、战略导向、产品服务来谋划全球的网络布局，在全球范围内高效地配置资源，提高流动性管理的精细化水平，实现资产与负债、成本与收益、资本与风险的综合平衡，走轻资本、高效益的发展道路。

最后，要建设全球支持能力。中国银行业要建立全球客户经理制、全球产品经理制和全球风险经理制，实现多元化产品组合和跨区域产品的交叉销售。此外，中国银行业要加强全球一体化业务平台和操作平台的建设，推进电子银行服务向全球延伸，实现海内外跨渠道互联互通，为客户提供多产品、多服务、多区域的，统一标准的共享服务。

以打造境外梯队化发展的银行机构队伍为实现方式

中国银行业根据机构的不同发展水平、发展战略，致力于通过 10 年的努力，打造一支包括有全球化服务能力的大型银行集团和提供区域化服务的中小银行的银行机构队伍，服务中国不同层级的企业和个人"走出去"的金融需求。具体而言，可从以下方面着手。

首先，要鼓励有条件、有一定基础的大型银行加快境外发展，力争用 10 年左右的时间培育若干家全球化服务、多元化经营、具备稳健财务实力和较高国际竞争力的大型银行集团。

其次，要创造条件，鼓励已经具备一定能力的大型银行、股份制银行加快在亚太地区发展，逐步形成以贸易金融、人民币业务、资金交易等为主的竞争优势，形成对第一梯队的有力支持。

最后，其他银行业机构要充分重视客户需求，发挥自身特色，在部分周边国家初步建立业务覆盖能力，形成边境贸易金融等特色跨境金融服务能力。

加强和提升管理能力，建立完善境外可持续发展的新模式

中国银行业应根据中国"走出去"客户境外发展的现状和趋势，确定境外布局战略，统筹规划，合理布局，明确责任，完善机制，运用多种举措，加快建设现有网点以巩固市场，加快扩点布网以实现市场深化，加快拓展新市场。

在加快境外发展的过程中，中国银行业要遵循"风险为本"的经营理念，加强和完善风险管理、内部控制建设、财务管理、人力资源管理等各项管理机制和管理水平，建立全面、统一、完善、先进的管理体系；在复杂的经营环境中，坚持速度、规模、质量、效益的协调统一；充分利用境内与境外两个市场、两种资源，在有效支持"走出去"客户的同时，逐步探索和实现当地化运作，走科学发展道路，建立境外可持续发展的新模式。

中国银行业境外发展的战略选择

合理制定境外发展战略

中国银行业国际化发展成功的必要条件之一是有科学合理的国际化发展战略为引导。银行的管理者能否立足现实、着眼长远，制定符合自身发展优势的国际化发展战略，是决定银行国际化成功的关键。

从国际化发展目标来看，近几年银行业国际化的核心已经从过去强调资产规模的扩大向重视盈利、提高效益转变，从单纯强调股东回报最大化向股东回报与社会贡献、客户服务并重转变。从长远来看，中资银行国际化发展的战略目标在于通过为客户提供全球一体化的优质服务，实现盈利增长和竞争优势强化。就当前阶段而言，有意加快国际化发展的中资大型银行应综合考虑长期目标和短期目标，平衡社会效益和经济

效益，在追求短期内资产规模的扩张和单纯的盈利增长的同时，更应该立足长远、谋划全局，通过完善网络布局、提高业务水平和管理能力实现打造全球一体化服务能力的最终目的，构建与客户需求相适应的国际化格局。

银行明确了总体目标后，还应该根据自身业务规模、服务能力、客户需求以及所处的境外发展梯次等具体情况，制定国际化发展的具体内容。在当前阶段，作为中国银行业境外发展主力军的国有大型商业银行的国际化发展战略的主要内容包括但不限于以下内容：以扩大化的"中国概念"为基础，调整和优化全球战略布局思路；在优化全球布局的基础上，建立起为目标客户提供全球一体化服务的全球风险管理体系、全球客户营销体系、全球产品体系、全球管理和技术支持体系；充分通过市场经营提升自己的全球服务能力，实现跨境经营和本土化经营的有机结合，其中特别要关注本土化经营战略的实施。

完善全球战略布局

中国银行业境外发展最先面对的课题是区位的选择，也就是决定目标市场。一般来说，可以将目标市场区分为成熟市场与新兴市场，针对不同目标市场的发展策略有显著不同。欧洲及美国、日本等的金融市场，产业结构和发展模式比较成熟，中国银行业要进入这些市场，势必与本土银行和进入较早的其他大型银行产生竞争。这些国家和地区的金融监管制度较为规范，限制较多，对准入的资质要求较高。而大多数新兴经济体，如东南亚及拉丁美洲国家，经济发展起点较低但发展迅速，金融监管制度不太成熟，对准入的资质要求较低，一般对外国资金流入持较为欢迎的态度。

中资银行在当前国际化发展中大都考虑采取跟随"走出去"客户的模式。但随着中国经济实力和企业竞争能力的不断提升，中国银行业的目标市场范围应该有所扩大，不仅仅包括华人、华侨及其企业密集的地区，也不仅仅包括"走出去"企业聚集的地区，还应该包括与中国有着密切关系的地区，如大宗商品和资源来源地、人民币国际化的主要区域、经济快速增长且规模较大的地区。

中资银行应以中资企业"走出去"聚集且准入门槛相对较低的亚太、拉丁美洲、中东、非洲等新兴市场的重点国家作为境外网络布局的重点区域，同时注重在欧美主要金融市场的战略布局；逐步适应国际经营环境，夯实基础，提升自身竞争实力，谋划全球网络布局。

选择最佳发展模式

中资银行在境外主要有两种发展模式：一是内生增长（又称"有机增长"），即自设机构，自然增长；二是外延增长，即通过并购股权、资产等，实现业务增长。这两种模式各有利弊（见表 6.11 ）。

表 6.11　内生增长与外延增长利弊比较

	有利因素	不利因素
内生增长	·避免整合风险及文化冲突 ·无须尽职调查，无股东冲突问题 ·自我掌控速度，避免并购交易的市场波动带来的决策风险	·准入门槛一般较高，当地监管要求严格 ·与母行协同效应低 ·扩张速度较慢 ·投入成本较高
外延增长	·准入门槛一般较低，视当地银行开放程度而有所不同 ·迅速取得规模效应 ·可同时实现业务多元化与规模化 ·可获取新产品、新业务专长	·整合风险较高：文化 / 股东 / 员工 ·受并购交易市场影响较大，可能支付过高对价

从国际经验来看，内生增长与外延增长两种模式并用、各有侧重是银行业较为普遍的做法。花旗银行采用的是以内生增长为主、外延增长为辅的方法；对汇丰银行、摩根大通而言，外延增长模式发挥了举足轻重的作用。银行通过境外并购可以加快发展速度，但这对银行的跨国管理能力和并购能力要求更高，牵涉到对外部环境的把握、投资持股比例的选择、并购后的整合管理等内容。

中国银行业选择境外发展模式时应充分考虑各国的不同特点、市场特性及当地法规。一般而言，银行机构在境外扩张的初期可优先考虑采取联合、代理、合资及参股等方式，中后期可考虑自设网点或收购当地机构。中资银行如果采取外延模式，应在区域选择上重点关注与中国政治友好、经贸往来比较密切的国家和地区，及资源丰富、发展潜力较大的市场；在行业选择上，应该侧重于比较熟悉的业务领域，审慎尝试资产管理、私人银行、保险、证券、租赁等战略性业务领域，加强风险意识；在规模选择上，建议从中小规模的并购交易开始，逐步积累跨国并购和经营管理经验；在实现控股前，可通过自设分行和参股的形式，先行了解市场。

优化业务战略选择

商业银行业务一般主要划分为个人业务与公司业务。个人业务即针对个人客户提供银行金融服务（如信用卡、支票、储蓄、投资理财、个人信贷等）。公司业务即针对公司客户提供的工商金融服务，分为中小企业客户和企业公司客户，包括贸易融资服务、公司账户管理、现金收付管理、退休基金、信托服务、商业融资、投资基金管理、外汇服务、资本市场服务等。

中国银行业境外业务发展战略也要根据"走出去"公司客户和个人客户的需求和特点来制定。日韩、东南亚等地区与中国一衣带水、文化相近，华人、华侨较为聚集，个人金融需求较为强盛，有发展个人金融业务的空间，公司金融业务和个人金融业务均可作为重点发展。在拉丁美洲、中东、非洲以及欧美等地区，目前来看个人金融业务发展的空间较为狭小，可考虑以公司金融业务为主。在这个过程中，中国银行业要充分借助人民币国际地位和国际接受度不断提升的有利时机，主动创新人民币业务，使之成为中资银行境外竞争的独特优势。

同时，中国银行业要探索综合化经营的道路。目前，大部分中资银行境外机构不仅可从事商业银行业务，而且可以从事全部或部分投资银行业务及其他金融业务。这些持有综合业务牌照的中资银行境外机构要充分利用牌照功能完备的优势，在风险可控的前提下大力发展投资银行、资产管理、私人银行等综合化经营业务，为综合化经营转型提供经验。

探索合理管理模式

纵观国际一流银行境外管理模式的发展历程，区域管理与条线管理两种模式一直并存并发挥着不同的作用：在客户维护和业务拓展方面，条线管理模式具有较好的作用；在监管应对、集中管理等方面，区域管理模式具有一定的优势。

中资银行在境外发展过程中，应根据自身情况，选择适合自己的管理模式。一般而言，可考虑两种模式并存，并在不同时期、不同国家以某一种模式为主。无论采用何种模式，中资银行均应以市场化运作、集约化管理为原则，以服务客户、降低成本、提高效益为目标，发挥规模经济优势。中资银行可依托科技平台的境外推广，逐步实现在资金、清算、国际结算、信用卡等领域的集约化、规模化经营；逐步在全球主要金融中心建立资金交易中心和清算中心，构建24小时全球资金运作与清算网络；探索在适当地区建设境外区域性银行卡中心，集中处理银行卡业务；探索通过设立区域总部和职能中心的方式实现区域整合和集约化经营，使业务信息、客户资源、优势产品、科技平台和研发实力在境内外机构间无边界共享，通过最大限度获取规模经济效应，实现国际化经营的跨越式发展。

实现有效业务联动

中国银行业向境外发展，不是单纯为了"走出去"而"走出去"，而是通过跨境设立机构建立全球服务网络，提升全球服务能力。在这个过程中，实现业务的海内外联动、多业务间的协调联动、集团内部多机构间的联动非常重要。

中资银行在加快境外发展的过程中，最重要的是要发挥集团整体优势，走内外联动道路。中资银行可通过完善全球客户资源共享机制，健全跨境产品研发推广机制，建立联动利润分配机制，优化联动信息交流机制，构建境内外机构一体化的和谐发展机制。

扩大客户基础

银行业向境外发展，评估市场进入策略时，会先考虑拓展的动机。中国银行业在境外的客户常以中资企业为主，因中资企业在境外拓展业务时有强劲的金融服务需求，有本国银行在当地服务会较有亲切感，资金出入与汇兑也较为便利。在个人业务方面可锁定华人为主要客户群，华人时常活动的国家和地区都是境外发展的重点区域。所以，当地中资企业和华人会占境外中资银行一大部分的客户群。另外，中资银行也可锁定投资中国项目的外资企业。以中国银行台北分行为例，它在成立之初就锁定投资大陆地区的台商，以两岸的金融服务为主要业务。此外，中资银行应以渐进式的发展致力本地化经营，以国际企业为发展方向，力争在全球市场占有一定市场份额，建立国际化的金融体系，经营本地市场，使本地客户数量及营业收入均能够逐步增加。

注意风险防控

在当前全球经济不确定性增加的背景下，各国金融监管领域均处于改革和调整中，中资银行境外发展面临的风险范围更大、种类更多、性质更为复杂。中资银行仍存在国际化经验和竞争实力不足的问题，在推进国际化初期，更应该注重三个方面的风险管理。一是国别风险，中资银行应尽量选择在政治稳定、风险较低的国家开展业务。二是信用风险，中资银行在境外开展业务之前应先对当地有彻底的调查，并且拟订一套对公司及个人的征信流程，评估业务风险，确定合理的风险溢价，确保银行取得风险调整后的收益。三是市场风险，作为跨国经营的商业银行，更要高度重视利率、汇率、商品等市场风险要素，注意降低资本市场、货币市场带来的市场风险。此外，中资银行还应该注重经营模式的构筑，在进入境外市场经营时，应充分了解当地资讯和市场走势，入乡随俗地确定自身的经营模式。

强化国际化人力资源管理

人力资源管理是中资银行参与国际市场竞争、实现经营效益稳步增长的最重要资源，是决定其国际化经营能否成功的核心驱动。总结国际一流银行国际化成功的人力资源管理经验，国际化、本土化是两个最重要的因素。

所谓人力资源的国际化管理，包括两层概念：一方面是雇用具有国际视野、跨国经营管理经验和能力的员工，另一方面则指的是对同一分支机构内部不同国家、不同文化背景的员工从跨文化的角度进行管理。国际化管理有助于银行遵守全球通用的国际最佳实践准则，建立全球统一的管理模式和流程，提升人力资源管理的效率和效益；还有助于吸引和留住高素质人才，提高员工队伍素质和服务水平。

本土化是人力资源国际化管理的重要内容，它是指商业银行在境外机构的人力资源管理中，要充分尊重当地的法律法规、当地社会文化和民俗传统，重视当地雇员的作用和利益。

国际化和本土化的人力资源管理是一对对立统一的矛盾。对于中资银行的境外人力资源管理，我们建议要坚持"人才国际化、雇员本土化"的管理思路，具体而言，就是在人员选聘时要重视具有国际化经营管理能力的人才，在人员管理过程中要尊重本土的法律制度和社会风俗。具体主要包括以下两个层面。

一是加强本土人才的国际化培养。首先，要重视在当地选聘国际化人才。中资银行加快境外发展所急需的国际化人才主要有两部分：精通外语、熟悉国际金融业务、了解相关国家和市场运营习惯及法律法规的国际专业人才和具有国际视野与丰富国际金融运营管理经验的国际化管理团队。为了加快当地业务发展，中资银行可通过市场招聘等方式获取市场现有的专业人才和管理团队，"揽天下人才为我所用"，重点是招募具有丰富国际经验、了解当地市场的管理人才。其次，要加强国际化人才队伍的培养。中资银行境外人才队伍的培育机制应从"走出去"和"引进来"两方面入手，在坚持本土选拔雇员的同时，加强现有员工的国际化培养。所谓"走出去"，是指选拔优秀员工，通过培训、轮岗、外派、与境外当地银行业机构合作等方式，促进员工熟悉当地的文化背景和价值观，熟悉国际最佳实践，培养较强的应变能力，具备能够在世界各地高效运作的能力，形成跨文化的管理能力。从当前来看，由于中资银行加快境外发展的目标是逐步适应国际最佳实践，并"学以致用"，因此必须加强人才队伍"走出去"学习的力度，促进自身逐步与世界接轨。所谓"引进来"，就是在境外机构发展到一定阶段后，将境外机构的当地员工引入境内或其他地区，使其进一步了解总行或其他地区的公司文化、规章制度等，通过双向交流形成集团一体化的运作机制。

二是建立健全国际化的人力资源管理机制。与在单一国家进行人力资源管理相比，国际化的人力资源管理虽然同样包括人力资源规划、人员安排、绩效管理、培训发展、薪酬福利、员工关系管理等工作内容，但由于涉及不同的国家，要对不同国籍的员工进行管理和协调，所以更为复杂敏感，难度更大，要求也更高。

首先，人力资源管理工作中会涉及更多的内容，如国家间的税务筹划、国际化的员工安置和导向性培训、跨国派遣工作的管理服务、语言问题等。其次，人力资源管理人员要具备更加广阔的视野，学会和习惯从不同角度考虑问题。以员工普遍关心的薪酬问题为例，既要考虑全球统一规范、依法合规、简约高效，又要关注不同国家经济发展水平和外部环境的差异、同一国家的不同国籍员工的差异，统筹兼顾，形成均衡。最后人力资源管理人员要更多地考虑跨国派遣员工的职业生涯和具体安排。通过对目前中资银行外派员工的调查发现，员工普遍不愿意在境外工作的一个重要原因就是担心回国后失去国内发展的机会。对这一问题，银行应该考虑并建立全球统一的员工职业发展制度，打通集团内部跨国的职业发展通道。

中国银行业境外发展的政策建议

随着经济金融全球化趋势的进一步加速，以及中国银行业的发展壮大，中资银行加快境外发展已成为一个不可逆转的历史潮流。中国的金融机构在跨国经营的能力、经验等方面与发达国家的金融机构相比还有较大差距。因此，中国政府和监管部门应通过政策引导、资金支持、监管扶持等手段支持中资银行"走出去"，加快境外发展。与此同时，中资银行自身也要立足现实，确定符合实际需要的战略定位和发展路径，积极加快境外发展。

制定和完善银行业加快境外发展的国家战略

中国政府和监管部门应深入研究当前中资银行境外发展的现状，顺应金融全球化的发展趋势，完善中资银行境外发展的国家战略，防止中资银行境外无序发展和恶性竞争。在分工上，中国银行保险监督管理委员会（简称银保监会）应牵头，组织国家相关部委参加，对中资银行境外发展进行顶层设计，参照中国积极推动贸易和投资全球化的做法，在国家层面制定银行业"走出去"的战略目标和实施规划，统筹推进。

在战略方向上，中国银行业应将建立全球化经营能力、服务中国实体经济"走出去"为目标，力争在未来 10 年内搭建一支梯队化发展的银行机构队伍，并细化相关标准、实施步骤、保障政策，构建中国银行业金融产品和服务全球一体化、经营管理全球集约化的发展蓝图。政府应根据中资银行境外发展的情况、境外经营能力、发展潜力等因素，把有能力、有意于境外发展的中资银行划分为全球化、区域化和地域特色化等不同类别，分类指导、分类支持。

建立和优化银行业"走出去"战略的政策协调机制

中国应在国家层面构建银行业"走出去"战略的政策协调机制。国家发改委、财政部、商务部、中国人民银行、银保监会、外管局等相关部委参加，有关大型银行列席，建立部际协调会议机制，统筹梳理银行业"走出去"涉及的监管、税收、考核评价、外汇管理等相关制度，提出加快银行业"走出去"的支持政策，推进中国银行"走出去"战略规划的实施。

中国应建立国家层面的风险监控、预警和防范机制。由专门机构负责跟踪各国政治、经济、投资环境和双边关系等情况，评估各国风险状况，控制包括银行业在内的中国企业"走出去"的整体风险。同时，政府应加强本土评级机构建设，提高中国评级机构的整体水平和国际公信力，加强国别风险的主动管理和国际话语权。银行业监管机构要统筹管理银行业境外风险暴露，避免中国银行业"走出去"过度集中。同时，中国要适应形势需要，完善相关法律和配套措施，加强对中国境外投资资产和工作人员的保护。

建立和完善适合中资银行国际化发展的监管体系

中国金融业监管体系已经建立起来，并在促进中资银行境外发展中起到了良好的支持作用。下一步，中国监管机构还应该根据国际银行业监管实践的最新进展和主要国家的监管政策变化情况，进行动态调整，部分监管制度或监管指标还可以从有利于银行机构境外发展的角度予以适当调整。

在宏观监管原则方面，中国的银行业监管机构和货币政策当局的监管体系要紧随国际金融监管新变化，以市场化原则为指导、以防范系统性风险为核心、以扩大中资银行境外内生发展机制为原则，稳妥放宽中资银行境外机构发展的各类限制。

在中观监管制度方面，中国应考虑针对中资银行的境外发展建立相对独立的监管制度，对中资银行境外经营进行独立监管，建立与国际接轨、风险可控的监管体系，为银行提升国际化经营水平创造条件。此外，中国应加强国内金融监管机构的监管协调，减少监管重叠，支持有条件的银行在境外加强综合经营，逐步扩大综合经营的范围和规模，提升境外综合服务水平。

在微观监管指标方面，中国的银行业监管机构应将针对中资银行境外机构的相应监管指标独立出来，制定有别于国内的监管要求，并定期审定，在风险可控的前提下动态调整境外贷款拨备比、资本充足率、外债额度等指标的具体要求，引导和支持中国银行业境外发展。

中国的监管机构应发挥的另一个重要作用就是进一步完善国际监管协调机制，增强中国话语权，协助解决国外法律和监管争端，为中国银行业设置境外机构和拓展业务争取正当利益。

充分利用考核、税收等杠杆引导和支持中资银行境外发展

鉴于当前中资银行大都仍为国有控股，中国可考虑适当修订《金融企业绩效评价办法》，对中资银行的境外业务采取更加务实、积极的考核管理措施，完善银行绩效评价体系。在确保银行业长期稳健发展的前提下，我们应对中资银行境外业务短期指标设置较高的容忍度，积极引导其有序加大境外发展力度。

中国应对中资银行境外发展给予适当的税收扶持。短期来看，鉴于当前中资银行境外业务集中于香港，中央政府可修订内地和香港的税收安排，对中资银行在香港的所得采取免税法；对现行的抵免法进行修改，引入"全球综合抵免"，扩大获得抵免权限的子公司范围；进一步明确中资银行境外经营损失的税前扣除。长期来看，中国应考虑以目前大部分国家使用的免税法取代抵免法，对中资银行境外业务的经营所得予以适当免税。

稳妥利用外汇储备，提升银行业资本水平

2008 年国际金融危机后，国际金融组织和各国金融监管当局不断强化对商业银行的监管标准，《巴塞尔协议 III》也在逐步实施，对商业银行的资本提出了更高的要求，对全球系统重要性金融机构提出了额外的资本要求，这对加快境外发展的中资银行带来了现实和潜在的资本压力。中资银行在资本金补充方面缺乏有效的渠道，资本补充压力较大。当前中国的外汇储备规模依然较高，但投资渠道较为有限，目前 3 万亿美元左右的外汇储备的应用存在着一定的结构性失衡，战略性投资功能发挥不足。有鉴于此，国家可考虑以部分外汇储备注资大型商业银行，专项用于支持其境外发展。这些银行在补充资本实力后，业务增长和市场化筹资能力将得到有效提升，从而可以更好地自行解决后续境外发展问题。国家拥有的外汇储备则通过中资银行的境外发展实现了商业机构的境外投资，不再以国家名义进行境外投资，可以在一定程度上缓解西方社会对中国政府性投资的疑虑。

就具体的注资金额和注资对象而言，相关机构可以通过进一步研究

讨论加以确定。不过，注资金额不宜太少，应通过注资显著提高被注资银行的资本充足率，且足以支持其未来 3~5 年的发展需要。注资对象上，如考虑到中资银行梯次发展的战略目标，可考虑优先选择具备境外发展条件的大型银行。

借助人民币国际化契机，打造中资银行核心竞争力

国际经验表明，一国货币的国际化可以给该国商业银行带来新的市场机遇，有力地推动该国银行业的国际化经营，提升该国的国际金融话语权。未来，人民币跨境使用进程的加快，将给中资银行境外发展带来更多机遇，有助于确立人民币业务竞争优势，提高中资银行的国际竞争力。

首先，人民币国际化要与中国银行业"走出去"形成良性互动，充分发挥中资银行的主渠道作用。人民币的国际化进程及实现路径要考虑中国银行业"走出去"的机构布局，将中资银行布点较为集中、业务规模较大的地区列为人民币国际化优先发展地区，并以此促进当地中资银行机构确立相对优势，形成良性循环。

其次，国家应鼓励中资银行发挥本币业务优势，以人民币跨境业务为基础，逐步打造国际核心竞争力。具体可从以下方面着手：继续支持中资银行人民币境外清算行的地位巩固，扩大其竞争优势；鼓励中资银行境外机构自主创新人民币离岸、在岸投资产品和境外使用渠道，提升市场影响力；鼓励中资银行在新加坡、伦敦、纽约等重要人民币离岸中心通过加大人民币产品交易活动，扩大自身的市场影响力。

最后，国家应积极稳妥推进人民币国际化步伐，助力中资银行加快境外发展。具体而言，一是要深化人民币跨境贸易结算和融资及相关业务，确立中资银行在人民币业务中的竞争优势；二是推进跨境人民币贷款、直接投资业务，鼓励中资银行代理境外企业和金融机构客户从事贷款、直接投资等；三是逐步推进人民币资本项目可自由兑换，提升银行业人民币业务的盈利能力。

加强人才培养和信息系统建设，提升银行业经营管理能力

在体制机制、政策措施等方面，中国要鼓励国际化人才的培育和引入，提升银行业监管和商业银行经营管理的国际水平。具体而言，中国应根据需要持续引进拥有丰富境外工作经验、具备较高跨国经营管理能力的国际性人才，迅速提高国内银行业监管能力和经营管理水平；进一步完善人力资源管理体制的市场化改革，加快完善中资银行在境外的薪酬、考核制度，建立由业绩贡献度决定员工收入的激励机制。

全球发展，科技先行。中国银行业应坚持科技引领、安全高效的原则，建立集中化运作、集约式管理的科技支持体系和信息管理体系，以科技促进创新，以科技提升效率，促进科技运用与经营管理、业务发展相融合，实现客户管理精准化、风险管控系统化、运营保障弹性化、决策支持数据化。

加快形成中国银行业对外开放新格局

对外开放是国家繁荣发展的必由之路。为了更好地提升中国银行业的经营管理水平，中国银行业在加快境外发展步伐的同时，还要打开大门，进一步提高对外开放水平。中资银行要抓住新一轮对外开放的契机，加快完善治理结构，提高产品创新能力。中国的监管部门也要跟上对外开放步伐，始终坚持审慎监管原则，并大力推动实现双边对等的金融开放。

中国银行业新一轮对外开放已开启

扩大对外开放是提升中国银行业经营管理水平、促进银行业竞争和结构优化的必要和迫切之举。引入外国资本、扩大外资银行持股比例，对改善中资银行资本状况、提高中资银行经营管理水平可以发挥积极作用。改革开放以来，中国银行业逐渐向外资金融机构敞开大门，尤其是中国"入世"以来，民营企业、股份制企业纷纷入股金融机构，外资银行对入股中资金融机构也表现出强烈愿望，同时中资银行也有引入境外资本的迫切需求。随后，中国监管机构制定并发布了相关管理办法，提出了单个境外金

融机构向中资金融机构投资入股比例不得超过 20%、多个境外金融机构及被其控制或共同控制的关联方作为发起人或战略投资者投资入股比例合计不得超过 25% 等规定。2004 年，中国银行和中国建设银行率先开始引进境外战略投资者。2004—2009 年成为外资介入中国银行业的高峰期。但 2008 年国际金融危机以及随后的欧债危机爆发后，境外机构的财务状况出现较大困境，同时持股比例上限在一定程度上限制了一些外资股东的战略和财务自主权，叠加其战略布局调整等因素，使得外资入股中国银行业的热情有所减退，并且逐步出现了减持趋势。外资银行资产总额占中国银行业总资产比重从 2007 年的 2.33% 下降至 2016 年的 1.36%，2018 年逐步上升至 1.69%，2019 年又小幅回落至 1.57%（见图 6.5）。

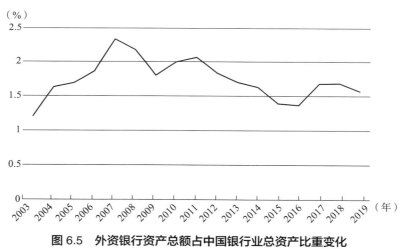

图 6.5　外资银行资产总额占中国银行业总资产比重变化

注：为保持数据的连续性和可比性，外资银行总资产数据取自中国人民银行口径。
资料来源：中国人民银行、银保监会网站

从中国金融业开放的实践来看，银行、证券、保险等行业外资金融机构进入国内市场有利于丰富中国金融体系，提升中国金融业的运行效率和国际竞争力。近年来，外资银行在中国发展情况总体稳健，但在中国银行业市场中的份额有所下降。这一局面不利于促进中国银行业竞争和结构优化。中国在外资机构持股、设立机构和业务范围等方面加大开放力度，已势在必行。

当前，中国已经具备进一步扩大银行业对外开放的条件。一方面，中国扩大金融业对外开放是推动形成全面开放新格局的必然要求。中共十九大报告中明确提出要"推动形成全面开放新格局"，强调"开放带来进步，封闭必然落后"。金融业对外开放要服从且服务于中国对外开放的总体布局。同时，金融业开放还必须与实体经济发展相匹配。中国已经进入高质量发展阶段和建设创新型国家的进程，进一步扩大金融业开放也是经济高质量发展的客观需要。另一方面，中国扩大金融业对外开放水平的条件日渐成熟。当前，中国宏观经济和金融体系运行总体稳定，利率市场化、汇率市场化改革有序推进，为进一步扩大金融业对外开放提供了良好基础与有力支撑。而且，中国银行业自身总体运行稳健，公司治理体系日臻完善。中国的一些大型银行已跻身于全球最大银行之列，具有较强的市场竞争力。积极稳健的金融开放对于促进中国经济发展和金融稳定都具有重要意义。开放本身并不是金融风险的根源。相反，引入先进的管理模式、技术和规则，将有助于提升金融体系的竞争力和稳健性，从而有助于从根本上降低和化解金融风险。

中国新一轮银行业对外开放力度空前

外资银行进入中国已有 100 多年的历史。新中国成立之后，汇丰、渣打、华侨和东亚 4 家银行继续留在上海经营。中国开始实施改革开放后，中国银行业对外开放经历了较快的发展，对外开放的总体格局逐步形成。

近几年来，中国银行业对外开放步伐不断加快，开放力度空前。习近平在 2017 年 7 月召开的全国金融工作会议上指出："要积极稳妥推动金融业对外开放，合理安排开放顺序，加快建立完善有利于保护金融消费者权益、有利于增强金融有序竞争、有利于防范金融风险的机制。"[①] 2018 年 2 月，《中国银监会关于修改〈中国银监会外资银行行政许

---

① 习近平出席全国金融工作会议并发表重要讲话 [EB/OL].（2017-07-15）. http://www.81.cn/jmywyl/2017-07/15/content_7676960.htm.

可事项实施办法〉的决定》发布，通过修改相关规则展现了中国扩大开放、简政放权和加强审慎监管的理念。2018 年 4 月，银保监会发布《关于进一步放宽外资银行市场准入相关事项的通知》，加快落实放开外资银行开展人民币业务、衍生品交易业务等对外开放举措。在 2018 年 4 月召开的博鳌亚洲论坛上，易纲公布了 11 项即将落地的重大金融开放措施，其中有 4 项涉及银行业开放，路线图和时间表日渐清晰。2019 年 5 月，银保监会主席郭树清表示，将推出取消单家中资银行和单家外资银行对中资银行的持股比例上限等 12 条对外开放新举措，通过进一步拓展开放领域，优化开放布局。

此外，上海作为国际金融中心之一，正在积极加快推进落实银行业等金融业对外开放举措。外资金融机构占上海市所有持牌金融机构总数的近 30%，外资银行资产总额占上海银行业总资产的比重达 10% 左右，上海市将成为中国银行业对外开放的试验田，其先行先试将引领新一轮金融业对外开放步入全新阶段。

中资银行在扩大对外开放过程中"机"大于"危"

扩大金融业对外开放对国内金融业发展而言既有有利的一面，又有具挑战性的一面。总体而言，"机"大于"危"。

第一，金融业扩大对外开放有利于改善和提升中国银行业的企业治理水平。中国银行业监督管理委员会（简称银监会）于 2006 年 4 月发布《国有商业银行公司治理及相关监管指引》（以下简称《指引》），旨在对中资银行引进境外战略投资者进行规范。《指引》要求，国有商业银行引进战略投资者时应遵循"长期持股、优化治理、业务合作和竞争回避"4 条原则，并且"战略投资者原则上应当向银行派出董事，同时鼓励有经验的战略投资者派出高级管理人才，直接传播管理经验；战略投资者应当有丰富的金融管理背景，同时要有成熟的金融管理经验、技术和良好的合作意愿"。

从实践来看，大部分境外战略投资者入股中资银行后，都派出了高层人员担任中资银行的董事、副行长、高级顾问等，或直接参与董事会的决策，担任董事会专门委员会的成员，或直接参与经营管理活动。这给中资银行带来了一些先进的治理理念和经验，强化了公司治理的制衡机制，有助于提高董事会的整体决策水平，提升中资银行的管理水平。而且，引进境外战略投资者还在一定程度上提升了中资银行的品牌国际影响力，推进了中资银行上市。

第二，放开外资持股比例限制有助于拓宽中资银行的资本补充渠道，同时为中资银行境外业务发展提供渠道资源。企业的融资渠道包括内源融资和外源融资。随着中国银行业金融机构的快速发展，单纯依靠内源融资已很难满足资金需求，外源融资逐渐成为金融机构获得资金的重要方式。从过去中资金融机构引进境外战略投资者的情况来看，一般主要采取定向增发、股权转让和发起人持股等方式，其中采取定向增发的较多。放开外资持股比例限制后，通过定向增发引进境外战略投资者有望成为中资银行补充资本的重要途径。相关研究显示，21 世纪初以来中资银行引进境外战略投资者的实践，确实显著提高了中资银行的资本充足水平，引资后中资银行的资本充足率与核心资本充足率的均值和中值都提高了 2 个以上百分点。

根据中资银行引入境外战略投资者的实践，潜在的投资者主要有国际知名的银行、保险等金融机构，或是包括主权财富基金、养老基金、股权投资基金在内的各类基金。这些投资者或是自身具备丰富的资源和渠道优势，或是与大型国际金融机构建立了战略合作关系。外资金融机构持股比例的提高有助于加深中资银行与境外投资者的合作，外资金融机构自身或其合作伙伴的资源和渠道可以为我所用。引入外资的中资银行可以借助这些资源实现或加快国际化发展，包括赴境外发债、开展并购、赴 H 股上市、发行股票等。

第三，金融业扩大对外开放有助于改善金融供给的不平衡、不充分问题，提高金融供给质量。当前，境外机构的入股路线逐渐变宽，从大型国有商业银行、金融资产管理公司、股份制商业银行、一线城市商业银行到二线城市商业银行、农村商业银行都很受其青睐。取消外贸持股比例限制后，外资机构的入股选择或更趋向于后者，原因包括两个方面：

一方面，大型国有商业银行和股份制银行体量较大，外资金融机构提高占比和话语权相对困难；另一方面，考虑到更好地满足自身的发展战略和运营管理，经营情况和区域布局较好的城市商业银行和农村商业银行可能成为外资金融机构的重要选择。与此同时，一些城市商业银行、农村商业银行等中小型银行恰恰也是资金募集需求比较强烈的机构。外资金融机构的持股有助于改进此类银行业金融机构的公司治理水平和经营效益，推进其发展壮大，这对解决中国当前金融供给在地域和企业类型上存在的不平衡和不充分问题具有积极作用，有助于更好地支持科技创新型中小企业发展。

银行业对外资开放的大门越开越大还有助于促进竞争，拓展金融服务渠道，改善金融供给的结构和质量。从中国金融业对外开放的实践来看，银行等外资金融机构能够带来更多的新理念、新业态、新模式。比如，中国的第一家村镇银行是汇丰银行设立的，无抵押信用贷款是2006年由渣打银行首次开展的。外资银行在绿色金融、金融科技、风险定价等方面的先进技术和理念将有助于提高中国银行业的产品创新能力和金融服务水平，提高中国银行业的金融供给水平。

第四，金融业扩大对外开放会加剧国内银行业竞争，一定程度上还将增加引资银行的盈利压力。高标准、高水平的对外开放将有助于优化国内银行业经营环境，为外资银行带来更多的业务发展机遇。与此同时，外资银行也将与中资银行在市场份额、优质客户资源以及高端人才等方面展开更为激烈的竞争。值得一提的是，外资银行在现金管理、交易业务和高端客户财富管理等方面具有突出的领先优势。随着外资银行设立机构条件的放松、业务范围的扩大以及监管规则的完善等，中资银行在部分业务领域将受到来自外资机构的冲击。未来一些中小银行或面临被并购的可能，外资股东的加速整合也可能对中资银行造成一定程度的冲击。

引入外资的中资银行也将面临一定的挑战。一方面，外资股权介入或持股比例扩大后，必然要求与其相符的利润回报。实践中，部分银行可能会通过与外资股东签署协议的形式，对外资的回报进行承诺，这就对引资的中资银行的盈利能力形成了一定压力。另一方面，境外资本股权介入的方式主要有转让股份和增发股份等，其中增发股份在实践中应用得较多。如果原股东不能等比例地增加股份，将不可避免地造成将部分利润让渡给外资股东的问题。中资银行的大股东往往是各级政府财政部门或是地方国有企业，对外资让渡利润后，原股东的投资收入就会相应减少。

中资银行要把握机遇、主动出击

中资银行和相关金融机构要抓住新一轮对外开放的契机，提高创新能力，完善治理结构；监管层面要坚持审慎监管原则，并大力推动实现双边对等的金融开放。具体可从以下方面着手。

努力形成中外银行竞争与合作的新格局。中资银行要抓住新一轮对外开放的契机，抢占金融开放的制高点，增大主动选择空间和回旋余地。未来中国市场可望形成一个既有竞争又有合作的新局面。中资金融机构应变压力为动力：一方面加快自身体制机制改革，加快产品创新，努力提供更好的金融服务，适应竞争需要；另一方面在继续保持人民币业务等既有优势业务领域的同时，加强与外资金融机构的交流合作，加快"补短板"，力争在双赢的格局下更好地实现自身的高质量发展，共同推动中国银行业国际竞争力的进一步提升。

实现引资、引智和引制并重。中国引进境外投资者、扩大外资金融机构持股比例的主要目的是实现中资银行的引资、引智和引制。引资是基础，有助于充实中资金融机构的资本金，为其业务扩张打下基础。引智和引制则是内容和核心，有助于优化中资金融机构的业务结构，提高其创新能力，改善风控机制，完善治理结构。在通过引入战略投资者吸引外资入股的过程中，中资金融机构要实现引资、引智和引制并重。同时，中方要尽可能延长合作期限、深化合作，避免引进单纯的财务投资者。通过引入具备先进治理理念和经验的境外金融机构，中资金融机构可以强化公司治理的制衡机制，提升管理水平。中资金融机构要选取具有一定专业性的境外机构，与其开展业务合作、人员培训、专家协助以及技术引进等多维度的引智合作，既积极吸纳又适当改良；要注意约束境外机构，遵守竞争回避原则；在筛选外资金融机构时，还要注意其是否满足非关联性原则，即其原则上不能投资两家以上同质中资银行。特别是中小银行，要引入专业性不同的外资金融机构，实现差异化发展。

抓住机会发展中资财务顾问等业务。财务顾问、债券承销和信用评级等中介服务在中资银行引入外资、筹备上市等过程中发挥着重要作用。未来外资加大对中资金融机构的持股，将为此类业务带来巨大的发展机遇。在此过程中，中资银行要掌握话语权，占据主导地位，积极引荐相关中资机构担任重要角色，促进银行业与相关行业的共同发展。

股份出让公允定价，确保中资控制权。一般而言，外资机构会从中国经济金融发展态势、自身的长期发展战略和业务架构等方面综合考虑，做出较为谨慎的投资行为，预计短期内不会对中资银行的股权结构产生显著影响。但从长期来看，一方面，引资机构对出让的股份要进行公允定价，这既是对原股东利益的保障，也可避免因为定价过低造成国有资产流失；另一方面，出于国家安全和企业发展的考虑，要避免股权过于集中。股权结构作为公司治理体系的产权基础，不仅影响着公司的经营绩效，而且关系到公司面临的风险水平。相对集中、多股制衡的股权结构更有利于企业的稳定发展。因此，为避免股权过于集中，要保持国家对核心中资金融机构的控制权。

提高风险应对能力，坚持审慎监管原则。中国金融业开放速度加快，势必将对国内的金融业造成一定程度的冲击。一方面，金融机构要加快自身体制机制改革，提高风险预警、管控和应对能力。金融机构要深入排查各类金融风险隐患，适时开展压力测试，动态分析可能存在的金融风险触发点，及时锁定，及早预警；对已暴露的风险进行处置时要稳妥有序，加强疏导，避免因处置不当引发新的风险。另一方面，金融监管改革的步伐要跟上金融业开放的步伐，为新形势下金融开放营造良好的发展空间。同时，监管机构要始终坚持审慎监管原则，保证金融体系的稳定，防范系统性金融风险。从国际经验来看，很多国家的金融开放都遵循了从管制到审慎开放的原则。银行业金融机构在中国金融体系中占有重要地位，是国家金融体系的命脉。根据金融业整体风险状况及监管需要，中国在必要时可以适当调整境外金融机构作为发起人或战略投资者的相关条件，以保障国家金融安全和金融利益。

推动实现两个"对等"。中国银行业在积极主动扩大对外开放的过程中，要力争实现两个"对等"。第一，实现内外资一致的银行业股权投资比例规则。中国要通过改善国内的营商环境，优化相关政策法规，使外资金融机构能够享受国民待遇，通过良性竞争促进银行业的繁荣发展。第二，要实现双边的"对等"。在兑现中国扩大金融业市场准入的过程中，中国要借助各类双边对话机制，达成双边金融开放成果，呼吁对方国家或地区放宽其本土的金融业准入条件，使中资金融机构在当地也能享受国民待遇，实现共赢。

第七章

中国金融市场开放

1978 年举行的中共十一届三中全会拉开了中国改革开放的大幕。从"摸着石头过河"的渐进式改革到"以经济建设为中心"的基本路线，中国经济社会发生了天翻地覆的变化。在金融领域，从无到有、从以银行为主体到整个金融体系的构建与完善，中国金融业在几十年的时间里走完了发达国家金融业百年走过的历程，金融开放也取得了举世瞩目的丰硕成果，与实体经济的开放相互促进，体现出鲜明的系统性、整体性、协调性的运行特征。

中国金融市场开放的发展历程与现状

受经济社会发展的总体环境以及金融业改革发展内在规律的影响，中国的金融市场开放进程在不同的历史时期具有不同的特点。

金融市场开放的发展历程

1978—1993 年：起步阶段

1993 年之前，中国金融开放主要包括两个方面的内容：一是资本项目的对外开放，二是银行、证券、保险等金融服务业以及金融市场的对外开放。1978—1993 年是中国改革开放初期，国内众多行业百废待兴，生产力的发展严重滞后于国内经济建设和社会发展的需要。在这一阶段，金融业对外开放的主要目的是将外国金融机构"请进来"，吸收先进的技术与经验，利用外资增加国内就业机会，促进经济恢复与发展。改革开放初期，中国经济社会发展尚处于"短缺"的时代，工业化进程受到外汇资金不足的严重制约。这一时期的金融市场开放的主要目的是扩大外汇储备规模，从而支持国内经济建设。从宏观环境看，为推进对外开放的进程，1980 年之后，中国相继设立了深圳、珠海、汕头、厦门以及海南等经济特区，开辟了大连、秦皇岛、天津、烟台、青岛、连云港、南通、上海、宁波、温州、福州、广州、湛江、北海共14个沿海开放城市。经济特区和沿海开放城市成为早期中国对外开放的主要阵地，改革开放试点为金融开放奠定了有利的外部环境和制度基础。在这一时期，中国金融业对外开放的主要内容包括外汇管理体制改革和引入外资金融机构。

改革开放以来，为适应进出口和规范外汇市场的需要，中国对外汇管理体制进行了多层次的完善和改革。一是设立专门化的外汇管理机构。1979年，国家外汇管理局成立，由中国人民银行归口管理，强化了外汇管理的组织机构保障。二是建立外汇留成制度，取代过去统收统支的外汇分配制度，形成外汇调剂市场。1980年10月，中国银行开始办理外汇调剂业务。三是推动人民币汇率形成机制改革。1981年，中国开始采取"官方汇率＋贸易内部结算价"的双重汇率安排。1985年，中国取消了贸易内部结算价，在外汇留成制度和外汇调剂市场基础上，"官方汇率＋调剂市场汇率"的新的双重汇率模式形成。其中，官方汇率实行有管理的浮动制度，而调剂市场汇率则随市场供求情况调整。随着对外开放的加快和外汇留成比例和资金规模的不断扩大，中国的外汇市场交易格局发生了从以官方交易市场为主向以调剂市场为主的明显变化。1993年，官方市场外汇交易占比仅为15%~20%，外汇市场越来越脱离政府的管控，需要酝酿新的改革。

1979年，中国开始允许外资银行设立代表处，金融业开放从此拉开序幕。1980年，日本输出入银行在北京设立代表处，成为第一家在中国设立代表处的外资银行。1981年，外资金融机构被允许在经济特区设立营业性机构并试点。1982年，南洋商业银行在深圳经济特区开设分行，成为第一家在内地经营的外资银行。1983年，中国出台了《关于侨资、外资金融机构在中国设立常驻代表机构的管理办法》，进一步鼓励、促进、规范了外资金融机构在中国的经营活动。1990年，上海成为除经济特区外率先获准引进营业性外资金融机构的沿海开放城市，并于一年后批准美国花旗银行、美洲银行、英国渣打银行和汇丰银行等8家外资银行在上海设立分行。虽然这一阶段对外开放的措施等主要集中在银行业，但其他行业也有所成就。1982 年 1 月，中国国际信托投资公司在日本东京发行 100 亿日元私募债券，这是中国首次在海外发行债券。1991 年底，中国推出了面向海外法人或自然人的人民币特种股票（简称 B 股）试点，这标志着中国证券业开始对外开放。1992 年，中国人民银行颁布《上海外资保险机构暂行管理办法》，同年美国友邦保险公司上海分公司开业，中国保险业的对外开放也开始起步。在对外开放的起步与探索阶段，中国金融业更多的是"引进来"，为日后更好地"走出去"奠定基础。到 1993 年底，外资金融机构在中国 19 个城市设立了 302 家代表处，集中在北京、上海和广州等地。有 15 个国家和地区的 30 多家金融机构在中国 13 个城市设立了 93 家营业性机构，在中国设立的外资银行营业性机构已经发展到了 76 家，主要经营对外资企业和外国居民的外汇业务，投资总额达到 89 亿美元。

1994—2001 年：扩展阶段

1994—2001 年是中国金融业对外开放的第二个阶段。1993 年，中共中央出台《关于建立社会主义市场经济体制若干问题的决定》，国务院颁布《关于金融体制改革的决定》。1994 年 1 月 1 日，中国取消双重汇率制度，人民币官方汇率与市场汇率并轨，中国开始实行以外汇市场供求为基础的单一的、有管理的浮动汇率制。在这一时期，中国金融业对外开放的顶层设计开始逐步形成和完善。

以 1994 年的外汇管理体制改革为标志，中国金融开放进入加快发展的扩展阶段。1993 年 12 月 28 日，中国人民银行发布《关于进一步改革外汇管理体制的公告》，宣布自 1994 年 1 月 1 日起实施外汇管理体制改革。一是取消各类外汇留成、上缴和额度管理制度，实行外汇收入结汇制和银行售汇制，建立全国统一的银行间外汇交易市场。二是取消双重汇率安排，实现官方汇率与调剂市场汇率并轨；改革盯住汇率制度，实行以市场供求为基础的、单一的、有管理的浮动汇率制度。三是允许经常项目有条件可兑换。1996 年，中国取消经常项目余下的汇兑限制，实现经常项目可兑换。这一举措标志着贸易项开放的基本完成。此轮汇率改革取得了稳定汇率和增加外汇储备的重要成果，对接下来的货币政策、汇率形成机制改革和金融市场开放产生了长远的影响。

从银行业来看，1994 年，中国颁布第一部全面规范外资银行的法规《外资金融机构管理条例》，规定了外资金融机构进入中国的准入门槛和监管标准等内容。其中对于"外资银行总资产不得超过实收资本与储备金之和的 20 倍，且外资金融机构从境内吸收存款不得超过总资产的 40%"的规定，体现了当时中国希望外资金融机构更多地从海外引进资金，而不是从国内吸收，以弥补中国的外汇资金缺口，满足进口与经济建设需求。此后，国务院批准了北京、重庆、石家庄等 11 个内陆中心城市对外资银行开放，进一步放开了地域限制，但是业务范围沿用了 1990 年《上海市外资金融机构、中外合资金融机构管理办法》中的规定，即仍主要限定在外汇业务上，不可以开展人民币业务。

1996 年，中国人民银行发布《上海浦东外资金融机构经营人民币业务试点暂行管理办法》，放开了业务范围限制，外资金融机构经中国人民银行批准可经营存款、贷款、结算、担保、国债和金融债投资等业务。1998—2001 年，中国取消外资银行区域限制，外资银行可在中国任何一个中小城市设立机构，并可以参与银行间拆借市场，银行业对外开放的空间范围和业务范围进一步扩大。截至 2001 年底，中国外资银行经营性机构达 177 家，资产总额达 450 亿美元。

从证券业来看，1995 年 6 月，中国建设银行、摩根士丹利、中国经济技术投资担保有限公司、新加坡政府投资公司、名力集团五方联合成立的中金公司成为国内第一家中外合资的证券公司。1998 年 3 月，国泰基金管理公司成立，这是国内第一家外资参与的基金管理公司。中金公司的成立为中国国有企业获得外国资金提供了巨大的帮助，并且对于中国证券行业的发展起到了一定指导作用。此外，中国证监会于 1995 年加入证监会国际组织，并于 1998 年当选为该组织的执行委员会委员，对规范和促进中国证券市场的发展起到重要作用。

从保险业来看，1992 年，上海保险市场开始对外开放试点。此后，美国友邦保险在上海设立分公司，经营人寿和财产保险业务。1995 年，保险业的开放试点扩大至广州。1992 年至中国"入世"之前，共有来自 12 个国家和地区的 29 家外资保险公司在中国设立营业机构，保费收入从 1992 年的 29.5 万元增至 2001 年的 32.8 亿元。1994 年，中国平安保险引进摩根士丹利与高盛，成为第一家外资入股的保险公司。1996 年，加拿大宏利人寿保险与中国对外贸易信托投资公司合资成立的中宏人寿保险公司，成为第一家中外合资公司。保险业的开放进程以及引进海外资本、先进技术和管理经验的步伐走在了银行和证券业的前面。

2001 年"入世"至 2018 年：提速阶段

以 2001 年"入世"为界，中国的金融开放进入了一个新的发展阶段。2001 年 11 月 10 日，中国"入世"，这是中国完善对外开放格局的里程碑事件。考虑到中国本土金融业的发展阶段和实力状况，经世界贸易组织成员同意，中国可采取循序渐进、逐步开放的方式。对此，中国就银行业、证券业和保险业的对外开放做出了一系列承诺。在"入世"后，中国积极认真履行承诺，不但实现了"入世"时的承诺，而且根据经济发展需求和深化改革开放的需要，积极主动地实施了其他的自主开放措施。在这一时期，中国的金融开放开始从政策初探向制度性调整转变。

中国的外汇管理体制改革不断深入，主要体现在汇率形成机制改革、资本项目可兑换和人民币国际化三个方面。从汇率形成机制改革看，2005 年 7 月 21 日，中国开始实行以市场供求为基础、参考一篮子货币进行调节、有管理的浮动汇率制度。人民币一次性贬值 2.1%，汇率达到 1 美元兑 8.11 元。为配合此次汇率改革的推进，2006 年 1 月 4 日，中国引入做市商制度和询价交易机制。2007 年 5 月 21 日，中国人民银行宣布将人民币兑美元汇率日波动区间从 0.3% 扩大至 0.5%。2010 年 6 月 19 日，中国人民银行宣布进一步加快人民币汇率形成机制改革，增强人民币汇率弹性，采取参考一篮子货币进行调节，以市场供求作为决定汇率的重要指标。2015 年 8 月 11 日，中国人民银行决定完善人民币兑美元中间价报价机制，人民币市场化水平明显提升。从资本项目可兑换和人民币国际化看，中国稳步推进资本项目可兑换，开放重点从直接投资领域扩展至证券投资和其他投资领域。2002 年，中国宣布实行 QFII 制度，允许符合条件的境外机构投资者在核定的投资额度内进入境内资本市场，该举措迈出了中国证券市场对外开放的重要一步。截至 2018 年 5 月，根据公开数据，共有 287 家机构得到 QFII 认证，QFII 基金投资总额度扩大到 3 000 亿美元，其中超过 1 000 亿美元额度已经获得批准。2011 年，中国开始实施 RQFII 试点，允许符合条件的境外机构投资者使用跨境人民币投资境内证券市场。2006 年，中国实施 QDII 制度，允许符合条件的境内银行等机构在核定投资额度内开展海外证券投资，境内资金走出去步伐加快。 2014 年 11 月 17 日，上海证券交易所与香港联交所股票交易互联互通机制——沪港通启动。2016 年，深港通开通，并与沪港通一道取消双向总额度控制，内地与香港股市联通水平进一步提升。2015 年，内地与香港实现基金互认。2017 年 7 月，内地与香港开启债券通，其中北向通于 2017 年 7 月 3 日开始运行。在这些开放举措的推动下，资本项目可兑换和人民币国际化进程取得了实质性的进展。

中国银行、证券、保险业的双向开放均取得显著成效。从银行业看，"入世"以来，中国积极履行银行业开放承诺，修改了一系列相关法律法规。2001 年 12 月 10 日，中国颁布《外资金融机构管理条例》，规定外资银行与内资银行拥有相同的业务范围。自 2001 年 12 月 11 日起，中国取消对外资金融机构外汇业务服务对象的限制，允许上海、深圳的外资金融机构经营人民币业务，允许天津、大连的外资金融机构申请经营人民币业务，外国投资者可以申请设立独自或者合作金融租赁公司，经营金融租赁业务。2006 年，中国出台《外资银行管理条例实施细则》，基本取消了外资进入中国的地域、客户、业务上的非审慎限制，银行业实现了全面的开放。2018 年 4 月，易纲在博鳌亚洲论坛上宣布，取消银行和金融资产管理公司的外资持股比例限制，内外资一视同仁；允许外国银行在中国境内同时设立分行和子行。同时，在 2018 年底前，中国鼓励在信托、金融租赁、汽车金融、货币经纪、消费金融等银行业金融领域引入外资，对商业银行新发起设立的金融资产投资公司和理财公司的外资持股比例不设上限，大幅度扩大外资银行业务范围。在扩大开放过程中，银行业通过引进战略投资者学习借鉴国外先进经验。代表性案例是，2004 年兴业银行引进恒生银行、新加坡政府直接控制的国际金融公司。同时，中资银行在海外加快设立分支机构，推动银行业双向开放，在新的起点上蓬勃发展。2014 年以来，中国相继出台了《外资银行行政许可事项实施办法》《外资银行管理条例》《关于外资银行开展部分业务有关事项的通知》等开放举措，银行业开放扎实有序向前推进。

从证券业看，由于中国"入世"过渡期只有 3 年，2002 年证券业出台了一系列扩大开放的重要政策措施。2002 年 1 月 8 日，证监会出台《证券公司管理办法》，规定境外机构可在境内设立合资公司；同年 6 月，《外资参股证券公司设立规则》和《外资参股基金管理公司设立规则》颁布，对外资参股证券公司和基金公司的条件、程序、业务范围做出明确的规定。过渡期结束后，中国证券业进入自主开放阶段，开放的主要方向是进一步放开合资证券公司股比限制。在《关于建立更紧密经贸关系的安排》（CEPA）框架下，中国进一步加强内地同港澳开放合作，成为证券业扩大开放的重要组成部分。2016 年，申港证券作为内地与香港合资的首家全牌照券商在上海自贸区开业，而恒生前海基金管理有限公司作为首家外资控股的公募基金公司也顺利获批，标志着 CEPA 框架下的证券业开放推进到一个更高的水平。

从保险业看，"入世"以来，中国保险业开放加快推进。保监会于2001 年 12 月颁布、于 2002 年 2 月 1 日正式实施的《外资保险公司管理条例》对外资保险公司设立的条件、业务范围、法律责任等进行了全面的规定。2002 年，《关于修改〈保险公司管理规定〉有关条文的决定》发布，对与世界贸易组织原则和"入世"承诺不符的条款进行清理。2003年 12 月，中国允许外资财产险公司经营除法定保险业务以外的全部非寿险业务；2004 年，中国放开外资非寿险机构在华设立公司形式的限制。2018 年 4 月，易纲宣布，将证券公司、基金管理公司、期货公司、人身险公司的外资持股比例上限放宽至 51%，3 年后不再设限；允许符合条件的外国投资者来华经营保险代理业务和保险公估业务；放开外资保险经纪公司经营范围，与中资机构一致；于 2018 年内全面取消外资保险公司设立前需开设两年代表处的要求。这一系列开放举措标志着中国保险业进入全面开放的新阶段。

2018 年之后：新一轮金融开放

在 2018 年 4 月召开的博鳌亚洲论坛上，习近平宣布，中国决定在扩大开放方面采取一系列重大举措。[①] 易纲随之公布了新一轮金融对外开放的时间表，中国金融业对外开放明显提速。高标准的金融业对外开放是推动形成全面开放新格局的必然要求，为外资机构提供了更大的在华发展机遇，同时也有利于提升中国金融业经营管理水平，推动国内金融供给水平提高与结构优化，但也会进一步加剧金融业竞争态势。中资金融机构要抓住新一轮对外开放的契机，加快完善治理结构，提高产品创新能力；监管也要跟上对外开放步伐，始终坚持审慎监管原则，并大力推动实现双边对等的金融开放。

此后，中国陆续重启在 2015 年因跨境资本流动压力而暂停新批 QDII、RQDII、QDLP（合格境内有限合伙人）等的额度，放开 QFII、RQFII 资金汇出限制，取消本金锁定期要求。截至 2019 年 1 月，RQFII 制度已经从香港拓展到 19 个国家和地区，获批额度达到 6 467 亿元。2019 年 9 月 10 日，外汇管理局决定取消 QFII 和 RQFII 投资额度限制。2019 年 6 月，"沪伦通"通航，上海证券交易所的 A 股上市公司在伦敦证券交易所主板发行上市全球存托凭证，总规模为 3 000 亿元；同期，中日 ETF 互通启动，上海证券交易所和东京证券交易所分别上市以对方市场 ETF 为投资标的的基金，具体由中日两国基金公司分别通过现行 QDII 和 QFII 机制设立跨境基金，并将基金资产投资于对方市场具有代表性的 ETF 产品。

2018 年 5 月，中国还对海外银行卡清算机构和非银行支付机构开放了支付业务的市场准入以及外资金融服务公司开展信用评级业务。2018

---

① 习近平在博鳌亚洲论坛 2018 年年会开幕式上的主旨演讲［EB/OL］.（2018-04-10）. www.xinhuanet.com/politics/2018-04/10/c_1122659873.htm.

年 6 月 28 日，中国发布了《外商投资准入特别管理措施（负面清单）
（2018 年版）》，取消了银行和金融资产管理公司的外资持股比例限制，内
外资一视同仁；将证券公司、基金管理公司、期货公司、人身险公司的
外资持股比例上限放宽到 51%，3 年以后不再设限。同年 8 月 23 日，银
保监会发布《关于废止和修改部分规章的决定》，正式宣告取消外资对中
资银行和金融资产管理公司单一持股不超过 20%、合计持股不超过 25%
的持股比例限制，实施内外资一致的股权投资比例规则。10 月 25 日，银
保监会网站就修改《外资银行管理条例》公开征求意见，进一步放宽外
资银行在华经营的相关限制。11 月 28 日，银保监会发布《外资银行管
理条例实施细则》（修订征求意见稿），多角度聚焦松绑准入和简化监管，
明确了外资银行营业性机构经营代理发行、代理兑付、承销政府债券等
适用原则。

2019 年 7 月 20 日，国务院推出 11 条金融业进一步对外开放的政策
措施，对外开放举措进一步细化。2019 年 9 月，习近平在向第二十届中
国国际投资贸易洽谈会所致的贺信中强调，"中国对外开放的大门只会越
开越大"。① 随着改革开放不断深入，金融领域的开放将会逐步放开，在
当前形势下，中国政府有能力也有信心保障金融系统的安全与稳定，保
障不发生系统性金融风险。此后，瑞银证券有限责任公司、野村东方国
际证券有限公司和摩根大通证券（中国）有限公司三家外资证券经营机
构正式进入中国，获准正式对外开展业务。2019 年，中国宣布将外资
持股比例限制放宽提前。2020 年 3 月 13 日，证监会出台规定，自 2020
年 4 月 1 日起取消证券公司外资股比限制，符合条件的海外投资者可根
据法律法规、证监会有关规定和相关服务指南的要求，依法提交设立证
券公司或变更公司实际控制人的申请。金融业对外开放又迈出实质性的
一步。

---

① 习近平向第二十届中国国际投资贸易洽谈会致贺信 [EB/OL]．（2018-09-08）．www.
xinhuanet.com/politics/leaders/2018-09/08/c_1123398994.htm.

中国金融市场开放成果显著

自改革开放以来，中国金融业对外开放在金融市场双向开放、资本账户开放和人民币国际化等方面取得了丰硕的成果。

金融业双向开放步伐加快

金融开放是指一国通过法律法规等对金融要素跨境流动、金融参与主体在跨境市场准入和活动等方面的管制程度。金融开放应该是一个双向的概念，既包括一国对来自他国或地区的金融要素流动、金融主体活动的管制，也包括一国金融主体和金融要素在他国或地区进行活动所受到的限制。通俗而言，金融开放既包括"引进来"，又包括"走出去"，即双向开放。

中国银行业的双向开放成果显著。改革开放以来，中国银行业双向开放在"引进来"和"走出去"上取得了举世瞩目的成果，具体表现为以下几方面。一是大力引入外资银行业金融机构。截至 2019 年底，共有15 个国家和地区的银行在华设立 41 家外资法人银行，31 个国家和地区的 75 家外国银行在华设立了 114 家分行，另有 44 个国家和地区的 139家银行在华设立了 151 家代表处，外资银行营业机构总数达到 976 家。从"一带一路"沿线国家看，共有 21 个"一带一路"沿线国家和地区的 55 家银行在华设立了 7 家外资法人银行、19 家外资银行分行和 38 家外国银行代表处。从资产总额占比方面看，截至 2019 年底，在华外资银行资产总额为 3.37 万亿元，增长 5.6%，占银行业金融机构总资产比重为1.17%，银行业开放发展的前景仍十分广阔。二是银行业"走出去"稳步推进。仅 2017 年间，就有 5 家中资银行在 13 个国家和地区新设了 13 家一级机构，共有 3 家中资银行在 5 个"一带一路"沿线国家设立了 5 家一级机构，包括 4 家分行和 1 家代表处。截至 2017 年底，共有 23 家中资银行在 65 个国家和地区设立了 238 家一级机构，包括 55 家子行、141家分行、39 家代表处和 3 家合资银行。其中，共有 10 家中资银行在 26个"一带一路"沿线国家设立了 68 家一级机构，包括 17 家子行、40 家分行、10 家代表处和 1 家合资银行。2019 全球银行国际化报告显示，自

"一带一路"倡议提出以来，已有 24 个沿线国家先后设立了中资银行分支共 102 家，未来发展可期。

　　证券业的双向开放力度也有所提升，主要表现在以下三个方面。一是 QFII、RQFII 扎实推进。截至 2018 年底，共有 19 个国家和地区获得 RQFII 投资额度合计 1.94 万亿元，205 家海外机构备案或申请投资额度合计 6 467 亿元。2018 年，RQFII 资金流入总金额 1 388 亿元，流出总金额 1 203 亿元，净流入 185 亿元。2018 年 5 月，经国务院批准，日本获 2 000 亿元 RQFII 额度。二是证券服务领域双向开放积极推进。2017 年 7 月，汇丰银行持股 51% 的汇丰前海证券作为中国境内首家由海外股东控股的证券公司正式成立，标志着中国金融开放力度的进一步加大。截至 2017 年底，中国境内共有 13 家合资证券公司、44 家合资基金管理公司和 2 家合资期货公司；共有 31 家证券公司、24 家基金公司在海外设立或收购了 56 家子公司，20 家期货公司设立 21 家海外子公司，证券服务领域双向开放稳步推进。三是对港澳台开放进一步加强。根据 CEPA 服务贸易协议，内地对港、澳合资机构开放力度进一步提高，批准设立汇丰前海证券（港资控股 51%）、东亚前海证券两家两地合资全牌照证券公司。

　　保险业双向开放也蓬勃发展。首先，中国履行"入世"承诺，扩大开放力度。作为开放时间最早的金融行业，保险业目前已经基本实现全面对外开放，在金融业各子行业中开放力度最大。其次，外资保险机构蓬勃发展。随着保险业全面对外开放的实现，外资保险机构在华加快发展。2004—2018 年，外资产险公司数量从 2004 年的 12 家增加到 2018 年的 22 家，外资寿险公司数量从 2004 年的 19 家增加到 2018 年的 28 家；外资保险公司总资产从 413 亿元增至 11 609 亿元，除 2015 年同比有所下降外，其他年份均稳定实现同比正增长；外资保险公司保费收入每年持续增长，2018 年超过 2 500 亿元，2004—2018 年年复合增长率高达 26.4%。

资本账户开放稳步推进

　　1996 年 12 月 1 日，中国正式接受国际货币基金组织协定第八条款的要求，实现了人民币经常项目可兑换。中国在自由贸易方面的努力极大地推动了中国的对外贸易和资本流动。对外贸易愈益自由和资本流动规模不断扩大对中国的资本管制体系产生了巨大的冲击，提出了进一步开放的客观要求。另外，资本账户开放是人民币成为国际储备货币的前提条件，也是中国跻身国际金融社会的先决条件，而且资本账户开放后能更好地促使中国深化改革，这些因素都促使中国加快了资本账户开放的步伐。

按照国际货币基金组织年报中《成员国汇兑安排及经常和资本交易监管框架概要》的划分，资本项目指标可分为 7 类，细分为 11 大项，共包含 40 项。目前，国际上通常采用以上指标衡量一个国家的资本账户可兑换程度，达到 6 项即可被视为实现资本账户开放。中国近年来一直致力于开放资本项目账户，使人民币资本项目可兑换的进程稳妥、有序，目前已经基本实现了直接投资汇兑环节的可兑换。除此之外，中国还有序地推进证券投资双向开放，大幅简化对外担保管理，逐步构建宏观审慎的外债监管体系。对于上述 40 个子项评估指标，中国已经实现 85%的项目可基本兑换。

随着 QFII、QDII 等举措的不断出台，证券投资项目开放扎实推进。当前，债券类项目已经基本实现可兑换。2015 年以来，中国的银行间债券市场对外开放力度明显增大，而居民海外发行债券的开放程度也基本完成可兑换。QFII、QDII 等不断放开，沪港通、深港通开通，股票类证券项目也已经部分实现可兑换。在 2015 年发布的《内地与香港证券投资基金跨境发行销售资金管理操作指引》以及基金互认等政策的推动下，集体投资类证券项目开放程度明显提升，但投资额度仍然存在一定的限制。衍生品项目风险较高、监管难度较大，开放程度较低，但 2015 年以来开放步伐也明显加快。

对外债权与债务项目实现了部分可兑换。其中，境内机构对外贷款开放程度较高，尤其是境内银行对外贷款基本不受约束。但境内机构借用外债则面临较多约束，并且外资企业比中资企业借外债更为便利。自2015 年开始，在张家港保税区、北京市中关村和深圳前海实行的外债宏观审慎管理试点对此做出重要的努力。

个人交易项目目前实行部分可兑换，在资产转移、礼品捐赠等方面受购汇额度限制，移民类大额财产转移和金融交易仍面临一定约束。综上所述，在资本项目开放的总体进程中，对外债权和债务、直接投资与不动产两个项目的可兑换程度较高，而证券投资、个人交易两个项目的开放程度则有待进一步提升。上述进展表明，近年来中国资本项目可兑换取得了明显的成绩，并且正处于进一步提升的过程中。

人民币国际化成果丰硕

2009 年以来，人民币国际化的进程加快推进，跨境人民币证券投融资稳步开放，人民币熊猫债、点心债发展形势良好，RQFII、RQDII 业务有效开展，沪港通、深港通、债券通和基金互认积极推进，以一系列双边本币互换协议为标志的双边货币合作深化拓展，人民币的应用范围不断扩大。2015 年 11 月 30 日，国际货币基金组织决定将人民币纳入 SDR 货币篮子；2016 年 10 月 1 日，新的 SDR 货币篮子正式生效，各国货币权重进行了新的调整，美元、欧元、人民币、日元、英镑的权重分别为 41.73%、30.93%、10.92%、8.33% 和 8.09%，对应的货币数量分别为 0.582 52、0.386 71、1.017 4、11.900、0.085 946。人民币被纳入 SDR 货币篮子，顺应了国际货币体系发展的客观要求，这成为人民币国际化的重要里程碑。自此之后，部分中央银行将人民币视为储备货币，有力推动了人民币国际化水平的提升。根据中国人民银行《人民币国际化报告（2019年）》公布的数据，2018 年，人民币跨境收付金额合计 15.85 万亿元，同比增长 46.3%，人民币跨境收付占同期本外币跨境收付总金额的比重为 32.6%，创历史新高。人民币已连续 6 年稳居中国第二大跨境收付货币地位。人民币国际支付在全球货币中的排名，在 2011 年底处在第 17 位，到 2018 年底已升至第 5 位，占全球所有货币支付金额的比重为 2.07%。国际货币基金组织公布的数据显示，截至 2019 年第二季度末，官方外汇储备货币构成（COFER）调查报送国持有的人民币储备规模为 2 176.4 亿美元，较一季度末增加 49.5 亿美元，在整体已分配外汇储备中占比 1.97%，创国际货币基金组织自 2016 年 10 月报告人民币储备资产以来最高水平。

2018 年，中国与"一带一路"沿线国家办理人民币跨境收付金额超过 2.07 万亿元，占同期人民币跨境收付总额的 13.1%。截至 2018 年底，中国与 21 个"一带一路"沿线国家签署了本币互换协议，在 8 个"一带一路"沿线国家建立了人民币清算机制安排，有 6 个"一带一路"沿线国家获 RQFII 试点，人民币与 9 个"一带一路"沿线国家货币实现直接交易、与 3 个沿线国家货币实现区域交易。

金融市场开放的中国经验

中国金融市场开放的政策措施

经过 40 年的改革、开放、发展，中国金融业发生了质的飞跃，实现了从弱小到强大的发展。回顾中国金融改革和开放历程，总结其经验和做法，对于指导未来发展具有极其重要的意义和价值。

夯实国内金融基础

改革开放之初，中国的金融机构几乎只有中国人民银行。近年来，中国逐渐建立和发展了与市场经济要求相适应的门类齐全的金融机构，为金融市场的"引进来"和"走出去"夯实基础。

1979 年以后，中国逐渐恢复或成立中国农业银行、中国工商银行、中国建设银行、交通银行等，逐步成立中信实业银行（现称"中信银行"）、招商银行等股份制银行以及大批城市信用社、一批外资银行，1994 年后成立了国家开发银行、中国进出口银行、中国农业发展银行，1996 年起，城市信用社逐渐改组为城市商业银行。农村信用合作社普遍恢复，目前农村银行机构庞大。最近两年，中国新批准设立了 15 家民营银行。截至 2019 年底，银行业金融机构总资产超过 287 万亿元，中国的银行业已经成为全球金融系统重要的组成部分。

中国先后于 1990 年 12 月和 1991 年 6 月分别成立了上海证券交易所、深圳证券交易所，开始了股票交易，后来成立郑州商品交易所（1990 年）、大连商品交易所（1993 年）、上海期货交易所（1995 年）、中国金融期货交易所（2006 年）。2003 年底，全国共有 122 家证券公司，总资产为 4 895.65 亿元，净资产为 1 215.14 亿元；到 2019 年底，全国共有 133 家证券公司，总资产为 7.26 万亿元，净资产为 2.02 万亿元。

1979 年，国务院批准中国人民保险公司恢复国内保险业务。1988 年，公司制的中国平安保险公司在深圳设立，竞争性保险市场逐渐生成。经过 40 年的发展，中国的保险机构从 1979 年的 1 家增加到 2019 年底的 232 家，保险收入从 1979 年的 4.6 亿元增加到 2019 年的 42 645 亿元。除银行、证券、保险机构外，信托公司、资产管理公司、租赁公司、财务公司、金融消费信贷公司、小贷公司、典当行、担保公司等金融机构的发展，也活跃了市场，发挥了市场配置资源和资金的积极作用。

完善金融市场建设

1978 年，中国没有外汇市场、债券回购市场，也没有银行间同业拆借市场，但随着外汇制度和金融制度的改革，金融市场便应运而生。

中国建立和发展了货币市场。1984 年建立的货币市场是商业银行之间人民币资金的相互借贷市场，有中央银行参与。1996 年，全国统一的同业拆借市场交易网络系统正式运行，实现了同业拆借的统一报价、统一交易和统一结算。随着拆借会员的增加，统一的拆借市场利率开始形成。银行间资金拆借规模在 2002 年为 1.21 万亿元，2008 年达到 15 万亿元，2013 年达到 35.5 万亿元，2016 年达到 96 万亿元，2017 年有所下降，但 2018 年回升后达到历史新高 139.3 万亿元。

中国建立和发展了外汇交易市场。改革之前的外汇实行指令性计划分配，不需要外汇市场。后来因为允许企业进行外汇留成，创汇企业不用汇，用汇企业不创汇，供需双方的外汇供求需要建立外汇市场来解决。1980 年，政策规定由中国银行按照非官方汇率价格在企业之间进行外汇调剂买卖；1986 年，中国允许外商投资企业相互调剂外汇；1988 年，全国各省级、副省级地区和城市都成立了外汇调剂中心，建立了区域性外汇交易市场，当时市场调剂的汇率高于官方汇率。1994 年，中国成立了中国外汇交易中心，即银行间外汇交易市场，各地调剂中心相继取消，多重汇率统一为单一汇率。

中国建立和发展了债市。1981 年 7 月，为平衡财政预算，中国开始重新发行国债，1984 年和 1985 年分别开始发行企业债券和金融债券，1987 年 3 月颁布《企业债券管理暂行办法》，1988 年开始国债转让试点，并建立二级市场。债市建立以后，1991 年，一些证券交易所引进国债回购交易方式；1997 年 6 月，商业银行的国债回购交易和现券交易退出沪深交易所，回到银行间债券交易市场。2002 年，银行间债券市场交易量（主要是质押）为 10.2 万亿元，2008 年为 56.4 万亿元，2013 年达到近 152 万亿元，2018 年达到 709 万亿元。

中国建立和发展了证券市场。1983 年，深圳市宝安县联合投资公司向社会公开发行第一张股票。1984 年 11 月，上海飞乐音响股份公司成立，此后各地陆续发行股票。1986 年 8 月，沈阳市信托投资公司开始办理证券交易业务。同年 9 月，中国工商银行上海信托投资公司静安区业务部正式挂牌开展股票交易，此后股票在各地开始交易。1989 年，国务院确定深圳、上海作为股市的试点。沪深交易所的成立，标志着中国证券市场开始形成。但人们思想认识不一致。1992 年初，邓小平就证券市场发表讲话："允许看，但要坚决地试。看对了，搞一两年对了，放开；错了，纠正，关了就是了。"[①] 此后，中央允许全国各地经批准的上市公司股票可以在沪、深两市交易，地方性股市成为全国性市场。为研究证券监督管理问题，编制管理办法，履行监管职能，中国批准成立了国务院证券委和中国证监会。1997 年，中国境内上市公司为 745 家，2018 年达到 3 584 家；1997 年，中国股市总市值和流通市值分别为 1.75 万亿元和 5 204 亿元，2018 年底分别达到 43.50 万亿元和 35.38 万亿元。

推进利率和汇率市场化

利率和汇率的市场化是金融业对外开放的内在要求。改革开放以来，

①　邓小平 . 邓小平文选（第三卷）[M].北京：人民出版社，1993.

中国围绕利率和汇率的市场化改革进行了一系列的制度改革和政策创新，具体表现如下。

有序推进利率市场化建设。中国的利率市场化改革从容易的地方突破，首先放开银行间同业拆借市场利率，实现了拆借利率的完全市场化。从 1986 年起，资金拆借市场迅速发展起来。由于全国各地的资金市场不统一，市场区域分割且不透明，在投资饥渴的需求刺激下，普遍出现乱拆借的现象，拆借利率飙升，拆借期限延长。1990 年 3 月，人民银行对拆借利率实行了上限控制，但并没有抑制住拆借市场的混乱。1993 年，中国人民银行对拆借市场进行了全面整顿，并于 1996 年 1 月启动全国统一的同业拆借市场，拆借业务实现全国联网，由此也形成了统一、透明的中国银行间同业拆借市场利率。由于同业拆借市场是资金批发市场，放开批发市场的利率，不会影响企业的融资成本，因此没有改革部门的阻力，同时还有利于提高资金配置效率。1996 年 6 月，中国人民银行取消了拆借利率上限管理，实现了同业拆借利率的完全市场化。为了建立市场化的短期基准利率形成机制，中国借鉴伦敦、中国香港、新加坡等金融市场的经验，制定了《上海银行间同业拆放利率（Shibor）实施准则》，2007 年 1 月 4 日，Shibor 正式上线运行。同时，中国人民银行逐步放松了对银行存贷款利率的管制。利率管制的放松采取渐进方式，"先外币、后本币，先贷款、后存款"；存款利率管制的放松遵循"先大额、长期，后小额、短期"的原则。近几年，人民币利率市场化改革取得巨大成绩，基本实现了市场化。

推进汇率形成机制改革，实行汇率市场化。为增加外汇和出口创汇，1978—1993 年，中国基本实行固定汇率制度，但同时存在调剂市场和黑市多重价格。1994 年的汇率机制改革取消了多重汇率，实行以市场供求为基础的、单一的、有管理的浮动汇率制度，美元兑换人民币汇率为 1∶8.7，外汇交易市场汇率浮动为每日上下 0.3%，同时取消各地分散的调剂市场，建立了统一市场——上海外汇交易中心。1994—1997 年，人民币兑换美元汇率升值了大约 5%。随着贸易顺差的持续扩大、外汇储备的持续增加，2005 年 7 月，中国再次实行汇率制度改革，改革的主要内容如下：一是让人民币兑换美元汇率一次性升值 2.1%；二是改革汇率定价机制，实行以市场供求为基础的、参考一篮子货币进行调节的、有管理的浮动汇率制度；三是逐步扩大波动幅度。人民币汇率从过去的钉住美元改为参考一篮子货币。自 2015 年 8 月 11 日起，中国人民银行改变人民币汇率报价机制，即做市商在每日银行间外汇市场开盘前，参考上日银行间外汇市场收盘汇率，综合考虑外汇供求情况以及国际主要货币汇率变化，向中国外汇交易中心提供中间价报价。为满足人民币加入 SDR 要求，中国人民银行逐步退出了对汇率的日常干预，更多采取市场化机制调节汇率。

完善金融宏观调控与监管体系

中国明确中国人民银行行使中央银行职能。1978 年，中国人民银行正式脱离财政部，开始履行中央银行的职能。1983 年，《国务院关于中国人民银行专门行使中央银行职能的决定》颁布，明确中国人民银行专门行使中央银行职能，不再兼办工商信贷和储蓄业务，以加强信贷资金的集中管理和综合平衡，更好地为宏观经济决策服务。1995 年，《中华人民共和国中国人民银行法》出台，明确中国人民银行的职能和货币政策目标。1998 年，按照 1997 年全国金融工作会议的部署，中国人民银行管理体制改革，撤销省级分行，设立跨省区分行，同时成立中国人民银行系统党委，对党的关系实行垂直领导，干部垂直管理。2003 年，中国修改了《中华人民共和国中国人民银行法》，将中国人民银行的职能调整为制定和执行货币政策、防范和化解金融风险、维护金融稳定。2018 年 3 月公布的《深化党和国家机构改革方案》明确将拟订银行业、保险业重要法律法规草案和审慎监管基本制度的职责划入中国人民银行。

中国建立起与市场经济体制相适应的金融监管体制。在 1984 年形成的中央银行、专业银行体制下，中国人民银行履行央行职能，也对银行、证券、保险、信托等业务进行集中监管。1992 年 10 月，国务院决定将证券管理职能从中国人民银行分离出来，开始分业经营。1993 年 11 月，国务院决定将期货市场的试点工作交由国务院证券委负责，由中国证监会具体执行。1997 年 8 月，国务院决定，将上海证券交易所、深圳证券交易所统一划归中国证监会监管，同时在上海和深圳两市设立中国证监会证券监管专员办公室；同年 11 月，中央召开全国金融工作会议，决定对全国证券管理体制进行改革，理顺证券监管体制，对地方证券监管部门实行垂直领导，并将原由中国人民银行监管的证券经营机构划归中国证监会统一监管；1998 年 12 月，《证券法》颁布。2003 年，中国人民银行将对银行、金融资产管理公司、信托投资公司及其他存款类金融机构的监管职能分离出来，并和中央金融工委的相关职能进行整合，成立中国银监会，并于 2006 年颁布了《中华人民共和国银行业监督管理法》。"一行三会"的成立标志着中国金融分业监管体制的形成，该体制一直持续到 2017 年底。2018 年，中国银保监会成立，履行市场监管职能。

不断扩大金融开放

金融改革开放的过程，也是推进涉外金融体制改革开放和人民币国际化的过程。在这一过程中，中国实行外汇留成，建立了外汇调剂市场。1980 年，中国建立外汇调剂中心，按照市场价格进行调剂。企业创汇、用汇不都是对应的，需要调剂。1988 年，中国允许各省建立调剂中心，部分地方开办了个人外汇调剂业务，此时调剂外汇价格根据供求自行确定。

中国实行强制结售汇，建立了统一的外汇交易市场。1994 年汇率改革初期，由于外汇短缺和紧张，中国取消外汇留成和上缴、额度管理，实行强制结汇制度、银行售汇制度。企业出口外汇收入和其他途径外汇必须出售给国家。同年，中国取消外汇调剂中心，建立银行间外汇交易中心。商业银行每日参与市场的买卖交易和资金拆借活动。中央银行在银行间外汇市场开立账户。商业银行不需要的外汇由中央银行买入，中央银行通过发行基础货币购买外汇。当市场外汇短缺时，中央银行向市场投放外汇。

中国完善了经常项目可兑换，从强制结售汇转变为可兑换、意愿结售汇制度。1996 年 12 月，中国接受国际货币基金组织协定的第八条款，实行了经常项目可兑换，该项下的用汇及其支付经过银行的真实性审核即可满足，不再有支付数量的限制。自 2002 年 10 月起，中国对企业经常项目外汇账户实行统一的限额管理。自 2007 年起，中国对企业保留的经常项目外汇收入、银行支付信息系统不再实行限额管理。2008 年新修订的《中华人民共和国外汇管理条例》允许境内机构、个人将外汇调回境内或保留在海外账户。2013 年 7 月以后，中国对服务贸易项下国际支付不予限制，服务贸易外汇收入可按规定的条件、期限等调回境内或者存放海外。

中国不断推进资本账户开放。2000 年之前，中国对资本项目资本出入实行严格管理和审批。外汇结汇需要核准，对外支付也需要凭外汇局的核准件到银行办理。2001 年底，中国加入了世界贸易组织，中国政府逐渐兑现有关承诺。2002 年以后，中国逐步放松外汇管制，尤其是 2005 年以后，中国在各个领域全面减少和取消外汇管制。

中国不断扩大金融业对外开放。一是不断推进银行业开放。中国于 1980 年设立了经济特区，1984 年批准开放 14 个沿海城市，外国投资迅速增加，与之有关的外国银行纷纷要求在中国设立分行。允许外资银行在国内设置机构，有利于利用国际金融资本、促进外国投资，有利于引进先进技术和管理经验，有利于扩大国际经济金融合作，也符合中国银行在国外设立分行的对等原则。"入世"后，中国放开了外资银行对全部客户的外汇业务，在 5 年过渡期内分步取消了外资银行开展人民币业务的地域限制和客户对象限制，并主动放开外资银行金融衍生品、托管、代理保险等新业务范围。在履行"入世"承诺的同时，中国还根据经济发展和金融改革的需要，推出了一系列主动开放措施。例如，中国允许合格海外战略投资者投资入股中资银行，参与中国银行业改革；允许外资设立和投资入股各类非银行金融机构，丰富外资经营业态。2017 年，外资银行在华营业性机构总数达到 1 013 个。

二是稳步推进证券市场开放。证券业的开放从允许海外投资者买卖 B 股开始。1990 年，中国在国内建立证券交易所的同时，就开始研究利用股市吸引外资的问题。但在当时的条件下，中国不可能允许资本自由流入流出，也没有足够的外汇储备支撑股市的外汇流出。而且，当时中国股市刚刚建立，允许外资进入的政治风险和经济风险都比较大。在这种背景下，中国决定发行 B 股，只允许海外投资者买卖，既可以解决外汇平衡的问题，又可以防止海外资本流动对中国股市造成冲击。2001 年，中国允许境内居民个人投资 B 股。2002 年 7 月，中国允许外国证券公司来华设立中外合资证券公司。2002 年 10 月，中国允许外资收购并参股上市公司。2003 年 5 月，QFII 业务正式运行，中国允许外资有限度地投资国内 A 股市场，瑞士银行和野村证券株式会社分别获得 8 000 万美元和 500 万美元的投资额度。2006 年，中国降低 QFII 准入门槛，缩短资金锁定期限，允许外国投资者对中国上市公司进行战略性投资。2011 年 12 月，《基金管理公司、证券公司人民币合格境外机构投资者境内证券投资试点办法》出台，允许符合条件的基金公司、证券公司的香港子公司作为试点机构开展 RQFII 业务。RQFII 的推出，增加了人民币回流境内的渠道。2001 年以来，中国外汇储备增长加速，为了减少金融与资本项目顺差，中国逐步推出了 QDII 业务，允许符合条件的境内机构到海外进行证券投资。截至 2019 年底，银行、证券、保险、信托类 QDII 获批海外投资额度达到 1 039 亿美元。2020 年 3 月 13 日，证监会出台规定，自 2020 年 4 月 1 日起取消证券公司外资股比限制，符合条件的海外投资者可根据法律法规、证监会有关规定和相关服务指南的要求，依法提交设立证券公司或变更公司实际控制人的申请，这标志着中国证券市场开放的新阶段，此后中国的证券行业将直面海外的竞争者。

三是积极推进保险业开放。20 世纪 80 年代初，中国开始允许一些外资保险公司在华设立代表处。1992 年，国务院选定上海作为保险业对外开放的试点城市，美国友邦保险公司作为第一家外资保险公司在上海设立分公司；1995 年以后，试点城市逐步扩大至广州、深圳等。自"入世"以来，中国切实履行对金融业的全面开放承诺，保险业方面取消了外资保险经纪公司的外资持股比例限制，扩大合资人身险公司外方股东持股比例，并逐步允许外资非寿险公司经营除法定保险业务以外的全部非寿险业务，允许外资人身险公司经营全面的寿险业务，还取消了外资保险公司就非寿险、个人意外和健康保险有关业务向指定再保险公司分保的要求等。

中国在国际金融组织中的地位提升。1980 年 4 月，中国恢复了在国际货币基金组织的合法席位。1980 年 5 月，世界银行正式决定恢复中国在世界银行、国际开发协会和国际公司的代表权。1984 年 12 月，中国人民银行与国际清算银行正式建立了业务关系。1986 年 3 月，中国正式成为亚洲开发银行的成员。不仅如此，随着在国际金融领域地位和作用的提升，中国还主导设立了多个多边金融机构。2014 年 10 月 24 日，包括中国、印度、新加坡等在内的 21 个首批意向创始成员国的财长和授权代表在北京签约，共同决定成立投资银行。2015 年 12 月 25 日，亚投行正式成立，几年来，亚投行稳健运行，作为多边金融机构发挥越来越大的作用。

防控和化解系统性金融风险

制定正确的宏观战略。首先，中国保持了经济持续稳定、健康增长。改革开放以来，中国的经济增长速度一直稳定在 8% 以上，2010 年以来有所下降，但增长速度仍然在全球主要经济体中保持领先。其次，中国在战略上控制和化解了风险。中国在宏观层面实行银行、证券、保险的分业经营，避免业务交叉带来监管失控的风险；同时发挥制度优势，集中国家财力，由中央银行和财政兜底，对商业银行和农村信用社的不良资产等历史遗留问题进行了资产核销。再次，中国保持了高度开放后的汇率升值和稳定。

实行有效宏观政策，应对外部危机冲击。2008 年，为应对国际金融危机的冲击，防止外部需求急剧萎缩，中国对宏观经济政策做出重大调整，把稳健的财政政策调整为积极的财政政策，把从紧的货币政策调整为适度宽松的货币政策。同时，中国加强风险管理和危机应对，维护金融稳定。中国政府为应对 2008 年国际金融危机所采取的政策措施，出手快、出拳重、措施准、工作实，通过这些有力措施，把外部冲击的影响减少到最低限度。

采取有效措施，化解银行不良资产风险。1997 年亚洲金融危机前后，中国金融业积累的风险集中暴露出来。为此，政府采取一系列措施化解风险。中国发行了特别国债，补充银行资本金。中央银行和财政对商业银行和农村信用社的不良资产等历史遗留问题进行了资产核销，并成立资产管理公司，处置不良资产。1999 年，国家从 4 家国有银行剥离不良资产 13 939 亿元（使商业银行不良贷款下降 9.2 个百分点），并组建成立了 4 家资产管理公司，对不良资产进行追债、转让和出售（包括出售给外资机构）或专业化经营。

治理整顿金融乱象，完善制度以防范风险。比如清理整顿不规范金融行为和机构；建立存款保险制度，防范金融风险；不断规范业务创新，打破刚性兑付。针对 2009 年以后商业银行不断创新金融业务、表外业务急剧扩张、跨界金融业务花样繁杂、各种影响银行的个案风险频发的现象，中国加强监管协调，设立了国务院金融稳定发展委员会，强化了中国人民银行宏观审慎管理和系统性风险防范职责。

不断完善政策和制度，确保股市稳定。2015 年 6 月至 2016 年初，中国股市两次出现"股灾"。政府有关部门采取了多种应急措施，具体如下：宣布暂时停止新股票发行上市；组建国家队救市；监管部门和银行大力支持；控制和限制股票减持；改变新股发行资金冻结制度；股票注册制推迟两年实施。

总的来说，中国金融业改革开放已经完成了很多工作。但改革开放只有进行时，没有完成时，中国金融业的改革开放同样如此。

中国金融市场开放的经验总结

金融开放是中国扩大对外开放的重要一环，也是事关改革发展稳定大局扎实推进的关键一招。中国金融开放的基本经验可以归纳为以下三个方面。

协调有序推进各领域开放

中国金融服务业开放、金融市场开放、人民币汇率形成机制市场化改革、经常项目和资本项目可兑换以及人民币国际化等，都是金融开放的有机组成部分。中国金融开放的重要经验就是将各组成部分作为一个整体，相互策应、统筹推进。中国金融市场的开放，尤其是证券市场的开放，充分考虑到人民币汇率的稳定性和对跨境资本流动的有效管控，避免该领域的"单兵突进"对整个金融体系产生严重影响。同时，中国汇率形成机制改革与资本项目开放始终相互照应，相互协调，避免"不可能三角"中的矛盾激化。在金融开放各部分中，资本项目可兑换涉及面极广，必须统筹谋划、有序推进。中国在推进跨境资本流动方面十分慎重和稳健，有效减轻了 1997 年亚洲金融危机、2008 年国际金融危机对中国金融体系的冲击。亚洲金融危机的爆发，促使国际货币基金组织对资本项目开放政策做出深刻反思，承认资本项目开放的利弊有赖于一国特定的发展环境，并非放之四海而皆准。此后，国际货币基金组织对资本开放持更加谨慎和保守的态度。

由点及面渐进式金融开放

中国金融开放充分利用了改革开放的重大机遇和有利条件。20 世纪 80 年代初以来，经济特区、沿海开放城市和沿海经济开放区、综合配套改革试验区、自由贸易试验区和中国特色自由贸易港等高水平综合开放平台的建立，为金融开放提供了重要载体和制度基础。2003 年以来，内地与香港、澳门《关于建立更紧密经贸关系的安排》成为扩大对外开放尤其是金融开放的重要契机，中国金融开放程度显著提升。回顾中国金融开放历程，一个重要经验是，有效地选择合适的开放窗口、开放平台和开放框架，有序推进由试点地区开放到全国开放、由对港澳等局部区域开放到对全球各国全面开放的渐进式开放进程。这一金融开放模式有力地推动了中国金融体系竞争力稳步提升，促进金融开放水平的有序推进，守住了不发生系统性金融风险的底线。

以金融开放促进经济增长

中国在金融开放的过程中，牢牢把握金融开放服务国家经济社会发展目标这一基本方向。改革开放的每个时期，金融开放的推进都紧扣经济社会发展的主要矛盾和阶段性目标进行谋划。改革开放初期，金融开放主要围绕加大外资利用力度、积累外汇储备配合国家经济建设开展工作。"入世"以来，尤其是 2008 年国际金融危机发生以来，中国经济社会发展的目标和任务发生明显变化，更加注重增强金融业的总体实力和国际竞争力，进一步推动金融服务实体经济，更好地服务"引进来"和"走出去"双向开放进程。这一阶段金融开放的主要目标就是通过开放市场引进国外先进管理经验，提升金融体系竞争力，有序推动人民币国际化进程，扩大金融业双向开放力度。坚持服务经济社会发展总体目标，是确保金融开放始终沿着正确轨道前进的重要经验，有效发挥了金融开放和金融体系竞争力提升对经济社会发展的促进和支撑作用。

新型全球化下的金融开放

随着新兴经济体对全球化的影响正逐步扩大，现行全球化模式已无法完全适应时代发展带来的新变化和新要求。以金砖国家为代表的新兴经济体是当今全球化最重要的贡献者之一，已经成为驱动全球经济前进的引擎，迫切需要新型全球化模式。随着国际政治、经济和金融形势的变化，中国政府再次深化金融业对外开放，金融业对外开放进程明显加速，中国的金融开放进入新的阶段。

新一轮金融开放的特征

易纲表示，金融对外开放将遵循三条原则：准入前国民待遇和负面清单原则；金融业对外开放将与汇率形成机制改革和资本项目可兑换进程相互配合，共同推进；在开放的同时，要重视防范金融风险，要使金融监管能力与金融开放度相匹配。具体的措施主要有以下几个方面。外资准入方面，不再要求合资证券公司境内股东至少有一家是证券公司。持股比例方面，取消银行原有外资单一持股不超过 20%、合计持股不超过 25% 的限制，对内外资一视同仁；将证券公司、基金管理公司、期货公司、人身险公司的外资持股比例上限放宽至 51%，并于 2020 年 4 月取消券商外资持股比例限制。业务范围方面，放开外资保险经纪公司经营范围；不再对合资证券公司业务范围单独设限，内外资保持一致；大幅扩大外资银行业务范围。"管道式"方面，将沪股通、深股通、港股通每日额度扩大 4 倍，分别至 520 亿元、520 亿元、420 亿元。实体经济的开放发展需要金融开放的支持，目前中国经济进入经济转型期，一些劳动密集型企业的生产、加工环节的转移迫切需要更加便捷的资本流动政策的支持。进一步深入推进金融改革开放，助力实体经济升级发展，是推动形成全面开放新格局的必然要求，也是中国的经济结构、产业结构、国际收支周期发展到特定阶段的客观需要。2017 年的全国金融工作会议提出，要扩大金融对外开放，深化人民币汇率形成机制改革，稳步推进人民币国际化，稳步实现资本项目可兑换。中共十九大报告指出，要"大幅度放宽市场准入，扩大服务业对外开放，保护外商投资合法权益"。金融业正是服务业重要的内在组成部分，因此开创金融开放新局面也是中共十九大报告对实现全面对外开放的要求。

作为国民经济的血液，金融业的开放是对外开放总体布局的重要组成部分，必须坚持自主、有序、平等、安全的方针。自主就是要以我为主，把金融开放摆在国家发展全局中考量，服从和服务于发展更高层次的开放型经济。有序就是分清轻重缓急，明确先后次序。平等就是要本着平等互利的原则，通过谈判协商推进与有关国家双向开放，争取最大的国家利益，实现互利共赢。平等不是对等，对外开放很难做到完全对等。安全就是要强化底线思维，把握好金融开放力度和节奏，在扩大开放中提高金融企业竞争力、金融风险防范能力和国家经济金融安全保障水平。结合中国改革开放以来的成功经验和当前中国面临的国内外经济形势，新一轮的金融开放应在坚持服务实体经济、坚持渐进开放路径的基础上，恢复监管政策中性，尊重既定规则下的市场选择和市场结果，并逐步引入新的开放途径拓展金融开放的深度和广度。

新一轮金融开放的主要目标

2018 年以来，中国出台了一系列扩大金融开放的重要举措，更加注重增强金融业的总体实力和国际竞争力，进一步推动金融服务实体经济，更好地服务"引进来"和"走出去"双向开放进程。随着中国"一带一路"倡议的推进和实施，未来的金融开放要在坚持成功经验的基础上，将金融业的改革开放纳入国家战略中进行考量，以确保中国的金融开放始终沿着正确的轨道前进，为促进实体经济增长、提升国家竞争力发挥促进和支撑作用。

积极推进金融业双向开放

改革开放初期，中国的金融开放主要集中在将外资金融"引进来"，将国外的理念、管理和资本为我所用。自 2001 年中国"入世"以来，金融业对外开放进入双向开放的历史时期。中资银行在海外加快设立分支机构，推动银行业双向开放在新的起点上蓬勃发展，中国的银行业国际化不断壮大。据国际金融协会统计，2018 年底中国银行业跨境贷款规模位列全球第八，超过了 6 500 亿美元，较 2010 年增长了超过 5 倍。但中国金融机构在"走出去"的过程中，银行业金融机构存在国际化竞争力不足、海外监管压力较大的现象，而非银行金融机构的国际化尚处于起步阶段。尽管中资银行海外机构的覆盖数量不断增加，但在所覆盖的国家和地区数量、产品和业务等方面距离国际领先的花旗集团、汇丰控股等还有较大差距。随着全球范围内反洗钱、反垄断、反欺诈等合规经营要求的不断升级，中资银行海外合规成本大幅提高。近年来，一些银行的分支机构因反洗钱问题在海外市场受到当地监管部门的罚款或调查。包括美国在内的一些国家虽在外资银行监管规则上强调"公平、开放"，但在实际操作中以安全审查等为由，强化对中国金融机构业务发展的限制。中国的非银行金融机构国际化发展程度远低于银行业。从区域上看，当前中资证券公司的海外业务主要依赖于在香港设立子公司，其他地区的海外业务尚处于开发阶段；从业务范围来看，中资证券公司的海外业务主要以通道业务为主，承销、保荐、并购重组、资产管理等业务占比较低。保险业的国际化呈加速态势，但海外投资标的以地产为主。

在新一轮的金融开放中，中国要从金融业的实际出发。一方面，中国要稳步扩大金融开放，做好金融引进来的工作，落实准入前国民待遇加负面清单制度，进一步调整对外资在银行、证券、保险业的一些规定和做法，在设立形式、股东资质、业务范围、牌照数量等方面给予更大空间，让金融业开放早日见到实效；完善跨境投资制度安排，促进境内外资本市场互联互通，健全合格机构投资者制度；允许更多符合条件的海外机构参与中国境内证券、外汇期货、黄金等市场交易，发行人民币债券。另一方面，中国要积极促进金融机构走出去，着力加强中资金融机构的国际竞争力，引导中资机构明确国际化的特色定位，实现在海外市场的差异化发展，避免通知恶性竞争；注意防范"走出去"机构面临的合规风险和国别风险。

稳步推进人民币国际化

随着经济实力和综合国力的增强，中国在国际经济、金融、贸易事务中的参与度不断提高，人民币国际化是大势所趋。我们要坚持推进人民币国际化的前进方向不动摇，要认识到人民币国际化是一个历史过程，顺应经济社会发展规律，将人民币国际化同中国的改革开放和现代化建设统一起来。在推进人民币国际化的过程中，中国一方面要统筹协调在岸和离岸人民币市场，建设人民币跨境支付系统，在对外合作中注重本币优先，重点扩大周边国家和"一带一路"沿线国家人民币使用，拓展人民币计价结算、投资交易和储备功能；另一方面要稳步推进资本项目可兑换，要找到兼顾国情和国际标准的对接区，有序推进资本账户开放。目前，中国90%以上的资本项目已实现可兑换、基本可兑换和部分可兑换。从中国资本项目开放的路径和国际经验来看，资本项目开放应兼顾稳健与效率，对条件成熟的项目逐步放开，有序实现资本项目可兑换，提高贸易投资便利化程度，推动人民币国际化行稳致远。中国要不断完善宏观审慎政策体系，保留紧急情况下的特定处置手段，把人民币国际化可能带来的风险降到最低。

服务"一带一路"倡议

"一带一路"倡议提出后，习近平对"一带一路"沿线国家的出访以及对"一带一路"沿线国家元首的访问，取得了巨大的成效。"一带一路"国际合作高峰论坛、二十国集团杭州峰会、博鳌亚洲论坛等成为中国与"一带一路"沿线国家高层交往的重要平台。截至 2020 年 11 月，中国已经同 138 个国家和 31 个国际组织签署了 201 份共建"一带一路"合作文件，配套政策文件日趋完善，与更多国家在更广领域达成协同联动合作。中国对"一带一路"沿线国家的贸易和投资总体保持增长态势。2013—2017 年，中国与"一带一路"沿线国家的进出口总额达 69 756.23 亿美元，与相关国家贸易增速高于中国对外整体增速。中国与"一带一路"沿线国家的贸易投资合作不断扩大，形成互利共赢的良好局面。同时，中国和沿线国家一道，在港口、铁路、公路、电力、航空、通信等领域开设了大量合作，有效提升了这些国家的基础设施建设水平，成果超出预期。此外，中国与沿线国家的投融资体系建设不断推进，开发性和政策性金融支持力度持续加大，多双边投融资机制和平台发展迅速，为"一带一路"建设提供了强有力的支撑。未来，随着"一带一路"的继续推进，中国目前的金融体系需要为海外实施的重大项目提供全面的支持，要进行制度设计，既要有"短平快"的融资方式，又要有中长期融资方式。各类项目都要坚持企业为主体、市场化运作，创新投融资模式。对于商业性项目，我们要通过银团贷款和银企"走出去"联合体、共保体等方式，提供多元化金融服务。我们要用好"一带一路"专项贷款，发挥好丝路基金、人民币海外基金和各类双边投资基金作用，带动和吸引民间资本参与"一带一路"项目。对于战略优先项目，我们要事先明确各方责任，积极提供政策性、开发性金融支持，鼓励通过援外优惠贷款、优惠出口买方信贷和出口信用保险等方式提供支持，不断深化与"一带一路"沿线国家的金融合作。

提升国际话语权与影响力

现行全球化模式已无法完全适应时代发展带来的新变化和新要求。新兴经济体对全球化的影响正逐步扩大。金砖国家是当今全球化最重要的贡献者之一，已经成为驱动全球经济前进的引擎，迫切需要新型全球化模式。在新型全球化的背景下，中国的金融业开放应顺应自己在国际经济金融领域的话语权与影响力不断提升的趋势，加强与主要经济体的经济金融政策协调，推动多边监管合作和规则互认，推动中国先进行业标准和监管标准走出去，提高中国在国际金融组织中的地位和作用；推动亚投行、金砖国家新开发银行建成开放、多元、共赢的金融合作平台。

中国资本市场开放的机遇与挑战

中共十九大报告指出，"中国开放的大门不会关闭，只会越开越大"。习近平在博鳌亚洲论坛 2018 年年会上要求，落实开放举措要"宜早不宜迟，宜快不宜慢"[①]。在此背景下，中国金融业有望实现更宽领域、更高水平、更深层次的开放。中国资本市场开放是金融业深化改革开放的重要基础，能够为中国的经济发展和对外开放注入新的活力。在新一轮金融开放背景下，中国的资本市场迎来了难得的历史机遇，同时也将会面临前所未有的挑战。

新一轮金融开放对中国股市的影响

中共第十八届中央委员会第三次全体会议提出，"使市场在资源配置中起决定性作用以及扩大金融业对内对外开放，金融业将与实体经济的市场化改革共同推进"，为中国证券行业的对外开放指明了方向。中共中央政治局委员、中央财经领导小组办公室主任刘鹤在达沃斯世界经济论坛 2018 年年会上指出，中国将继续推动全面对外开放，加强与国际经贸规则对接，大幅度放宽市场准入，扩大服务业特别是金融业对外开放，创造有吸引力的国内投资环境。习近平在博鳌亚洲论坛 2018 年年会上发表了题为"开放共创繁荣，创新引领未来"的主旨演讲，并向世界郑重

---

① 习近平在博鳌亚洲论坛 2018 年年会开幕式发表主旨演讲（实录）[EB/OL].(2018-04-10). www.xinhuanet.com/2018-04-10/c_129847209.htm.

宣布扩大金融业对外开放的若干重大举措。[①] 此番讲话，进一步彰显了中国继续与世界同行、共创世界美好未来的诚意。

经过 20 多年的发展，中国股市已经取得了巨大的进步。但相较英国、美国等成熟的资本市场，中国证券行业主要的交易市场——A 股市场仍然存在市场化程度较低、投资者欠成熟、上市公司违规等问题。因此，进一步加大金融业对外开放，对于中国股市的长期发展将是一个重大利好。

具体来说，一方面，中国金融市场开放程度越高，市场越成熟，外国金融机构对中国股市的信心就相对越高，也更有意愿进入中国的股市。另一方面，对整个股市而言，金融市场的进一步开放会对股市环境、投资者构成、上市公司的治理等起到改善作用。由于起步较早、竞争较为充分，国外的机构投资者相较于国内的投资者更为专业、成熟。随着股市开放，越来越多的国外投资者进入中国的股市后，会挖掘出较优秀的板块和上市公司，这样反过来会推动中国二级市场的完善和企业的发展。扩大中国金融对外开放，不仅有利于缓解目前的中美贸易摩擦，而且有利于缓解中国金融业资金压力，补充资金来源。随着沪港通、深港通、沪伦通的开通，投资者选择合适金融产品的空间逐渐扩大，这同时有利于投资者学习先进资本市场的投资理念。由于国外机构投资者的投资观念更加成熟，国际资金进入 A 股市场，有利于优化国内投资机构，也有助于进一步推动金融市场化改革。这就会促进中国金融市场健康发展、投资者观念不断改进、企业资本结构不断完善和国际资金不断流入的良性循环。根据公开报道，2018 年以来，在证券行业一系列对外开放政策的引导下，外资私募瑞银睿华海外、野村海外、法巴海外三家外资机构在 2018 年 8 月获批"其他私募投资基金管理人"牌照。截至 2018 年 8 月，登记成为其他私募投资基金管理人的外资机构已达 12 家。

同时，扩大金融对外开放也会在短期内造成竞争加剧和资本流动复

[①] 习近平在博鳌亚洲论坛 2018 年年会开幕式发表主旨演讲（实录）[EB/OL].（2018-04-10）. www.xinhuanet.com/2018-04/10/c_129847209.htm.

杂化，给中国股市的监管政策和参与者带来一定的挑战。例如，香港市场相比 A 股，与国际市场更加接轨。对投资者来说，证券市场制度越健全、透明度越高，其影响力就会越大，对投资者的吸引力也越强。随着内地和香港的互联互通额度扩大，当内地股市陷入低迷时，对国内投资者的吸引力下降，可能导致内地资金更多地流入香港。同时，注册金融持牌企业和允许外资对金融持牌企业进行股权投资比例不受限制，会吸引国外优秀的金融企业进入国内市场，导致国内竞争压力加大，这会给国内金融企业带来挑战，在短期内造成这些企业人才流失、业务下降等。因此，股市扩大金融开放会造成中资券商将面临越来越激烈的竞争。

2018 年 3 月，证监会发布了《外商投资证券公司管理办法（征求意见稿）》，4 月底正式发布并实施。同时，作为证券市场重要组成部分的交易所也在行动。自 2018 年 5 月 1 日起，为进一步完善内地与香港股市互联互通机制，中国证监会、香港证券及期货事务监察委员会讨论扩大沪港通、深港通每日额度，将沪股通、深股通每日额度调整为 520 亿元，将港股通每日额度调整为 420 亿元。由于外资券商在定价能力、风控水平、资金实力上具备相对优势，外资券商进入将会加剧创新类业务竞争，从而带动行业供给侧改革。这将倒逼中资券商完善公司治理，优化业务流程，同时，中国证券市场受跨境资金流动的影响也会越来越明显，波动性可能会加强，需加强防范由此带来的风险。

人民币国际化背景下中国债市开放前景

2018 年 3 月 23 日，彭博宣布将人民币计价的中国国债和政策性银行债券纳入彭博巴克莱全球综合指数。彭博有限合伙企业董事长高逸雅在参加"中国发展高层论坛 2018"经济峰会时表示："这个决定是水到渠成之举，承载着全球投资者的期待，也表明了我们对中国为加强持续努力便利国际投资者参与中国债市的认可。"

中国债券纳入指数从 2019 年 4 月开始，全球三大债券指数彭博巴克莱全球综合指数、富时罗素全球政府债券指数和摩根大通已经完成在岸人民币债券的纳入。在此之前，中国人民银行和财政部需完善数项计划中的配套措施。完全纳入全球综合指数后，人民币计价的中国债券将成为继美元、欧元、日元之后的第四大计价货币债券。把中国的债券加入彭博巴克莱全球综合指数当中，反映出越来越多的投资者对中国市场有兴趣，体现全球投资者对中国市场的认可。随着新一轮金融开放的深入推进，中国债市开放将成为中国对外开放和人民币国际化过程中的重要助力。

中国债市开放助力夯实人民币国际化基础

人民币国际支付在全球货币中的排名在 2011 年底处在第 17 位，到 2018 年 8 月已升至第 5 位。人民币国际支付在全球市场份额中的比重在 2011 年时为 0.29%，2015 年 8 月达到峰值 2.79%，2018 年小幅下降至 1.89%，总体保持平稳。从货币国际化看，扩大人民币的跨境使用，其关键在于从结算货币迈向投资货币、储备货币，而债市是人民币迈向投资、储备货币的重要载体。债券既是稳健的投融资品种，又是良好的价值储藏品种。从投融资角度看，债市开放可以为国际投资者提供丰富的人民币产品，为国际筹资者提供便捷的人民币资金来源，这将有助于提升人民币的吸引力。从扩大人民币跨境使用角度看，债券与股票虽同属资本市场工具，但股票只能由公司法人发行，债券既可由公司法人发行，也可由公共部门（如政府类机构、超主权机构）发行，且结构多元，期限灵活，信用层次丰富，创新活跃。因此，债市可以为海外投资者提供多层次选择，更好地满足其差异化的"风险-收益"偏好。从国际市场实践角度看，对于一种货币的大规模需求主要体现为对该货币计价的固定收益产品的需求。此外，政府类机构、超主权机构等发行的债券可以为金融市场提供定价基准。

从价值储藏角度看，即一国外汇储备通常以政府债券的形式持有，即各国外汇储备通常投资于储备货币发行国的债市。以中国为例，截至 2019 年底，中国持有美国国债 1.08 万亿美元，占外汇储备的比例达到 34.6%。根据中国人民银行发布的《2019 年人民币国际化报告》，截至 2018 年第四季度末，人民币储备规模达 2 027.9 亿美元，占标明币种构成外汇储备总额的 1.89%，排名超过澳大利亚元的 1.62% 和加拿大元的 1.84%，居第 6 位，这是国际货币基金组织自 2016 年开始公布人民币储备资产以来的最高水平。据不完全统计，目前全球已有 60 多个央行或货币当局将人民币纳入外汇储备。自 2017 年以来，欧洲央行、德国央行、法国央行等也相继将人民币纳入储备。从国际货币基金组织外汇储备币种结构看，近年来，人民币在国际外汇储备中的规模持续上升。从防范系统性金融风险的角度看，深化、成熟、开放的债市是货币国际化的缓冲器，可以缓冲海外对人民币资产需求上升带来的对本国经济金融体系的冲击，从而为货币国际化创造稳定的外部环境。因此，基于风险防范的考虑，以债市开放的形式助力人民币国际化符合当前国际国内宏观金融环境。

新一轮开放为中国债市开放提供重要动力

"一带一路"倡议的实施为债市开放提供契机。随着中国债市国际化程度不断提高，中国债市的投融资功能不断增强，并为国际市场提供一个可信赖的货币选择。

在国际债券与票据中，人民币发行债券所占比重仅为 0.83%。尽管人民币国际债券与票据在全球市场中所占比重较低，但人民币国际债券与票据增长较快。截至 2018 年 3 月，人民币国际债券与票据余额为 2 028.9 亿美元，较 2017 年同期规模增长 26.4%，较 2008 年底规模增长超过 10 倍。人民币国际债券与票据发行额随着国际市场环境的变化，总体呈波动上升趋势。

从海外机构的境内债券投资来看，2005 年 5 月，泛亚债券指数基金进入银行间债券市场，成为中国债市引入的第一家海外机构投资者。海外投资者可以通过 QFII 计划、RQFII 计划、银行间债券市场计划和债券通渠道进入国内债市。2017 年 3 月，彭博公司发布"全球综合＋中国指数"和"新兴市场本地货币政府债券＋中国指数"，成为全球首家将中国债券纳入其全球指数的指数提供商。此后，中国债市又先后被纳入花旗银行新兴市场和区域性政府债券指数、彭博巴克莱全球综合指数。截至 2018 年底，超过 600 余家海外机构获准进入银行间债券市场，数量同比增长了约 50%。从投资额度看，海外中长期机构投资者投资银行间市场的限额已取消，QFII 和 RQFII 投资额度呈明显上升趋势。从实际债券投资规模看，海外机构持有的境内人民币债券余额大幅增加，截至 2018 年底超过 4 000 亿美元。根据国家外汇管理局公布的《中国国际投资头寸表》，截至 2018 年底，中国海外债券资产投资规模达到 2 279 亿美元。

随着新一轮金融开放的深入推进和中国在国际金融市场中的地位提升，人民币国际债券发展前景广阔，可望成为重要的融资货币选择，为全球流动性提供补充，尤其是在美元加息、全球流动性紧张的背景下，更是如此。未来人民币国际债券将取得快速发展，为全球投资、融资提供重要选择；人民币债券市场容量有望加大，未来 5~10 年人民币外汇储备可望达到 10% 左右。

人民币国际化要求中国债市扩大开放水平

随着人民币国际化推进，债市将成为海外投资人进行人民币资产配置、海外发行人开展人民币融资的重要场所。债市的对外开放有利于为人民币顺畅的跨境流通提供渠道，为人民币成为储备货币提供必要条件，进而夯实人民币国际化的基础。但从现实情况看，尽管过去三年来中国债市开放速度较快，但其对外开放程度仍然较低，对人民币国际化的支持作用仍有待进一步发挥。熊猫债在银行间债券市场规模中占比不到 0.2%，中国国债的海外机构持有占比仅为 8%，距离美国（超过 35%）的开放程度相差甚远，相较日本（11%）也有差距。为推动人民币国际化、实现以对外开放促进深化改革的目标，中国债市需要进一步开放。事实上，当前中国债市开放面临诸多机遇。首先，中国拥有全球第三大债市，规模近 100 万亿元，产品种类丰富，为对外开放夯实了基础。其次，随着人民币国际地位的提升，全球对于人民币资产的需求呈上升趋势。最后，"一带一路"建设稳步推进，也为债市开放带来了大量的投融资需求。值得关注的是，中国政府积极主动推动金融业开放，为债市开放营造了良好的政策环境。

但与此同时，债市开放也面临诸多问题和风险，其中最主要的是中国债市的制度规则和操作惯例如何适应开放环境的问题，这些制度规则和操作惯例涉及信息披露、信用评级、会计准则、投资人保护、跨境监管等诸多方面。当前，中国监管部门正积极推动相关问题的解决。考虑到中国债市的规则制度是长期以来形成的，为了对外开放而迅速、全面实现国内规则制度与国际接轨，可能给中国国内参与者带来较大负面冲击，甚至给中国金融市场带来潜在风险。因此，债市开放应该是一个循序渐进的探索过程，既要考虑海外参与者的诉求，又要考虑国内参与者的承受能力，特别是要防范跨境金融风险冲击；要在探索的过程中逐步形成符合国际惯例，同时适应中国金融市场特点的解决方案。例如，在发展熊猫债市场初期，我们可优先引入一些信用资质较好、公司运行规范、有一定国际影响力和示范效应的海外机构，不断了解中国债市在支持海外发行人跨境融资方面存在哪些问题，在会计、法律、监管、信息披露等方面，形成境内外参与者都能接受的操作惯例。在引入海外投资人的过程中，我们也可以逐步了解海外投资人参与中国债市时，在信用评级、税收、基础设施等方面存在哪些问题，进而探索出境内外参与者可接受的成本最低的方案。另一种解决思路是，中国债市开放可借鉴成熟国际经验，以"分层分类"的方式推动对外开放中的制度创新。例如，日本通过建立专业债市，建立了一个针对国内成熟投资者和外国投资者的债市专业板块。这一板块作为债市开放的"安全空间"，可以更好地进行国际化的制度创新和试验，金融制度创新的步伐可以迈得更快、更大，如简化信息披露的要求、会计准则和审计监管方面的要求更加灵活，还能将各类风险控制在成熟投资者的范围内。

综上所述，债市开放与人民币国际化共同推进，相互促进，共同发展。人民币的国际化离不开金融市场尤其是债市开放。债市开放能够吸引更多的海外投资者持有更多人民币金融产品，增强人民币在全球范围内的价值贮藏职能，进而推进人民币国际化；人民币国际化可以增强海外投资者对持有人民币债券的信心，增强海外机构发行人民币债券的动机，从而深化中国债市开放。

QFII 和 RQFII 限额取消给海外机构投资者带来新机遇

2020 年 5 月 7 日，中国人民银行、国家外汇管理局发布《海外机构投资者境内证券期货投资资金管理规定》（下面简称《规定》），明确并简化海外机构投资者在境内从事证券期货投资资金管理的要求，进一步便利海外投资者参与中国金融市场，意味着海外机构投资者迎来在境内投资的新时代。《规定》的核心内容包括：落实取消合格海外机构投资者和人民币合格海外机构投资者境内证券投资额度管理要求，对合格投资者跨境资金汇出入和兑换实行登记管理；实施本外币一体化管理，允许合格投资者自主选择汇入资金币种和时机；大幅简化合格投资者境内证券投资收益汇出手续，取消中国注册会计师出具的投资收益专项审计报告和税务备案表等材料要求，改以完税承诺函替代；取消托管人数量限制，允许单家合格投资者委托多家境内托管人，并实施主报告人制度；完善合格投资者境内证券投资外汇风险及投资风险管理要求；中国人民银行、国家外汇管理局加强事中、事后监管。

金融市场开放进一步便利外资流入，推动全面开放新格局

从全球视角来看，中国市场无论从经济增长还是从资产配置角度来看都十分重要，中国拥有全球第二大股票、债市，中国市场较低的估值、更大的政策空间以及相对稳定的经济基本面，是全球投资者长期看多中国市场的主要原因。截至 2019 年底，外资在 A 股市场持仓市值占比为 4.3%，相较日本、韩国等海外市场普遍 15%~30% 的占比，仍有较大的提升空间。目前 4.3% 的占比对应大约 2.1 万亿元市值，这意味着未来外资进入 A 股市场有较大空间。

限额取消标志中国金融开放的前景可期

当前，中国经济正处于迈向高质量发展的关键时期，如何有效推进金融供给侧结构性改革，建立和完善符合中国经济高质量发展要求的金融市场，无疑成了当前中国金融改革的关键所在。此次限额取消是中国扩大金融市场开放的主动举措。我们可以预见，随着资本市场改革开放

的持续推进，未来还会有更多举措出台，持续夯实中国资本市场长期良性发展的基础。伴随中国金融市场改革的不断深化和更加开放的姿态，人民币资产表现出优异的安全性和收益性，为国际资本提供了一种避险的新选项。

限额取消是国际投资者进入中国市场的新契机

目前 A 股市场估值处于相对低位，低估值、高成长、高流动性的优质资产对于长线资金具有吸引力。同时，随着 A 股纳入各类国际指数的比重不断提升，被动与主动投资需求都会持续上升。此外，境内债市的收益率也显著高于欧美市场，特别是安全性相对较高的利率债将会继续受到外资的青睐。我们可以预见，随着中国资本市场的改革持续推进，未来还将有更多相关举措出台，持续夯实中国资本市场长期良性发展基础，为长期牛市积累动能。

国际投资者投资中国是一个长期的过程

QFII 和 RQFII 额度放开并不代表短时间内会有大量资金涌入中国资本市场。但从中长期看，外资进入中国资本市场的意愿将会不断提高。QFII 和 RQFII 引入的资金更多的是投资于交易所债市，对银行间市场影响有限，银行间市场的外资介入主要是依靠债券通来实现的。近几年来，外资通过 QFII 和沪深股通渠道持续加仓 A 股，其中 QFII 持有 A 股市值超过 1 500 亿元，"陆通股"最新持仓市值高达 14 788 亿元，合计持仓市值超过 1.6 万亿元。Wind 数据显示，截至 2020 年 4 月末，共计 326 家合格海外机构投资者获批投资额度 1 113.76 亿美元；RQFII 已从中国香港扩大到 20 个国家和地区，共计 262 家 RQFII 机构获批 7 587.72 亿元投资额度。

第八章

人民币迈向主要国际货币

人民币的货币职能延伸到海外，逐步发展演变成为国际货币，这是一个不可逆转的趋势，同时也是中国经济实力和综合国力上升到一定阶段后的必然要求。随着中国在世界贸易以及金融领域参与程度的逐步加深，人民币国际化问题已从战略构想层面过渡到迈向主要国际货币。本章将探讨其中的理论逻辑、发展历程与前景。

货币国际化的历史演进和理论脉络

国际货币体系演进与全球经济格局变迁

我们纵观货币历史脉络可以发现，国际货币格局总体跟随全球经济格局发展轨迹。19 世纪以来，国际货币体系演进大致可以分为四个阶段。

第一阶段（1815—1944 年），国际货币体系由英镑主导。1815—1914 年，金本位制、银本位制和复本位制同时并存，金本位制逐渐成为全球主流货币制度。18 世纪中期，英国爆发第一次工业革命；至 19 世纪中期，英国崛起成为全球最大经济体、全球制造中心和最具竞争力的产业领袖。伦敦成为无可置疑的全球金融中心和贸易中心，英镑进而成为最主要的国际储备货币。1914—1944 年，两次世界大战导致国际货币秩序彻底崩溃，竞争性贬值和贸易保护主义风起云涌，国际货币权力开始由英镑向美元交接。

第二阶段（1944—1999 年），国际货币体系迈进美元时代。在这一时期，美国经济力量极度扩张，远超英国等其他资本主义国家。1944—1971 年，国际货币格局呈现布雷顿森林体系、固定汇率特征。44 个国家的代表在美国新罕布什尔州的布雷顿森林度假酒店共同签署国际货币协议，将美元与黄金挂钩，其他货币与美元挂钩，美元正式支配国际货币体系。随着欧洲、日本经济恢复，美元困境日益显现。1971 年，美国关闭美元与黄金兑换窗口，国际货币体系进入完全彻底的信用货币、浮动汇率和美元本位制时代。

第三阶段（1999—2008年），欧元开启区域货币新阶段，挑战美元国际地位。20世纪90年代以来，经济区域化步伐加快，区域货币也随之出现。欧元诞生并立刻成为全球第二大货币，与美元竞争激烈。短短数年间，欧元占国际储备货币之比就上升到接近30%，流通货币量甚至超过美元，欧元与美元的汇率成为国际金融市场最重要的价格。

第四阶段（2008年至今），国际货币体系步入动荡改革期。2008年国际金融危机深刻揭示出过度依赖美元的系统性缺陷与巨大破坏力。近几年来，主要国家央行货币政策分化，国际金融市场持续动荡，全球金融脆弱性快速攀升。在此背景下，各国改革现行国际货币体系的呼声再度高涨，各方盼望建立新的国际货币体系，维护全球金融稳定。

把握货币国际化一般规律

认识国际货币体系演进规律是把握国际货币秩序发展趋势、制定改革与重建策略的基础。国际货币体系演进的历史蕴藏着清晰的内在逻辑与普遍规律：国际货币体系始终处于垄断或寡头垄断格局，一种或少数几种货币主导全球经济金融秩序；国际货币体系以全球政治经济格局为基础，尽管二者的发展在时间和空间上可能不完全同步，但总体演进轨迹相吻合；良币驱逐劣币，货币国际化需要满足一系列先决条件。

对此，罗伯特·蒙代尔、陈庚辛、杰弗里·法兰克尔等学者普遍认为，国际货币需要具备相应发展条件，包括：货币发行国强大的实体经济和国际竞争力；货币政策的稳定性与连续性；消除外汇管制，资本项目开放；国内金融市场的广度、深度和成熟度；货币的规模效应、网络效应和外部效应。目前来看，人民币已经基本具备国际化条件，但在一些领域还需要进行改革和不懈的努力。人民币国际化仍将是一个长期过程。

国际货币体系改革前景与中国角色

现行国际货币体系呈现单极非对称格局。单极即美元为全球超级储备货币,是国际汇率制度安排的锚货币,国际支付、跨境资金流动以及全球货币金融治理总体以美国为主导,受美元波动、美联储货币政策牵引。截至 2018 年第四季度,美元在全球外汇储备中占比为 61.7%,远远高于欧元(20.69%)、英镑(4.43%)与日元(5.2%),人民币占比为 1.89%(见图 8.1)。

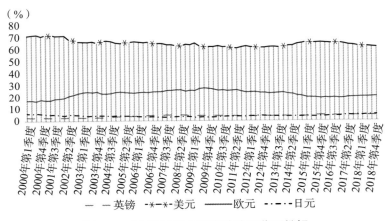

图 8.1 全球官方外汇储备中主要货币份额

资料来源:国际货币基金组织

非对称则表现为发达经济体同新兴市场、发展中国家在国际货币金融领域的不平等。在布雷顿森林体系下,美元担当全球货币锚,主要源于美国经济的相对地位(GDP 约占全球 50%,黄金储备约占全球 70%)。然而,近年来新兴市场经济体与发展中国家快速崛起,按购买力平价衡量,GDP 占比已接近 60%,构成全球生产制造、原材料供应以及市场消费的关键环节。现行以发达国家为中心的货币秩序已落后于世界经济格局。

在单极非对称格局下,现行国际货币体系面临"三元困境",即国内稳定、外部稳定与全球稳定,三者不可兼得。这主要表现在四个方面。其一,美元权力和责任不对等,内部稳定与外部稳定严重冲突。美元担当提供全球流动性的义务，但缺乏限制和监管，流动性过多流向非生产性的金融市场，导致金融泡沫，加剧了经济风险。同时，美联储货币政策的制定立足于国内经济情况，加剧了国际市场波动性，难以对全球经济承担相应责任。其二，浮动汇率制下汇率波动更加频繁。受美元牵引，各国货币汇率大幅波动和持续失调成为常态。其三，资本流动主要受发达经济体货币政策立场推动，时而周期性激增，时而突然崩溃，导致资产价格剧烈波动与逆转，成为金融危机诱因。其四，国际治理安排缺乏约束力。国际货币基金组织和二十国集团治理机制比较松散，难以建立有效的国际合作和协调机制。

以中国为代表的新兴市场力量成为国际货币体系改革、全球经济金融稳定的关键支点。伴随全球化进程，世界各国依存度空前提高，互相影响更为显著。以中国为代表的新兴经济体希望重建国际货币秩序，充分反映新兴市场对全球经济增长的贡献，提升新兴经济体在全球经济、金融和货币治理结构中的话语权。2016 年，作为新兴经济体的货币代表，人民币国际化取得较大进展，正式纳入 SDR，份额为 10.92%，为国际货币体系改革与全球金融稳定注入了崭新的"正能量"。近几年的市场波动证实了人民币国际化的全球价值。以汇率为例，尽管新汇率改革后人民币波动幅度加大，但在中美贸易摩擦的背景下，2018 年人民币汇率波动率为 0.23%，2019 年为 0.4%，而其他 SDR 篮子货币的波动率普遍超过 0.5%。人民币加入 SDR 有利于全球汇率稳定，有关测算显示，人民币的加入可使 SDR 汇率波动下降 8%。

国际储备货币多元化及人民币国际债券发展前景

人民币迈向主要货币建立在其国际储备货币作用增大以及相应国际债券多元化前景的基础之上。美国挑起的贸易战增加了全球经济稳定的压力，对伊朗的制裁等明显体现美国利用美元霸权地位损害他国正当利益。近期，美联储降息幅度很大，新兴市场资本流出压力加大。可以说，金融危机爆发 10 年后，国际货币体系仍未发生根本性的变革。在国际债市方面，发达的国际债市是一国货币成为国际投融资货币和储备货币的重要条件，也是走向国际化的重要基础。近几年，跨境人民币结算发展较快，人民币国际债券虽取得一定发展，但仍相对滞后。未来人民币国际债券的发展空间很大。

国际储备货币多元化前景

国际货币体系的缺陷

以美元为主导的国际货币体系的一个显著特征是，危机爆发频率的大幅上升。危机的频繁爆发折射了国际货币体系的缺陷，具体体现在汇率的剧烈波动、资本的无序流动、持续的全球失衡。

布雷顿森林体系解体后，主要经济体开始采用浮动汇率制。弗里德曼认为，"汇率在自由变动的同时，事实上是高度稳定的；汇率之不稳定，是作为基础的经济结构不稳定的征兆"。然而，事实并非如此，不仅发展中国家的汇率频繁波动并爆发货币危机，而且主要经济体之间的汇率也十分不稳定，主要货币汇率波动居高不下（见表 8.1）。

表 8.1 主要货币汇率变异系数（%）

期间	日元 / 美元	英镑 / 美元	瑞士法郎 / 美元	欧元 / 美元
1970—1979 年	16.5	13.9	30.6	21.9
1980—1989 年	26.0	13.5	18.9	21.7
1990—1999 年	13.5	6.9	8.5	15.1
2000—2009 年	8.6	14.7	17.9	18.3
2010—2019 年	14.2	10.5	4.5	9.2

注：欧元 / 美元汇率在 1999 年前按照德国马克 / 欧元衡量。

资料来源：国际货币基金组织《国际金融统计年鉴》

伴随着 20 世纪 70 年代的金融自由化浪潮，资本的流动规模不断扩大，流动速度显著提高，短期资本的逐利特性使资本流动呈现突然加速、停止、反转的特征，2013 年美联储可能收紧货币政策的暗示都促使资本从新兴市场流出（见图 8.2），短时间内如此大规模的资本流量的变化不仅引致了汇率的剧烈波动，而且导致了宏观经济和金融的不稳定。

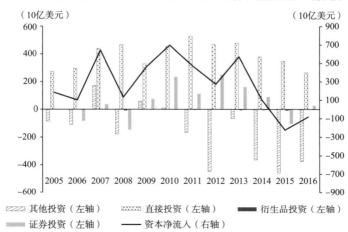

图 8.2　新兴市场及发展中经济体资本净流入

资料来源：国际货币基金组织

全球失衡是指中国等东亚经济体持续积累贸易顺差和外汇储备，而美国等持续积累贸易逆差和债务的现象。金融危机爆发后，一些学者甚至将全球失衡归结为金融危机爆发的原因，认为发展中国家将积累的外汇储备投资于美国资本市场压低了实际利率，滋生了资产泡沫，最终引爆金融危机。这从侧面证明了过于依赖单一货币的国际货币体系存在缺陷。

多年来，中国持续高速积累经常账户顺差，美国的逆差规模则不断扩大并在 2006 年达到峰值（见图 8.3）。金融危机的爆发减少了美国居民的需求，中国、日本的贸易顺差有所减少，美国的贸易逆差也不断收窄。从国际储备的角度看，1970 年发展中经济体拥有的国际储备为 160 亿美元，而在 2017 年这一数字达到 69 930 亿美元，扩大了 436 倍（见表 8.2）。其中亚洲发展中经济体积累额从 1970 年的 30 亿美元增长为 2017 年的 41 780 亿美元，占整个发展中经济体的 60%。

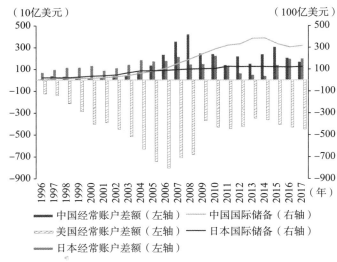

图 8.3　中、美、日三国经常账户差额和国际储备

资料来源：国际货币基金组织

表8.2　全球国际储备规模（10亿美元）

	1970 年	1980 年	1990 年	2000 年	2010 年	2017 年
世界	92	450	979	2 070	9 691	11 833
发达经济体	75	290	779	1 339	3 436	4 839
发展中经济体	16	159	200	730	6 255	6 993
亚洲发展中经济体	3	26	67	320	3 613	4 178
欧洲发展中经济体	1	3	19	71	311	334
中东和北非	5	75	52	119	1 026	1 050
撒哈拉以南非洲	3	14	12	33	150	172
西半球发展中经济体	5	40	50	157	634	841

注：国际储备包括外汇储备、在国际货币基金组织的储备头寸和特别提款权、黄金
（以每盎司 35SDR 计算）。

资料来源：国际货币基金组织《国际金融统计年鉴》

国际货币体系存在缺陷的根源

金融资本与实体经济脱节。布雷顿森林体系解体后，各国的货币发行不再受黄金所施加的约束，信用货币时代为金融资本的膨胀提供了制度条件。外汇市场、衍生品市场、货币市场的规模在金融自由化浪潮后迅速增大，资本流动的速度和规模远远超过了商品流动，2019 年国际贸易日交易额只有 1 077 亿美元，而外汇市场平均每天交易 6.6 万亿美元。日益增加的短期资本流动主导了汇率的剧烈波动和资本流动。

美联储对国内、国际需求有所权衡。在个别主权货币充当主要国际货币的背景下，国际货币发行国根据国内发展环境制定的经济政策很可能与世界经济的需求相冲突。金融危机爆发后，美联储在利率降为 0 的情况下采取量化宽松的超常规政策，购买金融市场资产，释放了大量流动性，资本向高回报的发展中国家流动。而随着美国经济复苏，美联储加息、缩减资产负债表提上日程，资本又从发展中国家回流美国。面对国内与国际的不同需求，主要国际货币发行国一般选择按照国内需求调整政策，在短期金融资本主导国际金融市场秩序的时代，这不可避免地会造成外围国家周期性的巨大压力甚至金融危机。

特里芬难题未得到解决。日益紧密的国际经济联系增加了各国对于国际储备货币的需求，这就要求美国提供更多的美元流动性以促进贸易的增长，这反应在现实经济中，就是美国通过经常账户逆差释放流动性，通过资本账户回流美元。因而，全球失衡并不是由汇率失调引起的，而是当前国际货币体系下的必然结果，美国要提供国际流动性，就必然存在贸易账户赤字，所改变的只是贸易顺差国从战后西欧一些国家转到另一些国家。从本质上看，国际货币流动性与清偿力的特里芬难题依然困扰着国际经济秩序。

国际货币体系改革的前景展望

国际金融危机的爆发以及发展中国家频繁遭遇的货币危机呼唤国际货币体系改革。

国际货币体系重回金本位的可能性较小。1971 年，美国终止履行美元兑换黄金的承诺后，黄金便不再具有货币的属性。主张重回金本位的学者大多认为，现有的信用货币体系无法抑制超发导致通货膨胀的倾向，而金本位为货币发行设定了一个严格的规则，从而能够维持物价的稳定。但这也存在两个问题：一是黄金供给的局限。一方面，黄金供给的有限性难以为日益扩大的国际贸易提供充足的流动性，从而会导致全球经济产生通货紧缩倾向；另一方面，从长期来看，金本位确实可以维持价格的稳定，但短期内黄金开采的突然增加、减少将会导致物价极大的波动。二是货币政策目标的变化。历史上金本位能够平稳运行的关键原因是当时全球主要央行（如英格兰银行、法兰西银行、德国央行）的首要目标、第二目标、第三目标都是维持金本位的稳定。而随着经济形势和政治生态的变化，各国的宏观经济政策转向以促进充分就业、维持物价稳定为目标。可见，金本位的通货紧缩倾向与充分就业所需要的宽松货币政策的矛盾以及货币政策目标从维持金本位到促进充分就业的转变，意味着金本位不再具有可实施性。但黄金作为贵金属仍将具有重要的金融作用并将在国际储备中占据一席之地，信用货币内在的通货膨胀性将会使得黄金储备在国际危机中提供最后的支持。

超主权货币较长时期内难以实现，SDR 作用可望有所扩大。凯恩斯当年提出的国际货币单位（Bancor）计划，虽然由于英国国际地位不如美国而被抛弃，但其作为人类的一个伟大设想具有理论价值。由一个世界各国认可的国际组织发行超主权货币，能够有效地解决目前由主权国家货币充当国际货币时其面对的国内环境与世界需求的冲突，同时能够解决自布雷顿森林体系以来长期存在的特里芬难题。然而，超主权货币的发行需要各国放弃一定程度的本国货币政策权力，并且成立的世界组织需要得到世界所有国家的认可，这个设想在当前政治环境中实现的难度较大。欧元的探索取得了一定效果，但也暴露了相关的问题。

为应对特里芬难题和缓解国际储备的不足，国际货币基金组织于1969 年设立了 SDR，至今一共进行了三次分配，分配总额为 2 041 亿SDR，约占全球储备资产的 4%。相比主权货币，SDR 篮子货币的特征使其作为计价货币时可以减少价格的波动性；投资 SDR 计价的资产可以减少汇率和利率的风险，并获得多元化资产投资的优势。然而，当前限制 SDR 使用的关键在于 SDR 仍然只是各国政府和国际组织的国际结算工具，私人部门不能使用，从而不利于 SDR 的流动性。以 SDR 计价的资产必然面临着国际货币基金组织每 5 年审查一次篮子货币所带来的不确定性，甚至导致 SDR 计价资产只能是少于 5 年的短期资产，无法形成多期限的 SDR 投资品种以形成收益率曲线，无法满足不同投资者对期限、回报率的不同需求。此外，国际货币基金组织分配给发展中国家的投票权与发展中国家经济地位不符，使之缺乏公信力。

但 SDR 仍是目前克服国际货币体系缺陷的一个选择。国际货币基金组织应考虑份额和投票权的改革，以增加发展中国家的话语权；发行更多以 SDR 计价的资产，增加债券品种；在 SDR 篮子中纳入更多货币以增加其代表性，考虑调整 5 年一次审查货币篮子的制度，以使 SDR 具有长期稳定性；扩大 SDR 的使用范围，培育市场流动性，发挥结算、计价功能；更好地发挥 SDR 作为当前补充国际储备的功能，逐步增加 SDR 在国际计价、结算、储备中的占比，使国际货币体系更加稳定。为了更好地发挥 SDR 的作用，国际货币基金组织可进一步完善货币互换机制，使 SDR 能在有关的货币互换中发挥重要作用，甚至运用金融科技增强 SDR 的功能和实用性，为扩大其作用奠定基础。

国际储备货币多元化是一个比较现实的选择。从现实性和理论性相结合的角度来看，构建多元的国际货币储备体系是一个较好的选择。第一，各储备货币间的竞争与制衡将对储备货币发行国形成市场纪律约束，减弱主要储备货币国货币政策的溢出效应。第二，新兴经济体在某一储备货币汇率变动时，可配置和运用其他储备货币，有利于维持经济金融的稳定，降低金融危机的发生概率。第三，构建多元国际储备体系有助于减少美国霸权对全球经济的影响。比如，近期美国利用美元霸权和 SWIFT 系统制裁伊朗，并威胁称任何与伊朗有经济交往的国家都将遭到制裁，直接损害了其他国家的正当利益。近期，德国、法国决定创造一个独立的金融支付系统，让其他货币发挥更大的作用，以避免欧洲企业继续充当美国单方面对伊朗实施金融制裁的"牺牲品"，这就是一项很好的举措。多元储备体系和支付系统将有利于世界经济的稳定。但目前美元国际储备占比达60%左右，外汇市场交易额稳居第一，美国金融市场深度、广度仍具有巨大的优势，这注定了储备货币多元化将是一个长期的过程。

人民币国际债券发展的前景

人民币国际债券指的是跨境发行的以人民币作为结算单位的债券。近年来，无论是中国政府、境内机构在离岸市场上发行的人民币债券，还是海外机构、外国政府在在岸市场上发行的人民币债券，都取得了一定发展。目前，人民币国际债券已初步形成完整的产品体系，这为人民币国际化打下了坚实的基础。

人民币国际债券发展的新特征

总体来看，近年来人民币国际债市取得了较快发展，但仍存在一些不足，具体特征如下。一是起步晚。发展至今，人民币国际债市仅有10余年的历史。第一笔交易是在2005年由国际金融公司和亚洲开发银行在中国银行间债券市场完成的。二是规模小。截至2017年6月，在国际债券与票据（未清偿）余额中，排在前五位的发行国家或地区是美国、英国、荷兰、法国、开曼群岛，所占比重分别为13.31%、10.65%、8.76%、6.45%与6.20%（见图8.4）。而中国发行的债券比重仅为0.65%，排在第

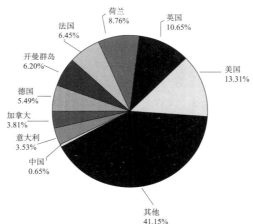

图8.4　国际债券与票据余额的币种构成

资料来源：Wind、国际清算银行

9 位。三是扩张快。人民币国际债券与票据发行额随着国际市场环境变化，总体呈波动上升趋势，且在增长期时增速迅猛。

四是熊猫债发展速度有所提升，助力海外机构境内融资。人民币国际债券最早是以熊猫债的形式面世的，它是指海外机构在中国境内发行的人民币债券。因这类债券通常以发行地最具特色的吉祥物命名，故被称为"熊猫债"。该类债券的首次亮相是在 2005 年，目前市场发行总额不大。早期熊猫债市场发展缓慢是因为当时只允许国际开发机构进入中国银行间债券市场。近两年，伴随着利率市场化、汇率市场化改革以及资本账户开放，在对发行主体、发行方式和融资用途要求放松的政策环境下，中国宽松的货币政策和人民币的阶段性贬值大幅降低了海外机构的境内融资成本。近几年，境内外债券收益率曾出现持续倒挂现象。这促使海外非金融企业、国际性商业银行纷纷入市，点燃了市场热情。目前，熊猫债成为人民币国际债市新的增长点。

五是点心债拓展迅速，离岸市场百花齐放，海外人民币投资需求得以满足。人民币国际债券大多是以点心债的形式发售。2007 年，国家开发银行在香港发行了第一笔离岸市场上的人民币债券。因其发行量小，市场反响好，就像粤式点心一样味美但又让人吃不饱，故在香港发行的离岸人民币债券被称为"点心债"。2007—2010 年是点心债的初步建立阶段，2011—2015 年为其快速发展阶段。香港金融管理局公布的数据显示，截至 2015 年 11 月，点心债的（未清偿）余额为 3 713 亿元，而该数额在 2007 年只有 100 亿元。虽然点心债的规模增长受到其他债券的冲击，2017 年一度降至 1 900 亿元，但市场扩张迅速，存量规模总体呈上升趋势。

纵观整个离岸人民币债券市场，我们可以看到其呈现以香港为中心、向世界各金融中心扩散的特点。2014 年前后，市场集中推出了中国台湾"宝岛债"、新加坡"狮城债"、德国"歌德债"和法国"凯旋债"。这表明人民币在国际债市上的认可度在增强。但 2015 年发生的"811 汇改"和美元加息事件，促使人民币兑美元贬值且波动较大，对人民币汇率高度敏感的离岸人民币债券受此影响，发行量明显萎缩。以点心债为例，

2015 年 12 月发行额仅有 6.9 亿元，而当年 6 月发行额则为 245.46 亿元。尽管如此，离岸人民币债券价格波动整体呈现 "V" 形走势，富时-中银香港离岸人民币债券综合指数在 2015 年 9 月初回调至 111.58 的近期低点后，在 2015 年底回升至 114.78，较前一年底上涨 3.19%。SWIFT 报告显示，2018 年 2 月，点心债市场出现复苏，澳门特区首次发行离岸人民币债券，一共发行了 40 亿元 "莲花债"。此次也是 "811 汇改" 以来离岸人民币市场最大规模的信用类债券发行，显示出国际投资者对人民币国际化信心增强，海外人民币资产配置需求提升。截至 2018 年 2 月，离岸人民币债券一级市场发行规模为 60 亿元，相比去年同期 6.3 亿元的规模大幅增长。截至 2019 年 9 月，离岸人民币债券累计发行 2 654 只，累计发行规模达 1.39 万亿元。

六是高信用等级或主权级债券正取得突破，引导人民币向国际储备货币进军（见表 8.3）。从 2014 年起，主权级债券的人民币国际债券走向市场。2014 年，英国政府在伦敦发售西方国家首只人民币主权债券。2015 年，韩国政府成为首个在中国境内发行人民币主权债券的国家。目前，俄罗斯也准备发行相关债券。同时，2015 年，中国人民银行在伦敦发行了总额达 50 亿元的票据，广受市场追捧。这是中国首次在海外发行人民币央行票据，它填补了人民币离岸市场短期高信用等级债券的空白，有利于人民币在海外沉淀，并在一定程度上为这一市场上的金融产品提供了定价基准。这些主权级债券是深化人民币国际化的重要步骤，它们共同为人民币成为重要国际储备货币助力。

表 8.3　人民币国际债券代表产品一览

债券名称	发行时间	发行方	发行地	发行额	期限（年）	票面利率（%）
首个点心债	2007 年	国家开发银行	中国香港	50 亿元	2	3.00
"一带一路" 债券	2015 年	中国银行	迪拜、新加坡、中国台湾、中国香港和伦敦	合计 40 亿美元	2、3、4、5、7、10、15	多种

（续表）

债券名称	发行时间	发行方	发行地	发行额	期限（年）	票面利率（%）
绿色债券代表	2015 年	中国农业银行	伦敦	合计 10 亿美元	2、3、5	多种
熊猫债	2005 年	亚洲开发银行	中国银行间债券市场	10 亿元	10	3.34
	2005 年	国际金融公司	中国银行间债券市场	11.3 亿元	10	3.40
	2006 年	国际金融公司	中国银行间债券市场	8.7 亿元	7	3.20
	2009 年	亚洲开发银行	中国银行间债券市场	10 亿元	10	4.20
	2014 年	德国戴姆勒公司	北京	5 亿元	1	5.20
	2015 年	香港上海汇丰银行	中国银行间债券市场	10 亿元	3	3.50
	2015 年	中国银行（香港）	中国银行间债券市场	第一期 10 亿元，共 100 亿元	3	3.50
	2015 年	招商局（香港）	中国银行间债券市场	5 亿元	1	3.03
人民币主权债	2014 年	英国政府	伦敦	30 亿元	3	2.70
	2015 年	韩国政府	中国银行间债券市场	30 亿元	3	3.00
	2015 年	中国政府	伦敦	50 亿元	1	3.10
	2016 年	加拿大不列颠哥伦比亚省	中国银行间债券市场	第一期 30 亿元，共 60 亿元	3	2.95

人民币国际债券发展的机遇与前景

未来人民币国际债券发展前景广阔，有望成为重要的投融资和储备货币选择。

从投资需求来看，人民币汇率将保持对一篮子货币汇率的基本稳定，在全球多家央行采取负利率政策的背景下，人民币国际债券仍保持一定吸引力。汇率和利率是决定外资是否进入中国的决定性因素。从目前情况看，人民币汇率可望实现"在合理均衡水平上的基本稳定"，市场预期趋于稳定。就利率而言，尽管近年来中国人民银行多次降准、降息，但受美国经济下行压力增大以及新冠肺炎疫情的影响，美联储也采取了大幅度降息措施，这使得国内外债券利差出现扩大的趋势。考虑到全球经济疲弱的表现，中美利差倒挂的可能性很小。在全球多家央行采取负利率政策的背景下，人民币债券对外资有较大吸引力。并且，中国银行间债券市场开放力度正逐步加大，为外资进入提供了较便利的通道，使得相关投资需求容易实现。

从融资需求来看，人民币双向波动，甚至有一些贬值压力，是一个较好的融资货币，可较好地发挥全球流动性补充作用。债券发行主体对于汇率和利率高度敏感。以 2016 年初的汇率波动为代表，"811 汇改"、美联储加息、国际油价暴跌等事件使得人民币阶段性贬值，并呈现出双向波动的特点。考虑到全球经济形势的不确定性和不平衡性，在短期内人民币还将面临一定的贬值压力。同时，目前人民币利率总体处于较低水平，故在全球流动性紧张背景下，使用人民币融资的成本较为低廉，汇兑风险相对低于多数货币。这将吸引"走出去"的境内企业和"走进来"的海外企业选择人民币债券进行融资。据国际金融公司估计，未来 5 年内，海外企业在中国发行的人民币债券（熊猫债）可能突破 500 亿美元。

从储备需求来看，加入 SDR 后人民币的储备需求有望稳步增加。汇丰在 2015 年 4 月发布的一项面向全球央行外汇储备管理者的调查显示，管理的外汇储备占全球外汇储备总额 48% 的 72 家央行认为，到 2025 年，人民币在国际储备货币中的占比可望达 10.4% 左右。汇丰在 2018 年 6 月 13 日发布的同项调查显示，到 2020 年人民币占全球外汇储备的比重有望达到 8.5%。2015 年底，国际货币基金组织宣布人民币将于 2016 年 10 月加入 SDR 更是佐证了这一市场预期。作为一种先导性变化，人民币加入 SDR 后，可预期各国央行会发行一定数额的人民币债券来增加本国的人民币储备。《2018 年第一季度中国货币政策执行报告》显示，已经有超过 60 个海外央行或货币当局将人民币纳入官方外汇储备。此外，为解决人民币加入 SDR 的技术障碍，中国财政部从 2015 年第四季度开始按周滚动发行 3 个月贴现国债。这为投资者提供了一定数量的短期高等级债券，有利于吸引其配置人民币资产，平衡国际收支，稳定人民币汇率预期。

关于发展人民币国际债市的建议

未来几年，我们应抓住市场机遇，加快发展人民币国际债市，不断增强人民币的投融资、储备功能，从而促进人民币国际化的有序展开。

抓住"一带一路"倡议机遇，为其提供融资支持，做深离岸人民币市场。"一带一路"倡议的实施需要大量资金，在美元流动性趋紧背景下，市场将需要人民币国际债券作为"一带一路"倡议的融资支持。它不仅有助于弥补基础设施融资缺口，而且可强化区域内债券融资合作，填补"一带一路"沿线国家缺乏统一债券工具的空白。"一带一路"倡议将推动人民币国际债券的发展，并将增强人民币在亚、欧国家的认可和使用程度，为人民币成为国际储备货币铺路。

目前，中资银行已有一定探索，如中国银行在五地发行了四币种、合计 40 亿美元的"一带一路"债券，中国建设银行在马来西亚发行了"丝路债券"。这些债券广受市场关注，究其原因就在于，其对筹得资金的使用是科学合理的，即充分考察融资项目的实际情况，因地制宜，保障投资者利益。雅万高铁项目便是一个成功案例。中方允许印度尼西亚方不提供政府预算和主权担保，并以美元和人民币混合贷款方式提供融资支持，但会采用合资公司模式建设和运营高铁，以降低项目风险。

此外，作为"一带一路"的主要投融资机构，亚投行和丝路基金未来发展的动向值得关注。近期，亚投行主要以美元进行结算，丝路基金则是以外汇为主的对外投资基金，偏重股权投资。相信未来它们将会根据市场需求状况进行灵活的货币选择。

中国应利用好资本市场的对外开放大局，以沪港通、中欧国际交易所为出发点，全面提升投资交易功能。2014年，中国证监会和香港证监会启动了沪港通。2015年，中德共同建设了中欧国际交易所。此外，已经实现的深港通、沪伦通，以至未来的沪纽通和沪新通等，都是旨在提升人民币投资交易功能的探索。重视中国香港、欧洲等离岸市场的作用，可不断完善离岸市场人民币产品体系，为投资者提供更为丰富的以人民币资产为标的的产品和服务。

中国应加大资本项目开放力度，丰富银行间债券市场交易主体和投资品种，提高市场国际化水平。中国应该继续加大银行间债券市场的开放力度，推动海外机构在中国发行人民币债券，并可为海外专门从事固定收益投资机构开辟专门的发行、投资绿色通道；鼓励各国央行类机构在境内发行熊猫债，增强人民币资产的流动性和吸引力，以支持其将人民币资产纳入外汇储备。同时，中国可通过推行多层次做市商制度，探讨债券夜盘交易的可能性，促进中国债市与国际市场对接。

中国应逐步扩大国债、央票发行，建立可供各国政府、央行投资的高等级债市，促进国际收支平衡，稳定人民币汇率。当前中国正处于供给侧改革的重要时期，新常态下央行资产负债表的币种结构失衡问题将会越发严重，而财政收支政策的调整也会引发财政赤字率的上升。为此，中国可考虑扩大国债、央行票据发行规模，并注意有序融合这两个主权债市。这一方面可为国际市场提供一个可信赖的人民币资产选择，使得人民币在国际投融资和储备市场上有立足之地；另一方面也能在部分外汇资本流出的背景下，通过人民币资金的回流，实现国际收支项目的平衡，从而有利于人民币汇率的稳定。

中国应加大金融衍生品创新力度，完善人民币产品的功能。人民币国际债市需加大产品创新力度，重点支持金融衍生品的探索发展。目前，全球已有12家交易所上市人民币外汇期货产品。未来中国可考虑发展利率期货、利率互换产品，规避利率波动风险；将国债期货推向离岸人民币市场，丰富离岸市场产品品种；完善债券转换通道，发展债券二级市场。通过以上途径，中国可为投资者提供风险对冲工具，健全市场风险退出机制。

中国应加快建设人民币国际债券的信用评级体系。未来人民币国际债市将是一个巨大的市场，需要有本土优势的评级机构提供支持。为此，我们要重视培育本国信用评级机构，并可借鉴双评级制度的国际经验，提高信用评级公信力，以此解决以往人民币债券评级差别性不强，定价作用不明显问题。中欧合作建立国际评级机构是一个较好的发展思路。

人民币迈向重要国际货币的进展与前景

人民币国际化最新进展

2009 年 7 月，跨境人民币结算试点正式启动，标志着人民币国际化启程。历经多年发展，人民币国际化取得了突破性进展，尽管近期出现一定的短期波动，但长期趋势依然向好，发展前景广阔。

人民币国际使用政策框架基本建立

人民币国际化是一项系统性工程，国内金融体系改革协同推进、跨境人民币使用政策不断完善与人民币国际化相互促进。在利率市场化改革方面，中国正式建立存款保险制度，放开存款利率上限浮动区间，利率市场化基本实现；在汇率市场化改革方面，人民币汇率波动幅度逐步扩大，中间价形成机制日趋市场化，央行基本退出常态化干预；在资本账户开放方面，中国资本项下部分可兑换以上项目已达 37 项，不可兑换项目仅余 3 项[①]。与此同时，国内金融机构改革基本完成，中资银行的资金资本实力与经营管理水平大幅提高，有力地承担起人民币国际化主

---

① 这三项为非居民境内发行股票类证券、非居民境内发行货币市场工具、非居民境内发行衍生工具和其他工具。

渠道职责。此外，2009 年以来，中国逐步取消人民币用于跨境交易计价结算的限制。在经常项下，跨境人民币使用基本全面放开，业务办理流程逐步简化；在资本金融项下，直接投资人民币结算、跨国企业集团跨境双向人民币资金池业务、人民币跨境贷款、人民币国际债券、RQFII、RQDII、沪港通、深港通等有序开展，为居民与非居民拓宽了人民币双向资产配置和风险对冲渠道。自此，人民币国际使用政策框架基本建立，极大地推进了贸易投资便利化与人民币国际化进程。

人民币国际支付交易量高增长后趋稳

在市场需求与政策改革的共同作用下，人民币国际化加速发展，人民币国际支付交易量历经爆发式增长，后逐渐趋稳。2016 年前 8 个月，中国银行代客涉外收付人民币规模达 6.34 万亿元，人民币在涉外收付中的占比由 2010 年底的 1.69% 攀升至 2016 年 8 月的 24.93%。人民币国际支付份额也由 2011 年 12 月的 0.29% 上升至 2016 年 8 月的 1.86%（见图 8.5）。尽管近期受汇率波动等影响，人民币国际支付份额有所下降，但人民币仍然稳居全球第五大支付货币，仅次于美元（42.50%）、欧元（30.17%）、英镑（7.53%）和日元（3.37%）。

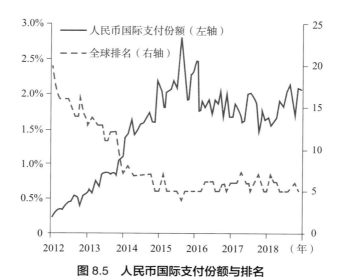

图 8.5　人民币国际支付份额与排名

资料来源：SWIFT

2018 年 12 月，人民币国际支付市场份额为 2.07%，较前一年底增加了 0.46 个百分点，仅次于美元（41.5%）、欧元（32.98%）、英镑（6.76%）和日元（3.36%），保持全球第五大国际支付货币地位。从市场份额来看，除中国内地以外，中国香港依然位居全球第一大离岸人民币支付交易中心，英国、新加坡紧随其后（见图 8.6）。

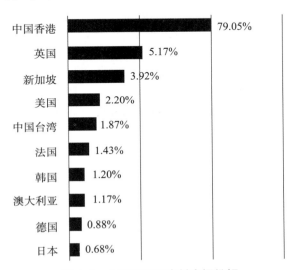

图 8.6 人民币国际支付市场份额

资本金融项下空间广阔

随着中国金融开放，特别是人民币加入 SDR 后，资本金融项下人民币国际化驱动力日益强劲。人民币投融资活跃，非居民人民币资产持有量创历史同期最高水平。股市表现活跃，2018 年陆股通和港股通全年成交金额分别达 4.7 万亿元和 2.4 万亿元，同比增长了 106.3% 和 21.4%（见图 8.7）。人民币债券发行走出低谷，2018 年点心债和熊猫债发行总额分别增长了 161.7% 和 68.0%；全球 503 家机构投资者通过债券通进入银行间债券市场，全年成交 7 482 笔，交易总规模达 8 841 亿元，海外投资者持有资产总量达 17 299 亿元（见图 8.8）。

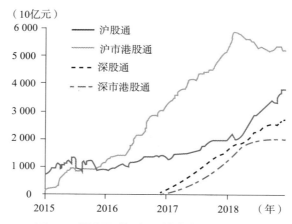

图 8.7　股市互联互通累计资金净流入规模

资料来源：中国人民银行、海关总署

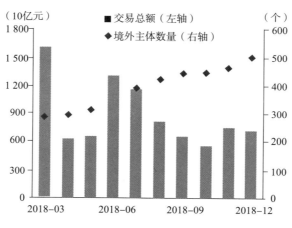

图 8.8　债券通运行情况

人民币国际储备职能显著上升

人民币正在成为全球官方储备的重要选项之一。2018 年，中国人民银行与其他货币当局签署双边本币互换协议累计规模达 3.5 万亿元。截至2018 年第四季度，人民币外汇储备规模达 2 027.9 亿美元。作为国际储备货币，人民币份额超过了澳元，位列第六名，但较美元、欧元等主要货币仍存在较大差距。

人民币清算体系覆盖全球

人民币清算体系主要由两部分构成：一是海外清算行、代理行与非居民账户模式，二是依托跨境银行间支付系统。目前，中国人民银行已与 25 个国家或地区的货币当局签署了建立人民币清算安排的合作备忘录，并在这些国家确定一家中资银行担任人民币清算行（见表 8.4）。特别是 2016 年美国、俄罗斯相继纳入人民币清算体系，具有里程碑意义。在硬件设施方面，跨境银行间支付系统涵盖人民币跨境贸易结算、跨境资本项目结算、跨境金融机构与个人汇款支付结算等。一期及二期系统上线以来运行良好，部分覆盖除美国以外的主要金融中心，这将进一步提高跨境和离岸人民币清算结算效率。另外，香港人民币即时支付结算系统延长清算时间，与美国金融市场大幅度重叠。自此，人民币清算体系基本建成，覆盖全球市场，为人民币国际化提供强有力的支撑。

表 8.4　跨境人民币清算行安排

中国银行	中国香港、中国澳门、中国台湾、德国、法国、澳大利亚、马来西亚、匈牙利、南非、赞比亚、美国、日本
中国工商银行	新加坡、卢森堡、加拿大、卡塔尔、泰国、阿根廷、俄罗斯
中国建设银行	英国、智利、瑞士
中国农业银行	阿联酋
交通银行	韩国
摩根大通	美国

资料来源：中国人民银行

人民币迈向重要货币的问题与挑战

人民币成为主流的国际货币仍任重道远。2015 年 8 月，人民币在全球支付市场占有率一度达到 2.79% 的历史最高纪录，这使得人民币一度超越日元成为全球第四大支付货币。但随后人民币的上升势头逐渐消退，原因是汇率波动以及中国经济下行压力，抑制了外国投资者使用或持有人民币的兴趣。这背后存在的主要问题包括：人民币在原材料及大宗商品交易中的计价主动权仍然较低，人民币债券市场仍待完善，人民币清算体系存在局限，储备货币地位有待提高，等等。

新时期，全球经济低迷严峻，中国宏观经济下行压力与金融风险增大，市场预期牵引波动，人民币国际化进程更加起伏不定，面临的主要挑战有：国内经济下行风险增大，影响人民币国际化信心；汇率贬值压力上升，非居民减持人民币资产；资本账户渐进开放，金融风险管理难度加大。

人民币迈向国际货币的前景

人民币逐步成为国际结算货币

随着中国多年来对人民币结算功能的推动，跨境贸易人民币结算规模稳步增长，2015 年的结算额达到峰值 7.2 万亿元，跨境贸易人民币结算占中国进出口总额的 29.36%（见图 8.9），跨境贸易人民币结算规模全球占比也提升至 3.38%。

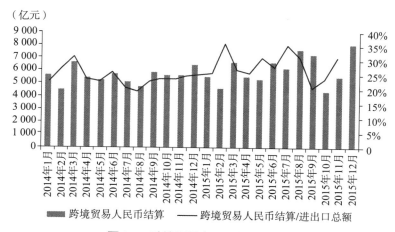

图 8.9　跨境贸易人民币结算规模

资料来源：中国人民银行、商务部

跨境贸易人民币结算的开展目前主要依靠清算行、代理行、非居民账户三种方式。中银香港作为首个人民币业务清算行，从 2003 年开始服务于个人跨境结算以及贸易和投资的结算需求。随着人民币跨境业务的不断发展，新加坡、伦敦、中国台湾、首尔、法兰克福、卢森堡、纽约、迪拜等地先后开设了人民币清算行。目前，全球的人民币清算行共计已有23家，实现了五大洲清算网络的全覆盖，进一步提升人民币清算能力。SWIFT 数据显示，2019 年 5 月人民币支付在国际支付市场上所占的份额为 1.95%，人民币维持全球第五大支付货币地位。

人民币国际计价职能进一步增强

近年来，人民币国际金融计价结算功能大幅拓展。在国际信贷、直接投资以及国际债券和票据交易中，人民币的使用规模继续扩大，保持较高增长态势。以 2015 年底的数据为例，从上述三个方面衡量的人民币国际金融交易计价结算综合占比达 5.9%（见图 8.10），同比增长 107.3%。

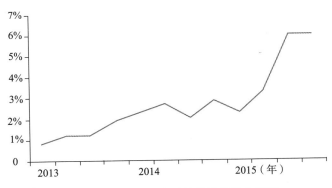

图 8.10　人民币国际金融计价结算综合指标

中国是大宗商品的主要消费国，推动大宗商品期货市场以人民币计价是人民币国际化的重要步骤。上海期货交易所子公司上海国际能源交易中心自 2013 年开始筹备以人民币计价的原油期货交易，并于 2017 年 5 月正式发布了交易章程与相关细则。以人民币计价的原油期货交易将充分利用人民币跨境使用、外汇管理等金融创新政策，推动大宗商品的人民币计价。2016 年 4 月，为提升人民币在黄金市场的计价能力，上海黄金交易所推出的首个以人民币计价的黄金基准价格——上海金正式挂牌交易。上海金将增强人民币在黄金等金融要素市场上的定价能力，推动国际定价中心建设，改变全球黄金以美元计价的不平衡格局，提升中国黄金市场在国际规则中的话语权和影响力。

人民币成为外汇交易最为活跃的新兴市场货币

外汇交易是一国货币国际化与汇率市场化的判断标准之一，货币的外汇市场活跃度可以体现其经济的对外开放度、金融市场的成熟度，以及市场主体经贸活动、风险管理的用汇需求。人民币加入 SDR 后，为适应 SDR 在汇率、利率方面的客观需求，中国加快推动了人民币利率市场化与汇率形成机制的改革，人民币的适当波动将激发未来人民币的投资与交易量。

国际清算银行的最新数据显示，人民币的日均外汇交易量已在 2016 年 4 月达到 2 020 亿美元，已成为全球外汇交易最活跃的货币之一，其交易比例已占全球的约 4%。与 2013 年国际清算银行发表的数据相比较，2016 年日均外汇交易量与其他新兴市场货币相比较，人民币在全球外汇市场交易中的增长幅度最为明显。

人民币国际债市蓬勃发展

人民币国际债市活跃，助推了人民币国际投资货币职能的发挥。自 2005 年起，国际金融公司和亚洲开发银行相继在中国银行间债券市场发行了人民币债券熊猫债。根据摩根大通的数据，2016 年熊猫债的发行量飙升至 1 300 亿元，是 2015 年发行量 155 亿元的近 9 倍，创历史新高。离岸人民币债券业务逐渐遍布全球，并已经形成了以香港为中心、多点并存的格局。全球多个国际金融中心开展了离岸人民币业务，离岸人民币存款规模迅速扩大，为人民币国际债券的发行创造了良好的条件。

自 2019 年 4 月 1 日起，以人民币计价的 364 只中国国债和政策性银行债券将正式被纳入彭博巴克莱全球综合指数，并将以每月递增 5% 的幅度在 20 个月内分步完成。被完全纳入该指数后，以人民币计价的中国债券将成为继美元、欧元、日元之后的第四大计价货币债券，在该指数中占比约为 6.1%。这是中国资本市场开放的又一重要成果。这意味着在未来 20 个月内，将有超过 1 000 亿美元的指数追踪资金流入中国债市。把中国的债券加入彭博巴克莱全球综合指数当中，反映了越来越多的投资者对于中国的市场有兴趣，体现了全球投资者对中国市场的认可。未来中国债券在其中的占比结构可能会稳步提高。

人民币海外直接投资活跃

随着中国经济的发展和"走出去"战略的实施，人民币海外直接投资保持着高速增长的状态，中国的海外投资规模和人民币海外投资额实现了跨越式增长。随着 QDII、QFII、RQFII 以及"沪港通"等相关政策的落实，资本项下的人民币结算业务也呈现出迅猛发展的势头。资本项下人民币的跨境使用创造了新的增长点，2019 年跨境贸易人民币结算业务发生 6.04 万亿元，直接投资人民币结算业务发生 2.78 万亿元。其中，以人民币进行结算的跨境货物贸易、服务贸易及其他经常项目、对外直接投资、外商直接投资分别发生 4.25 万亿元、1.79 万亿元、0.76 万亿元、2.02 万亿元。在全球直接投资逐季度萎缩的大背景下，人民币直接投资受到的冲击总体较小，在全球直接投资中的占比呈快速攀升态势。在包括直接投资、国际信贷、国际债券与票据等在内的国际金融交易中，人民币计价综合占比在 2018 年底达到 4.90%。人民币国际化在管理中回归理性水平，在全球范围内相对保持快速前进态势。

习近平在 2017 年 5 月 14 日出席"一带一路"国际合作高峰论坛开幕式时宣布："中国将加大对'一带一路'建设资金支持，向丝路基金新增资金 1 000 亿元。"[1] 新增资金显著提高了丝路基金的资本实力，进一步加强了金融助推"一带一路"，同时也带动了人民币的海外投资。随着"一带一路"建设加快开展，中资企业将更快地"走出去"，并掀起海外布局与并购浪潮。

---

[1]　习近平在"一带一路"国际合作高峰论坛开幕式上的演讲 [EB/OL].（2017-05-14）. www.xinhuanet.com/politics/2017-05/14/c_1120969677.htm.

人民币成为国际官方储备货币

2017年3月，国际货币基金组织开始在官方外汇储备货币构成季度调查中单独列出人民币资产，以反映全球人民币外汇储备的持有情况。国际货币基金组织成员国可以将其持有的用于满足国际收支和融资需求并以人民币计价的对外资产记为官方储备，反映了中国通过市场化改革推进人民币国际化的努力，进一步完善了人民币外汇储备的统计数据，同时将提高各国在外汇储备配置中对人民币的接受程度。截至2018年底，已经有60个国家和地区将人民币纳入外汇储备。

"一带一路"倡议的实施与人民币地位的提升

"一带一路"倡议实施中提升人民币国际地位的机制设计

商业机构支持人民币国际货币地位提升的机制设计

为更好地把握"一带一路"建设为人民币国际化提供的重大机遇，金融机构可以从优化网点布局、丰富金融产品和服务、提高支付清算效率、完善风险管理等方面着力。

中资金融机构的海外网点是推动人民币国际化的重要载体。目前，中资银行"走出去"以五大行为主，伴随中国企业"走出去"和中国对外投资规模的不断扩大，中资金融机构必将加快海外业务布局。目前中资银行的海外网点主要集中在发达经济体，未来应进一步优化中资银行海外网点布局，适当加快在"一带一路"沿线国家开设分支机构，尤其要在"一带一路"沿线国家中宏观经济环境相对比较稳定、营商环境较好的国家增加网点布局。从单个金融机构层面来讲，中资银行要根据不同地区的经济、金融发展状况进行规划布局，要根据国内和相关国家监管要求，以及本行业务发展需要，合理设置代表处、分行、子行、区域分行或区域运营中心。当然，如果条件适合，那么中资银行也可采用兼并收购、投资入股等方式进入国外金融市场。从国家层面来讲，诸多商业银行在"一带一路"沿线国家布局，相关主管部门宜统筹规划，结合金融机构的业务特点、国际影响力和相关国家的经济金融状况，对金融机构网点设置进行一定指导。例如，针对一些容易涉及敏感融资或者曾经受到他国金融制裁的国家，主要是俄罗斯、中亚、中东、北非个别国家，黑龙江、新疆等边境省份经营稳健但国际业务相对较少的地方性商业银行可能更加适合与这些国家的金融机构进行合作；针对其他在地区经济金融市场占据重要地位的国家，可鼓励大型商业性金融机构参与。国内各个省份的金融机构在"一带一路"沿线国家布局时，国家应鼓励其按照三部委联合发布的《推动共建丝绸之路经济带和 21 世纪海上丝绸之路的愿景与行动》对相关省份的定位来开展。

除商业银行之外，证券公司和保险公司等金融机构也可根据业务发展需要，在海外，尤其是"一带一路"沿线地区，通过设立分支机构、兼并收购、投资入股等方式，提供金融服务和探索开展综合化经营。不同类型金融机构的布局也需要统一协调，并加强业务代理合作，由相关管理部门统筹协调。国内一些大型商业银行基本形成了混合经营的业务框架，也可以在集团内部进行协调。

"一带一路"倡导共商、共建、共享理念。在遵守中国监管规定的前提下，中国要注重引进"一带一路"沿线国家的金融机构，更好地为沿线国家的企业提供金融服务，进一步拓展双边投资和贸易合作，为人民币的国际使用创造更多的空间。同时，中国也要进一步深化中资金融机构与"一带一路"沿线国家金融机构之间的业务合作，推动中资金融机构在对方国家的业务发展。截至 2017 年底，已有来自 21 个"一带一路"沿线国家的 55 家银行在华设立了机构，中国银监会和 32 个"一带一路"沿线国家的监管当局签订了监管合作备忘录，为中资银行和"一带一路"沿线国家银行的合作创造更好的条件，提供更好的保障。2018 年以来，银保监会又宣布了一系列对外开放的措施，为外资金融机构在华经营提供了更大的发展空间。

中资银行的海外业务要结合本行业务优势，挖掘特色业务潜力，丰富金融产品种类，进一步提高金融服务能力，除传统的存贷款、转账汇兑、结算清算、贸易融资、项目融资、外汇买卖、代理行等传统业务外，还应加大跨境人民币业务力度。随着境内金融市场不断开放、人民币国际地位日益提高，海外对人民币资产配置的需求将不断增加。中资银行要加大人民币相关业务的营销推介力度，在财务管理咨询、行业信息收集以及兼并收购、承销上市等投资银行业务方面有所作为，逐步建立海外高端理财、投资代理、资产托管、金融市场交易等产品链，打造多元化综合性的金融服务体系，满足中外私人客户、企业集团以及不同类型金融机构的业务需要，充分提高业务水平和金融产品供给能力。

中资银行海外业务发展要把"因国施策"与"因行施策"相结合，根据所在国的经济金融状况和本行业务优势准确定位；对于旅游资源丰富的国家，重点做好国内人员的出国旅游金融业务，扩大银联网络或第三方支付在海外商家酒店的布局，完善旅行支票、担保交易、购物退税、交易安全保障等一系列金融服务，提高金融服务的安全性和便利性等；对于经济相对发达且中国留学生较多的国家，重点做好海外求学金融相关业务等；对于中国海外承揽工程且劳务输出较多的国家，做好劳工海外汇款、理财、汇率风险对冲等业务，在部分小币种国家，可以尝试以人民币支付海外劳工报酬，便利人民币工资的跨境汇款；对于海外华侨比较集中的东南亚国家，可尝试开展人民币高端理财、财富管理等业务；对于营商环境较好、投融资需求强烈且主权财富基金比较发达的中东石油输出国，可重点开展投行业务，帮助其承销证券、到中国上市或投资中国金融市场，做好投资代理等机构投资者业务。中资金融机构在海外要高度重视开展投行业务，尤其是承销"一带一路"沿线国家的证券业务。"一带一路"沿线很多国家也是外汇储备的重要积累国，中资金融机构要将投行业务和投资代理业务结合起来，利用熟悉客户的优势，帮助海外客户在中国寻找良好的投资机会，在实现自身业务多元化发展的同时带动人民币相关业务发展。

人民币跨境支付清算安排不仅是人民币国际化目标实现的重要支柱，而且是提升中国金融实力和保障金融安全的基础。中国跨境贸易深化发展，企业加快"走出去"，"一带一路"建设有序推进，对外开放新格局日渐形成，要求中国完善支付清算系统建设，建立安全、高效、便利、符合国际标准的人民币跨境支付清算体系。与此同时，人民币跨境资金规模不断扩大，管理和监测的难度也会不断增大，这会对国内宏观经济稳定和金融安全有较大影响。借助支付清算系统，中国能够更加便捷地归集跨境资金信息，监测热钱和非法资金的流动，提示相关风险并进行预警，更加有效地防范短期跨境资金大进大出的冲击，维护金融安全。2018 年 5 月 2 日，为顺应新时期人民币国际化需要，人民币跨境银行间支付系统（二期）全面投产上线，向境内外参与者的跨境人民币业务提供资金清算结算服务。跨境银行间支付系统被誉为人民币国际化的"高速公路"。相较于一期，二期进行了如下改进：在现有时序基础上进一步延时，实现对全球各时区金融市场的全覆盖；在现有的实时全额结算模式基础上引入定时净额结算机制，增加批量业务模式，满足参与者的差异化需求；业务模式更加符合国际标准，兼顾可推广、可拓展要求，支持多种金融市场业务的资金结算；丰富参与者类型，外围接入境内债券结算系统、海外证券存管或结算机构；在一期仅支持境内直参的基础上，进一步扩展为可接入海外直参，为引入更多符合条件的海外机构做好准备。至此，人民币跨境支付清算体系由前期的混合模式迈入以跨境银行间支付系统为核心的 2.0 阶段，为提高人民币国际使用效率夯实了基础。

"一带一路"建设涉及大量的工程项目融资，中资金融机构在完善传统金融产品的基础上，还要进一步创新融资方式，提高融资效率，降低融资风险。一方面，中资金融机构可借鉴国际上最新的项目融资经验，利用 PPP（政府和社会资本合作）发行项目融资债券、绿色债券等创新融资模式。另一方面，中资金融机构可以开发一些人民币对"一带一路"沿线国家货币的避险工具。随着中国和沿线国家经贸往来的加深，用人民币作为计价结算货币必然面临人民币对当地一些货币的敞口风险。同时，大部分"一带一路"沿线国家都是发展中国家和新兴经济体，金融市场不发达，缺少避险工具，存在严格的外币管制。因此，对这些国家的汇率风险管理是一个非常现实的问题。我们可以在境内开发和沿线国家一篮子货币的 ETF 产品或者汇率指数产品，用可预见的经济成本来管理对当地货币的汇率风险。当然，由于这些国家货币币种小、流动性不足，而且大家对这些市场的熟悉程度不高，市场的培育过程将会比较漫长。

以金融市场发展支持人民币国际货币地位提升机制设计

开展金融市场合作是"一带一路"倡议的重要组成部分。近20年来，伴随中国全面深入全球化，中国经济保持快速平稳发展，这为金融市场发展营造了良好的国内外环境，金融市场开放步伐不断加快。总体来看，中国金融市场开放有如下特点：放宽国外机构的身份准入；各个市场逐步开放；先以"引进来"为主，再放开"走出去"，逐步实现双向开放。截至2019年底，海外机构和个人持有境内人民币金融资产达6.4万亿元，较2018年底增加1.5万亿元，增幅达30.6%。中国资本市场开放步伐不断加快，尤其是银行间债券市场接近完全开放，为"一带一路"沿线国家提供了巨大的投资机会。

"一带一路"沿线国家经贸联系日益紧密，相关项目建设必将催生巨大的融资需求，有利于资本市场发展。此外，"一带一路"沿线国家还是原油等主要大宗商品的出口国和消费国，对大宗商品价格具有重要影响。中国要牢牢把握"一带一路"倡议为国内金融市场发展提供的重大机遇，加快对外开放步伐，形成熊猫债市场、股市国际版以及国际大宗商品市场（黄金市场国际版和原油期货市场等）"三位一体"的国际金融市场格局，并以此来支撑人民币国际化，全面提升中国在国际金融市场中的地位，为人民币国际化向纵深发展奠定基础。

熊猫债是支持"一带一路"建设的重要融资方式，同时也是人民币国际化的重要载体。熊猫债市场的发展不仅为国内投资者提供了分享海外发行主体增长收益的机会，而且为进入银行间债券市场的海外机构投资者提供了更多投资品种。同时，熊猫债市场的发展还会带来更多的信用评级、承销、经纪、会计、审计等金融中介服务需求，会进一步促进国内金融市场发展。一方面，中国要继续提高银行间债券市场的国际化水平。更多国外机构投资者参与银行间市场，更加熟悉银行间市场运作，银行间债券市场交易更加活跃，价格发现更加充分，就更有可能吸引国际机构在银行间市场发行人民币债券。此外，更多的国际投行等金融中介机构参与银行间债券市场，有助于提升该市场的国际化运作水平，形成更加友好的市场环境。另一方面，中国要允许更多的海外组织和国际机构发行熊猫债。2015 年 9 月以来，熊猫债发行频率明显加快，发行主体包括海外金融机构、招商局（香港）等海外企业以及海外政府。2018年，上海证券交易所、深圳证券交易所分别发布完善"一带一路"熊猫债融资机制的相关要求，支持境内和"一带一路"沿线国家相关机构和优质企业及国际金融机构在中国发行人民币债券。今后，中国应鼓励更多"一带一路"沿线国家的政府、金融机构或企业通过发行熊猫债募集资金，用于"一带一路"项目建设。

近年来，国际上的主要交易所掀起合并浪潮，同时对优质上市资源的争夺愈加激烈。近年来，出于国内股市容量有限和管理体制等原因，国内一些优质互联网公司纷纷在美国上市，这导致国内优质上市资源流失。在新一轮资本市场深化改革的过程中，我们应考虑把吸引国外优质公司在国内上市作为重要内容。在目前 A 股市场尚待完善的情况下，我们可考虑采取一些循序渐进的措施。例如，稳步推进创新企业发行可转换股票存托凭证试点，探索在自贸区建设股票国际版。在自由贸易账户管理体系不断成熟以后，我们可研究探索在自贸区建立股票国际版的可能性，采用更加贴近国际市场的上市标准和监管标准，吸引国内外优质企业上市，并探索国内股市进一步深化体制机制改革的制度经验；针对"一带一路"沿线国家的优质公司，可考虑允许其在边境地区的区域性股权交易市场进行交易。边境地区由于与相邻国家交往密切，对这些国家的优质公司也比较熟悉，如果相关公司有融资需求，那么我们可考虑建立适当机制允许其在边境省市的区域股权交易市场进行股权和债权交易，待培育到一些程度以后，再考虑允许其在新三板、创业板或主板市场交易；视情况发展，逐步允许国外优质公司在 A 股市场发行可转换股票存托凭证或直接发行股票，可从发达经济体等优质大公司开始，逐步扩展到其他公司。

中东、俄罗斯以及中亚地区是原油、天然气等资源的出口国，而中国、印度和东盟等主要新兴经济体则是重要的资源进口国。从市场供求决定价格的经济学最基本原理来看，"一带一路"相关国家应该是原油、天然气等商品价格的重要决定者。然而，由于以能源产品为基础资产的金融衍生品极其发达，能源产品的现货价格已经很难主要由市场供求决定，而是显著地受到期货价格的影响，而原油期货市场则主要在欧美发达国家，由国际主要金融机构主导，且原油及其金融衍生品价格使用美元标价，美元币值和美联储货币政策对其也有显著影响，从而将国际货币体系不合理的缺陷进一步放大。同样地，黄金市场也面临类似情况，黄金价格主要由伦敦市场和纽约市场的参与者决定。原油期货市场、黄金市场（现货市场和期货市场）是国际金融市场的重要组成部分，人民币能否在这两个市场的定价中起到一定作用，关系到人民币国际化能否真正成功。

2014 年 9 月，黄金交易所国际板正式在上海自贸区上线运行，会员可通过自由贸易账户参与 3 个品种的交易，国际会员还可以交易黄金主板市场上的 8 个品种。2015 年 7 月，"黄金沪港通"被推出，启动内地与香港两大主要黄金市场的互联互通。2016 年 4 月，上海黄金交易所推出的"上海金"未来可望形成与伦敦金和纽约金三足鼎立的态势。今后，中国可采取措施引入更多的国际金融机构、增加交易品种、放宽交易限制等，适时研究推出黄金期货交易的可行性，提高"上海金"的国际影响力。

原油期货交易在上海自贸区成立之初就被提上了议事日程。2013 年11 月，经中国证监会批准，上海期货交易所出资设立了上海国际能源交易中心股份有限公司。上海国际能源交易中心注册在上海自贸区，是面向全球投资者的国际性交易场所。2018 年 3 月 26 日，以人民币计价的原油期货在上海国际能源交易中心挂牌交易。虽然从短时间看，打破由美元计价石油的局面难度较大，但是从长远看，以多种货币共同定价石油将是未来发展的大趋势，凭借中国日渐增加的石油需求量，令人民币在世界石油期货定价权的竞争中谋取一席之地并非完全不可能。一方面，页岩油革命增加了美国的原油供给量，美国在原油供需方面的角色正在发生改变，美国对亚洲石油的依赖程度明显下降，这给中国增强在亚洲的石油定价权带来契机。另一方面，在当前国际形势不断变化和金融全球化进一步加深的背景下，一些石油出口国政府已经提出了用除美元以外的货币进行结算。2017 年 9 月，委内瑞拉政府发布了以人民币计价的石油和燃料价格。中国外汇交易中心于 2017 年 10 月推出了人民币对卢布的交易同步交收业务，中俄两国的"石油人民币"双边设施得到进一步完善。由此可见，国际原油由多种货币定价的趋势将不可阻挡，发展"石油人民币"具有重要的现实基础。同时，中国推出的石油期货交易中，采用人民币为交易结算单位的石油出口国可以持其所获得的人民币到上海黄金交易所兑换为黄金，这一举措将建立起石油、黄金和人民币之间更加紧密的联系，有助于加快人民币国际化的步伐。

国际金融合作支持人民币国际化地位提升的机制设计

"一带一路"不是中国一家的独奏，而是沿线国家的合唱。中国要充分利用不同类型金融机构的特点，创新打通国内与国际两个市场，积极引导政策性金融、开发性金融与商业性金融的协同并进，增强"一带一路"建设和重大项目融资的合力，形成"众人拾柴火焰高"的局面。

中资金融机构之间要加强合作。在面临激烈的国际同行竞争时，中资银行在海外要"抱团取暖"，加强中资银行之间的业务合作，尤其是与"走出去"相对较早的国家开发银行和中国进出口银行加强合作。2014 年底，为支持"一带一路"建设，中国成立了规模为 400 亿美元的丝路基金。目前，丝路基金已经投资了一些重大项目。此外，中国政府还成立了一些特定区域的中长期投资基金，如中国东盟基金、中拉基金、欧亚基金、中非基金等，中资银行也可以与其加强合作。在 2017 年 5 月举行的"一带一路"峰会上，中国提出将加大对"一带一路"建设的资金支持，不仅要对丝路基金增资 1 000 亿元，还将鼓励金融机构开展人民币海外基金业务，预计规模达到 3 000 亿元，这将推动人民币股权投资的发展。同时，国家开发银行和中国进出口银行分别提供 2 500 亿元和 1 300 亿元专项银行贷款，用于支持"一带一路"基础设施、产能建设、金融合作等。截至 2019 年 7 月，亚投行成员数增至 100 个，贷款总额达到 85 亿美元，并成功发行首笔美元全球债券，制定了一系列重要战略和政策，已成为多边开发体系新的重要一员。中资金融机构以及这些投资基金可建立适当的沟通协调机制，对于一些投资周期长、规模大的项目，采取银团贷款、债权或股权等方式提供融资，实现各类机构的优势互补并分散风险，为"走出去"的国内企业和海外客户提供更优质的金融服务。

中国要充分整合国内各类金融资源。从国内层面来看，除政策性、开发性金融机构，以及中长期开发性投资基金外，目前国内一些省份成立了所谓的"地方版丝路基金"，一些民营资本也成立了类似中国民生投资集团等民间投资机构或投资基金。在进行"一带一路"重大工程、基础设施等方面投资时，中资金融机构可以充分利用这些新型的投资机构或投资基金；对于某些条件成熟的投资项目，可以借鉴国际上成熟的 PPP 合作模式，实现政府和私营部门共同投资运作。此外，香港金融管理局也成立了基建融资促进办公室，为全球的投融资机构和企业提供信息沟通和资源共享的便利，旨在促进香港发展成为"一带一路"的主要投资和资金管理平台。中资金融机构、中国进出口银行、国家开发银行、丝路基金，以及一些中长期开发性投资基金可以采取不同方式与之加强合作。

中资金融机构要加强与国际金融机构之间的合作。对于重大工程项目，在条件适当的情况下，中资金融机构也可以与国际商业性金融机构开展合作。由于受国际金融危机冲击较大且危机后新的监管规定对资本要求更高，一些欧美商业银行信贷能力有限，但这些金融机构在"一带一路"地区扎根较深，熟悉当地市场和金融法律环境。中资金融机构虽然资本实力较强，但海外业务起步较晚，对于一些重大工程项目，可以与其他国际金融机构合作，共同参与。

此外，中资金融机构还可以与有影响力的国际开发性金融机构，如世界银行、亚洲开发银行、欧洲复兴开发银行、欧洲投资银行、金砖新开发银行以及亚投行等加强合作，形成全方位、多层次的金融支持体系。2016 年 1 月 15 日，中国正式成为欧洲复兴开发银行的成员。欧洲复兴开发银行成立于 1991 年，总部设在英国伦敦，是欧洲地区最重要的开发性金融机构之一。中国加入欧洲复兴开发银行将有力推动"一带一路"倡议与欧洲投资计划对接，为中方与该行在中东欧、地中海东部和南部及中亚等地区进行多种形式的项目投资与合作提供广阔空间。

支持人民币交易货币和储备货币地位提升的策略

稳步扩大和提升央行货币互换协议的作用

中国持续扩大双边货币互换规模，重点推动"一带一路"沿线国家签署货币互换协议。2008 年以来，中国推进人民币国际化主要通过两条主线展开：其一，中国人民银行与其他国家或地区的货币当局进行双边货币互换；其二，全力推进人民币跨境结算，建设清算网络和离岸金融市场。"一带一路"沿线国家正是人民币国际化主线的主要突破对象。2008 年以来，中国为维护区域金融稳定，促进中国与对象国的双边贸易和投资便利化，助推人民币国际化，广泛地与其他国家和地区签订双边货币互换协议。人民币国际化启动初期，由于海外人民币存量有限，其不能满足海外企业和居民的交易需求。通过货币互换，海外货币当局能够向本国商业银行和企业提供人民币融资，支付中国商品进出口的人民币需求。近年来，中国货币互换对象的覆盖面逐步扩大，从东盟、日本、韩国逐步扩大到中亚、南亚、欧洲和拉丁美洲，"一带一路"沿线国家和地区是货币互换的主要对象。截至 2018 年 4 月，共有 37 个国家和地区的中央银行和货币当局与中国央行签订了双边货币互换协议，总金额达到 3.3 万亿元。其中，自"一带一路"倡议被提出之后，中国与匈牙利、阿尔巴尼亚、瑞士、斯里兰卡、俄罗斯、卡塔尔、冰岛、印度尼西亚等签订双边货币互换协议超过 14 000 亿元。"一带一路"涉及多个国家、多个币种，相互之间的金融沟通协调并不十分发达，双边货币互换在支持双方货币合作方面发挥了积极的作用。随着"一带一路"倡议逐步推进，相关经贸往来日益活跃，金融需求也将持续扩大，客观上需要双方政府共同推动货币互换等相关金融合作，促进双方经贸发展。

中国要推动双边货币互换资金在贸易、投资及储备等多领域的运用。

中国人民银行签署的货币互换协议除在危机时期提供流动性支持以外，更重要的作用在于推动双边贸易和投资。如果双方企业需要对方经济体的货币，就可以向商业银行提出申请，商业银行再向中央银行提出申请，中央银行之间动用双边本币互换。通过货币互换，对方货币当局在获得人民币后，能够向商业银行并最终向本国企业提供人民币融资，以支持其从中国内地进口商品。同样，该国家或地区向中国出口时也可直接收取人民币。通过这种货币互换安排，贸易双方能够有效规避汇率风险，降低汇兑费用，推动双边与多边的贸易增长。同时，一旦流动性问题出现，双边货币互换协议还可以提供支持。中国人民银行通过与"一带一路"沿线国家签订双边本币互换协议，支持双边本币的使用，有助于推动中国与相关国家和地区的贸易与直接投资发展。目前海外货币当局动用的人民币余额仍较小，未来发展空间仍十分广阔。

发挥人民币国际债市的作用

加强海外人民币债券市场建设，提升海外市场发债规模，对于促进人民币国际化具有重要意义。

中国应适当放松境内实体海外发债的额度限制；打通海外人民币回流机制，满足投资者对安全性、流动性和收益性的要求；鼓励将人民币债券作为海外交易担保品，提高人民币债券的吸引力。参考主要经济体海外债市规模的占比情况，中国应努力将海外债市规模占比提升至10%。考虑到境内外的融资成本1%的价差，如果在总发债规模不变的情况下，每年境内主体的融资成本就将下降69.3亿美元。

中国应不断提高政府和非金融企业的海外发债规模，努力将两者在海外债券余额中的比例提高到25%或更高水平，以更好地促进"一带一路"建设；优化海外债券的发行币种，实现本币和外币计价债券的均衡，顺应人民币国际化的长期趋势，提升人民币计价债券的发行比例，努力将人民币计价债券发行数量占比提升至30%或更高水平。

"一带一路"倡议为银行提供了新的业务增长点。商业银行应进一步优化海外发债策略以促进"一带一路"建设，通过优化期限和币种的选择加强流动性和币种风险管理。与国内可广泛吸收低成本存款不同，债市是中资银行在海外获得资金的重要渠道。中资银行应增加海外长久期债券发行，以确保长期稳定的资金来源，防止期限错配风险；与此同时，还应优化债券计价币种，使其能够更好地匹配资产的运用，防止币种错配风险。此外，中资银行应重视资本类债务工具的补充。资本金是商业银行发展的基石，截至 2016 年第二季度末，中国工商银行、中国农业银行、中国银行、中国建设银行四大行通过海外市场筹集的资本金在总资本中的占比不足 8%，而国际大型银行的平均水平在 30% 以上。中资银行应加强资本工具创新，利用海外债市补充其他一级资本和二级资本，不断夯实银行的风险吸收能力。

由于缺乏能够被国际投资者认可的评级公司，中国境内企业海外发债评级的主动权基本被外国评级公司掌握。当前，中国应加强国内评级公司建设，摆脱评级"话语权"旁落的境地。具体有两种方式：通过国内评级公司与欧洲大型评级公司的合作，形成一两家能与美国三大评级公司进行国际竞争的评级企业；通过与金砖国家合作，形成金砖国家评级公司，从而与穆迪、标普等国际评级机构竞争。

完善金融市场互联互通机制

国际经验表明，国家主权货币的国际化是在经常账户和资本账户开放的基础上逐步实现的。2016 年 10 月 1 日，人民币正式加入国际货币基金组织 SDR 货币篮子，成为继美元、日元、欧元和英镑之后的第五种入篮货币，人民币国际化迈出里程碑式的重要一步。在此过程中，金融市场互联互通发挥了重要的作用。互联互通机制与资本项目开放相辅相成，以实现以人民币计价的各类资金的自由流动，有力地推进了人民币国际化发展。

中国要持续扩大股市互联互通规模，加速推进"沪伦通"落地；持续扩大股市互联互通额度。2014 年 4 月 10 日，中国证监会正式批复开展互联互通机制试点，沪港通于 2014 年 11 月 17 日启动，这是中国新一轮高水平对外开放，特别是资本市场对外开放的标志性事件。随后，深港通开通，形成了沪、深、港三地的"共同市场"。三年多来，沪港通、深港通运行平稳，相关跨境资金流动大幅增长。截至 2019 年 12 月，通过沪市港股通及深市港股通流入内地的资金累计达 9 934.77 亿元。易纲在 2018 年 4 月举行的博鳌亚洲论坛"货币政策的正常化"分论坛上表示，为进一步完善内地和香港两地股市互联互通机制，自 2018 年 5 月 1 日起，把互联互通每日额度扩大 4 倍，沪股通及深股通每日额度分别调整为 520 亿元，沪港通下的港股通及深港通下的港股通每日额度分别调整为 420 亿元，未来有望进一步扩大。2018 年 6 月，沪伦通正式落地，未来将成为推动人民币跨境使用的重要推动力之一。

中国债市是世界上增长最快的债市之一，过去 5 年里以 21% 的年均增速快速发展，目前已成为仅次于美国和日本的全球第三大债市。债市的国际化是人民币国际化不可回避的、至关重要的基础和要素。2017 年 5 月，中国人民银行就开展内地与香港债市互联互通合作（债券通）事宜做出公告。债券通作为沪港通、深港通的自然延伸，是继沪港通、深港通之后推动人民币国际化的又一重大突破。当前，债券通的运行机制以北向通为主，即海外投资者投资内地银行间债券市场。债券通自 2017 年 7 月 3 日开通以来，日均交易量超过 30 亿元，截至 2017 年底，247 家海外机构投资者通过债券通进入银行间债券市场，它们来自 19 个国家和地区，类型涵盖商业银行、基金公司、资产管理公司、证券公司、保险公司及基金和资管产品等，交易券种以国债、政策性金融债、同业存单为主，交易活跃度不断提升。未来，推动债券通的南向通，推动国内债市开放水平，对于形成人民币境内外循环体系至关重要。所以，中国应加快推进南向通的落地，持续扩大金融双向开放水平，为人民币国际化提供良好的制度基础。

在股票通、债券通顺利实施后，中国下一步应把沪港通的"双方共同监管"与"本地市场优先"等核心理念应用于"商品通"，实现商品期货市场互联互通。通过商品通，中国可使大宗商品产品链进入正循环，促进资源整合，形成良性竞争，既可以更好地服务实体经济，又可以在期货市场引进海外投资者。它是获取大宗商品定价权的有效途径，会推动金融市场和商品市场改革，有利于推进人民币国际化。

"互联互通"是中国资本市场走向国际创造的可复制、可延展的模式和机制。逐步建立围绕互联互通生态圈，有助于完善资本市场的国际化进程，可以拓宽国际上投资实现人民币资产的渠道，在全球范围内进行资产配置，提高人民币资产流动性，从而有力推进人民币国际化进程。

沿线国家货币的协调与合作

历史经验表明，货币合作在货币国际化中的作用巨大。人民币国际化历经近 10 年发展，成果显著，已成为全球第一大新兴市场交易货币、第三大 SDR 权重货币、第五大支付货币、第七大外汇储备货币。这为中国与"一带一路"沿线国家的货币合作提供了契机，同时也为人民币国际化提供了新的机遇。"一带一路"沿线国家的经济状况容易受到外部危机和发达国家经济增长情况的影响，多数国家的经济抗风险能力较低，经济脆弱性比较明显，在货币合作方面有较强的动力。良好的货币合作机制不仅有利于深化中国与相关国家的金融合作水平，推动贸易和投资发展，为经贸合作注入强大动力，而且有助于加强"一带一路"沿线国家的金融安全网建设，提高相关国家应对金融危机的能力，同时有助于增强人民币的国际影响力，使其逐渐成为区域主导货币。

当前，人民币在东亚地区已经具有进行贸易结算和金融投资的基础，但尚未成为区域内真正的锚货币，还需要加强区域货币金融合作。中国应积极推动《清迈协议》向制度化方向发展，完善区域经济监控和政策对话机制，引入本国货币建立地区性货币基金，这将有助于人民币成为区域内主要的区域货币。同时，中国应加快弥补区域金融市场和基础设施建设的短板，加快开发区域资本市场，增强本币在区域债市上的作用，设计共同发行区域债券计划，设计公司债券发行计划，建立区域信用评级机构，助力人民币成为区域内重要的金融投资交易货币。

以金融科技为引领，提升人民币的国际地位

当前，中国新金融生态领先全球，成为全世界最愿意采纳金融科技

的国家。特别是在过去三年里，中国第三方移动支付业务呈现两位数增长，大大提升了海外人民币的使用率与便捷度。同时，国内移动互联网的渗透程度已处于较高水平，移动互联网领域的人口红利渐失，而"一带一路"沿线国家还有很多处于功能机向智能机转换的时代，处于移动互联网红利的爆发前期，网络通信等基础设施正在不断改善，对金融科技的需求缺口大。创新科技的运用可以让"一带一路"沿线国家跳入移动互联网、移动支付时代，带动沿线国家的普惠金融技术发展。中国智能科技企业与"一带一路"沿线国家的合作越来越紧密，正在构建和巩固"一带一路"信息科技丝绸之路。同时，我们看到很多"一带一路"沿线国家的金融基础设施还很薄弱，制约了人民币在当地的推广和使用。因此，国内相关部门、金融科技公司等机构可积极响应相关国家诉求，帮助有意愿的国家加强银行卡技术、支付清算网络、互联网通信等基础设施建设，尽可能熟悉当地技术标准，甚至输出中国的金融技术标准。中资金融机构也可积极参与相关国家的金融制度、金融市场管理规定等金融顶层架构设计，这样既可以与相关政府部门保持良好的合作关系，又可以尽早熟悉相关金融规章制度，有利于快速开展业务。此外，区块链等新技术的快速发展也为国际货币体系改革带来了难得的机遇。全球商业银行不仅开始探索发行基于区块链技术的数字货币，委内瑞拉等多国政府也发行了基于区块链技术的法定数字货币，目前中国央行也在积极研究发行法定数字货币。基于区块链技术发行的数字货币有助于摆脱美元体制的桎梏，未来可加强区块链技术在 SDR 及货币体系改革等相关领域的研究及应用。

人民币走向重要国际货币的思路与对策

新时期人民币国际化的发展思路

新时期，人民币国际化地位不断提升，其中有新机遇，也有新风险。中国应立足全球化视角，切实培育发展新动力，增强风险管控能力，发挥人民币国际化的作用，稳步推进大国向强国迈进。

人民币国际化发展三步走

首先，扩大 SDR 使用，以实现人民币国际地位提升。扩大 SDR 使用将促使 SDR 成员国与使用者持有、交易人民币，开立人民币账户，建立银行间联系，将人民币纳入相关借贷协议、交易安排，充分参与人民币市场。中国应继续加强与国际货币基金组织合作，按照"从官方到民间、从计价到交易、从短期到长期、从货币市场到债市"的路径，支持推动 SDR 扩大使用。具体可从以下方面着手：在基本运营机制上，增加常规 SDR 供给，以特别 SDR 分配弥补供给缺口，实现 SDR 资金池扩容；完善定值审查机制，提升 SDR 利率、汇率公布频率，扩大并细分 SDR 可使用范围，提升 SDR 吸引力；积极拓展 SDR 国际计价功能，按照"国际与区域性机构—国际货币基金组织成员国政府—跨国公司—其他私人部门"以及"官方储备—国际收支—宏观经济金融—微观经济金融"的路径，推进统计报告 SDR 计价，探索汇率盯住 SDR 新标准；支持 SDR 资产与市场体系建设，探索设立 SDR 外汇储备池，推进 SDR 私人部门使用，完善 SDR 收益率曲线，发展 SDR 货币工具与债市。

其次，推动人民币成为重点区域锚货币。2008 年以来，国际货币体系开启寻锚新时代。当前，人民币成为全球锚货币的条件尚未成熟，成本与风险也较大。中国可以立足实际，率先推进人民币成为一些重点区域的锚货币。一方面，中国可与经贸联系紧密的国家和地区建立战略联盟，探索人民币区域新模式。中国应在东南亚地区加强区域货币合作，将人民币加入亚洲区域外汇储备库，发挥好亚投行作用。在亚洲之外的地区，中国应加强与重要合作组织之间的经贸联系，通过建立战略联盟，扩大人民币使用范围。中国还应强化与金砖国家的合作，利用新开发银行、应急储备安排平台，巩固多边货币联系。另一方面，中国要统筹推进货币互换体系建设，提供人民币流动性支持。中国要推动与新兴经济体和其他发展中国家之间的货币互换，在经济危机和投机资金的冲击下，以货币互换提供人民币短期流动性支持，抵御汇率波动风险，维护区域金融稳定。

最后，塑造美元、欧元、人民币三元货币格局。基于国际货币体系历史与变革趋势，面向未来，主导国际货币秩序的第一梯队应该是美国、欧元区和中国。2008 年以来，国际货币体系改革呼声高涨，过度依赖美元的系统性缺陷已得到国际社会的广泛认可，美元的国际垄断地位有所下降。尽管欧元的不确定性加大，但基于欧元区的总体经济金融实力，欧元仍然保持第二大国际货币地位。近年来，人民币国际化快速发展，国际使用量呈上升态势，总体进程欣欣向荣。基于国际货币基金组织的"出口 + 可自由使用"标准，人民币通过定值审查，被纳入 SDR 货币篮子，份额达 10.92%，排名第三，仅次于美元（41.73%）与欧元（30.93%），这从侧面印证了美元、欧元、人民币三元货币格局，发达经济体与新兴市场力量的制衡秩序正在塑造之中。预计未来 5~10 年，人民币将成为一种重要的国际性货币，由计价结算货币向市场交易和国际储备功能迈进，超越英镑、日元，与美元、欧元同列。

建设人民币国际债市

人民币加入 SDR 后，中国应把握契机，加速人民币国际债市建设。一方面，中国要完善境内债市，扩大双向开放：支持人民币债券跨境发行，放宽熊猫债发行主体、发行额度与资金用途限制；推进跨境结算，以境内外债券中央托管机构互联为核心，以总体额度取代单个投资者额度限制，简化手续流程，实现境内外债券结算互联互通；鼓励人民币债券作为海外交易担保品，支持海外央行将人民币国债作为流动性机制合格担保品。另一方面，中国要大力推进金融基础设施建设，保障人民币国际债市发展：统一债市监管体系，协调监管部门间职能；扩大跨境银行间支付系统在国际债券结算中的应用，完善法律、税收、投资者保护等基础性制度，加强跨境市场信息分析与监测；大力发展人民币绿色债券、"一带一路"主题债券、SDR 计价债券等特色品种，逐步获取国际债市竞争优势。

形成人民币国际化与"一带一路"建设的战略协同机制

人民币国际化与"一带一路"建设存在高度正相关的逻辑关系，共同构成了新时期中国参与引领国际新格局的两大关键抓手。

"一带一路"为人民币国际化提供重要契机。"一带一路"是新时期中国打造陆海内外联动、东西双向开放格局的重大举措，也是破解美国主导经济（跨太平洋伙伴协议、跨大西洋贸易与投资伙伴协议）包围圈的关键路径。"一带一路"涉及总人口约 44 亿，经济总量约 21 万亿美元，分别占全球的 63% 和 29%。"一带一路"沿线国家许多是发展中国家和新兴经济体，普遍处于经济发展上升期。近 10 年来，中国对"一带一路"沿线区域的进出口贸易的年均增速达 20% 左右，对"一带一路"沿线区域直接投资的年均增速超过 30%。"一带一路"沿线均非主要货币发行国，货币惯性相对较小，中国与其紧密的经济金融合作将为人民币区域使用提供坚实的载体与广阔的市场。

人民币国际化是"一带一路"建设顺利进行的重要保障与必要条件。人民币国际化可以有效防范区域内金融风险，降低交易成本，提升区域经济的整体竞争力。随着中国资本账户逐步开放，人民币国际化进程发展可以为"一带一路"沿线建设提供充足的人民币流动性，通过人民币债券、贷款、直接投资等多种形式为重大项目提供资金支持和服务便利。同时，人民币国际化也将为沿线国家提供新的国际货币及其风险管理机制，推动国际投资与合作进程，构建经济金融的安全锚，维护区域经济和金融稳定。

中国要形成以汇率、资本流动管理为核心的宏观审慎监管框架。随着人民币国际化程度提高，中国必然要面临宏观金融政策调整及其引致的宏观金融风险的严峻考验。中国应当以宏观审慎政策框架作为制度保障，将汇率管理作为宏观金融风险管理的主要抓手，将资本流动管理作为宏观金融风险管理的关键切入点，全力防范和化解极具破坏性的系统性金融危机。一方面，中国要坚持汇率市场化改革方向，提高汇率管理能力，积极引导市场预期，综合利用各类工具，完善外汇市场建设。另一方面，中国要把握自身节奏，审慎有序推进各项金融改革，及时监控跨境资本流动，切实降低国际资本冲击，在现阶段以及可预见的未来，保持一定程度的资本项目管制仍然是十分必要的。同时，中国要构建更加全面、更具针对性的宏观审慎政策框架，整合金融监管体系，做好极端波动、异常问题的处置预案，提升金融监管应急处理能力。

未来人民币国际化的发展对策

健全金融市场并逐步开放

开放性高、流动性强、有较大体量的金融市场是人民币国际化成功的重要保证。由于历史等方面的原因，中国金融市场目前的开放程度还不能和发达国家相比，并未实现资本项目的全面可兑换，因此国外机构不能直接参与中国外汇市场的投资交易，同样无法实现境内的货币市场工具融资，以及对于国内衍生品的投资。但人民币作为国际通行货币，可自由兑换是基本要求。此外，人民币作为国际结算货币之一，也要求中国证券市场、外汇市场等均在进一步完善制度的情况下，对全球各类投资者逐步开放。开放的快慢对人民币的国际影响力形成过程至关重要，在全球经济前景不明朗的情况下，中国要实现金融市场制度的建设改善，从成熟市场中模仿创新是可行选择之一。同时，中国跨境金融市场以及境外金融市场的建设显然快于境内金融市场建设。中国只有尽快实现境内、境外金融市场基础设施匹配，才能消除境内外货币价格差异给经济金融稳定造成的冲击，推动人民币国际化的健康发展。同时，中国要加强相关的信息流通速度、相关的法制监管力度，多项措施同时实行，严格维护金融市场的秩序，防范金融风险。

积极推动金融外交与国际合作

中国对于金融外交一贯都给予了充分的重视，这种态度在金融危机之后更加突出。作为中国外交的一项重要内容，金融外交主要负责两个方面的工作：其一在于实现政府间区域金融环境的资金稳定，其二则在于确保人民币的国际使用以及汇率保持。政府间的区域金融环境稳定，有助于构建人民币稳定的输出渠道；人民币的国际使用以及汇率保持从宏观层面有助于提升中国在国际政治和经济环境中的影响力，从微观层面，则对于双边贸易和投资的便利化有着显著的推进作用。从目前的情况看，中国在人民币国际化方面有能力并且有意愿面向合作国提供金融资源，同时不做出过多的额外附加条件。这种态度有助于形成中国金融外交以人民币国际化作为核心的框架体系，人民币国际化也会作为帮助形成中国金融外交的重要政策工具。在目前全球大部分国家依然以美元为锚的情况下，人民币国际化的路径需要稳扎稳打，不可能一蹴而就。从美元、英镑、日元、欧元的发展历程来看，一国货币要从区域性货币开始，不断扩大影响范围，最终过渡至全球性货币。从中国目前的经济影响力范围和地缘政治因素角度出发，人民币首先实现亚洲化，特别是在东南亚地区，然后扩展到中亚、西亚，最终实现全球化，是可行路径之一。

发挥政府政策与国家战略的推动作用

当前，欧洲经济前景不明朗、美国复苏缓慢、日本陷入长期通缩的阴影，中国政府更应抓住历史机遇，在国际货币重构过程中对人民币在国内外的便捷使用进行政策扶持，包括与其他国家积极商议制订相关结算协定等，从而有效增强海外人民币使用者的信心，更好地发挥政府在人民币国际计价中的推动作用。首先，政府应积极推动在对外贷款、涉外采购以及对外援助等活动中采用人民币计价。日元国际化初期，日本政府在涉外活动中，尤其是在对外援助等活动中积极使用日元，对日元国际化起到了极大的推动作用。因此，中国必须充分利用庞大的涉外采购和对外援助的优势，推动人民币国际计价。其次，政府应推动对外经济统计中采用人民币计价。再次，政府应当设立人民币计价奖补措施，通过成立财政专项基金，对在国际贸易投资中使用人民币计价的企业进行奖励激励，在涉外企业中树立榜样。最后，政府应加大在涉外经济活动中人民币计价的宣传，积极推动涉外经济主体采用人民币计价。

"一带一路"倡议的实施将极大地活跃沿线国家和地区的经济贸易活动，同时也会促进人民币在沿线国家和地区的使用。随着商品和投资的流动，人民币也会加速在沿线国家和地区聚集，人民币海外外汇储备增加。因此，中国需要积极推进"一带一路"倡议实施，加强人民币在沿线国家和地区的计价功能,具体而言:以"一带一路"建设为纽带,连接沿线各国,加强经济合作,促成中国与沿线各国的大宗商品交易采用双边本币计价结算,并积极推进采用人民币计价;坚持对外投资、援助项目采用人民币计价,在"一带一路"沿线基础设施建设投资时,应积极争取采用人民币计价;充分发挥丝路基金和亚投行的作用,积极推动实行人民币计价。丝路基金和亚投行在"一带一路"沿线国家基础设施建设、经济发展等方面提供资金支持,是"一带一路"建设中的重要金融平台。中国可积极发挥丝路基金和亚投行的作用,在对沿线国家的投融资活动中推动人民币计价,从而使人民币计价在沿线国家中形成货币惯性,以"一带一路"助推跨境人民币计价。

推动大宗商品以人民币计价

中国作为全球最大的大宗商品生产国与消费国,对全球大宗商品市场的影响力不断增加,但人民币在大宗商品计价方面发挥的作用与此极不匹配。因此,推动大宗商品人民币计价,建立人民币计价的大宗商品远期价格曲线,抢占全球大宗商品定价权,对于人民币国际化和提升中国在国际贸易中的地位具有重大意义。中国要抓住上海自贸区建设契机,积极搭建和完善大宗商品国际交易平台。中国要以上海建立国际金融中心为切入点,建立多层次的国际大宗商品市场,同时吸引境内外投资者积极参与。中国可在上海自贸区建成8家国际大宗商品交易中心、在推出人民币黄金基准定价和原油期货的基础上,进一步推出人民币期货,使其与原油期货等结合起来,提高人民币在大宗商品定价权中的地位。中国可通过大宗商品市场和金融市场的协同发展,使人民币计价更有生命力。中国要积极发展配套金融服务,扩大中国大宗商品交易中心在国际市场中的应用。中国可推动国内商业银行与大宗商品交易中心对接,深化两者之间在期货、现货以及场外交易业务的合作,支持交易中心推出对境内外投资者有吸引力的以人民币为计价货币的产品。此外,商业银行可以积极为境内外投资者和交易商提供结算、经纪、咨询等全方位的金融服务。

合理制定人民币国际储备目标

人民币在未来较长的一段时间内还较难达到可与美元比肩的国际化程度，过快的政策推进反而会给国内经济造成较大的冲击，因而中国应选择适合当前自己国情的速度和规模推进人民币的国际储备。就目前的国际货币体系而言，中国加入 SDR 的影响力仍有限，人民币货币篮子的比率不过 10%，而 SDR 占全球外汇储备的比重不超过 4%，对中国这个全球第二大经济体而言，其政治意义多过经济意义。截至 2019 年第三季度，在全球各经济体央行持有的外汇储备中，人民币资产占比升至 2.01%，创下 2016 年 10 月以来最高水平。但人民币在已支配外汇储备中排名第 7 位，落后于美元、欧元、英镑、日元、澳元、加元。相比其他主流的外汇储备货币，美元储备占 63.06%，欧元储备占 19.69%，英镑储备占 4.41%，日元储备占 4.21%，加元储备占 2.04%，澳元储备占 1.85%。未来，理性规划人民币国际化进程，设定合理的人民币国际储备目标，如将人民币国际储备比例提高至约 10%，使美元占 50%，欧元占 15%，英镑、日元各占约 5% 的水平，既有利于中国对外贸易发展和经济利益，又能够实现国际储备货币的多元化，维持国际金融体系的平衡。中国应以科学合理的速度和路径推进人民币国际化进程，以审慎的态度对待人民币国际地位的变化。

第九章

外汇储备管理与运用：
从储备过剩到"藏汇于民"

改革开放以来，中国外汇储备不断增加，如何合理利用外汇储备一直是国内学者和社会各界关注的焦点。近年来，"藏汇于民"为解决中国外汇储备的使用问题提供了新的思路。

外汇储备管理与运用相关文献综述

研究背景与研究意义

研究背景

改革开放以来，中国实行外向型经济增长模式，鼓励引用外资，出口不断扩大，国际收支"双顺差"使得外汇资产快速增长；与此同时，在长期实施强制结售汇制度下，中国人民银行成为外汇的最大买家，导致绝大部分外汇资产由中国人民银行持有，最终转变为外汇储备。自2006年以来，中国外汇储备规模一直高居世界第一。在经历了近年来外汇储备规模的大幅波动后，截至2020年9月底，中国外汇储备规模为31 426亿美元，仍处于3万亿美元之上，基本相当于全球第四大经济体德国的经济总量。规模庞大的外汇储备成为中国综合国力及国际影响力的重要标志，提升了中国的对外支付能力，推动了经济增长。但是，高额的外汇储备游离于中国经济循环之外，在储备货币贬值的情况下还面临资产大幅缩水的风险，也会冲销货币政策的效果，削弱货币政策的独立性，在一定程度上增加通货膨胀的压力。当前，中国的外汇储备管理主要存在以下问题。

外汇储备规模超过合理水平。通常而言，国际上大多采用特里芬比例法来度量一国外汇储备的适度规模。该理论指出，一国的外汇储备应与其贸易进口额保持一定的比例关系，以40%为最优标准；当这一比例低于30%时，外汇管理当局就应该采取措施进行调节；20%为最低界线。通过计算可以发现，中国外汇储备规模大大超出了正常值范围。比如，2018 年底，中国外汇储备规模为 3.07 万亿美元，当年进口额为 21 356.4 亿美元，进出口总额为 46 230.4 亿美元，外汇储备规模是进口额的 143.5%，占进出口总额的 66.5%。

成本收益倒挂，面临资产缩水风险。当前中国外汇储备资产主要是以金融资产为主，而在金融资产中又以美国国债为主。持有外汇储备是有成本的，它意味着放弃持有其他更高收益资产的机会。经过粗略估计，包括中国人民银行在伦敦、香港等离岸金融中心购入的美国国债在内，中国持有的美国证券资产规模在 1.5 万亿~2 万亿美元（其中长期国债约 1.2 万亿美元），在外汇储备中的比重超过 50%。目前，美国 10 年期国债收益率在 2.6% 左右，远低于投资于国内企业或在亚洲的投资回报率。

因此，如何着眼于全球市场来管理和运用外汇储备，使其既能作为国家对外经济交往中的"战略利器"，提升国家话语权，又能在推动国家经济发展转型中发挥积极作用，全面满足企业和居民"走出去"的需求，更好地推进"一带一路"建设等，成为我们当前需要深入研究的问题。

研究意义

中国外汇储备的传统模式是"藏汇于国"，企业和居民的外汇存款占外汇储备的比例较低，绝大部分外汇资产掌握在政府手中。但从国际经验看，发达国家外汇储备的模式主要是"藏汇于民"。以德国为例，截至 2014 年底，德国政府和居民共计拥有外汇资产 9.26 万亿美元，其中德国民间外汇资产规模高达 9.08 万亿美元，占全部外汇资产的 98% 左右。外汇资产更广泛地流于民间，不仅缓解了外汇储备急剧增长导致的通货膨胀压力，而且民间有更具活力的投资方式，使得外汇资本的收益远高于政府对外投资所得。因此，从国际经验来看，从"藏汇于国"模式向"藏汇于民"模式转变，既是外汇储备运用的主要方式，又是实现国家外汇资产持有主体多元化的重要突破口，更是外汇储备体制改革的关键环节。

2006 年，时任中国人民银行副行长吴晓灵首次提出"藏汇于民"的概念，并将"藏汇于民"解释为"通过市场化方式来化解和消化央行手上过多的或是结构不够合理的外汇储备"。2011 年，时任中国人民银行行长周小川对"藏汇于民"做了进一步解释：所谓"藏汇于民"并不是让老百姓把外汇藏到自己手中，而是老百姓可自行决定运用外汇，包括投资外汇等。尽管中国官方提出"藏汇于民"已有数年时间，并于 2007 年放松强制结汇政策后陆续推出多项相关政策，但"藏汇于民"的政策效果并不明显。

近年来，国内外经济形势、外汇储备变动及人民币汇率弹性增强等态势，均为实施"藏汇于民"战略提供了有利条件。通过深入研究日本、德国、新加坡和中国台湾等地"藏汇于民"的实践和经验，全面探讨中国大陆"藏汇于民"的机制、路径与配套政策，具有重要的理论意义和实践价值。

相关文献综述

近年来，外汇储备增长过快、持有成本增加及其带来的宏观金融风险问题引起了各界的高度关注。对这一问题的研究主要集中在以下领域。

外汇储备高速增长的原因分析

长期以来，学者对中国外汇储备增速过快的原因进行了深入分析，主要包括经济失衡论、全球分工论、全球流动性过剩、外汇管理及汇率制度等。宗良（2011）认为，外向型经济发展模式是导致中国外汇储备增长的重要原因。管涛（2010）则从国际收支失衡角度加以解释，认为持续"双顺差"是导致中国外汇储备增长过快的原因，而这又与国内消费相对不足、国内金融市场不发达和中国在全球产业中的经济地位有关。

外汇储备的成本和收益研究

近年来，中国外汇储备超过合理规模，保值、增值压力较大，并导致宏观成本上升已成为各界普遍共识。易纲提出，外汇储备继续增加的边际成本可能已超过边际收益，有必要加快"藏汇于民"。郭德友

（2013）通过实证分析得出结论：中国外汇储备规模与消费物价指数之间确实存在一定的相关关系，外汇储备的过快增长已成为当前中国通货膨胀压力增大的重要原因之一。管涛（2009）认为，外汇储备的较快增长除了增加宏观调控的复杂性和金融体系的脆弱性之外，还可能导致贸易摩擦增加，人民币升值压力加大。谷宇等（2011）、徐炜等（2012）通过实证研究发现，中国外汇储备规模的增加是人民币汇率升值压力的来源。李海燕（2012）认为，高额外汇储备给人民币带来升值压力，而人民币升值预期又促使大量"热钱"流入进行短期投机，容易引发资产价格泡沫，增加中国人民银行金融调控难度。

外汇储备合理规模研究

外汇储备作为平衡国际收支、提高对外支付、稳定本币汇率的重要手段，具有十分重要的作用。但是，过度的外汇储备也会带来巨大的保值、增值效应，因此对外汇储备合理规模这一问题的讨论十分丰富，最早可追溯到 20 世纪 40 年代。特里芬（1947）提出比例分析法，即一国最优外汇储备规模对年度进口额的比率不少于 30%。海勒（1966）、阿格沃尔（1977）则运用成本-收益法估算了外汇储备合理规模。韦恩霍尔兹和卡普坦（2001）指出，可以把外汇储备与 M2 的比率在 10%~20% 作为固定汇率制下，国家外汇储备是否充分的最低判断准绳。吉恩和兰塞勒（2007）认为，外汇储备与 GDP 的比率不应低于 9%。李巍和张志超（2009）将金融不稳定因素引入中国外汇储备适度规模研究中。周光友和罗素梅（2011）基于多层次需求分析框架对中国合意外汇储备规模进行了测算。总的来说，各界对外汇储备的功能、成本及收益有着不同的认识，对于合理的外汇储备规模也有着不同的衡量标准，对中国究竟应持有多大规模的外汇储备才是合理的这一问题尚未形成共识。

外汇储备管理优化研究

专家学者对这一问题的讨论主要集中在如何通过管理体系、资产结构、币种结构、战略性资源配置的优化以实现外汇储备的保值、增值。

隆国强、左小蕾（2008）强调将外汇储备资产用于能提升中国长期竞争力的战略性资源上。谢平（2009）认为，对大多数国家来说，建立主权财富基金是更加现实的选择。王永利（2011）认为，建立国家专项外汇基金有利于外汇储备合理分流。李翀（2010）认为，除建立政府石油储备、以贷款换石油和增加黄金储备外，还应当限制部分产业的出口。钟伟（2011）提出，应实现外汇储备的分类管理，对冲性储备仍以固定收益投资为主，兼顾安全性和流动性；储蓄性储备将以股权和实物资源投资为主，强调投资的长期价值。管涛（2014）认为，解决外汇储备规模较大的问题，要双管齐下，既要解决好流量问题，又要盘活存量，核心作用是转变经济发展方式，促进贸易收支平衡，加快汇率形成机制改革。

"藏汇于民"的机制、路径及策略研究

目前专家学者针对这一部分的研究相对薄弱，尤其是对"藏汇于民"机制的研究则更少。吴晓灵首次提出"藏汇于民"的概念时，要求通过市场化方式来化解和消化央行手上过多的或是结构不够合理的外汇储备，并提出了三大路径。一是调整"宽进严出"的外汇政策取向，解决外汇储备过快增长的政策源头。二是进一步扩展外汇资金运用方式，变"藏汇于国"为"藏汇于民"。三是有序可控地拓宽资本流出入渠道，稳妥推进对外投资，构建完整的"走出去"外汇管理促进体系。刘文娟（2007）、杨缅坤（2011）认为，实施"藏汇于民"战略有利于缓解人民币升值压力，缓解外汇占款，从而减轻基础货币的发行压力，提高货币当局货币政策的独立性。王永中（2011）、赵颖（2012）认为，"藏汇于民"战略能够推动个人海外投资，从而实现民间资本的保值、增值。

但是，对于到底什么是"藏汇于民"，不同的学者有不同的理解。张维迎（2009）、王军（2011）、张斌（2012）认为，"藏汇于民"就是将现有外汇储备以合适的方式分给居民，并提出将部分外汇储备间接投资社保基金以实现"还汇于民"。周小川（2011）认为，"藏汇于民"是由居民自行决定如何运用外汇，包括投资外汇等。

在"藏汇于民"的路径和方式上，不同的专家学者也提出了不同的

意见。余永定（2009）、宗良（2011）认为，应首先通过转变经济发展方式来实现贸易平衡，减少外汇储备过快增长的压力。在存量外汇资产的重新优化上，宗良（2011）认为，可通过建立海外投资资金、增加对外股权投资等方式，支持企业"走出去"，同时加快汇率形成机制和资本项目可兑换改革，推动"藏汇于民"。丁志杰（2006）、张茉楠（2014）建议，可以通过储备证券化，加快开放居民的海外证券投资。钟伟（2011）认为，"藏汇于民"的主要障碍不在于政策，而在于涉汇主体的持汇意愿。陈炳才（2011）认为，推动"藏汇于民"的关键是人民币汇率需要不确定性波动，这样居民才愿意持有外汇。许罕多（2011）、赵洪波（2012）等建议推动境内外汇投资的创新，加快股权市场和外汇市场的发展，建立以外汇结算的黄金、期货交易平台，拓展外汇资产的投资领域，为"藏汇于民"创造更好的条件。陈雨露（2008）、夏斌（2011）提出，落实"藏汇于民"的根本之道还在于人民币国际化。一方面，"藏汇于民"的推进将倒逼资本项目可兑换提速；另一方面，资本项目开放又将加速人民币国际化。

中国在实施"藏汇于民"的过程中也可能会引发一些潜在的问题。吴晓灵（2006）、黄国波（2014）认为，如果将外汇储备直接分给国民，将使中国人民银行对应的负债失去支撑。与此同时，将部分外汇储备分给国民用于刺激国内消费可能会使分出去的外汇再回到中国人民银行，形成二次结汇，引发通货膨胀。张斌（2013）也认为，如果"藏汇于民"的分配方式不当，还可能造成更大的无效率投资、更大的公共资产流失，以及严重的分配不公和腐败问题。也有观点认为，"藏汇于民"的过程存在资本外逃的风险。

总的来说，上述研究普遍认为，规模较大的外汇储备为提高对外支付能力、稳定本币汇率、推动经济增长发挥了重要作用，但是也带来较大的成本。因此，上述研究认为加快外汇储备管理和运用改革的必要性不断上升，并提出了优化外汇管理的路径，这为中国外汇储备管理改革提供了很好的思路。但是，以下领域的研究尚存在一些不足。

一是对"藏汇于民"的机制缺乏深入探讨。目前，在中国资本账户未完全开放的背景下，居民的持汇意愿往往与人民币汇率及外汇金融市场的发育程度紧密相连。与此同时，实现"藏汇于民"面临诸多机制障碍。例如，个人项目的对外投资还受到诸多制约，企业在海外的融资需求也面临金融服务不足等现实问题。要解决这些问题，需要深入分析推动"藏汇于民"还需要哪些条件和基础，以及创造这些基础和条件所需要的配套改革。

二是对外汇储备管理体制改革的系统性思考和顶层设计不完善。上述研究主要着眼于"收益最大化"这一目标来讨论外汇储备存量的优化。外汇储备管理体制改革还需要从推动经济转型、加快企业"走出去"进程、提升金融竞争力等多层次目标出发，加强顶层设计、分类管理；以"创新体制，降低增量，优化存量"为核心，实现外汇储备存量和流量的"双重优化"。

三是对合理的外汇储备规模尚未形成共识。由于对外汇储备的性质及功能存在很多认识上的差异，各界对中国究竟应持有多大规模的外汇储备是合理的这一问题还未形成共识。未来，考虑到外汇储备形成机制的基础、条件正在发生变化，需要做出更多动态和前瞻性判断，以确定合理的外汇储备规模及持有结构。

日本"藏汇于民"的经验与借鉴

日本实施"藏汇于民"时的经济状况与中国推行该战略的背景有许多相似点，如本币面临来自国外的升值压力、本国经常账户尤其是贸易项长期保持着顺差、本国外汇管理相关的法律法规偏向管制而非自由、本国金融市场相对封闭、外汇储备规模十分庞大等，但日本在数十年的改革中逐渐成功实现了"藏汇于民"。

日本的外汇储备及管理模式

日本是典型的商品和资本输出国家，也就是实行外向型经济模式。20世纪80年代中期以来，日本长期保有巨额的经常项目顺差，这是日本外汇储备持续增长的主要来源。日本的经常项目收支账户由货物贸易、服务贸易、经常转移和所得收支4个子账户组成。随着日本对外投资回报不断增加，所得收支日益成为其国际收支顺差的重要来源。此外，由于日元在国际货币体系中的地位难以与美元抗衡，日本政府非常重视外汇储备的增加，并频频借助政府储备在外汇市场上干预日元汇率，减缓日元汇率波动对日本经济的冲击。20世纪80年代中期以来，日本为遏制日元升值而大量购进美元，这也是导致其外汇储备迅速增加的主要原因。

根据日本财务省（即财务部）的统计数据，截至2018年12月，日本的外汇储备达1.21万亿美元（见图9.1）。如果不是受到金融危机的影响，日本的外汇储备规模可能更加庞大。其中，2008—2010年，受国际金融危机影响，日本的外汇储备总量一度回落至万亿美元以下，但自2011年起重现增长势头。虽然日本的这一增长速度与中国相比较逊色了很多，但在全球范围来看，日本仍然是外汇储备增长较快的国家。

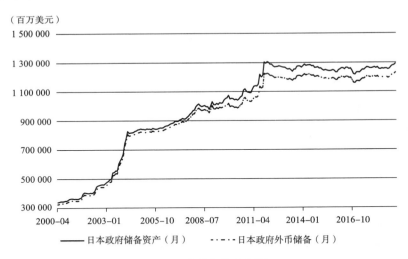

图9.1　日本外汇储备规模

资料来源：日本财务省

日本在1951年颁布了《外汇储备特别会计法》，确立了日本财务省主导的外汇储备管理模式。日本的外汇储备由两部分组成：一是财务省管理的外汇基金特别账户中的资产，二是日本银行（日本央行）所持有的外币资产。其中，日本外汇储备的 80% 左右都通过财务省的外汇基金特别账户进行管理，日本央行只持有外汇储备的很少一部分。对于外汇基金特别账户，日本财务省并不直接进行操作，而是由日本央行作为代理人按照财务省的指令进行操作。对于日本央行直接管理的那部分外汇储备，日本央行具有完全的自主决策权力。

财务省持有外汇储备和央行持有外汇储备的模式下，购买外汇储备的资金来源和效果有较大不同。央行购买外汇储备的资金来源是增发货币，因此央行购买并持有外汇储备会造成基础货币供应量的增长。而财务省购买并持有外汇储备的资金来源是市场上筹措的资金，不会引起基础货币供应量的变化。按照日本《外汇储备特别会计法》，财务省首先在金融市场发行政府短期债券以筹借日元资金，再用此资金购买外汇储备。只有在特殊情况下，财务省才向央行发行定向短期债券以获得资金。如果财务省用从央行获得的资金购买外汇储备，也会影响日本的货币供应量，增加市场上的总流动性，央行就会通过公开市场操作对这部分流动性进行对冲。

为防止日元升值对出口等外向型产业造成损害，日本频繁地在外汇市场上对日元汇率进行干预。日本外汇储备的增减与其对外汇市场的干预休戚相关。当日元出现快速升值的趋势时，若日本政府不希望看到这种情况，就会卖出日元，购买外汇储备。在干预日元汇率时，日本财务省并不直接进行操作，而是由日本央行充当财务省的代理人、通过对财务省管理的外汇基金特别账户的操作实现。当需要卖出外汇时，日本央行在外汇市场上出售外汇基金特别账户中的外汇资产，此时该账户中的外汇资产减少，而日元资金增加；当需要买进外汇时，所需要的日元资金主要通过发行政府短期债券来筹集，筹措资金后买入的外汇资产记入外汇基金特别账户中的外币资金中，此时该账户中的外币资金增加，日元资金减少。通过上述操作，日本央行对外汇市场进行干预，从而达到稳定汇率的目的。

在外汇储备的投资和资产管理方面，日本央行也是以财务省的代理人身份进行的。日本财务省规定，日本央行对外汇储备的管理应当遵循以下原则：在保持外汇资产的安全性和流动性基础上，尽可能地追求盈利。日本的外汇储备仍比较保守，基本上投资于收益比较稳定、风险很低的债券资产，包括流动性强的国债，政府机关债券，国际金融机构债券，资产担保债券，在各国央行的存款，以及国内外信用等级高、偿还能力强的金融机构存款等，此外还会涉及权益类、金融衍生类、战略资源投资等。因为日本国内资源非常贫乏，所以其将一部分外汇储备转化成了战略性资源储备，如石油、矿产、稀有金属等。

日本实施"藏汇于民"的原因

与中国一样，日本的外汇管理制度同样经历了早期的政府集中持有、限制民间外汇交易的阶段（见图9.2）。随着本国经济发展状况及所面临的国际环境的变化，日本的外汇管理政策逐渐放松，在不同的历史阶段进行了相应改革，最终形成了外汇资产大部分保留在民间的状况。

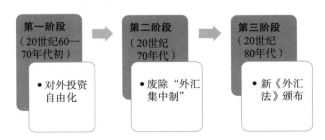

图9.2　日本"藏汇于民"的三个阶段

在20世纪80年代日本政府基本放开资本项目之前，日本政府和民间已采取了许多事实上的"藏汇于民"的做法。例如，1969—1972年，日本在货物贸易上持续大量顺差，从而与欧美发达国家频繁发生贸易摩擦。为绕过欧美国家的贸易壁垒，日本企业不得不选择进行对外直接投资，以投资替代贸易，以投资促进贸易。此外，日本国内由于生产成本上升而失去竞争力的"夕阳产业"也有对外转移的客观需要。当时，日本国内出现的对外产业转移的需要使得日本政府不断推进对外直接投资自由化，这在很大程度上放松了民间尤其是企业持有并使用外汇的限制，可以被看作日本"藏汇于民"的早期实践。

从 20 世纪 70 年代开始，日本的经济基础不断强化，市场体系逐步完善，具备了较强的抵御外部冲击的能力，从而对以外汇储备稳定经济的需求有所下降。在这种情况下，如果政府继续持有过量外汇储备反而会加重维持汇率稳定的压力，并且不利于巨额外汇储备的保值、增值。于是，1972 年 5 月，日本政府废除了"外汇集中制"，允许居民与非居民在日本的银行进行外币存款，从此日本的外汇由政府集中持有变为政府、企业和居民共同持有，"藏汇于民"政策取得重大进展。

20 世纪 80 年代以后，日本原有的金融体制已无法满足经济进一步发展的需求。而且，随着经济全球化的发展，国际金融自由化浪潮出现，日本受到了来自国内和国际的开放资本账户、改革金融市场的压力。在这一阶段，日本通过了一系列对金融体制的改革，包括出台 1980 年《外汇法》、1998 年《外汇法》等，使得资本项目的开放由直接投资扩大到间接投资，金融市场的自由化与国际化程度大幅提升，从而在很大程度上为"藏汇于民"创造了宽松的政策环境。为提高资本账户自由化程度，日本政府鼓励民间持有外汇、对外直接投资和海外证券投资，为本国企业和个人的海外投资提供了更多的渠道和避险选择。

日本"藏汇于民"政策法规的构建

日本从 20 世纪 80 年代起开始推动从官方债权国向私人债权国转型的战略。1980 年，日本政府修改了《外汇法》，规定汇率根据外汇市场的供求状况而定，日本当局对外汇交易不做限价规定；外国对日本的直接投资可在发生后向大藏省（即财务省前身）备案，日本在国外的直接投资必须事先向大藏省呈报；非贸易外汇收支一般不受限制，居民与非居民均可自由地携入任何数量的日元或外币；其他经常性的非贸易支付，如出国旅游购买外汇不受限制；居民和非居民可以在指定银行开立外币存款账户，该存款转成任何外币均不受限制；居民个人和公司在海外的存款期限在两年以下，金额在 3 000 万日元以上、1 亿日元以下，均可得到日本银行事先自动批准，海外存款在 3 000 万日元以内不受限制；有权经营保险、运输、证券业务的日本企业，可在其许可证限额内，保有其海外存款余额。1998 年，日本政府再度修订了《外汇法》，原则上废除了事前许可和申请制度以及外汇兑换公认银行制度和兑换商制度，原则上实现了民间外汇交易完全市场化。2005 年，日本政府提出由"贸易立国"战略向"投资立国"战略转变，开拓了民间外汇资本对外投资的多元化渠道，包括对外直接投资、对外证券投资等，以逐渐实现从国家对外投资转向民间对外投资，使得民间外汇资本持有者在国外金融市场实现资产的保值、增值，提高了民间持有外汇资本的积极性。在此基础上，日本政府继续激发民间外汇资本的活力，提出以提高对外资产收益率为中心，努力改善国际投资的结构和质量，争取到 2030 年把所得收支盈余对GDP 的比率提高一倍。

虽然日本的外汇储备仍增长迅速，但长期和系统的"藏汇于民"政策取得了较好的效果。日本成为私人债权大国。近年来，日本积极推动向私人债权大国转型，日本政府储备资产占日本对外资产的比重不足20%。民间持有的，包括居民持有的海外资产、居民非日元外汇存款、企业持有的海外资产、海外投资净头寸等民间外汇资产占比超 80%。同时，日本外汇储备形成的原因发生了变化，即国际收支顺差的来源出现了结构性转变。由于日本民间外汇资本充裕，海外投资焕发了活力。投资收益在国际收支顺差中所占比重明显增加，成为日本实施"藏汇于民"政策的重要效果之一。

日本"藏汇于民"的具体措施：汇率政策调整与金融市场发展

自由的浮动汇率制作为"藏汇于民"政策的重要组成部分和前提，为日本顺利实施"藏汇于民"政策创造了良好的条件。从理论上讲，一国实行自由的浮动汇率制，意味着该国货币的汇率很大程度上取决于外汇市场上货币的供求状况，而政府只需要在出现恶性投机等突发事件时采取措施稳定汇率，便可以减轻货币当局为维持汇率目标而干预外汇市场的压力。按照日本的汇率制度，日元汇率是由外汇市场的供求关系决定的浮动汇率，必要时日本政府会采取措施以稳定汇率。因此，浮动汇率制下日本货币当局稳定汇率的压力相对较小，相应地需要持有的用于干预外汇市场的外汇储备也较少，从而有条件实行"藏汇于民"。此外，从外汇储备的职能上讲，对于发挥对外支付、增强自身的国际信誉等用途，日本外汇储备的规模都显得过于庞大，而且国际投机冲击对实行浮动汇率制的经济大国的影响相对于那些实行固定汇率制或盯住汇率制的国家更小，因此日本没有必要持有过多的外汇储备用于防范国际投机冲击。

就日本的汇率制度而言，日本在实行浮动汇率制的同时废除了外汇集中制，并且逐步放松了资本管制和日元在经常项目和资本与金融项目下的可兑换性。这一方面可以通过降低政府干预外汇市场、调控本币汇率的压力，打破"不可能三角"困境，从而使政府有余力、有底气地实行"藏汇于民"；另一方面可鼓励民间持有外汇，极大地推动了日本民间将手中外汇用于国际投资、参与外汇市场交易并获得外汇投资收益的活动。

具体来看，1949—1971 年的 22 年间，日本一直采取 1 美元兑 360 日元的固定汇率制。1971 年 12 月，日本签订了《史密森协议》后，日元兑美元汇率上升至 1 美元兑 308 日元，日元汇率波动范围也从 1% 上升为 2.5%，这是日元持续升值前的最初一次较大幅度调升币值（见图 9.3）。1973 年 2 月 12 日，日本与美国达成了日元兑美元升值 17%~20%，并让日元汇率自由浮动的协议，标志着日本从固定汇率制走向有管理的浮动汇率制。随后，除两次石油危机冲击外，日元总体呈现升值态势，截至 1985 年 9 月，日元逐步升值为 1 美元兑 240~250 日元。1985 年 9 月 22 日，美国、英国、德国、日本、法国五国达成《广场协议》，日本主动提出同意日元升值 10%~20%。《广场协议》的签署，标志着日本的汇率制度进入自由浮动汇率时期。1985 年 9 月 23 日至 10 月 1 日的一周内，日元升值 11.8%，当年升值 25.2%。1986 年 5 月，七国集团召开东京会议，再次确定日元继续升值的原则。到 1987 年底，日元已累计升值 103.3%，兑美元的汇率升至 1 美元兑 120 日元，1995 年达到 1 美元兑 80 日元。可见，正是日元升值的大背景，激发了外汇资金所有者对外投资的热情。因此，确切地说，日元升值构成了"藏汇于民"的重要组成部分。

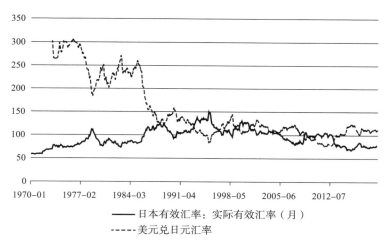

图例：
—— 日本有效汇率：实际有效汇率（月）
----- 美元兑日元汇率

图 9.3　日元兑美元汇率和实际有效汇率

汇率制度调整带来的金融市场的发展也是推动日本"藏汇于民"政策的重要手段。经过 20 世纪 70—90 年代渐进推进利率自由化、80 年代取消外汇管制、90 年代"金融大爆炸"改革后，日本已经建立起包括外汇市场、股市、金融衍生品市场、货币市场、债市和商品期货市场等在内的一整套完备的金融市场体系，交易产品囊括了全球主要的金融工具，在国际金融市场中占有重要地位。在金融市场的演变过程中，民间对外投资越来越自由，投资渠道也越来越多元化，"藏汇于民"才因此得以顺利实施。

具体而言，从 20 世纪 70 年代开始，在贸易、投资需求增加和管制放松的环境下，东京外汇市场迅速崛起，交易规模迅速扩大。从 1980 年颁布的《外汇和外贸管制法》取消资本管制至 1985 年，不仅包括日元与美元交易的外汇市场业务全面开展起来，而且国内市场银行间的直接交易也被批准；1987 年 5 月，大藏省批准了本国银行、证券机构投资者直接参加海外期货以及期货期权的交易；1988 年 3 月，本国机构被批准直接参加海外现货期权的交易，从而推动了本国机构对外的投资活动；1989 年 6 月，东京金融期货交易所开办日元美元货币期货交易。在这 4 年中，日本成为世界第一大债权国，东京股市成为世界第一大股市；日本银行在国际金融市场上占据 1/3 强的份额。从 1970 年到 1992 年 4 月，东京外汇市场的交易量从 115 亿美元增长到 1 280 亿美元，成交量增加了 60 多倍，成为亚洲最大、世界前三名的外汇交易中心。目前，日本有两大金融期货交易所——大阪证券交易所与东京证券交易所，主力品种是日经指数期货与东证股价指数期货。日本还设立有 7 家商品期货交易所，分别是东京工业品交易所、东京谷物商品交易所、大阪商品交易所、中部商品交易所、横滨商品交易所、关西商品交易所以及福冈商品交易所，其中东京工业品交易所已成为世界上第二大商品交易所。

日本"藏汇于民"政策的实践效果

日本民间使用外汇的主要渠道包括进行外币存款、对外直接投资、证券投资及其他投资。从数据来看，1971—2012 年，日本民间所持对外资产占该国对外总资产的比重从最低的 50% 多上升至最高的 90% 以上。1979 年至今，虽然日本民间对外资产占日本对外总资产的比重有升有降，但是始终维持在 80% 以上的高位。如果考虑民间持有的外币存款因素，那么政府持有的外汇资产甚至可能更少。由此可见，日本灵活的汇率形成机制、发达的金融市场、完善的外汇法律法规等，使得"藏汇于民"政策得到顺利实施，充分调动了民间持汇、用汇的热情与积极性，使得外汇资产没有高度集中于政府手中，反而"为民所用"，实现多渠道投资。

德国"藏汇于民"的经验与借鉴

与日本相比，德国"藏汇于民"政策的实施过程较为漫长，经历了 20 余年的时间。其内容涉及面也较为广泛，不仅包括各项放松外汇管制、鼓励民间持有外汇资本的政策，而且涵盖了经常账户与资本金融账户的开放、金融市场的建设、汇率市场化进程等多个领域配套措施的系统性跟进。

"藏汇于民" 与放松外汇管制

早在 1958 年，德国政府开始允许居民持有海外外汇账户，并取消了以外币标价的德国债券的交易以及非居民对国内投资的所有限制。1959年，德国进一步开放国内资本市场，放松居民对外投资的管制，并分别于 1963 年和 1966 年取消了居民投资海外证券的限制，还将对外直接投资的许可范围从欧共体扩大到经济合作与发展组织（见图 9.4）。

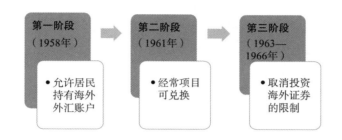

图 9.4　德国 "藏汇于民" 的三个阶段

然而，德国逐步放松资本管制的政策在 20 世纪 70 年代出现了逆转。德国于 1972 年先后出台了限制非居民购买德国固定利率证券以及所有信用工具的规定，但很快这两种限制措施就被废除。1980—1981 年修改相关法规后，德国形成了开放自由的外汇管理制度。德国的外汇管理制度规定，经常账户下，出口收入不必申报或结汇，可用于所有支付。德国及外国钞票、硬币和其他支付票据可自由输入与输出。资本金融项目下，居民和非居民均可自由输出资本。在德国资本市场上发行外国或国际性债券无须经政府批准，包括外国独资银行在内的所有居民银行均可主办发行以马克计价的外国债券；在外国经营的德国银行也具有主办发行德国马克外国债券的权利，前提为在其本国经营的德国银行也同样具有主办发行权。

实质上，上述政策实施的过程可以被看作德国经常账户和资本金融账户开放的过程。据国际货币基金组织统计资料显示，德国于 1961 年 2月 14 日正式实现了经常账户和资本账户的可自由兑换，从而扫清了实施"藏汇于民"政策的所有障碍。

德国"藏汇于民"的措施：汇率制度选择与金融市场的建设

"藏汇于民"政策与一国汇率的稳定息息相关，而后者则取决于汇率制度的选择。一国如果实行的是固定汇率制度，外汇市场则失去了套汇的机会。只有实现了市场化的汇率形成机制，建立了独立的浮动汇率制度，外汇市场才会充分活跃，"藏汇于民"政策才能得以实施。

就德国的情况来看，德国经济在20世纪五六十年代出现了较快复苏，对外贸易持续顺差。德国不但面临马克升值的压力，而且外汇储备大幅增加，外汇占款加剧了国内通货膨胀的压力。为缓解国内通货膨胀威胁，德国央行紧缩银根，却进一步加剧了资本流入。在通货膨胀的压力下，德国的固定汇率制度岌岌可危。在独立货币政策、资本自由流动和固定汇率的三难选择之间，德国货币当局选择了独立货币政策和资本自由流动，即允许马克汇率自由浮动，到1972年底已升至3.20马克兑1美元（见图9.5）。1973年，美元危机的爆发加快了德国马克自由浮动的步伐。1973—1979年，马克兑美元除在1975年贬值8%外，其余年份均升值。进入20世纪80年代，受第二次石油危机影响，马克连续五年贬值，但随后又进入升值区间。马克在1980年前主动完成了升值的主要过程，并且较好地控制了升值速度。1985年9月，根据《广场协议》，马克一次性大幅升值7.8%，均衡化的市场汇率水平逐步建立。伴随着以马克升值为主要表现的汇率市场化进程的推进，德国民间的对外投资热情空前高涨，极大鼓励了外汇资本的民间持有。

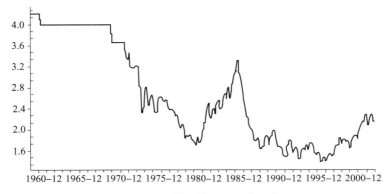

图9.5　美元兑德国马克汇率

资料来源：Wind

除汇率因素外，开放发达的金融市场是外汇资本流入民间的有效保障：只有金融市场完善健全，民间外汇资本才有丰富多样的运用渠道，既可以满足投资者规避汇兑风险的需要，又可以满足他们投机获利的需求。在这方面，德国不仅基础良好，而且发展迅速。

二战之后，德国随着多边贸易、跨境投资和国际支付的发展，外汇交易的需求日趋强烈。1953 年，德国根据国际货币基金组织及欧洲支付同盟的清算制度建立了外汇市场，由外汇交易所市场和交易所外的自由外汇交易市场两部分构成，自由化程度很高，汇率由市场供求决定。其中，外汇交易所市场主要集中在法兰克福、汉堡、杜塞尔多夫、慕尼黑和柏林的 5 个外汇交易所。布雷顿森林体系瓦解后，各国汇率的波动幅度加大，外汇市场的交易规模进一步扩大，德国外汇市场日趋成熟。较强的经济实力以及可自由兑换的货币马克，使得德国外汇市场在欧洲的地位仅次于伦敦外汇市场。伴随着欧洲中央银行总部选址法兰克福，德国在外汇市场上的地位得到进一步提升。目前，跨海外汇交易占德国外汇市场交易的主导地位，德国外汇市场已成为国际化的外汇市场和欧元的定价中心。

德国"藏汇于民"政策的实施效果

从"藏汇于民"的效果来看，在 20 世纪 80 年代，德国的"藏汇于民"政策取得了良好效果，其外汇储备规模出现显著下降。20 世纪末，虽然受到世界贸易总额不断扩大的影响，但德国作为贸易大国，其外汇储备总量仍然保持稳定。2000 年以来，德国的外汇储备规模更是呈现稳步下降趋势，这些都进一步验证了德国"藏汇于民"的政策效果（见图 9.6）。

具体而言，德国在自身外汇储备过高的情况下，通过放开资本限制，鼓励居民与非居民持有外汇进行国际投资，从而将外汇储备成功转移到民间。2010 年以来，德国 90% 以上的对外金融资产集中在民间投资者手中。这不仅推动了德国外汇储备的持续减少，而且促进了德国民间参与全球竞争、进行海外投资的行为。

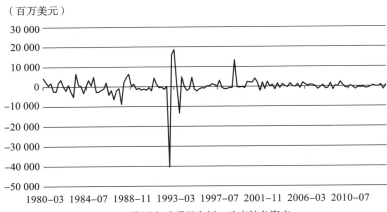

图 9.6　德国外汇储备规模

除此之外，在政府资产转移到民间的基础上，德国还鼓励海外投资，逐步放宽海外投资的各种政策限制，使民间资本真正走出去，实现了对外投资额的大幅增长。这不仅消除了高额外汇储备的高成本风险，而且解决了长期以来财富不能为德国公民创造福利的难题。自开放经常账户和资本金融账户以来，德国对外投资上升趋势明显（见图 9.7）。在资本收益方面，除了受到 1997 年东南亚金融危机和 2008 年国际金融危机的负面影响，投资收益水平有所降低外，德国其他年份的投资收益均保持了较高的水平。

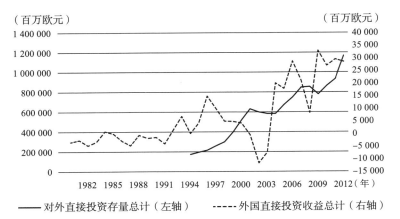

图 9.7　德国对外投资及收益

新加坡"藏汇于民"的经验与借鉴

　　自 20 世纪 70 年代以来，新加坡外汇储备规模快速增长。截至 2019 年 3 月末，新加坡外汇储备规模约为 2 955 亿美元，位列世界第 10。新加坡的外汇储备来源是国际收支盈余，包括贸易盈余及劳务盈余，储备规模稳定性强。但是，外汇储备的增加并没有给新加坡带来沉重压力，不存在国际收支严重失衡的现象，新加坡对外汇储备的管理模式是全球公认的成功模式之一，其经验值得借鉴。

新加坡的外汇储备管理模式

　　新加坡从 1981 年开始对外汇储备实行积极管理（见图 9.8）。主要负责外汇储备管理的是新加坡政府投资公司，其投资领域除了欧美国家的政府债券之外，也包括股票、房地产以及直接投资。新加坡政府投资公司管理的储备资金超过 1 000 亿美元，规模位居世界最大的基金管理公司之列。淡马锡控股公司是另外一家介入新加坡外汇储备管理的企业。淡马锡原本负责对新加坡国有企业进行控股管理，从 20 世纪 90 年代开始，淡马锡利用外汇储备投资国际金融和高科技产业。新加坡外汇储备管理的实践表明，对外汇储备进行积极管理不仅是必要的，而且是可行的。淡马锡的年累积回报率达到 10% 以上，新加坡政府投资公司虽然没有公开其投资收益水平，但是其投资管理模式已经引起其他一些国家政府的效仿。同样拥有大量外汇储备的韩国和马来西亚，已经模仿新加坡政府投资公司建立了本国的政府投资公司。

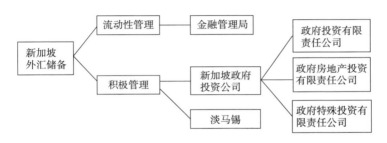

图 9.8　新加坡的外汇储备管理结构

新加坡对外汇储备实施积极管理的标志性事件是 1981 年 5 月新加坡政府投资公司的成立。自 20 世纪 70 年代以来，由于经济增长强劲、储蓄率高，以及实施鼓励节俭的财政政策，新加坡的外汇储备不断增加。新加坡的政府在对经济前景进行评估之后，确认国际收支平衡将保持长期盈余。为了提高外汇储备的投资收益，新加坡政府决定改变投资政策，减少由新加坡金融管理局投资的低回报的流动性资产，允许外汇储备和财政储备投资于长期、高回报的资产。考虑到执行新政策的组织能力和新加坡本国投资专家能力的不足，有人曾经主张将资金交由外国基金经理管理。新加坡政府在评估后认为，建立本国投资机构可以使新加坡在管理和控制外汇储备方面更具主动性，也能逐渐提高本国在国际金融市场上的投资能力。因此，新加坡政府最终决定将外汇储备的长期管理从金融管理局中分离出来，成立新加坡政府投资公司。固定收入投资和外汇流动性管理最初被保留在金融管理局。1986 年，随着资产规模的扩大，新加坡政府投资公司建立了自己的固定收入和外汇投资部门，随后又建立了股权投资部门。

新加坡政府在多个政府文件中明确指出，新加坡的外汇储备政策目标是确保外汇储备的安全，并使其增值。为了使维持外汇储备国际购买力的目标更为明确具体，新加坡政府投资公司把主要工业国家的通货膨胀率设定为衡量业绩的基本参照标准。淡马锡主要投资于实业，而不是一个单纯的资本市场投资机构，它管理的是新加坡国内的经营性资产。淡马锡强调其经营的使命是："作为积极的投资者和成功企业的持股者，创造长期股东价值，并使其最大化"。为此，淡马锡多年来一直致力于调整投资布局，优化内部产业结构，提升所属企业竞争力。

新加坡政府投资公司几乎所有的投资都在海外，这主要基于以下考虑：（1）投资国内会造成国内货币供应量的增加，从而导致通货膨胀；（2）投资国内需兑换成本币，从而导致本币升值，而本币升值不仅将削弱本国的出口竞争力，而且会产生不利的收入分配效应；（3）外国资本市场具有更强的流动性和市场投资空间，有利于大规模储备投资获得较高回报；（4）海外投资不仅能够适当地降低外汇储备水平，更有助于获取难以在国内逐步积累的关键性市场、资源和技术，提高企业的国际竞争力。

淡马锡的投资原本主要在新加坡，但由于新加坡地理和市场空间狭小，从 20 世纪 90 年代后期开始，淡马锡已经开始调整投资结构，大规模投资国外金融、高技术行业。

外汇储备不是普通的私人资本，而是国家主权财富。对主权财富的管理绝不是仅仅追求一般性的投资收益，其中可以包含更为深远的战略意图。新加坡外汇储备积极管理的目标显示出其以下两点战略意义。第一，致力于培育国内战略性产业。比如，新加坡政府投资公司对外汇储备进行积极管理的目标之一是帮助金融管理局发展新加坡的基金管理行业，因为新加坡政府计划在 2008 年之前将新加坡发展成为亚洲主要的基金管理中心。第二，把外汇储备积极管理与国有资产管理、国家竞争力建设结合起来。2003 年以来，淡马锡大举投资亚洲金融、电信、生物制药等行业，特别是金融行业，它先后参股中国、印度、巴基斯坦、马来西亚的商业银行，投资规模之大、出手之果断，令亚洲金融界为之瞩目。

积极管理模式下的投资策略与风险控制

新加坡积极管理外汇储备的基本目标是要获取较高的投资回报，以保证储备资产购买力的稳定，这与传统外汇储备管理的流动性、安全性目标存在本质不同。外汇储备的积极管理主要考虑资产的长期投资价值，并不过分关注短期波动，但对投资组合的资产配置、货币构成、风险控制等有很高的要求。所谓外汇储备积极管理的投资策略，主要是指投资组合按照资产种类、货币、国别、行业、风险承受所进行的策略性配置。

新加坡政府投资公司董事会根据预期收益的不同设定一个政策资产组合，这一政策资产组合根据回报目标，设定全球股票、固定收入和现金资产的长期权重，实际上就是公共市场资产积极管理的投资基准。在投资策略上，新加坡政府投资公司的投资组合较为集中于股票、房地产、私人股权这类长期的、高风险、高回报资产。为获得高于投资基准的回报，在允许的范围内，新加坡政府投资公司投资经理被授权可以偏离政策组合，这往往意味着较高的股票权重以及随之而来的回报波动性。外汇储备的积极管理在追求高回报的同时也伴随着风险水平的提高。因此，投资者必须规避不适当的风险，在寻求高回报和承担高风险之间取得最优平衡。有效的风险控制不仅可以将风险控制在可以承受的水平，而且可以使潜在回报最大化（见图 9.9）。

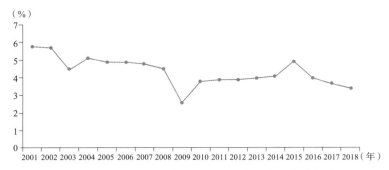

图 9.9　新加坡政府投资公司长期投资的年平均收益率

注：年度截至 3 月 31 日。
资料来源：新加坡政府投资公司官网

　　新加坡政府投资公司和淡马锡在投资内容和管理模式上有所不同，在风险控制方面亦各具特色。新加坡政府投资公司的风险管理在机制上非常严密。新加坡政府投资公司在投资决策时强调风险否决原则：只有与新的投资活动有关的风险得到充分认识，确认可以承受，并且具有衡量、评估、管理和控制这一风险的能力时，才能做出投资的最终决策。新加坡政府投资公司建立了分布于各个层级、相互交叉的风险控制网络，以保证所有潜在的风险都可以通过正式的风险识别、评估程序进行分析。在最高层设有由高管人员领导的风险委员会，其职责是制定风险管理政策，推动积极的风险文化，确保建立一个有效的风险防范体制，并为防范风险提供足够的支持。新加坡政府投资公司还设有投资风险论坛、信用风险委员会、运营风险委员会以及分散化政策委员会，对各种风险进行评估。新加坡政府投资公司设有专职风险评估部门，通过监督风险的偏离来为风险委员会提供支持，以保证这些风险被控制在合理水平。此外，新加坡政府投资公司还责成专职部门对日常风险管理政策、原则和内部控制程序进行定期评估，保证其切实、有效，同时对投资指引、管理例外汇报制度的遵循情况进行独立监督。

淡马锡在对各种不同风险进行细分的基础上，制定了具有针对性的风险控制策略。风险被分成三大类：战略风险，包括投资的政治风险、资金流动性风险和结构性外汇风险；财务风险，包括市场风险（利率、股票价格、汇率）、信用风险和投资风险（资产配置、集中度）；运营风险（运营中的人、程序、制度、法律、信用等）。针对战略风险，淡马锡主张调整投资组合，使之在地区、行业上更加平衡。对于财务风险，淡马锡责成风险控制部门每个月对集团全部投资风险评估一次，对其所属基金管理公司每日进行评估。运营风险的控制主要由内部审计和内部法律部门完成，内部审计部门每 18 个月对公司各个部门轮回审计一次，法律部门则对集团各个部门的合规情况进行监督、监察。

新加坡外汇储备管理的特征与优势

新加坡对外汇储备采取积极的管理模式，其主要特征可以概括为以下三个方面。

第一，资产配置多元化及完善的风险控制机制。新加坡政府投资公司储备管理的基本原则是通过多元化的资产组合，追求储备资产的保值、增值和长期回报。虽然新加坡政府投资公司的全部资产中，高风险的股票投资占比较高，但新加坡政府投资公司的风险管理在机制上很严密，在做投资决策时强调风险否决原则。

第二，积极利用外汇储备投资海外。新加坡政府投资公司的投资大部分在海外；淡马锡将近 70% 的资产都被投资海外，亚洲新兴经济体和发达经济体被视作其投资的重要方向。投资海外对新加坡来说是一个相对较优的选择。由于外国资本市场具有更强的流动性和更大的市场投资空间，投资海外不仅有利于获得较高的投资回报率，而且有助于获取海外市场宝贵的资源和先进技术。

第三，先进的国有资产市场化经营运作模式。淡马锡运作模式的实质是"国家控股、公司化运作、集团化管理"。淡马锡在市场上以独立法人的形式出现，拥有充分的经营自主权，完全按市场机制运作，政府对企业的经营活动做到监管但不干预，鼓励大胆自主经营但不失控，从而打造了"以产权为纽带，实现国有资产的市场化经营"的成功典范。

中国台湾"藏汇于民"的经验与借鉴

中国台湾的外汇储备自 20 世纪 80 年代后期就一直维持在世界前四名。截至 2017 年底，台湾的外汇储备为 4 515 亿美元，外汇储备规模与其 GDP 的比值接近 0.79。究其原因，主要是外贸的发展使台湾对美国有较高的经常项目"顺差"，大量美元流入台湾，带来外汇储备的持续增长。另外，1989 年前，台湾实行有管理的浮动汇率制和结售汇管理，随着对美大量贸易"顺差"的积累，台湾为稳定汇率大量购入美元，外汇储备规模进一步扩大。此外台湾采取了"逐日调升"的缓慢升值策略，不仅使境外热钱大量流入岛内，还引发了严重的投机套汇，导致外汇储备进一步增加。

台湾"藏汇于民"的背景

国际产业转移是台湾外汇储备激增的根源。自 20 世纪 60 年代以来，台湾利用了全球国际产业转移过程中的历史性机遇，将自身经济融入全球生产网络，成功获取了经济发展中急需的资本、技术和国际市场进入渠道等宝贵资源，使台湾原来低效率的内向型产业迅速转变为具有一定国际竞争力的外向型产业，而其低成本劳动力资源的比较优势也迅速转变为出口产品的竞争优势。

20 世纪 80 年代中后期，源于美国信息产业的兴起，计算机技术突破后的信息技术产业形成并促成世界产业结构大调整，台湾抓住了国际产业转移和技术扩散机遇，推动了电子信息产业的发展。台湾电子信息产业经 20 世纪 90 年代的快速发展，于 2000 年达到顶峰。台湾在 20 世纪 90 年代后期一度成为继美国、日本之后世界第三大信息技术产品生产地，在计算机及外设、集成电路、光电子等领域具有较大优势。目前，通过国际产业分工与合作，台湾已有一半以上的信息产品由海外工厂生产，其中 37% 由大陆台资工厂生产。台湾高科技产业比较明显的特点是以引进关键技术、接受委托设计、委托制造进行代工为主，在"边学边干"中研发。

随着实体经济的崛起和出口的不断增长，20 世纪 80 年代持续较大的"国际收支""顺差"也给台湾带来较大压力。从岛外经济看，贸易摩擦增加，美国等国对新台币升值施加了较大压力；从岛内经济看，外汇储备增加带来货币供给扩张，通货膨胀压力上升。1986 年和 1987 年，新台币供给增长率分别高达 51.4% 和 37.8%。同时，由于外汇储备较多，储蓄率高，台湾股市异常活跃，房地产价格猛涨。

1981—1987 年，是台湾"国际收支"不平衡最为严重的时期，经常账户一直"顺差"，资本和金融账户多数年份为"逆差"。除 1981 年、1986 年、1987 年出现经常账户、资本和金融账户"双顺差"外，其他年份资本和金融账户均为"逆差"。其"国际收支""顺差"以经常账户"顺差"为主。其间，经常账户累计"顺差"576 亿美元，占"国际收支"总"顺差"的 81%；资本和金融账户累计"顺差"146 亿美元，占"国际收支"总"顺差"的 19%。经常账户"顺差"以货物贸易"顺差"为主。在台湾的经常账户构成中，货物贸易和收益项目长期"顺差"，服务贸易和经常转移项目长期"逆差"。其中，货物进出口累计"顺差"695 亿美元，是台湾外汇储备的最主要来源。资本和金融账户"顺逆差"的变化取决于其他投资的变化。在其资本和金融账户构成中，直接投资年均"顺差"1.2 亿美元，证券投资年均"逆差"0.2 亿美元（有"顺"有"逆"，但金额很小）。其他投资变化较大，并对资本和金融账户产生决定性的作用。台湾在 1981 年、1986 年、1987 年出现"国际收支"双"顺差"，这恰恰是其他投资出现较大"顺差"，而资本和金融账户出现"逆差"的年份，也正好是其他投资"逆差"较大的年份。

总体来说，台湾外汇储备增加的主要原因包括进出口外汇收支"顺差"增加、外资汇入等。而台湾进出口外汇收支"顺差"增加、外资汇入的原因在于，其良好的经济环境吸引了大量的外商直接投资进入，即承接了先进的国际产业转移，之后又提升了台湾本地的产业升级程度，加速出口创汇，引起经常项目和资本项目的"顺差"。实际上，台湾在承接国际产业转移之后，不光实现了经济增长，伴随着技术进步以及产业结构升级换代，其总体经济都发展起来了。其中，历次国际产业转移都重点表现在出口导向部门，台湾的技术水平逐步提高，核心竞争力不断提升，相应产品具有比较优势，在国际市场上有较强的竞争力，出口贸易加速发展起来。依据凯恩斯的宏观经济理论，台湾承接国际产业转移后，对外贸易的迅速发展会通过对外贸易乘数促进其国民收入的加倍增长。而外商直接投资的涌入促进了岛内总投资增加，继而通过投资乘数拉动经济增长。台湾经济的不断增强又有利于吸引更多的外商直接投资，引发新一轮的国际产业转移，于是台湾的经济将形成一个循环。国际产业转移引发台湾贸易增长，"国际收支"持续盈余，继而带来其外汇储备高增长。

台湾"藏汇于民"的主要措施和政策效果

当前，台湾的外汇储备以台湾外汇当局的名义存放在海外银行和证券公司，外汇储备管理的重大政策则由台湾"行政院"决定。为充分及时地掌握国际金融市场的行情变化及其走势，台湾当局专门成立了一个专家小组，研究这方面的动向并及时提供信息，以便决策机构对其经营方略随时做出必要调整，保证较高收益。为配合外汇储备的管理，台湾当局从 20 世纪 80 年代末开始采取了一系列举措，调节"国际收支""顺差"并提高外汇储备的使用效率。

第一，大幅放松外汇管制，汇率制度逐步转向以自由议价为基础的浮动制。从 1985 年开始，以美国为首的西方发达国家对新台币升值施加了较大压力。1986 年和 1987 年，新台币分别升值 12.25% 和 24.34%。1987 年 7 月，台湾开始实施新的外汇管理政策，大幅放宽外汇管制，经常账户完全自由化，居民可以自由地持有和使用外汇。同时，远期汇率由各指定银行依其资金成本自行决定，取消实需原则，台湾货币政策主管机关不再接受抛补。1989 年 4 月，台湾废止了中心汇率制度及汇率波动的幅度限制，采取以自由议价为基础的新汇率制度，汇率由外汇市场供求决定。1988 年和 1989 年，新台币升值幅度减小，分别为 1.35% 和

7.64%。放松外汇管制、完善外汇供求的市场形成机制，最终走向浮动汇率制度是台湾解决其外汇储备超额增长的根本途径。

第二，增加黄金储备，鼓励资本输出。针对美元贬值导致外汇储备账面缩水的损失，台湾货币政策主管机关在 1987—1989 年在国际市场上加大对黄金的收购力度，不仅减缓了台湾当局外汇储备规模过快增长的问题，而且对储备资产的保值起到明显作用。台湾还通过打通台湾民间超额外汇资金的投资渠道、放宽海外直接投资限制和鼓励离岸业务发展等方式鼓励资本输出，有效地减缓了外汇储备增长的压力。

第三，将外汇储备用于支持岛内经济建设。台湾在注重发展海外投资、实行外汇自由化的同时，还将部分外汇储备通过外汇转贷机制支持岛内经济发展，使台湾当局的外汇逐渐转向民间持有。例如，当时台湾货币政策主管机关拨出 100 亿美元额度，支持公共建设投资和新兴工业投资，增加对先进机器设备和生产力的进口和海外投资。当时，台湾当局还拨出 70 亿美元与 5 亿德国马克作为台湾外币拆借市场的种子资金，供岛内外银行拆借，转贷给岛内企业，协助台北发展成为区域金融中心。

第四，大力推动对外直接投资。台湾吸收的外商直接投资规模并不大，1981—1986 年每年规模在 1 亿~3 亿美元，1987 年和 1988 年分别增加到 7 亿美元和 9 亿美元。其对外直接投资规模在 1986 年以前一直在 1 亿美元以下，但从 1987 年开始迅速增加，并由此进入长期直接投资净流出时期。1987 年，台湾对外直接投资达 7 亿美元，1988 年和 1989 年猛增至 41 亿美元和 69 亿美元。台湾对外直接投资的主要特点是：国别上以美国为主；行业上以制造业为主，并集中在电子、电器工业。这种投资既有助于缓和贸易摩擦，又可在美国取得先进技术的投资。

"藏汇于民"国际经验的总结及启示

通过以日本、德国、新加坡以及中国台湾作为研究对象，分析其外汇储备的管理模式和效果，可以为中国大陆"藏汇于民"相关政策提供经验借鉴。

"藏汇于民"国际经验的总结与比较

不同国家和地区在优化外汇储备管理的过程中，根据自身制度、经济状况等因素采取的政策有所不同，同时也存在较多的共同点。

德国和日本作为发达国家的典型代表，其"藏汇于民"的理论与实践在20世纪70年代就得到了充分发展并取得了丰富成果；新加坡和中国台湾对外汇储备进行科学管理的实践始于20世纪80年代，并表现出与发达经济体差异化的管理模式和操作方法。

从实施"藏汇于民"政策的原因来看，德国和日本在二战后都经历了经济的恢复和高速发展，并由此带来巨额的贸易顺差和本币升值压力；新加坡和中国台湾同样是在经济崛起过程中遭遇了外汇储备规模过大、利用效率较低的问题。由此可见，经济高速发展中，高额的国际收支盈余带来的外汇储备规模快速增长以及本币升值压力是各国家和地区实施"藏汇于民"政策的重要原因。当前，中国大陆外汇储备规模仍高居世界第一，庞大的外汇储备存量同样需要科学的管理和利用。

从"藏汇于民"的制度设计和具体操作来看，主要存在以下特征。第一，各个国家和地区都采取措施促进对外投资和民间外汇资本的使用，并通过改革汇率制度和放宽外汇管制等措施，从根本上拓宽外汇储备的投资渠道，提高外汇储备的使用效率。可以看出，改革汇率制度和放宽外汇管制是实施"藏汇于民"政策的重要制度保障。同时，民间外汇资本的使用作为"藏汇于民"最直接的体现和最有效的方式，需要国家给予积极的引导，拓宽民间外汇资本的使用渠道。在这一点上，不同的国家和地区采取的具体方法不同，但都取得了丰硕的成果。

第二，德国和日本作为发达国家，其经济总量和外汇储备的规模在世界范围内占有非常高的比重和地位。德国和日本在"藏汇于民"的过程中建立了完善的外汇市场，并鼓励民间外汇交易，这既是"藏汇于民"的措施，又是"藏汇于民"的结果。新加坡和中国台湾的经济总量和外汇市场的规模相对较小，但是外汇交易也十分活跃，为提高外汇资本的使用效率和灵活性提供了保障。

第三，德国和日本在实施"藏汇于民"政策的过程中，政府部门扮演的职能与新加坡和中国台湾当局存在显著的区别。德国和日本的政府部门多以政策制定者的角色出现，采取的措施集中于制度设计和避免系统性风险；新加坡和中国台湾当局显然不仅作为政策制定者，同时作为市场参与者，在外汇储备管理中扮演了更加丰富的角色。中国台湾当局利用外汇储备加大黄金储备的购买，同时通过外汇转贷机制支持岛内经济发展；新加坡则通过新加坡政府投资公司和淡马锡对外汇储备进行积极管理，成为新加坡外汇市场上最重要的参与者。

　　从"藏汇于民"的政策效果来看，这4个国家和地区都取得了丰硕的成果：外汇储备的规模得到有效控制，政府或地区当局持有的外汇储备占比显著减少，有效地促进了对外投资，民间持有的外汇储备和国外资产快速增加，外汇储备的利用效率提升，投资渠道更加多样化，等等（见表9.1）。

表9.1　"藏汇于民"措施的比较

国家和地区	背景	年份	措施比较						特点
			1	2	3	4	5	6	
日本	1. 高额贸易顺差 2. 日元升值压力 3. 外汇管制	1969	√	√	√	√	√	√	* 公开市场操作对冲流动性 * 干预日元汇率，减少经济冲击
德国	1. 对外贸易持续顺差 2. 热钱流入 3. 本币升值压力	1958	√	√	√			√	* 民间外汇交易 * 发达的外汇市场
新加坡	国际收支盈余，包括贸易盈余及劳务盈余	1981		√		√	√		* 专门机构：新加坡政府投资公司和淡马锡 * 积极的外汇储备管理模式
中国台湾	1. 对美国经常项目"顺差" 2. 新台币缓慢升值 3. "热钱"流入	1987	√	√	√			√	* 加大黄金购买 * 外汇转贷机制支持岛内经济发展

　　注：措施比较中，1为改革汇率制度，2为放宽外汇管制，3为完善金融市场，4为促进对外投资，5为外汇管理专业化，6为促进民间外汇资本的使用。

"藏汇于民"国际经验的借鉴与启示

进一步推出鼓励持有运用外汇资金的政策法规

从国际经验来看，"藏汇于民"是中国经济走向全球化、融入全球化过程中必经的发展阶段。目前，中国外汇储备管理和运用的相关法律、法规还不是很完善，仅在《中华人民共和国中国人民银行法》第 4 条和第 32 条中对外汇储备经营进行了原则性的规定，而作为中国外汇管理基本法规的《中华人民共和国外汇管理条例》对外汇储备的运用却没有相关规定。相关法律法规的缺失使得中国外汇储备管理与运用无法可依，外汇储备的法律风险非常突出。为此，中国有必要建立更加完善的法律法规，细化外汇储备管理的实施规定，建立良好的法律环境，为外汇储备的经营管理提供法律支持和保障。同时，中国应借鉴国际经验，逐步放松对个人外汇资产的持有限制，扩大个人外汇资产的投资范围，出台相关政策鼓励个人外汇资产的投资。此外，中国还应通过完善的规章制度积极引导民营企业加快提升国际化经营水平。同时，中国要采取综合措施提升海外投资外汇汇出便利化水平，适当放宽出口等所得外汇收入的汇回管制，允许部分在国外投资等。

建立充分体现市场调节机制的有弹性的汇率制度

日本和德国在实施"藏汇于民"政策时，都面临坚持固定汇率、资本账户开放和控制国内通货膨胀的"不可能三角"，而最终都选择了扩大汇率浮动选项，从而为"藏汇于民"创造了稳定的汇率预期。中国台湾在面临巨额的"国际收支""顺差"和外汇储备增长的情况下，同样通过制定更为灵活的汇率制度缓解"国际收支"压力，提升外汇储备的利用效率。以此为借鉴，中国大陆应该逐步实现浮动汇率制度，为"藏汇于民"政策的实施创造有利条件。

在人民币汇率形成机制方面，长期以来中国实行盯住美元的人民币汇率政策，美元和人民币的汇率始终稳定在 1 美元兑 8.27 元的低水平波动。2005 年，人民币汇率制度改革启动，人民币汇率制度的市场化程度逐步提高，形成以市场供求为基础、参考一篮子货币进行调节、有管理的浮动汇率制度。2012年4月，中国人民银行宣布将每日人民币兑美元交易价的浮动范围从0.5%扩大至1%；时隔两年，2014年3月，中国人民银行再次宣布将每日人民币兑美元的交易价浮动范围增至2%。这标志着中国汇率形成机制向以市场供求为基础、更具弹性和市场驱动的汇率制度不断迈进。2015年8月11日，中国人民银行宣布调整人民币兑美元汇率中间价报价机制，做市商参考上日银行间外汇市场收盘汇率，向中国外汇交易中心提供中间价报价。这一调整使得人民币兑美元汇率中间价机制进一步市场化，更加真实地反映了当期外汇市场的供求关系。目前，中国的经常账户表现更为平衡，人民币汇率接近均衡水平。未来的人民币汇率形成机制将更为灵活，从而为"藏汇于民"提供汇率制度保障。

稳步开放资本和金融账户

资本和金融账户的开放是"藏汇于民"政策实施的前提和基础。"藏汇于民"的宗旨是要通过民间更具活力的投资策略使得原本集中于国家的外汇储备获得更高收益。如果资本和金融账户仍实行较严格的管制，则直接阻断了民间资本对外投资、获取收益的渠道。因此，只有放松对资本和金融账户的管制，构建鼓励民间外汇资本"走出去"的机制，实现由国家对外投资向民间对外投资的转变，使民间资本可以灵活地进行对外直接投资及购买国外股票、债券等金融产品。

在资本账户开放方面，目前，根据国家外汇管理局公布的"中国资本账户可兑换框架"，中国对资本流入方面的管制已基本放开（除外债和证券投资外），但对资本流出的限制仍较为严格。未来中国应加快资本账户开放，可通过多种形式适当放开民间外汇资本投资：可先放开直接投资，再放开证券投资；在证券投资的范围内，先放开债券投资，再放开股票投资；在所有形式的资本流动中，先放开资本内流，再放开资本外流，以此培育民间外汇资本投资多元化渠道。

完善金融市场建设

相比金融市场较为成熟的国家,目前中国金融市场的发育程度远远不足,存在金融市场交易品种单一、规模较小;衍生品交易刚刚起步、市场容量有限;人民币离岸市场规模有限,受制于资本和金融账户管制等问题。从这个意义上讲,完善金融市场,尤其是离岸金融市场是中国实施"藏汇于民"政策的关键之举。现阶段,中国应当在维护金融市场稳定与安全的基础上,逐渐建立多层次外汇交易市场体制,引入多元化市场交易主体,提供规避外汇风险的对冲工具,实现灵活且富有弹性的外汇兑换机制。在此基础上,中国应注重离岸金融市场的培育,除香港之外,应重视培育上海的国际金融中心和离岸金融市场建设,以此促进人民币离岸业务的发展。

构建积极的外汇储备管理体系

从新加坡等国家和地区的外汇管理经验可以看出,无论是由财政部主导还是由央行主导外汇管理模式,成立专门的外汇管理机构都有利于提高外汇投资的收益率,保证外汇储备的长期购买力。由于中国特殊复杂的国情以及较大的外汇储备规模,我们应当在吸取国外现有经验的基础上探索出适合中国的外汇管理模式。所谓外汇储备的积极管理,就是在满足储备资产必要的流动性和安全性的前提下,以多余储备单独成立专门的投资机构,拓展储备投资渠道,延长储备资产投资期限,以提高外汇储备投资收益水平。

从国际经验来看,构建积极的外汇储备管理体系需要注意以下几点。第一,将短期投资转变为长期投资。因此,必须超越外汇储备消极管理的框架,才能找到优化储备资产结构的途径。第二,提升竞争力是长期课题。要提高经济竞争力,中国有必要从国外获得更多的市场、资源和关键能力,外汇储备投资应该着眼于提升本国企业国际竞争力,优化产业结构,支持具有竞争力的大型企业扩大海外投资,并购国外战略性资产。第三,作为全球制造业大国,中国在重要资源市场缺乏定价能力。这与中国自身资源相对匮乏,以及缺乏战略物资储备有密切关系。中国应该凭借相对充足的外汇储备，建立与中国庞大制造业相称的战略物资储备，扩大全球大宗商品交易的参与程度。

提高外汇储备运用效益的策略与政策选择

自 2006 年以来，中国外汇储备规模一直高居世界第一，在经历了近年来外汇储备规模的大幅波动后，截至 2020 年 9 月底，外汇储备规模约为 3.14 万亿美元，总量仍然十分庞大。虽然大规模的外汇储备显著提高了中国的对外支付能力，对于维护国家经济金融安全具有重大意义，但是中国外汇储备很长一段时间内都存在外汇资金运用占比较低、收益率较低的问题。在中国深化金融市场改革、稳步推进人民币国际化的大背景下，如何着眼于全球市场来管理和运用外汇储备，切实有效推进"藏汇于国"向"藏汇于民"转变，这是一个重要课题。

中国外汇储备"藏汇于民"的现状及不足

中国"藏汇于民"概念的提出与进展

对于"藏汇于民"的含义，专家学者众说纷纭。2006 年，时任中国人民银行副行长吴晓灵首次公开提出"藏汇于民"的概念，是中国人民银行首次在公开场合提出"藏汇于民"的战略方向。从"藏汇于国"到"藏汇于民"，也是中国外汇管理体制的重大思维转变。2011 年，时任中国人民银行行长周小川对"藏汇于民"做了进一步解释。尽管从 2006 年"藏汇于民"被提出至今已有十余年时间，并且中国从 2009 年起全面取消了强制结售汇政策，并逐步推出相关政策，但其间由于人民币汇率以及企业与个人等持汇意愿变动较大，"藏汇于民"的进程比较缓慢。"藏汇于民"将是一个较长的过程。

中国"藏汇于民"的发展现状及新趋势

根据国家外汇管理局数据，截至 2018 年底，中国对外金融资产

为 73 242 亿美元,对外金融负债为 5 1941 亿美元,对外金融净资产为
21 301 亿美元(见图 9.10)。在对外金融资产中,中国对外直接投资为
18 990 亿美元,证券投资 4 980 亿美元,其他投资 17 530 亿美元,储备
资产① 31 680 亿美元。在储备资产中,外汇储备资产为 30 727 亿美元,占
比约 97%(见图 9.11)。

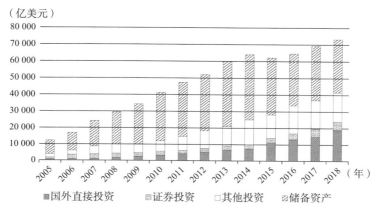

图 9.10　2005—2018 年中国各类对外金融资产余额变化

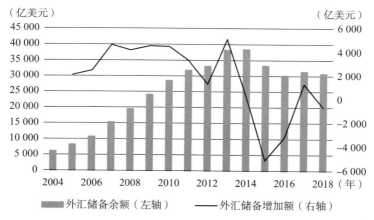

图 9.11　2004—2018 年外汇储备增加额与外汇储备余额

资料来源:国家外汇管理局

---

①　储备资产包括外汇储备、货币黄金、特别提款权和在国际货币基金组织中的储备头寸。

对于中国而言，外汇资产大多集中在政府手中，民间外汇资金蓄水池有限。中国政府的外汇储备占全部对外资产的42%左右，而日本的这一占比仅为约1/6。

随着中国从贸易大国向投资大国转变，国内利率、汇率深入改革，资本项目开放有序推进，中国国际收支运行进入新常态，"藏汇于民"也出现新的特征。

对外金融资产的变化体现了"藏汇于民"。自2014年以来，中国外汇储备已经从持续多年增长逐步转为缓慢下降。自2014年第三季度起，中国外汇储备开始减少。中国储备资产余额减少主要由两方面因素造成。一方面，由于汇率和价格等非交易原因，以储备资产为主的对外金融资产出现较大的账面价值波动。另一方面，近年中国在拓宽外汇储备使用渠道方面做出了一些有益尝试，如中国在2014年底成立丝路基金，其首期资本金100亿美元中外汇储备出资占65%。

同时，中国民间部门正在加快"走出去"，因风险偏好较低，更青睐传统投资渠道。截至2018年，中国对外直接投资和存贷款等其他投资资产共计36 520亿美元，占资产总值的比重升至历年最高值49.9%；对外证券投资资产4 980亿美元，占比6.8%（见图9.12）。

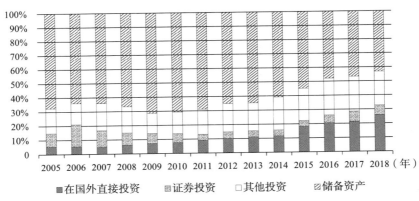

图9.12　2005—2018年中国各类对外金融资产结构变化

资料来源：国家外汇管理局

近年来，中国境内企业"走出去"步伐总体上明显加快，大型海外并购进展明显，且对外投资形式更趋多样化（见图 9.13）。

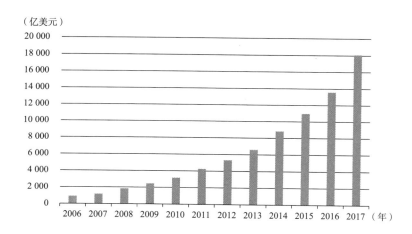

图 9.13　2006—2017 年中国对外直接投资余额

资料来源：国家外汇管理局

境内企业和个人持有和使用外汇的意愿增强。随着人民币汇率趋向均衡合理水平且双向波动明显增强，中国人民银行适时退出常态式外汇市场干预，市场主体的预期和行为出现分化，持有和使用外汇的意愿增强，境内企业和个人纷纷调整优化资产负债表，"藏汇于民"的效果开始显现。例如，根据胡润研究院 2015 年发布的中国大陆《海外置业趋势报告》，国内有高达 80% 的受访高净值人群表示在未来有海外投资需求，超过半数已有海外投资经验。房地产成为最受欢迎的海外投资标的，占海外投资的最大比重，超过 40%。除了海外直接投资，国内个人投资者的海外投资渠道还有市场上的 QDII、商业银行发行的外币理财产品等。

企业出现了"负债去外币化"现象，企业加速外汇贷款和对外债务偿还。随着人民币汇率单边升值预期被打破，双向波动增强，市场主体自发调整外币资产负债结构，出现了"负债去外币化"现象。

总体而言，近年来，中国推行"意愿结汇""藏汇于民"政策的效果开始显现，已经有越来越多的企业和个人开始"走出去"。企业以手中的外汇进行跨国并购的案例越来越多，海外直接投资成为近几年的一股潮流。个人出境购置房产和金融资产的情况也较多。当然，近几年也出现了一些投资不太理性的状况。未来更为灵活的外汇制度将会为企业和个人提供更多选择空间，包括企业直接投资、房地产投资、金融投资等在内的各种海外投资将会蓬勃发展。

然而，当前中国"藏汇于民"政策的实施仍面临投资渠道狭窄、政策约束较严等问题。

中国绝大部分外汇资产为政府储备的状况没有明显改变。虽然近年来中国对企业和居民持汇、购汇的政策不断放宽，但绝大部分外汇资产都为政府储备的状况没有明显改善。中国国内居民外汇投资理财的渠道仍较窄，主要包括两种：一是将外汇以储蓄的方式存在银行，这种方式风险较小，但收益也较低；二是购买相应的外汇理财产品，其特点是一定期限内不准自由提取，收益比储蓄要高，但目前中国的外汇理财产品仍较少，难以满足市场需要。近年来，QDII海外投资的规模虽然在不断扩大，但总量还较有限。

中国还缺少顶层设计、市场规划和有效产品，市场不够发达。面对国际经济形势以及金融环境的复杂多变，中国外汇市场的建设和发展存在不足。目前，除非企业需要从国外大量采购或从事海外投资，否则企业手持外汇可用渠道较少，大多数情况下都是结汇变成现金流，以支持公司运营。

同时，中国缺少相关专业知识的推广普及。目前中国"藏汇于民"相关专业知识的推广普及不足，外汇储备投资的理念及信息较少，投资渠道狭窄，缺乏熟悉了解海外市场投资的第三方中介咨询机构。"藏汇于民"政策实施最大的阻力在于，投资渠道狭窄，且外部投资缺乏吸引力。如果说前些年"藏汇"最大的考虑在于汇率涨跌，这些年普通百姓更看重的是投资回报率的高低。海外市场投资风险较大，民间投资者趋利避害，自然"藏"不住汇。

未来中国还需要进一步放松对民间外汇资金用途的管制，引入多层次市场交易主体，拓宽居民持有外汇的投资渠道。同时，中国还应加大外汇市场的开放力度,力求通过法规、制度、技术和专业的健全,促进外汇市场的合理、合规和合法,促进中国外汇市场进一步向专业化、多元化和国际化方向发展。

全球资产配置框架下的"藏汇于民"

随着金融全球化以及资本市场的开放,国内理财者海外投资的热情不断升温,不少财富管理机构将目光放在用户的海外资产配置上。海外直投,QDII 海外投资试点,港股通、中港基金互认等金融改革为普通投资者提供了越来越多的海外资产配置平台,这些都将有助于民众做好海外投资。

根据诺亚财富的数据,中国投资者应该稳定增持海外资产。从 2015 年开始,中国用户在海外资产上的配置出现高速增长,涵盖二级市场、类固定收益、房地产等领域。对于普通投资者来说,直接投资海外资产比较困难,可以通过 QDII 基金进行美元资产配置,不仅不会占用美元汇兑额度,而且在流动性上较为灵活。部分银行及券商销售挂钩外币汇率或者海外股市指数的结构性理财产品、QDII 基金产品等,以满足国内投资者海外资产配置的需求。一些外资银行也凭借自身的优势,在中国积极开展海外资产交易业务。各类金融机构通过加速开发海外资产交易产品,扩展民间外汇资本投资的多元化渠道,真正实现"藏汇于民"和"用汇于民"。

除了银行、信托、保险、证券、基金等传统金融机构在加速民间资本的海外投资,互联网金融平台也致力于提供海外投资组合,实现信息透明化,解决海内外信息不对称的问题,并运用互联网技术实现去中介化。

目前,互联网平台有关海外资产投资的模式主要为两种。一是自建产业链模式,通过"一站式"服务,为高净值人群提供投资移民、海外留学、海外置业、海外理财、海外并购等服务。二是与资产管理机构合作模式,结合大型跨境资产管理公司的金融牌照和专业投资能力,布局跨境投资业务,囊括股票投资、全球基金定投、海外置业等多种产品。

互联网金融平台的优势在于：一方面，它使得投资更加便捷，降低门槛；另一方面，通过大数据技术为客户"画像"，它能帮助投资者更高效、更有针对性地选择标的。

中国实施"藏汇于民"的系统性战略设计

"藏汇于民"政策实施的目标是促进外汇使用多元化、效率最大化，让企业和个人在外汇市场中发挥主渠道作用。中国从"藏汇于国"模式向"藏汇于民"模式转变，不仅是推动外汇资产由政府转向民间，而且要从顶层设计和系统性角度使外汇储备在政府和民间之间进行合理分布。具体而言，要在政府外汇储备可满足国家经济发展和金融稳定的基础上，逐步让企业和个人在外汇市场中发挥主渠道作用，以促进外汇使用多元化、效率最大化。同时，在资本账户尚未完全开放的背景下，中国需要加快解决目前"藏汇于民"政策实施中的诸多机制障碍。中国要健全完善外汇投资渠道，鼓励企业充分利用国外金融市场上的不同金融工具来灵活融资，尤其是在中美贸易摩擦存在较大不确定性的背景下，企业应创新投资渠道，比如通过持有外汇或跨境人民币实现全球资产配置目标，促进资金的良性循环，保持中国金融市场的稳定。

未来中国外汇储备管理体制改革还需要从推动经济转型、加快企业"走出去"进程、提升金融竞争力等多层次目标出发，加强顶层设计，分类管理。其核心是"创新体制，降低增量，优化存量"，实现外汇储备存量和流量的"双重优化"。

稳步推进资本项目开放

资本项目的开放不仅有助于缓解中国管理较高规模外汇储备的压力，而且是中国深化经济体制改革、对外开放、金融改革的进程使然和内在需求。资本项目开放是指"自由跨境资本交易，解除与资本交易相关的外汇自由兑换管制，对外开放本国金融市场"。按照国际货币基金组织对资本项目下交易的分类，目前中国资本账户95%的开放程度并不低，但尚有两方面存在差距：一是股市和债市直接融资仍面临较多限制，当前海外主体在境内发行股票的渠道尚未开放，发行债券和货币市场工具的渠道也尚未完全开放；二是货币汇兑的自由度较低，有额度限制。

中国应按照渐进改革的原则，结合利率、汇率市场化条件与中国资本市场和人民币离岸市场建设程度，逐步推进资本项目开放。中国可以选择在风险较小的领域率先实现人民币资本项目可兑换；继续完善金融基础设施建设和推进利率、汇率市场化进程，加强风险管控；加强人民币离岸市场建设，处理好离岸市场与人民币资本项目可兑换的关系，同步建设离岸、在岸两个市场，形成境内外资金双向循环机制。

稳步推进人民币国际化

从长远来看，落实"藏汇于民"政策的根本之道还在于人民币国际化。而人民币"走出去"的机遇也正是建立在"藏汇于民"的基础上。因为如果中国民间对外投资逐渐增加，民间换汇的需求就会变大，就会使中国的资本管制逐渐放松，从而实现资本项目的可自由兑换。人民币国际化的重要条件就是资本项目的可自由兑换。

人民币国际化既顺应国际贸易的要求，又可降低金融危机下中国高外汇储备的风险。如果人民币跻身国际货币之列，那么其自身既是一种计价货币又是一种储备货币，就可以减少不必要的外汇储备。未来，我们应进一步推进人民币离岸市场的发展，支持人民币在跨境贸易和投资中的使用，稳步拓宽人民币流出和回流渠道；推动人民币对其他货币直接交易市场发展，更好地为跨境贸易人民币结算业务发展服务。我们要通过人民币国际化，进一步推进"藏汇于民"。

进一步完善人民币汇率形成机制

近年来，人民币汇率形成机制沿着市场化方向不断发展，人民币汇率的弹性与市场化定价机制改革已经取得长足进展。特别是近几年，人民币汇率双向浮动特征和明显增强的汇率弹性使得中国企业和个人的持汇意愿增强，"藏汇于民"在国际收支平衡表中表现出新的趋势。未来中国还需进一步加快形成和完善以市场供求为基础的人民币汇率形成机制，增强人民币汇率双向浮动弹性，通过汇率变动来调节外汇供求，促进市场稳定发展。

人民币汇率的市场化改革不仅有利于全球资本进入中国，有利于中国资本、劳务和商品走向世界，而且有利于中国面向全球发挥自己的比较优势。中国经济金融货币的舞台将迅速扩大，中国经济金融改革开放将会迈上一个世界级的新台阶。

未来一段时间内，中国应继续按主动性、可控性和渐进性原则，进一步完善人民币汇率市场化形成机制，加大市场决定汇率的力度，增强汇率双向浮动弹性，保持人民币汇率在合理均衡水平上的基本稳定。未来中国汇率改革的重点主要在以下方面。一是要进一步完善中间价的形成机制，让中间价的确定更加透明，更好地反映市场交易价格的变化。二是继续进一步扩大浮动区间，将银行间市场人民币兑美元汇率波动区间由2%进一步扩大到3%，未来波动区间的进一步放大可以更好地反映出市场预期的变化。三是优化人民币盯住一篮子货币的机制，综合反映中国与各贸易伙伴的加权平均汇率水平，避免因盯住美元而导致的被动升值或贬值。

国际经验表明，完善汇率市场化形成机制还需和资本项目开放进程相结合。只有在经常项目和资本项目双开放的前提下，一国才能够增加汇率弹性，通过市场调节达到均衡汇率水平。未来人民币汇率市场化改革、资本项目开放、人民币国际化要进一步协调推进。

积极拓展对外投资渠道建设

"藏汇于民"政策的实施主要包括以下六种形式和途径。

第一，进一步放大国内企业和个人持有外汇存款的额度和领域，这也是最基础的途径。未来中国还需要进一步提高个人的购汇额度，同时从旅游和教育领域逐渐扩展到其他换汇领域。

第二，拓宽企业和个人海外金融类投资渠道，如海外股票、债券、基金、保险、外汇及衍生品等，这需要中国资本账户进一步开放。未来中国可通过沪港通、深港通等方式积极拓宽国民海外投资渠道，让企业和个人有更多的渠道进行海外金融类投资，并为远期海外金融投资的全面放开提供基础。

第三，鼓励国内企业和个人在海外进行实业投资，包括在海外进行绿地投资、股权投资和债权投资等，同时鼓励企业参与海外并购投资和联合投资等。

第四，鼓励企业和个人拥有海外不动产（含房产等），鼓励基金、私人银行等金融中介机构推出并开展相应业务。

第五，开展跨境股权投资基金中心试点。随着上海、天津、广东等自贸区的设立，中国未来可考虑在自贸区内开展跨境股权投资基金中心试点。通过自贸区内的制度优势，形成民间市场配置外汇资金的机制，助推中国企业"走出去"，同时通过试点推进资本项目开放。

第六，进一步扩大外汇储备投资的多元化运用。中国应拓宽应用外汇储备的渠道，包括以外汇储备形式投资亚投行、金砖国家开发银行、丝路基金等，并进一步扩大外汇储备委托贷款的使用范围和规模等，进一步支持中国企业"走出去"。

积极推动境内外汇市场创新发展

中国拥有较高规模的外汇储备，但中国的外汇市场发展与发达程度远远落后于国际外汇市场。未来中国应该有针对性地改革和对接，力求加快境内外汇市场的建设和扩张，促进外汇投资市场的多元化和全方位开放。作为民间进行外汇投资的渠道和平台，境内外汇市场改革是推进中国"藏汇于民"政策深入实施的核心条件和基本前提。开放、发达的金融市场是外汇资本流入民间的有效保障。只有金融市场完善健全，民间外汇资本才有丰富多样的运用渠道，既满足规避汇兑风险的需要，又可以满足投机获利的需求。中国应从以下方面推动境内外汇市场创新发展。

一是丰富交易品种，深化外汇衍生产品市场发展，满足市场主体的避险保值需求。中国应完善外汇期货产品，以外汇期权为重点，丰富汇率避险工具，支持银行对客户开展多样化期权业务；完善实需管理，促进外汇市场更好服务实体经济、支持外贸稳定增长。

二是建立多层次外汇交易市场体制，引入多元化市场交易主体，构建多元化的市场主体层次。中国应允许符合条件的非银行金融机构和非金融性企业参与银行间外汇市场交易，增加外汇供求的多样性。

三是支持和推动银行、保险、证券等金融机构的外汇业务创新发展。中国应支持金融机构参与境内外汇市场，不断丰富外汇市场的业务品种，以满足外汇业务的多样化需求。

四是完善银行挂牌汇价管理。中国应取消银行对客户美元挂牌买卖价差限制，由银行根据市场供求自主定价；实现人民币对所有外币挂牌汇价管理的完全市场化，推进人民币汇率市场化形成机制取得新进展。

五是健全外汇市场基础设施，保障外汇市场健康发展。中国应扩大交易平台产品服务范围，支持货币经纪公司开展外汇期权经纪业务；发展外汇清算业务，扩大银行间外汇市场净额清算业务的参与主体和产品类型，试点开展中央对手清算业务；推动降低银行间外汇市场即期竞价交易和清算成本，为降低实体经济汇兑成本创造空间。

六是探索外汇市场监管新思路。中国应转变监管方式，完善外汇衍生产品实需管理，降低监管成本与增强创新效率统筹兼顾。

深化外汇管理体制改革，完善外汇法律法规

未来中国应进一步深化外汇管理体制改革，促进"藏汇于民"政策的实施。

第一，建立个人投资者海外投资制度。目前中国个人海外投资管理领域尚存在一些政策限制和制度空白，众多个人海外投资游走于"灰色地带"，这既不利于监管部门准确分析和掌握跨境资金流动状况，又不利于境内个人海外投资活动的正常开展。改革个人海外投资管理政策应遵循"风险可控、梯次推进"的原则。在改革程序上，可先在民营经济比较发达和需求比较旺盛的地区进行试点，积累经验后再全面推广。

第二，完善外汇法律法规。以简政放权、促进贸易投资便利化为突破口，不断深化资本项目外汇管理改革，积极构建"走出去"外汇政策

支持体系，稳步有序推动跨境资本和金融交易开放。一要坚持整体推进、重点突破相结合，科学制定和实施逻辑清晰、措施明确的外汇管理改革总体方案和顶层设计，从体制、机制等深层次问题入手，结合国际收支形势逐步重点推进，以整体改革释放制度红利。二要坚持市场化导向，放管结合，主要通过加强统计监测和事中、事后监管，提升外汇管理的有效性。三要坚持实践标准，系统梳理、总结以往改革取得的经验，提炼出可复制、可推广的改革模式。中国要通过制度、法规、规范的完善，进一步引导实施"藏汇于民"政策。

进一步推进"藏汇于民"的实施路径与政策建议

中国"藏汇于民"是一个长期系统化的过程，应结合国内实际情况，通过渐进、谨慎而又稳健的政策分步实施。近期（3~5年），重点推进企业和个人在国际市场上进行投资、消费时使用外汇，并在此基础上探索推进企业和个人在国内市场使用外汇进行投资和交易；远期（5~10年）重点促进企业和个人在国际市场上使用外汇进行金融投资和交易。

"藏汇于民"从增量做起，通过体制创新实现存量的逐步消化

现阶段中国应充分利用深化经济金融改革的时机，从外汇管理体制改革入手，在推进资本账户进一步开放、人民币汇率弹性增强的基础上，通过体制机制创新，增强企业和个人持有外汇的意愿，鼓励其自身持有外汇收入并进行海外投资和消费。同时，中国应通过创新对外投资渠道，拓宽现有外汇储备多元化投资范围。

同时，中国应通过外汇储备投资支持国有企业"走出去"、财政性使用外汇、战略性资源储备等多种手段，逐步降低外汇储备存量，将一部分外汇资产从央行资产负债表中移出，形成其他的政府外汇资产和非政府外汇资产。

清理相关隐形行政限制，为企业进行理性对外投资创造良好的环境

应该承认，目前中国还存在一些隐形行政限制，企业对外投资方面

也还存在一些政策障碍，还需进一步优化、简化相应的政策法规及程序。未来中国需进一步清理企业意愿结售汇下的隐形行政限制，打通企业对外投资各环节的政策障碍，鼓励企业购买并持有外汇，大力支持"一带一路"建设下的企业"走出去"，在全球更好地配置资源。

完善外汇储备经营管理，拓展多元化使用途径

中国要有效使用外汇储备，必须拓宽外汇储备的多元化使用途径。可从以下几个方面着手。

第一，培育多元化投资主体进行投资。就外汇持有主体多元化而言，目前由中国人民银行持有并形成政府外汇储备的格局，未来有可能转变为由货币当局、其他政府机构和企业与居民共同持有的格局。

第二，进一步扩大外汇储备的多元化投资运用。近几年，中国以外汇储备的形式投资亚投行、金砖国家新开发银行、储备基金、丝路基金等，有力地支持了企业"走出去"和"一带一路"建设，未来还可发挥更大的作用。

第三，创新使用外汇储备委托贷款。作为创新运用外汇储备的重要渠道，外汇储备委托贷款是外汇储备管理部门委托国内金融机构向实体经济部门发放的外汇贷款，目的是借助金融机构市场化的运作平台和专业能力，通过市场手段满足实体经济的用汇需求。外汇储备委托贷款业务自开展以来，通过调节外汇市场资金供求，扩大了外汇储备投资范围与领域，进一步促进了多元化经营管理。中国要不断完善外汇储备委托贷款平台的使用范围和规模，大力支持企业"走出去"以及能源资源重点领域进出口等，为服务实体经济发挥更加积极的作用，未来可考虑从数量、使用途径和方式着手，进一步创新使用外汇储备，发挥更大、更好的作用。

第四，探索注册成立一家类似中投公司的新投资平台。中国可从央企或大型国企的海外投资计划中筛选合适项目，在央企或大型国企负债率较高或实力不足的情况下，直接将外汇储备作为资本金注入其中从而获得股权，并配合国企的混合所有制改革，在合适的时候通过上市、重

组等方式转让、出售或者划拨所持企业股份，完成投资退出的过程。此外，还要进一步改善中投公司现有的内部管理，扩大其投资领域，优化全球资产配置和布局。

第五，加大重要战略性资源的投资力度，建立全球配置资源的战略。中国可利用外汇储备加快建立并不断完善重要资源的战略储备体系。

第六，在适当情形下使用财政性外汇储备，用于海外购买或扩大内需。中国可直接动用外汇储备引进国外的先进技术和设备，用于国内急需的科技、教育等民生项目和公共服务等项目。

全球黄金储备的变动特征与独特作用

黄金储备是国际储备的重要构成，是国家财富和经济实力的象征，也是一国维护本币币值稳定、平衡国际收支和维持合理均衡汇率的重要工具之一。黄金储备对维护国家经济金融安全、巩固和提升国际资信等具有关键作用。黄金储备的变动与一国的经济发展程度、所面临的外部环境和国家战略目标等密切相关。尽管黄金的地位有所降低，但在全球局势存在较大不确定性以及大国博弈过程中，黄金仍具有特殊重要的作用。

全球黄金储备变动的新特征

全球黄金储备规模经历 V 形走势

2000—2008 年，全球黄金储备持续下降。2000 年，全球黄金储备超过 33 000 吨，到 2008 年国际金融危机前，降至 30 000 吨以下。2008—2018 年，全球黄金储备掉头上升。2018 年底，全球黄金储备规模达 33 742.86 吨，较 2008 年底增长了 12.6%（见图 9.14）。世界黄金协会的数据显示，2019 年第一季度，全球各国央行共购入 145.5 吨黄金，较 2018 年同期增长 68%，成为 2013 年以来央行黄金储备需求最强劲的年度开局。这一轮增长主要是得益于各国央行持续购入黄金以及黄金 ETF 流入量的增长。

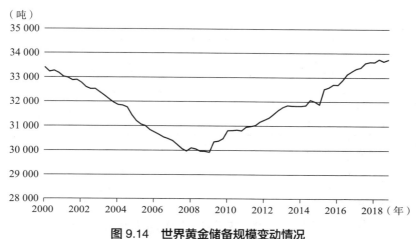

图9.14 世界黄金储备规模变动情况

发达国家的黄金储备居世界前列

多年来，美国的黄金储备规模基本维持在 8 133.46 吨，占全球黄金储备的 24.1%，稳居世界第一。美国的黄金储备规模基本与德国、意大利和法国的黄金储备之和相当。美国的黄金储备占其储备总额的比重达73.4% 左右。德国、意大利和法国黄金储备的这一占比也都比较大，分别为 68.9%、65.3% 和 58.5%。欧元区（包括欧洲央行）的黄金储备规模为 10 778.3 吨，占国际黄金储备总额的 28% 左右。根据世界黄金协会的数据，2018 年位居全球黄金储备规模前 10 位的国家分别为美国、德国、意大利、法国、俄罗斯、中国、瑞士、日本、荷兰和印度（见表 9.2）。

表9.2 全球黄金储备规模前 10 位国家的储备规模及外汇储备占比

排名	国家	储备规模（吨）	占外汇储备的比重（%）
1	美国	8 133.5	73.4
2	德国	3 369.7	68.8
3	意大利	2 451.8	65.1
4	法国	2 436.0	59.1
5	俄罗斯	2 113.0	16.9
6	中国	1 852.5	2.2

（续表）

排名	国家	储备规模（吨）	占外汇储备的比重（%）
7	瑞士	1 040.0	5.0
8	日本	765.2	2.3
9	荷兰	612.5	65.5
10	印度	598.6	5.5

资料来源：世界黄金协会

新兴经济体积极增持黄金储备

近年来，俄罗斯、印度、巴西和土耳其均显著增持黄金，中国的黄金储备增长较快。其中，俄罗斯增持黄金最为积极，黄金储备总量与增速均高于中国。2008—2018 年，俄罗斯的黄金储备从 519.6 吨升至 2 113 吨，增长了 307%。2018 年，俄罗斯黄金储备的增持量达到历史高点：净买入 274.3 吨，已经成为全球第五大黄金储备国。俄罗斯在大举购入黄金的同时，在金融市场上大规模抛售美债，当前俄罗斯的黄金储备价值已经超过其持有的美债价值。土耳其紧随俄罗斯之后，大规模增持黄金。此外，波兰和匈牙利央行多年来首次增持黄金。但从总体来看，新兴经济体的黄金储备占各自总储备资产的比重仍然较低，与发达经济体还存在较大差距。

2008—2018 年，中国黄金储备增长了 208.9%。2018 年底，中国的黄金储备规模达 1 852.5 吨，但仍明显低于美国和德国等发达国家。截至 2019 年 4 月底，中国人民银行的黄金月度净购买量平均为 11 吨。当前，中国黄金储备占总储备资产的比重仅为 2.2%，这主要是因为中国外汇储备额较高。

黄金储备的避险作用仍比较突出

通常，外汇资产是各国储备资产的重要构成。增持黄金有助于优化一国的储备资产结构，同时多元化的资产结构还有助于分散潜在的汇率风险。近几年，美国在全球强推"美国优先"的单边主义政策，对世界和平稳定与发展繁荣造成较大的负面冲击。相关国家采取增持黄金或从美国运回黄金的举措，有助于更好地维护自身经济金融的安全性和自主性。

展望未来，黄金储备的避险作用仍比较突出。近年来，全球贸易摩擦不断加剧，英国脱欧、美国对伊朗和委内瑞拉等国实施制裁等地缘政治风险不断加大。同时，2019 年以来全球 PMI 等数据表现疲弱，国际货币基金组织和世界银行等相继下调 2019 年的全球经济增速，全球经济增长面临较大的下行风险。虽然 2020 年第一季度股票和债市投资情绪出现回升，但是对黄金的投资需求依然保持强劲。因此，在全球经济金融和地缘政治等因素的不确定性不断加大的背景下，黄金的避险属性更加凸显，进一步提振了黄金的购买需求。

要重视黄金储备的作用

从全球来看，近年来国际经济、金融、政治、军事因素的不确定性增加是相关国家增持黄金、推动全球黄金储备规模持续上升的主要原因。从国内来看，尽管近年来中国不断增持黄金，但是中国的黄金储备规模及其在国际储备资产中的占比依然较低，黄金储备规模排名及占比与中国在全球经济中的地位仍不对称。

未来一段时间，包括中美贸易摩擦等在内的外部环境的不确定性因素较多，中国的国际收支平衡和人民币汇率面临一定的压力。黄金在全球经济金融和国际博弈中的作用在进一步上升。因此，中国要把黄金储备的作用提高到更加突出的位置，有序适度增加国际黄金储备量。在黄金储备管理上，中国要兼顾好规模、流动性与收益性的总体平衡。同时，与外汇储备类似，推动民间持有黄金、"藏金于民"，也是中国增加黄金总体持有量、更好地发挥黄金作用的有效途径。

第十章

金融全球化的新动力

随着信息技术的发展，金融科技逐渐渗透进金融领域，带来金融业商业模式的创新和金融产业的不断变革，影响着社会生产和生活方式。根据金融稳定理事会的界定，金融科技是指技术带来的金融创新，它能创造新的业务模式、应用、流程或产品，从而对金融市场、金融机构或金融服务的提供方式造成重大影响。这里所讲的金融技术主要包括人工智能、区块链、云计算、大数据等信息技术。信息技术和金融的深层次融合不断打破现有金融业的边界，深刻改变着金融服务的运作方式，使资金融通更加便利，金融服务更加高效。

金融科技的全球应用

金融科技的技术路径

技术的变革和发展是金融科技蓬勃发展的前提和基础。随着人工智能、大数据、区块链和云计算技术的发展突飞猛进，金融科技发展的底层技术日渐成熟。从技术的发展趋势来看，这四大技术的边界在不断削弱，在实际应用过程中的联系和融合日益紧密，推动金融科技的发展迈向新的阶段。

人工智能：以机器学习为核心

人工智能是指使用计算机做出类似人类思考结果的决策，从而使机器能够胜任一些通常需要人类智能才能完成的复杂工作，其主要技术包括机器人、语言识别、图像识别、自然语言处理和专家系统等。从技术上讲，人工智能主要通过机器学习来实现，即让计算机模拟人类学习的过程，以获取新的知识或技能，重新组织已有的知识结构，使之不断改善自身的性能。机器学习包含初始参数设定、训练和测试三个流程：首先，制定学习的基本规则；其次，输入样本数据进行计算，将计算得出的结果进行与样本结果对比后，再将两者的误差作为反馈对参数进行修正，重复这一过程直到误差达到可接受程度；最后，输入新的数据集，检验机器学习效果。目前，人工智能的技术进步主要体现在图像识别、语音识别和语义识别等领域。

大数据：数据挖掘的舞台

大数据一般指超出通常使用的软件工具在可接受的时间内捕获、管理和处理的数据集。IBM（国际商业机器公司）提出，可以从数据规模、数据流量、数据多样性和数据可靠性四个维度理解大数据。理论上，大数据包含结构化、半结构化和非结构化数据，但是非结构化数据处理更能体现大数据的精髓。非结构化的数据比较广泛，包括文本、图片，甚至音频和视频信息等多种形式。目前大数据分析通常实现非结构化数据的结构化转变，通过提取数据的特征点，尽可能描述出非结构化数据的特征，实现了向重构后结构化数据的数据挖掘。大数据技术让数据处理更加注重"结果"，而"过程"完全可以是灰度或混沌的。

区块链：信用的合约

区块链是互联网技术进一步发展的产物，它是基于计算机代码构建的分布式数据库，如实记录在区块链上发生的所有交易。通俗地理解，区块链就是一个账本系统，每条交易的交易主体在各自的账本上记录一次交易，这些交易记录由所有人共享，供所有得到授权的人查询，一项交易达到交易条件后，一旦得到系统确认就会自动执行。这样的好处在于，即使有部分交易记录受损，也可以通过其他账本记录的交易还原，数据安全性大幅提升；记录的交易数据可以相互验证，完全杜绝了造假现象；交易自动执行，避免一物两卖的信用风险。区块链具有公开共享、去中心化、安全、自动、可信任等特征。

云计算：海量数据处理

云计算就是整合大量在云端的计算资源，为用户提供服务。云计算包括公有云、私有云和混合云等形式。云计算的服务模式包括基础设施服务、平台服务和软件服务三种类型。其中，基础设施服务提供的是最基础的物理计算机资源服务，即最底层的纯计算机资源服务，而平台服务和软件服务提供的是计算资源及相关软件资源服务。云计算具有大规模、分布式、虚拟化、安全、高可用性和扩展性等特点。在金融高科技的 4 类基础技术当中，云计算是其他三类技术的基础，人工智能、大数据和区块链都需要海量的运算能力，这种能力只有云计算才能够提供。

金融科技对传统金融业的冲击

金融科技以金融需求为导向，以前沿和新兴的科技创新作为支撑，能够在短时间内实现快速迭代，从而模糊了行业传统的竞争格局和边界，带来了新的业务形态和生态圈。随着互联网金融兴起，新兴信息技术从互联网领域渗透到金融领域，快速地改变着传统金融业务的商业模式。

金融科技生态圈以大数据、区块链、人工智能、云计算等技术为基石，以金融业务为载体，变革了金融的核心环节，提高了金融业务效率。深度学习带来算法上的突破，使得复杂任务分类准确率大幅提升，推动计算机视觉、机器学习、自然语言处理、机器人技术、语音识别技术的快速发展，人工智能已经在风险控制、投资顾问和客户服务等金融业务场景得到较多应用。区块链在解决信息不对称方面具有明显优势，在跨境支付、借贷、清算、股权交易等诸多金融领域应用广泛。大数据以强大的整体数据能力在金融领域拥有广泛的应用场景，以判断资产质量为核心在反欺诈、评估模型开发、信用验证、联合风控等方面发展较快。云计算作为最底层的框架技术，提供上层数据存储、计算的基础设施和基础能力。中国传统金融机构积极应用私有云、行业云，金融科技公司主要使用公有云支持业务发展，典型应用场景包括信息技术运营管理、底层平台开放、交易量峰值分配、网络安全管理等。

金融科技公司是金融科技创新的主要载体，对传统金融业的冲击主要表现在支付、借贷、投资和保险 4 个领域。支付具有流量入口价值，存在高频需求，客户黏性强。第三方支付在中国形成了支付宝和财付通双寡头垄断状态，改变了原有银行卡和现金支付体系形成的支付格局。随着支付渠道的进一步下沉、支付场景的拓展以及银行卡受理环境的持续改善，扫码支付、NFC（近场通信）支付的拓展，移动支付交易规模保持高速增长。2018 年，中国移动支付业务共发生 605.31 亿笔，金额达 277.39 万亿元，同比分别增长 61.19% 和 36.69%。借贷是金融科技细分领域中最大的市场，P2P 平台（互联网金融点对点借贷平台）、网络小贷、网络银行等金融创新改变了原有的信贷模式。2013 年，中国 P2P 开始兴起，随着监管的趋严和风险的暴露，截至 2018 年底，P2P 平台仍有 1 000 多家，贷款余额为 8 000 多亿元。当备案政策落地之后，P2P 平台的合规性和风险管理能力趋于提升。

与此同时，金融科技实现了对原有风险控制技术难以覆盖的小微企业及个人群体的风险评估和风险定价，以便利的网络银行、网络小贷等形式，服务更多客户。智能投资主要通过人工智能的应用，开发出智能投顾产品方案，通过非结构化数据和另类数据的分析，更加贴近客户需求，提升客户体验。目前，证券公司、基金管理公司、财富管理机构等机构利用金融科技为客户提供定制化的服务方案。互联网保险对传统保险公司的业务进行流程再造，加强产品创新和渠道创新，加大对大数据的应用，提高产品定价能力和控制赔付比率，打开保险新模式。

金融科技带来的新商业模式、新业态、新渠道、新方法对现有的金融体系产生了深刻的影响。商业银行纷纷将金融科技提高到战略高度，加强与金融科技公司的合作，积极推动金融科技的创新与应用。在欧洲，主要金融机构对科技的投入逐年增加。比如，德国德意志银行投入 7.5 亿欧元用于数字战略，并在内部成立数字智库，加强内部研发；西班牙桑坦德银行与美国贷款公司 Kabbage 合作，开展为中小型企业提供贷款的新业务。在中国，主要商业银行将金融科技定位为经营模式转型和服务升级的重要利器：一方面，变革组织结构，加大投入力度，推进金融科技的研发与应用；另一方面，升级现有信息技术系统，打造数据平台、云服务平台，建设网络营销渠道，推进新技术、新设备的应用，加快网点转型。

金融科技在传统金融业态中的应用

金融科技涵盖金融业务的各个流程，包括资产获取、资产生成、资金对接和场景深入。在资产获取阶段，通过大数据进行信息汇总分析、评估资产质量，大数据技术让征信更加科学可靠。在资产生成阶段，人们可通过了解用户的业务情况、资金需求、风险评估等指标，运用大数据和智能化技术，进行智能化风控。在资金对接阶段，人们可开展智能投顾，分析用户的风险偏好、预期收益等，运用智能算法及投后自动化管理技术，智能化地匹配资产，对接用户资金。在场景深入阶段，金融科技能够为P2P、借贷等理财与资产管理提供线上化、智能化支撑，为消费金融提供风控和坏账控制的技术，为金融保险提供精准营销的方式。

银行业全面拥抱金融科技

商业银行与金融科技能够产生协同效应。商业银行充分发挥客户基础、合规优势等，借助金融科技前沿的技术优势，加强对金融科技的应用能够有效拓展服务半径，提高服务效率，提升业务处理能力。特别是，金融科技在商业银行开发长尾客户、发展普惠金融、提升客户体验、增强客户黏性、提高风险控制能力等方面，具有广阔的应用效果。目前，商业银行将金融科技上升到战略高度，积极推动金融科技运用，加强与金融科技公司的合作。

目前大数据对银行的影响最具颠覆性。大数据不仅会使银行业务各个环节进行革命性甚至颠覆性的升级与改造，而且会成为银行的核心资产，通过技术的使用以降低成本、细分客户、优化决策，甚至催生新的业态和模式。目前，大数据能够被应用于银行价值链的各个环节，包括产品开发、销售、中后台数据管理、资产管理等。麦肯锡预测，如果全行业都采取数字化措施，到2025年就能将行业的成本收入比从现在的54%下降到38%。

人工智能在银行业中主要被应用于智能投顾、生物识别、智能风控、智能语音等领域。智能投顾实现了从"千人一面"到"千人千面"。美国智能投顾平台Betterment先对用户的年龄、投资目标、投资期限进行详细调查，随后为用户提供优化的投资组合服务。用户可以自行选择平台推荐的投资计划，并在平台上直接进行投资交易，之后再由平台对账户资产进行智能化管理。招商银行推出"摩羯智投"、兴业银行推出"兴业智投"、中国工商银行推出"AI投"、浦发银行推出"财智机器人"等产品，银行资产管理的智能化水平日益提升。商业银行将人脸、指纹、虹膜、声纹等生物识别技术广泛应用于鉴别个人身份，主要被用于账户登录、线上转账、在线取款等方面。智能风控主要通过机器学习等技术，基于现有的大数据系统，应用在反欺诈、挖掘潜在用户、风险事件预警等业务场景中。智能语音目前主要集中于电话端，应用在语音直接查询账单、咨询理财业务的智能导航系统中。

区块链在银行业主要被应用在跨境支付、法定数字货币、票据市场和供应链金融领域。目前，从事跨境支付的瑞波公司基于区块链技术，可以实现直接、即时的跨境交易支付，降低交易和结算费用。招商银行首创区块链直联跨境支付应用技术，完成了跨境支付实践。在法定数字货币方面，2014年，中国人民银行就成立了数字货币研究所，加强法定数字货币的研究和发行准备工作。2020年10月，数字人民币红包在深圳完成试点，数字货币场景应用加速推进，中国人民银行数字货币将很快推出。在票据方面，2017年，中国人民银行基于区块链的数字交易票据平台测试成功，开始探索票据交易平台。在供应链金融方面，区块链可以解决传统供应链中信息分散、信用无法验证的问题，提升效率。区块链难以篡改的特点可以被用于保证交易的真实性，减少银行对信息被篡改的顾虑，降低中小企业融资成本。区块链智能合约可编程化的特点，可以被用于根据企业间资金结算的情况，在还款期限、核心企业结款等符合智能合约预设条件时自动划转还款资金到银行。

证券业重点探索人工智能应用

在金融科技的大潮中，证券公司也纷纷进行金融科技布局，加大研发投入，加强信息技术队伍建设。国内证券公司发展金融科技的着力点主要是移动终端建设、大数据、人工智能方面：在移动终端建设方面，采取多元化移动互联网布局模式，发展微信公众号、微博、网站、展业平台等多种模式，并不断进行系统完善和升级，持续引流客户，提高客户活跃度；在大数据方面，建设数据平台，进行大数据挖掘、分析和应用，发展量化投资产品；在人工智能方面，通过自主研发或者合作开发机器人投顾产品等。

量化投资主要分三大流程——信息输入、策略模型、信息输出，核心是数据和模型。为了得出正确的结论，我们需要输入准确完善的数据，而金融科技发展带来的大数据、云计算等技术革新，提升了数据挖掘和分析能力。国外量化投资已经比较成熟，目前通过量化模型下单和下达指令的交易占比已经超过50%。截至2018年，量化投资管理的理财产品规模达到3.2万亿美元。中国量化投资发展迅速，量化基金总规模超过1 000亿元，总体收益表现较好。

智能投顾已经在证券资管行业引发了投资模式的改革。在美国，全球最大的基金管理公司贝莱德协议收购了在线智能理财公司Future Advisor，美林证券引入机器人做财务顾问，对金融科技的投入和应用不断加大。在美国智能投顾市场，先锋基金、嘉信基金等公司推出的投顾产品采取机器学习的全自动投资模式管理上百亿美元的资产，取得了较好的收益。在中国，受到技术、政策等制约，智能投顾仍处于研发和推广阶段，但不少证券公司也已经推出了智能投顾产品，如国泰君安的"君宏理财"、海通证券的"e海通财"、广发证券的"贝塔牛"、光大证券的"智投魔方"、中泰证券的"中泰智投"等。生物识别技术目前主要被用于远程开户方面，其他业务暂时因为合规性和技术性关系还只是内部试点，以后会渗透到交易、客户身份识别等领域。

保险业全业务流程应用金融科技

金融科技在保险业的实际业务中有广泛的应用空间，从投保人的投保支付到保险人承保、理赔，保险资金的投资以及后台进行的费率厘定、保单管理等，金融科技能够提升用户体验，提高保险效率，优化后台管理甚至产生新的商业模式。普华永道在其《2017年全球保险科技调查报告》中指出，很多保险公司已经在实际业务操作中使用大数据分析和投资移动技术，对公共云、生物识别和分布式记账等的应用也在逐步探索和小范围试用阶段。

大数据能够被应用到保险业的整个价值链之中。在保险业的整个价值链之中，包括产品开发、销售、保单管理、理赔和资产管理方面均可以利用大数据进行改良与改革，尤其是在风险评估与定价、交叉销售、增强客户黏性、欺诈检测、索赔预防与缓解等方面具有更大的潜力。同时，大数据作为催化剂在车联网、可穿戴设备、智能家居和生态平台及系统构建方面也会起到重要作用。从实际情况来看，在欺诈检测、风险评估与定价等方面，国内很多保险公司已经采用了大数据。

人工智能在保险业主要被应用于智能化客服、索赔处理和反欺诈等方面。由于客服是相对标准化的业务，所涉及的技术目前看来也具有可实践性，智能化客服的应用能够有效较低人工成本，提升企业效率，目前已经在保险业中被广泛应用。比如，2017 年，中国太平洋保险推出人工智能语音客服机器人"小慧"，在车险结案场景中与客户进行语音互动，可自主思考，快速应答。保险索赔处理的各个环节均可以使用机器学习技术来提升工作效率，通过机器学习技术，可将索赔多程序、自动化处理，能够在提升客户体验的同时降低成本。欺诈骗保的现象往往会呈现出一定的共性，这类共性通常个人可能较难鉴别，但人工智能能够较好地对欺诈骗保进行鉴别。目前，日本富国生命保险利用 IBM 提供的人工智能平台 Watson Explorer 执行保险索赔分析工作。

区块链在保险业产品创新和保险合约有效定价方面都有广阔的应用空间。很多保险险种是需要以客户的相关个人信息及数据为基础的，但是客户出于对隐私和信息安全性的考虑往往不愿意共享数据，同时对于数据的重复索取也会使得客户的参与度下降，而基于客户控制的区块链可较为轻易地进行身份验证和获取医疗健康等信息。未来，在汽车、电子设备或家用电器等领域，利用区块链制定保险合同，能够自动检测损害，触发修复过程并进行自动索赔和付款。区块链智能合约在医疗报告、检测证明等方面的应用能够更容易甄别其真实性和客观性，从而有助于判断保险欺诈行为，进行更为合理的保险定价。目前，国外区块链技术在保险领域主要被用于智能合约、相互保险和互助保险以及敏感信息授权等方面，国内还只将其应用于平台积分管理和某些简易险种方面。

数字贸易的快速发展

数字贸易的概念由美国 USITC（国际贸易委员会）在 2013 年发布的全球首部数字贸易调研报告《美国与全球经济中的数字贸易》中率先提出，主要指在订购、生产以及递送产品和服务中，通过互联网技术发挥关键作用的国内商务和国际贸易活动。交易标的包括数字内容（音乐、视频、游戏、书籍等）、社会媒介、搜索引擎、跨境电子商务等几大类型。数字产品和服务的内容是数字贸易的核心（韦伯，2010）。数字贸易的发展可以降低国际贸易成本并促进生产率的提升，有利于国家经济的发展和就业的增加。当今，基于云端技术的互联网用户量急剧增长，全球数字贸易增长迅速。例如，亚马逊、微软、谷歌和 IBM 等美国企业均为顶尖的全球云计算终端提供者。2015 年，各国用于公共云计算终端的政府投入数据如下：美国为 440 亿美元，欧盟为 150 亿美元，中国为 13 亿美元（USITC，2017）。在欧盟的经济复苏过程中，数字经济行业是关键部门（埃布，2014）。无形商品和服务通过互联网进行交易，能够省略中介角色，进而建立起生产者和消费者之间的直接关联，因此可以降低客户成本，提升生产利润（苏维拉纳，2000）。

当前，美国是数字贸易的领先者和主导者，其服务贸易总量中有一半以上均为数字化服务贸易，这不仅得益于美国是网络信息技术的发源地，而且得益于美国政府对数字贸易规则制定的支持和重视。美国政府将数字贸易条款纳入区域贸易协定，并将其数字贸易规则在全球贸易行为中推广。中国作为全球贸易大国，其数字贸易板块也在迅速崛起，规模庞大且逐渐成为全球贸易市场的重要参与者和推动者。2017 年《中国数字经济发展白皮书》显示：2016 年，中国数字经济总量占 GDP 的比重超过了 30%；同年，中国网络域名数据全球第一，网民规模达 7.31 亿。

但中国的数据贸易发展仍然面临着数字贸易壁垒、数据的安全开放以及美式数字贸易规则等挑战，中国需要对数字贸易的未来发展、整体格局、时代特征等方面有更清晰的认识，以寻求发展机遇。

数字贸易的发展和时代特征

近年来，随着互联网的普及和广泛应用，全球数字贸易迅猛发展，呈现出一系列新的时代特征。当前，数字贸易已经深入商业流程的核心领域，具备强大的战略作用和时代价值。

蕴含巨大潜力，成为经济发展的新动能

数字贸易高速发展，蕴含潜力很大。中国商务部发布的《中国数字贸易和软件出口发展报告 2017》显示，目前全球服务贸易中有一半以上已经实现数字化，超过 12% 的跨境实物贸易通过数字化平台实现。大数据、云计算、人工智能等新兴信息技术为电子商务领域注入了新动能，推动数字贸易产业迅速发展，为经济增长提供了强劲支持。数字贸易将成为未来贸易的主要方式。

世界各主要经济体逐渐认识到数字贸易引领国家经济发展的重要潜能，竞相制定了本国的数字经济与数字贸易战略（见表 10.1），力图在新一轮的数字经济竞争中占据领先地位。

表 10.1　世界主要经济体的数字经济战略

世界主要经济体	主要内容
美国	1998 年率先揭开数字经济大幕，2015 年提出数字经济议程
欧盟	2010 年 3 月出台的《欧洲 2020 战略》中将数字化议程列为 7 项旗舰计划之一；2017 年 11 月 23 日通过《数字贸易战略》报告，就贸易规则制定标准、数据流动等重要议题提出建议
中国	提出"互联网＋"战略和国家大数据战略，中共十九大提出要"推动互联网、大数据、人工智能和实体经济深度融合"
英国	2015 年发布《数字经济战略（2015—2018）》，把数字经济上升为国家战略；2017 年发布《英国数字化战略》，提出七大战略：基础设施连接、技术培训、产业发展、不同产业融合、网络空间安全、数字政府和开放数据

（续表）

世界主要经济体	主要内容
德国	2016 年 3 月 14 日提出"数字战略 2015"，提出 10 个行动步骤，涉及网络基础设施建设、数据安全、建立监管框架、数字技术发展和商业模式数字化转型等多个方面
日本	2009 年 7 月提出"i-Japan 战略"，围绕数字政府建设、医疗和健康领域信息化建设、教育和人才信息化建设等领域展开
澳大利亚	2011 年 6 月发布《2020 澳大利亚数字经济战略》，最高目标是在 2020 年将澳大利亚建设成世界领先的数字经济体，涉及宽带建设、电子化政府建设、在线建设等 8 项目标

以 e-WTP 为特征的数字贸易发展形式

现阶段，数字贸易主要处于跨境电子商务这一初级阶段，也是未来数字贸易的持续增长点。中国跨境电子商务规模稳居世界第一，成为代表数字贸易飞速发展的标志性经济体之一（见图 10.1）。

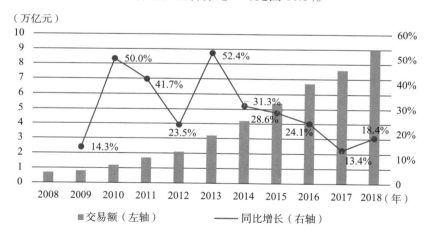

图 10.1   2008—2018 年中国跨境电子商务交易额增长状况

资料来源：商务部《中国电子商务报告》、电子商务研究中心

在 2016 年 3 月举行的博鳌亚洲论坛上，阿里巴巴创始人马云首次提出建立由私营部门发起，由政府、民间、企业三方共同参与的 e-WTP。e-WTP 将有助于推动全球跨境式电子商务普惠式发展，帮助更多的发展

中国家、中小企业进入全球市场。

如今，e-WTP 推广已取得阶段性成效。2016 年 9 月，在杭州举行的二十国集团领导人峰会上，e-WTP 被正式写入二十国集团公报；2016 年底，杭州跨境电商综合试验区联合阿里巴巴，成功打造全球首个 e-WTP "试验区"；2017 年 3 月，海外首个 e-WTP 数字中枢——马来西亚数字自由贸易区建成。

任重道远的数字贸易规则构建

作为全球最大且最具影响力的贸易组织，世界贸易组织已开启电子商务谈判进程，以弥补其在数字贸易领域的规则缺位。2019 年 1 月 25 日，在瑞士达沃斯电子商务非正式部长级会议上，美国、中国和欧盟等共 76 个世界贸易组织成员签署《关于电子商务的联合声明》，确认有意在世界贸易组织现有协定和框架基础上，启动与贸易有关的电子商务议题谈判。

美国作为全球数字贸易发展的领导者，曾力图通过主导跨太平洋伙伴关系协定、跨大西洋贸易与投资伙伴协定和服务贸易协定三个超大型自由贸易协定来推行数字贸易秩序的"美式模版"，掌握数字贸易发展的控制权。之后，由于美国退出跨太平洋伙伴关系协定等而发生变化，但其核心主张未变。美国主张的数据自由化与以欧盟为代表的其他经济体所主张的隐私安全保护存在冲突，因而数字贸易规则谈判进程缓慢，数字贸易秩序的构建任重而道远。

数字贸易的核心价值

数字贸易的核心价值是数据资源。数据不光是国家安全、个人隐私的保障，更是经济发展的内在驱动力。数据作为一种全新的经济生产要素，能够降低生产成本，创新商业模式，提高资源配置效率。依托于数字贸易的载体，数据最终将实现跨境流动和全球共享，从而提高全社会的生产效率，推动全球经济的发展进程。因此，数据作为国家基础性战略资源，是数字贸易的关键议题和核心价值所在。

数字贸易的主要争论和焦点

规则构建是数字贸易争论的焦点

由于数字贸易的规则制定需要平衡商业利益、技术水平、隐私安全等多方因素，其谈判和构建过程必定曲折复杂。现阶段，数字贸易的规则构建远远滞后于实践，面临诸多制度性障碍，其中既包括针对电子产品的关税壁垒，又包括跨境数据流动、数据本地化、知识产权保护、准入门槛等非关税壁垒。数字贸易规则的构建应致力于逐步打破贸易壁垒，有序实现数字贸易自由化。

美欧两大经济体作为数字贸易的领导者和网络治理多元化的推动者，是规则争论的主要两方。美国遵循"美国至上""美国优先"的原则，企图主导数字贸易国际规则的构建，从而为本国经济发展服务，但遭到以欧盟为首的其他经济体的强烈反对，双方各不退让，难以达成共识。因此，如何构建高效、透明、统一、符合多数国家利益的数字贸易规则将持续成为数字贸易争论的焦点。

核心议题：数据流动

数字贸易的核心即数据资源，数据资源依托于数字贸易实现跨境数据流动和全球数据共享。数据流动作为数字贸易的核心议题，主要围绕跨境数据自由流动和数据本地化两大部分展开。

在跨境数据自由流动议题上，美国结合自身技术水平和核心利益诉求，提倡无限制的跨境数据自由流动，实现极大程度的数字贸易自由化。美国企图通过主导相关大型自由贸易协定来推进数据自由流动。但欧盟坚持促进数据信息自由流动必须以严格的隐私保护为前提，应适当限制跨境数据自由流动。因此，目前以跨境数据自由流动为核心议题的谈判尚未取得实质性进展。实际上，美欧两个经济体曾于2000年12月签订《安全港协议》。该协议规定，加入"安全港机制"的美国企业若符合欧盟信息标准要求并得到认可，就可以将欧洲用户的个人数据合法传输到海外。但受斯诺登事件冲击，欧盟于 2015 年 10 月 6 日宣布《安全港协议》无效。2016 年 2 月 29 日，美国和欧盟达成新的《隐私盾协议》，在原有基础上建立了仲裁、监督机构和争议解决机制，但施行效果未达预期。由此可见，实现跨境数据自由流动任重而道远，未来仍将是数字贸易争论的核心议题之一。

在数据本地化议题上，美国力主数据存储非强制本地化的规则，但为实施合法公共政策目标除外。但以欧盟为代表的世界多数国家及经济体为强化本地控制和数据监管，均施行数据存储强制本地化政策，即搜集或将产生于该国的数据存储于境内，并限制或禁止数据跨境流出。尤其是斯诺登事件发生后，出于对个人隐私的担忧、国家安全的考虑以及经济发展的需要，俄罗斯、澳大利亚、巴西、印度、欧盟等国家和地区先后出台了相应的数据本地化法律和政策。现已有 60 多个国家采取本地化措施。目前，全球数据本地化立法浪潮热度不减，将持续成为数字贸易争论的核心议题之一。

平衡数据自由化和隐私安全之间的冲突

数字贸易中，数据流动争论的本质在于数据自由化和隐私安全存在冲突。由于政治、经济、文化、技术等多方面存在明显差异，各国对数据流动和数据共享持有的开放度不同。美国在数据这一核心问题上，出于对经济利益的诉求，摒弃一贯的贸易保护主义，倡导贸易自由化。而欧盟出于安全考虑，将个人隐私与数字安全置于首位。继脸书、艾可飞、优步、安德玛、奇利斯等一系列公司爆出数据丑闻后，欧盟实施了世界上最全面、最严格的隐私标准。2018 年 5 月 25 日，欧盟《通用数据保护条例》正式生效。

平衡好数据自由化和隐私安全之间的冲突是构建数字贸易秩序的必经之路，这需要世界各国共同努力，摒除贸易保护主义、单边主义、霸凌主义，为实现数字贸易自由化营造良好的国际环境，但这无疑是一条艰难漫长之路。

数字贸易的发展路径与前景展望

数字贸易发展前景广阔，潜力巨大。据全球知名信息技术咨询公司IDC预测，到2021年，全球至少50%的GDP将以数字化的方式实现，数字技术将全面渗透到各个行业。随着全球化进程的加深和数字技术的发展，数字贸易将逐步朝自由化目标迈进，数字贸易或将重塑全球价值链体系和支付体系，成为驱动经济增长的新动能。

自由化是数字贸易的必由之路

关于跨境数据自由流动和数据本地化的争议实质上是社会对于个人隐私权和经济体对经济利益诉求之间的平衡，随着数字贸易地位的加强、国内外立法及监管的进步和技术水平的提高，这两种诉求的对立性在减弱，原有平衡点会被打破并转移。因此，实现数据自由流动和贸易自由化是一个循序渐进的过程，不可一蹴而就。现阶段，美国力主实现跨境数据自由流动和数据非强制本地化，主要是出于掌控数据、抢占先机、称霸全球的打算，企图主导数字贸易国际规则的制定，为本国的核心利益服务。从世界范围来看，数字贸易还不具备实现完全自由化的条件。但从国际社会的长期发展需求来看，数字贸易自由化是全球经济发展的理性选择。以数字贸易为载体实现的数据流动和数据共享将提高全社会的生产效率，促进各个经济体进一步开放、融合，走共同发展、共同繁荣之路。

对全球价值链体系的重塑作用

在传统贸易中，从生产到消费链条冗长，供应商利润被层层稀释，大型企业凭借其强大的议价能力挤占上下游的利润空间。而跨境电子商务平台通过直接连接买卖双方，降低了中小企业参与全球价值链的门槛，打破了大型企业在国际贸易中的垄断格局。马云极力推动 e-WTP 正是致力于构建一个惠及中小企业的世界贸易平台。数字贸易将重塑全球价值链利益分配格局，为中小企业融入全球价值链、实现弯道超车、享受全球化收益提供了新的机遇。

带动数字货币重塑全球支付体系

数字贸易的高速发展需要全球支付体系提供跨境结算服务，但当前全球跨境支付体系由 SWIFT 和 CHIPS（纽约清算所银行同业支付系统）主导，为美国高度掌控，美国利用 SWIFT 进行霸权主义式的金融制裁，阻碍全球贸易的正常运行。为打破美国在金融领域的控制格局，有关经济体正加紧建立相应的跨境支付系统，如德国、英国和法国三国拟联合建立与伊朗的结算机制 INSTEX。

从长期来看，数字货币或将担负起重塑全球支付体系的使命，基于法定数字货币的跨境支付网络将成为支撑数字贸易发展的金融基础。数字货币通过分布式记账实现交易，确保交易的可追溯性和不可篡改性，大大提升了支付的安全性，且利于提高监管效能。同时，数字货币借助区块链"去中心化"，有利于打破国际支付体系为一国所控的局面，打造公平、合理、高效的全球支付生态。

中国的应对

随着数字化的发展和全球化进程的加深，传统贸易模式正在向以数字化为主导的数字贸易模式转型升级，这是全球经济发展的趋势所在。中国应抓住数字贸易的发展机遇，主动融入数字贸易的发展浪潮，积极推动构建公正合理的数字贸易规则，加强与世界各国的互联互通，在与各国共享数字贸易未来的基础上，适当提升中国在数字贸易中的话语权。

抓住数字贸易的发展机遇，为经济发展注入新动能

中国的数字贸易前景广阔，潜力巨大，是助力经济发展的新引擎。近年来，中国互联网基础设施建设不断完善，网民规模稳健增长，数字化战略逐渐发力，推动了中国数字经济及数字贸易高速增长。商务部发布的《中国数字贸易和软件出口发展报告 2017》中的统计显示，2017 年中国数字经济规模达 27.2 万亿元，占 GDP 比重高达 32.9%，规模位居世界第二。据波士顿咨询公司预测，到 2035 年中国整体数字经济规模将近16 万亿美元，数字经济渗透率将达到 48%。同时，《2018 世界与中国数字贸易发展蓝皮书》显示，2015—2017 年，海关跨境电子商务管理平台零售进出口总额年均增长 50% 以上，2017 年达 902.4 亿元，同比增长高达 80.6%。

中国应该抓住数字贸易的发展机遇，通过数字贸易推动产业结构优化和消费升级，打造新的经济增长极；加强对数字贸易的统筹规划，加快推进规制体制建设，完善数字基础设施建设，提升数字贸易的科学发展水平和能力，为数字贸易的发展营造良好的环境。

推动构建高效公正的数字贸易规则，合理提升中国话语权

针对美国主导数字贸易国际规则制定的企图，中国应该倡导"以世界贸易组织为主线，以其他协议为补充"的原则，面向未来，站在全球大多数国家利益的一边，在数字贸易规则构建中争取主动权和话语权，推动建立公平、透明、统一的规则框架。

中国应该积极参与并推动世界贸易组织数字贸易规则的构建，坚持以公平合理的世界贸易组织规则作为数字贸易的总准则。在此基础上，中国要根据本国数字贸易发展的需要，签订其他双边、多边数字贸易协定作为补充，保证数字贸易在全世界范围内合理有序开展。中国已经开展了全方位、多层次的贸易布局，将数字贸易与"一带一路"倡议相结合，以 CIPS 为金融支撑，充分发掘"一带一路"沿线国家数字贸易发展的潜力，在与"一带一路"沿线国家谈判中加入中国主张的数字贸易条款，合理提升中国的话语权。

加强国际合作，共享数字贸易未来

推动形成开放包容的多边贸易体制，共享数字贸易的未来，符合世界多数国家的核心利益诉求，是数字贸易发展的终极目标与最优选择。而美国奉行"美国优先"和"美国至上"的原则，企图主导数字贸易的发展，独享数字贸易的未来，属逆势而为。中国应该在数字贸易领域加强国际合作，以世界贸易组织为舞台，加强同各国政府合作，签订双边、多边贸易协定和互惠协议，逐步实现网络开放、自由和安全，支持国际数字贸易自由化和便捷化，确保数字贸易成为推进世界经济包容性增长的持续动力。

数字货币的兴起

近年来，随着移动支付、区块链、云计算等技术的发展，以比特币为代表的数字货币在全球范围内快速发展。数字货币是基于网络和密码技术创造的一种虚拟支付手段，具有匿名性、去中心化、不可篡改等特征，故也被称为加密数字资产。2009 年，中本聪在《比特币：一种点对点的电子现金系统》中提出了完全通过点对点技术实现的电子现金系统。从比特币开始，基于区块链技术的数字货币创新不断涌现，截至 2018 年底，共出现了 2 000 多种数字货币。数字货币作为新的货币支付系统，具有点对点和电子支付系统的特性。与传统的货币相比较，数字货币的优势在于耗时短、手续费低、安全性高等，可以直接利用网络进行转账和支付，不需要第三方信任机构的介入。但是，数字货币也存在规避监管的问题，容易成为洗钱和恐怖主义分子融资的工具。目前，各国普遍加强对数字货币的监管。中国认可区块链的巨大潜力，但是出于对本国金融安全和防范货币体系受到冲击等因素的考虑，在 2017 年开始严格控制数字货币交易活动，关停交易所，禁止 ICO（首次币发行）等。中国政府开始加强对数字货币的研究，中国人民银行成立了数字货币研究所，研究数字货币未来推出的技术和模式等。美国、日本、欧洲国家等虽然鼓励数字货币的发展，但在允许数字货币交易和交易所建设的同时，也在加强监管，实行相关业务的牌照准入审核制，利用税收对数字货币交易进行调控，引导数字货币良性发展。

数字货币发展的必然性

货币的本质和特征
货币是商品交换发展到一定阶段的产物，反映了经济个体或社会的经济协作关系。根据马克思主义货币理论认为，货币作为一般等价物，具有价值尺度、流通手段、支付手段、贮藏手段和世界货币5种功能。货币不仅仅是作为一种经济关系存在，还作为一种生产关系存在。货币之所以能够作为支付手段，在于社会各经济主体承认货币的购买力，能够通过货币瞬间转移实现价值的转移。同样，货币的贮藏手段是将现在的购买力延时到未来，是社会对货币购买力的普遍性认可。可以说，货币的本质是一种在实现商品交换过程中的保证或信用，是所有市场参与者共同建立和维护的契约关系。

货币信用能够维持的两大特征是货币的普遍可接受性和价值稳定性。普遍可接受性是指货币的形态能够被交易的各类参与者认可，从最开始的贝壳，到后来被广泛运用的金银，以及现代的纸币，都是可以被广泛接受的。价值稳定性是货币在当前以及未来能够交换的购买力应当是相对稳定的。价值稳定性是货币在市场上保持公信力，维持商品流通秩序的必要条件。

数字货币既然作为货币，必然要符合货币的本质，要作为信用的载体在交易过程中完成价值的转移，体现现代社会的经济交易关系。数字货币要成为真正的货币必然需要在社会中具有普遍可接受性，能够便利、低成本地被运用到经济社会和人民生活的方方面面，同时数字货币的币值稳定性也应当通过一定的机制得到保障。

货币形态的演变

货币作为商品经济以来的重要制度安排，其形态按照交易成本递减的规律不断演变。在原始社会时期，以物易物的实物交换是用实物货币为交易双方提供信用担保，保障交易的进行。实物货币具有较强的地域性，只能在某些区域拥有普遍可接受性和价值稳定性特征。冶炼技术的发展及贵金属的发现使金属货币替代实物货币。"金银天然不是货币，但货币天然是金银。"贵金属的稀缺性使其价值稳定性得到有效保证，其良好的物理属性和社会属性能够得到广泛的认可，金银等贵金属因而成为固定的货币。然而，贵金属仍然存在总量供给有限、物理分割有极限、流通有损耗、运输成本高等问题，难以满足经济快速发展对货币的需求。于是，以国家信用为背书，不足值的铸币出现，国家铸币作为流通货币，解决了货币不足的问题。在劣币驱逐良币的规律以及进一步降低货币交易成本的趋势下，铸币逐渐转化为信用货币。布雷顿森林体系倒塌之后，货币与黄金脱钩，以国家信用为依托的纸币完全被应用于流通领域。随着现代信用制度和信息技术的发展，数字货币逐渐产生，数字货币以商业银行电子账户、电子汇兑、网上银行等形式存在，能够大大减少纸币的印刷、发行、流动、破损等费用，降低交易成本。

可以看出，货币的形态随着经济、技术的发展而不断演变，从实物货币到金属货币，到不足值的铸币，再到符号化的纸币及数字货币。在演变过程中，信用的本质日益凸显，纸币及数字货币完全依托于信用，取决于社会货币法律、制度的健全。当货币制度按照法律的规定强制执行，货币就与国家信用深刻地绑定在一起，货币也就成为法定货币。

数字货币以区块链为基础，综合运用加密技术和互联网分布式技术，通过全网加密、分布式节点进行数据存储、验证、传递和交流，确保了交易的真实性和记录的完整性。数字货币强大的记录功能和网络功能使所有的交易都有记录，且不可篡改，这能够有效解决不同交易主体之间的信息不对称问题。在透明化的交易规则下，数字货币将内生化地分布于整个分布式账本之中，也可以保证价值的贮藏和转移。同时，数字货币还能够打破全球货币交易的隔离，能够快速、无差别地在全球各个地方进行交易，更好地实现世界货币的功能。由此来看，数字货币能够解决交易者之间的信用问题，能够实现货币的诸多功能，并且能够降低交易成本，未来数字货币必然成为货币发展的重要阶段。

比特币难以成为真正的货币

比特币作为最早、最著名的数字货币，开启了数字货币的时代。比特币不依赖特定的发行机构，而是依据特定的算法，通过大量计算产生，并通过分布式节点来确认并保存所有的交易，使用密码学来保证货币流通环节的安全性。比特币具有去中心化、无法被篡改、高度匿名性、总量有限和交易成本低等特点，被称为"数字黄金"。虽然比特币被称为货币，且在一定范围内能够发挥价值尺度的作用，但是无法具备货币的普遍可接受性和价值稳定性两大特征，难以成为真正的货币。一方面，比特币的流通范围比较窄，在部分国家遭到监管机构的禁止和封杀，在实体经济的交易当中难以充当交易媒介；另一方面，比特币的价格波动剧烈，一枚比特币的价格最高曾达到近2万美元，也曾经跌到3 000美元，比特币自身价格暴涨暴跌的投机属性，使其难以发挥货币的功能。

比特币自身的技术特性在一定程度上也使其难以成为真正的货币。一是比特币的发行机制为"挖矿"，这是一种去中心化的发行方式，发行方不具权威，且莱特币、以太坊等各种"代币"盛行，若作为货币则会扰乱经济金融秩序。二是比特币总量的确定性，在一定程度上能够解决政府信用下货币滥发所引发的通货膨胀问题，但是随着经济的发展，总量确定就难以为经济发展提供足量的货币供应。三是比特币的安全性问题也令人存疑，当某个机构的算力超过50%时，则可能会拥有改变或伪造各个交易的能力。综合来讲，比特币这类未嵌入强大信用的数字货币，仅能够在某种意义上显示部分货币属性，但难以成为真正的货币。

法定数字货币

数字货币作为一种货币符号，从严格意义上来讲是没有内在价值的，如何被各经济主体普遍接受并保持币值的稳定是其成为流通货币所必须要解决的问题。一国央行发行法定数字货币既能够完美地利用区块链等先进信息技术，又能够以国家信用为担保，实现无限法偿性，从而使数字货币成为具有价值尺度、流通手段、支付手段和贮藏功能的数字化形式货币。关于法定数字货币的含义，中国人民银行数字货币研究所将其界定为：由主权货币当局统一发行的、有国家信用作为支撑的法定货币，完全可以替代传统纸币，本质上是一段加密数字。

法定数字货币的优势

随着信息技术在经济社会生活中应用的深化，法定数字货币的优势不断凸显。与纸币等实物货币相比，法定数字货币的防伪能力更强，存储、交易结算和运输成本更低，在反洗钱等方面的可控性更强，从而更加具有吸引力。与比特币等数字货币相比，有国家信用作为背书的法定数字货币兼具信用属性，成为真正的货币。2016 年，中国人民银行成立数字货币研究所，专门对法定数字货币进行研究，法定数字货币的历史时代即将到来。

法定数字货币以国家信用为价值支撑，有价值锚定，能够有效发挥货币信用创造功能。在金本位制度下，各国的法定货币以黄金为价值锚定；布雷顿森林体系瓦解之后，各国法定货币以主权信用为价值担保。法定数字货币只是货币形态的数字化、科技化，其本质上仍然是以国家主权信用为价值担保，因而具有锚定作用。法定数字货币能够通过信用创造，对实体经济产生实质性作用。在信用货币时代，货币本身是发行主体信用的证券化，具有金融属性。

法定数字货币在安全性上更具优势。法定数字货币在设计上运用密码学理论知识，综合利用加密技术、分布式账本技术、可信云计算技术、安全芯片技术等，保证数字货币的安全性，防止被窃取和篡改。法定数字货币在能够为用户提供点对点支付体验的同时，通过隐私保护技术确保用户数据安全。此外，在法定数字货币监管方面，可以在安全和隐私保护的基础上，利用大数据分析等监管科技对数字货币安全使用进行监管。

法定数字货币在应用体验上更加智能。法定数字货币是基于区块链的智能合约，能够很好地解决信息不对称和交易双方的信任问题，便于实现交易过程中资金流与商流的统一。在点对点支付创新下，客户体验的提升有助于在支付的基础上延伸出更多的智能化功能。法定数字货币也会使央行货币政策的执行变得更加智能，货币政策的传导指标将会更加清晰，传导路径将会更加可寻，货币政策的有效性将会大大提升。

法定数字货币建设技术基础

法定数字货币作为具有法定地位的货币要想有效替代现金，必须实现安全存储、安全交易、匿名流通、隐私保护等目标，其运行需要强大的技术支持。在技术体系上，必须建立包括安全技术、交易技术和可信保障技术的技术基础设施。安全技术包括基础安全技术、数据安全技术和交易安全技术，以保障数字货币的可流通性、可存储性、可控匿名性、不可伪造性、不可重复性和不可抵赖性。其中，基础安全技术包括加解密技术与安全芯片技术。加解密技术主要被用于数字货币的币值生成、保密传输、身份验证等方面；安全芯片技术为安全存储和加密运算的载体，为数字货币提供基础性安全保护。数据安全技术旨在保障数据传输和存储的安全性。交易安全技术在身份认证、匿名、防重复交易、防伪等方面保障交易的安全性。交易技术主要被用于实现数字货币的在线交易和离线交易功能。可信保障技术为数字货币的发行、流通与交易提供安全、可信的应用环境，主要包括可信服务管理技术、基于可信服务管理平台保障数字货币安全模块与应用数据的安全可信技术等。

安全是法定数字货币技术的关键。在技术选择上，法定数字货币技术必须要满足庞大的法定数字货币发行和流通的需求，提供坚实的支撑能力。可信可控云计算技术、大数据分析和人工智能技术、密码算法及安全芯片技术都可以根据技术的成熟度来选择应用。在技术安全程度上，要将加密技术作为关键，重点利用可控匿名、隐私保护、私钥管理等方面的技术，通过算法既能够保证数字货币用户安全，又能够建立可控匿名机制，实现一定条件下的可追溯。在安全标准设计上，法定数字货币需要建立针对货币伪造和货币欺诈的政策，预防被盗和损失的风险。从前、中、后端来看，法定数字货币后台云端可信技术、传输过程中的信道安全技术、前台的芯片技术至关重要。

法定数字货币的发行

根据中国人民银行数字货币研究所的研究，中国法定数字货币的发行将主要采取双层投放模式。这种模式沿用现在的纸币流通模式，由央行向商业银行发行数字货币，再委托商业银行向公众提供法定数字货币的存取汇等服务。这一模式与现存的货币发行机制较为接近，有助于保持货币发行体系的连贯性。目前，各国普遍倾向于采取这一模式。例如，新加坡金融管理局基于分布式账户技术，参照央行与商业银行之间的大额支付系统，已经在模拟环境下探索数字货币实时投放。

在这一模式下，法定数字货币的发行和流通体系包括：央行的数字货币发行库、商业银行的数字货币银行库和用户端的数字钱包。三者的关系是：根据数字货币发行总量，央行同意生成数字货币，将其存放在央行发行库中，并根据商业银行数字货币的需求申请，将数字货币发送至商业银行存放数字货币的银行库；用户申请提取数字货币时，数字货币从银行库进入用户客户端的存储介质，即从银行库到用户的数字钱包。在流通环节，数字货币实质上是通过在两个用户各自的数字钱包间进行转移来完成支付。2020 年 4 月，中国人民银行数字货币研究所相关负责人表示，目前数字人民币研发工作正在稳妥推进，先行在深圳、苏州、雄安新区、成都及未来的冬奥会场景进行内部封闭试点测试，以不断优化和完善功能。

数字货币发展前景展望

未来数字货币可能是以去中心化的区块链为技术基础兼具有限的中心化监管的货币，具有明显的货币特征，体现为价值稳定并且具有计价功能。

去中心化和有限中心化结合可能是数字货币的未来

一味追求去中心化很容易使数字货币缺乏相应的监管和控制，导致其币值波动较大，也可能导致洗钱、贩毒等违法行为的发生。从比特币的实例中可以看出，过分的去中心化会导致币值波动较大。而完全中心化也有相应的缺陷。脸书推出的虚拟加密货币 Libra 为解决此问题提供了新的思路，或许将中心化和去中心化相结合是实现新时代超主权数字货币的途径。区块链有"去中心化"的特性，所以需要做的就是赋予其中心化的特征。央行及国际组织适度的监管介入是数字货币发展的必然趋势。可见，未来的数字货币可能具有和 Libra 相似的某些特征，并且需要被各国央行以及国际组织监管。如果能够实现去中心化和中心化相结合，类似"布雷顿森林体系 +SDR"的结合，具体形式还可更加合理、有效，不失为一个较好的选择。

区块链可能是数字货币发展的重要环节

区块链作为数字货币的核心技术，将会成为实现真正可以全球流通的超主权数字货币的关键技术。区块链的点对点网络与共识主动性的特征保证了其具有极高的安全性，安全性的保证一直是货币发展的特征。数字货币既然要承担交换媒介的功能，那么首先要保证能够提升用户的体验。这就要求未来的数字货币要符合大众的需求，深远快捷安全，通过交易的匿名性保证交易者的隐私。从这个角度看，区块链技术具备了未来货币所需要的基本特性。

未来数字货币仍应具有较为明显的货币特征

未来的数字货币或许能够实现现代意义上的超主权货币，而要做到这一点，数字货币必须要有货币特征。未来数字货币需要具备计价功能，还需要能够保证自身储藏价值，这两种特征仍是未来数字货币的基本特征。为了保证具备计价功能，未来的数字货币将需要锚定某个对象，比如类似 Libra 那样锚定货币篮子。但是，不同的是，未来数字货币包含的货币篮子应该是包含多种法定货币的，同时其所包含的法定货币的比例或许是动态浮动的，这样可能更有利于货币体系的稳定。因此，或许未来数字货币所对应的货币篮子是时刻变化的，体现在其中的各法定货币比例的波动变化。一旦币值稳定，有了现实的资产作为支撑，数字货币价值储藏的职能也就实现了。

Libra 可能是未来数字货币的雏形

Libra 已经体现了较明显的货币特征，同时其所基于的区块链是未来数字货币的底层架构，因此，Libra 可能会是未来数字货币的雏形。未来的数字货币可能与 Libra 一样，有更加合理的铸币机制，主要体现在铸币权不再仅掌握在各国央行手中，能够贡献相应可抵押资产的组织也可拥有铸币过程的参与权。

未来数字货币应有全新的国际支付功能

未来数字货币将能够提供全球性的支付交易网络，建立全球范围内的金融基础设施，实现社交和交易的紧密结合，实现全球范围内的跨境支付。这是一种信用支付机制，一定程度上类似于当今国内所使用的微信和支付宝，但与之不同的是，微信和支付宝对应的是银行存款，事实上仍旧是央行的法定货币。未来的数字货币支付机制应直接对应相应的数字货币。通过这样的全球化清算结算机制甚至能够建立全球化的清算结算体系，由于这样的体系拥有统一的货币，或许能够真正实现全球统一的支付交易网络。与现有跨国结算体系（例如 SWIFT）相比，依托于区块链的 Libra 结算效率更高、成本更低、速度更快，这将大幅降低跨境结算的时间成本和经济成本，有利于建立公正合理的全球清算体系。

绿色金融的发展及国际合作

20 世纪 70 年代以来，世界各国对环境保护的关注日渐深入。1987年，世界环境与发展委员会出版了《我们共同的未来》，要求全球各国加大对环境问题的关注；1992 年，联合国环境与发展大会提出了《21 世纪议程》，在全球范围内推行可持续发展理念；同年，联合国环境署在里约热内卢会议上通过了《联合国气候变化框架公约》，提出了面对全球环境问题，世界各国"具有共同但有区别的责任"。在全球环境保护的呼声之下，旨在实现经济效益、社会效益和环境效益有效统一的绿色金融应运而生。

伴随着绿色经济的发展，绿色金融从最开始的国际组织号召、政府引导层面落实到金融体系、金融机构、金融产品和金融市场的运行机制当中。2003 年，花旗银行、荷兰银行等共同发起了"赤道原则"，是首个全球绿色金融标准。赤道原则建立了一个判断、评估和管理国际项目融资中的环境保护和社会风险的准则，旨在使银行业在融资中更加注重环境保护和社会责任，目前，有几十个国家的相关金融机构已经采用赤道原则。同时，联合国环境规划署金融行动机构将美国银行、瑞士信贷集团等全球 180 多家金融机构纳入其中，积极在全球范围内探索可持续发展的投融资方式。在国际组织、世界各国及各类金融机构的共同作用下，绿色金融在全球蓬勃发展。

中国绿色金融的发展实践

随着中国经济的快速发展，环境保护问题日益严重，发展绿色经济、利用绿色金融实现经济的可持续发展已经成为社会各界的强烈呼声。绿色金融对环保、节能、清洁能源、绿色交通、绿色建筑等领域的项目投融资、项目运营、风险管理等提供金融服务，支持环境改善、应对气候变化、促进资源的节约和高效利用，进而促进经济可持续发展。近年来，中国在绿色金融领域从宏观制度到微观运行都取得了很大进步。

绿色金融政策持续完善

早在 1995 年，中国人民银行颁布《关于贯彻信贷政策与加强环境保护工作有关问题的通知》，强调各金融部门在信贷工作中要重视自然资源和环境保护，对企业的授信必须要考虑该企业的生产经营对环境所产生的影响。但在这一时期，受限于绿色金融发展理念和意识不强、政策措施单一，绿色金融在实际操作中效果一般。

随着国内环境污染的加重，政府加强部门间协同，制定绿色金融政策。2006 年，原国家环境保护总局发布《关于共享企业环保信息有关问题的通知》，致力于将企业环保信息纳入企业信用信息基础数据库，实现信息共享。2007 年，中国人民银行、原国家环境保护总局、银监会三部门联合发布了《关于落实环境保护政策法规防范信贷风险的意见》，将环评审批和环保设施验收作为银行给予企业授信的必要条件，同时对于环保不达标企业在流动资金贷款上予以限制。2008 年，原国家环境保护总局发布《关于加强上市公司环境保护监督管理工作的指导意见》，在资本市场明确了上市公司的环境保护责任、信息披露机制、绿色证券发行政策和制度等。

2012—2018 年，中国绿色金融政策体系逐步建立起来。2012 年，银监会发布《绿色信贷指引》，对绿色信贷的宗旨、内涵与外延进行了界定，从银行内部治理、信息披露、借贷审批流程等方面明确了绿色信贷的运行规则，成为银行业金融机构实施绿色信贷的纲领性文件。2015 年，国家发改委发布《绿色债券发行指引》，规定了绿色债券的适用范围、准入条件、担保增信、审批流程，推动绿色项目的发展。2016 年，中国人民银行等七部委联合发布《关于构建绿色金融体系的指导意见》，对大力发展绿色信贷、绿色债券、绿色发展基金、绿色保险、绿色股票、碳金融等绿色产品做出了系统性规划和全面部署。2017 年，中国人民银行及国家标准委员会发布了《金融业标准化体系建设发展规划（2016—2020）》，明确提出建立绿色金融标准化体系。

绿色金融市场规模不断壮大

在绿色金融政策的引导以及监管政策的推动下，中国绿色金融体系框架逐步建立起来，绿色金融规模不断壮大，绿色金融创新不断涌现。绿色信贷是中国绿色金融的主体，绿色信贷余额持续增长。截至 2020 年第一季度末，本外币绿色贷款余额为 10.46 万亿元，比年初增长 5.3%，折年增长率 19.1%。其中，单位绿色贷款余额为 10.43 万亿元。从用途看，基础设施绿色升级产业贷款和清洁能源产业贷款余额分别为 5.04 万亿元和 2.9 万亿元，比年初分别增长 6.0% 和 2.9%。从行业看，交通运输、仓储和邮政业绿色贷款余额为 3.35 万亿元，比年初增长 4.6%；电力、热力、燃气及水生产和供应业绿色贷款余额为 3.11 万亿元，比年初增长 3.3%。

绿色债市飞跃发展。绿色债券是指使用所得款项为环境项目提供资金的固定收益证券。2007 年，欧洲投资银行和世界银行发行了首只 AAA

级绿色债券,标志着全球绿色债市的建立。2016 年是中国绿色债市发展的元年,截至 2018 年底,符合国际绿色债券定义的中国绿色债券发行额达到 2 103 亿元(合 312 亿美元),绿色债券在全球占比亦达到了 18%。中国绿色债市快速发展成为全球最大的绿色债市。

绿色创新产品不断推出。绿色基金、绿色股票指数、绿色债券指数、绿色保险、绿色发展基金等产品层出不穷。2015 年,中国指数公司开始发布绿色股票指数,至今绿色股票指数已经达到 21 只,涵盖环境保护、新能源、碳排放等诸多方面。绿色保险的发展最早可以追溯到 2007 年环责险的发布,截至 2017 年 3 月,中国环责险投保企业超过 4 200 家,年度保费达到 3 亿元。"十三五"规划中明确提出设立绿色发展基金,并鼓励地方和社会资本发起社会化运作的绿色发展基金。截至 2019 年 2 月,中国绿色产业发展基金有 92 只。

碳金融市场逐步形成。2014 年,北京、上海、广州、重庆等 7 个区域碳排放权交易市场开展试点;2017 年,全国统一的碳排放权交易市场启动。经过 5 年多的发展,中国碳金融市场已经创新出碳配额质押贷款、碳基金、碳配额托管等产品,有研究机构预计全国碳市场规模将达到 20 亿吨。

绿色金融微观基础设施建设

绿色金融的发展不仅需要政策的支持,而且需要健全的基础设施和市场化的运行规则,从而实现既能够支持绿色产业的发展,又能够有效控制风险的目标。绿色金融基础设施主要包括绿色认证评估制度、绿色激励机制以及绿色风险控制制度等。

由于绿色金融受到较多的政策支持,在绿色信贷、绿色债券发行等方面都有一定的政策优惠,因此防止非绿色项目的"漂绿"行为,对绿色项目的认证和甄别就显得尤为重要。绿色认证要设立具有权威性、专业性、独立性的认证机构,对绿色项目进行认定和评估。绿色认证标准要保证公正性和统一性,对融资方、项目、募集资金的使用与管理,绿色效益,信息披露等方面都要明确。2017 年 10 月,中国人民银行发布

《绿色债券评估认证行为指引》，统一了绿色债券的认定和评估标准，为绿色债券发展提供了制度保证。截至 2018 年底，国内绿色债券第三方认证机构已发展到 10 多家，绿色金融认证基础不断牢固。

绿色激励机制是要利用激励制度来鼓励各类市场主体积极参与绿色金融活动，发挥市场机制的作用，通过利益调整和激发动机引导市场主体的行为。目前，中国的绿色激励制度主要通过降低成本、增加收益、赋予权利、减免义务、特殊待遇等方面实现，表现为经济激励制度和声誉激励制度。中国《绿色信贷指引》中明确规定了绿色信贷在利率方面的优惠和审批方面的快捷通道。在中国"新发展理念"的引导下，在全力打好污染治理攻坚战的形势下，绿色发展已经成为全社会的共识，绿色项目在声誉方面受到激励。

绿色金融具有显著的环境、社会效益，但作为金融活动，绿色金融本身也不可避免地面临各类风险。绿色金融面临着技术风险、政策风险、市场风险、道德风险等众多风险，需要建立完善的风险防范制度，有效规避风险和保护投资者利益。目前，中国人民银行对商业银行开展绿色信贷业绩评价，并将评价结果纳入宏观审慎评估框架，切实加强绿色金融风险监控与防范。

政府推动的绿色金融发展模式

欧美的市场化模式

美国和欧洲绿色金融的发展是伴随着公众环保意识的觉醒、环境保护政策制度和法律体系的建立、环保技术和信息披露机制的成熟而不断发展起来。社会环保意识、制度对企业形成了强大的社会约束，促使企业以环境保护作为生产的一项重要目标，主动进行绿色生产经营。绿色经济的发展为绿色金融的发展提供了巨大空间，绿色基金、绿色信贷、绿色债券、绿色保险等绿色金融都是为了服务绿色经济而创新发展而来。同时，绿色金融的发展为绿色项目提供融资安排和资金支持，进一步促进了绿色经济的繁荣。绿色经济和绿色金融在市场自发的作用下，相辅相成，共同发展。

西方市场经济体制下，绿色经济发展的内生性引发了绿色金融的内生性需求。需求引致供给，金融机构受利益的驱使拓展绿色金融业务，并在追求绿色金融带来的商业机会的同时创新绿色金融产品开发，强化环境风险管理，健全绿色发展机制。在市场规律的作用下，绿色金融发展起来。政府的主要作用体现在健全环境保护的法律法规体系，创造绿色经济需求，间接促进绿色金融发展。

适合中国国情的政府推动模式

与西方国家的绿色经济发展模式不同，中国的绿色金融是政府推进型发展模式，政府支持成为绿色金融发展最重要的引擎。这种模式的形成有着中国经济发展和金融发展的独特原因。一是中国改革开放以来形成了政府在市场经济条件下发挥重要作用的基本经济制度，政府"看得见的手"在经济发展中发挥重要作用，在政府推动下建立绿色金融体系框架将会更加有力。二是中国处于工业化中后期，"先污染、后治理"的发展模式使环境污染之严重越来越难以承担，而民众和各市场主体的自觉环保意识尚很欠缺，如果依靠民间自发力量强化环境保护，势必需要较长时间，这与当前的环保形势是不相适应的，唯有靠政府"看得见的手"发挥作用才能较快地遏制住环境恶化趋势。三是中国的金融体系是以商业银行为核心的间接融资体系，利率市场化进程尚未完全完成，市场化程度仍然不高，在现有的商业原则和风险管理模式下，商业银行难以自主选择支持绿色项目，通过监管部门直接提出绿色金融指标的方式将会更加有效地促进绿色经济的发展。

政府推动模式的特征

中国的绿色金融发展模式具有明显的自上而下的特征。面对高耗能、高污染的产业结构导致的日趋严重的资源环境挑战，政府逐渐加码绿色经济和绿色金融，力求实现经济结构转型和高质量发展。

中共十八大以来，生态文明建设和绿色发展的重要性不断被强调，十八届五中全会上提出了创新、协调、绿色、开放、共享五大发展理念，确立了绿色发展的原则。中共十九大报告中更是要求构建市场导向的绿色技术创新体系，发展绿色金融，壮大节能环保产业、清洁生产产业和清洁能源产业。2012 年以来，中国人民银行、国家发改委、银监会等机构相继出台了《绿色信贷指引》《能效信贷指引》《绿色债券支持项目目录（2015 版）》《绿色债券发行指引》《关于构建绿色金融体系的指导意见》等一系列政策文件，使中国成为世界上第一个由政府推动构建绿色金融体系的国家。

几年来，绿色经济和绿色项目因得到金融资源的支持而快速发展，清洁能源、节能环保、绿色工业、绿色农业等诸多领域都取得了快速发展。商业银行基于监管考核的要求以及市场需求，积极投入绿色信贷，支持绿色经济的发展。金融市场绿色债券、绿色 ABS（资产证券化）、绿色股票指数等创新产品也在政策的推动下依次推出。

中国绿色金融模式仍需加强市场化建设

中国"自上而下"的绿色金融发展模式的最大优势在于能够快速地搭建起绿色金融框架体系，有效推进绿色金融市场的发展。政府部门对绿色金融的大力倡导和协同推进，有助于引导市场方向，提高绿色金融市场的发展效率。但要进一步激发绿色金融市场活力，促进绿色金融稳健发展，还需要市场、制度、机构、标准的不断完善，需要发挥各市场参与主体的作用。未来，中国的绿色金融将进入第二阶段，政府的作用将更多地发挥在法律法规的制定和环境保护监管层面。中国要通过广泛宣传绿色经济，提升全社会各主体的绿色理念，为绿色经济发展创造更多的需求；通过公平、公正、公开的市场环境建设，让绿色金融产品创新在市场竞争中不断丰富，形成绿色金融需求和供给的平衡。

绿色金融的国际合作展望

应对气候变化、保护生态环境需要全球各国不懈努力。中共十九大报告中提出，中国要坚持推动构建人类命运共同体，构筑尊崇自然、绿色发展的生态体系。中国要持续加强绿色金融国际合作，探寻环境信息披露、环境压力测试、绿色项目标准统一方面的合作前景，促进跨境资本流动，壮大绿色投资者群体，实现全球的绿色转型。

推进绿色"一带一路"建设

2015 年 3 月，中国商务部发布《推动共建丝绸之路经济带和 21 世纪海上丝绸之路的愿景与行动》，推进"一带一路"沿线国家发展战略的相互对接，以新的形式加强亚欧非各国的联系，促进互利合作发展。为加强"一带一路"沿线各国生态环境、生物多样性和应对气候变化的合作，2017 年 4 月，外交部等四部委发布《关于推进绿色"一带一路"建设的指导意见》，从加强交流和宣传、搭建绿色合作平台、保障投资活动生态安全、完善政策措施、发挥地方优势等方面做出详细安排。2017 年 9 月，中国金融学会绿色金融专业委员会联合中国银行业协会等 7 家机构发布了《中国对外投资环境风险管理倡议》，鼓励和引导中国金融机构和企业在对外投资过程中强化环境风险管理，遵循责任投资原则，将生态文明和绿色发展理念融入"一带一路"建设，推动落实中国及全球绿色发展目标。该倡议为中国金融机构对外投资过程中的环境风险识别、评估、管理，以及信息披露等全流程环境风险管理提出了指引细则。一系列政策的出台使绿色发展理念在中国对外合作与投资过程中得到全面落实，中国绿色发展理念、制度以及绿色金融体系迈向国际市场的步伐进一步加快。

中国绿色金融发展形成的中国倡议、中国方案和中国特色，正在"一带一路"建设中发挥更大的作用。2019 年 4 月，在第二届"一带一路"国际合作高峰论坛上，国家开发银行等 20 多家机构发起"一带一路"绿色高效制冷行动倡议、"一带一路"绿色照明倡议、"一带一路"绿色"走出去"倡议，面向所有金融机构不断完善绿色金融产品和标准体系，创新金融工具，切实降低绿色项目投融资成本，配置更多资源促进"一带一路"沿线国家绿色经济的发展。在此次论坛上，中国农业银行、阿斯塔纳国际交易所等 27 家交易机构签署《"一带一路"绿色投资原则》，力求将低碳和可持续发展议题融入"一带一路"建设，以提升项目投资的环境和社会风险管理水平，推动"一带一路"投资的绿色化，在满足沿线基础设施发展的巨大需求的同时，有效支持环境改善和应对气候变化。

加强绿色金融双多边合作，构建全球绿色金融合作网络

2016 年在中国杭州举行的二十国集团领导人峰会上，中国首次将绿色金融纳入议题，提出了增强金融体系调动民间资本进行绿色投资的能力以发展绿色金融的 7 项倡议，在全球范围内得到了广泛认可。中国绿色金融合作在全球合作平台发出中国声音。

中国通过加强绿色金融双边合作，构建全球绿色金融合作网络。中英绿色金融合作是国际合作的典范。中英建立绿色金融工作组以共同推进绿色金融工作。2017 年，二十国集团汉堡峰会将推动金融机构开展环境风险分析和改善环境数据可获得性的倡议写入《二十国集团汉堡行动计划》，并发布了《2017 年二十国集团绿色金融综合报告》。2018 年，中央绿色金融工作组启动"一带一路"投资环境风险管理的自愿准则，启动金融机构环境信息披露试点，加强绿色资产证券化、资产 ESG（环境、社会和公司治理）表现与投资回报之间的相关性等方面的研究。此外，中国与欧洲积极开展推动绿色债券标准一致化合作研究，并在联合国波恩气候变化大会上发布《探寻绿色金融的共同语言》白皮书。

中国监管部门和金融机构也"走出去"，参与绿色金融全球合作网络。中国人民银行于 2017 年与英国、法国、德国等 7 国共同加入央行与监管机构绿色金融网络。上海、深圳加入了"全球金融中心城市绿色金融联盟"，上海证券交易所、深圳证券交易所相继加入联合国可持续证券交易所倡议。中国工商银行等金融机构加入联合国环境规划署金融行动机构，积极参与制定国际绿色金融标准，通过采纳国际标准、遵循国际规则，在全球范围内促进绿色金融的发展。

全球支付体系的变革前景

德法提出全球支付体系提议的缘起

维护国际公平和金融安全的需要

2018年5月美国宣布将对伊朗实施制裁,其中一个重要手段就是切断伊朗与SWIFT的联系,禁止SWIFT向受制裁的伊朗金融机构提供服务。伊朗依靠SWIFT进行石油等出口商品的资金结算,由于SWIFT在国际银行间跨境汇兑市场的特殊地位,一旦SWIFT切断与伊朗的联系,伊朗便无法进行跨境交易支付清算,伊朗的贸易伙伴,比如欧洲等地将因此受到严重影响。为了避免受到美国制裁的影响,许多欧盟企业停止了与伊朗的经济合作,或者撤回了对伊朗的投资计划。

长期以来,欧洲是美国强有力的合作伙伴,但如今美国单边主义抬头、"美国优先"的政策使得美国与欧盟尤其是德法的嫌隙与日俱增。SWIFT作为国际金融基础设施却被美国单方面掌控,早已引起世界各国的不满,国际支付体系亟待改革。

捍卫金融自主权的需要

为保证欧盟经济和金融的独立性、自主性,德法两国拟建独立支付系统。德法拟建独立支付系统的主张,不光是欧洲国家重新审视对美政策、捍卫自身利益、增强独立性的有力体现,更是向其他国家传递了一个重塑全球金融格局的重要信号。

金融制裁并非任何国家都可以使用的政策工具,它有赖于一国在全球金融体系中的地位、该国货币在国际支付系统中的使用比重。当前,除美国之外,其他国家无法单独发动金融制裁。美国掌控了SWIFT和CHIPS两大支付系统,相当于掌握了全球的支付命脉。

欧洲也有自己的跨境支付清算系统,比如欧盟的泛欧实时全额自动清算系统和英国的伦敦银行自动清算支付系统。一方面,这些支付系统虽然独立于CHIPS,但仍需使用SWIFT进行报文转换;另一方面,欧元和英镑在国际贸易和金融交易中的影响力远不及美元。因此，当美国利用 SWIFT 对伊朗进行制裁，欧洲各国仍受到重大影响。因此，德法希望建立一套独立于美国和美元的全球支付系统，以期打破美国的金融霸权统治，捍卫欧洲的经济和金融自主权。

变革全球支付体系的紧迫性

国际金融基础设施被滥用，危及相关国家甚至全球金融稳定

支付体系是金融市场基础设施的重要组成部分，而 SWIFT 为各家金融机构、各大跨境支付清算系统提供报文传输活动，是比支付体系更为基础、重要的全球性金融市场基础设施。金融市场基础设施一般都具有准公共物品性和自然垄断性。

SWIFT 一方面支持着全球支付体系的正常运转，另一方面却被美国用作金融制裁的工具，这一状况亟待改变。美国可随意阻止 SWIFT 为其他国家的金融机构或支付系统提供服务，导致 SWIFT 的准公共物品性被大大削弱，在很大程度上成为美国的私人物品。由于 SWIFT 的自然垄断性，其他国家想要在短期内建立起 SWIFT 的替代品非常困难，因此一旦美国实施制裁手段，很容易给有关国家的金融稳定和安全带来巨大威胁。

美国实施金融制裁存在明显的不对称性和浓厚的单边主义色彩。虽然欧洲国家和日本与美国关系紧密，被实施制裁的可能性较小，但其与被制裁国的正常贸易往来会受到严重影响，比如德法与伊朗之间的贸易。同时，在当前美国贸易保护主义抬头、单边主义倾向越发严重的情况下，欧洲各国也面临威胁。

国际支付体系缺乏公平有效的国际监管协作机制

全球支付体系是全球金融基础设施中的重要组成部分，对保障全球金融稳定和防范全球系统性风险都具有重要影响。随着近年来全球经济一体化和金融创新程度的不断加深，各国的金融市场和金融机构之间的联系日益紧密。当前，金融基础设施在完成区域一体化发展的基础上，

也开始了全球化的进程。各国跨境支付体系实现互联互通、一体化发展的背后需要各个国家之间积极建立多边监管协作关系，保证其安全稳定运行，并在发生国际争端时能够平等沟通交流、协商解决。

目前，由 25 名董事长领导下的执行股东会是 SWIFT 的最高权力机构，比利时国家银行在 SWIFT 的监督中起主导作用，G10（十国集团）的中央银行从旁协助。这说明没有董事席位且不属于十国集团的国家无法参与对 SWIFT 的监督管理。因此，很多国家虽然使用 SWIFT 提供的服务，但无法参与对 SWIFT 的监督管理，金融自主权受限严重。

由于缺乏公平有效的国际监管协作机制，美国不光利用 SWIFT 发动金融制裁，还侵犯了其他国家公民的隐私。"9·11"恐怖袭击事件后，美国政府为了监控恐怖组织的资金往来信息，授权美国财政部海外资产控制办公室从 SWIFT 调取与恐怖组织相关的金融交易和资金流动信息。欧盟是全球隐私信息保护意识最强的区域，为此欧盟和美国展开了长达 4 年的协商，但最终仍然不能阻止美国对 SWIFT 数据的调用。因此，只有建立起对 SWIFT 公平有效的多边国际监管协作机制，才能对美国的行为有所限制。

市场缺乏竞争，服务质量和安全性难以保障

由于全球各大跨境支付系统和 SWIFT 在市场中几乎不存在竞争，服务提供商很难有动力持续提升技术和服务水平。当前，跨境支付服务不透明、价格高、耗时长的问题已经广受全球使用者的诟病。

因为全球支付体系这类金融基础设施的正常运转对于各国乃至全球金融稳定具有重要意义，所以保证全球支付体系的安全性是非常必要的。当前全球经贸和金融交易对 SWIFT 都有很强的依赖性，一旦 SWIFT 出现安全性问题，所有国家的资金安全和金融稳定都会面临巨大威胁。2015—2016 年，SWIFT 接连爆出多起银行被盗案件。如果 SWIFT 和其他全球性重点支付系统无法保证安全性，落后于新兴科技的发展，那么全球金融体系的稳定与安全都将面临严重威胁。

全球支付体系的变革方向与发展趋势

新独立支付体系发挥作用有一个艰难的过程

德法拟建独立支付系统的主张引起了广泛关注，并取得初步成效。2020 年 3 月底，欧洲有国家和伊朗利用 INSTEX，签署了一份合作协议，向伊朗出售一批医疗物品，主要是医疗救助器材，涉及金额约为 50 万欧元，未来伊朗可能会继续通过 INSTEX 来进口所需的物品。通过这个结算机制，双方的贸易可以不通过美元。在当今世界各国对 SWIFT 依赖性较强、SWIFT 覆盖面较广的背景下，短期内 INSTEX 发挥较大作用的可能性较小，但这一重要进展仍很有意义。几年前，俄罗斯在遭到美国金融制裁后，也尝试建立自己独立的支付系统。

加强监管改革，促进国际支付体系保持独立公正

全球性金融基础设施是服务于全球金融运行的，需要比一般金融基础设施具有更高的安全性、运行效率和服务质量。全球性重要的支付体系是准公共物品，服务于全球经济贸易和金融交易，应该具备独立性，并保持公平、公正，不为任何一个国家所操控。

SWIFT 运营着全球金融报文网络，所有跨境清算支付系统都依赖 SWIFT 进行报文传输。但 SWIFT 被美国通过董事会席位单方面控制，失去了金融基础设施的准公共物品特性，成为美国对某些国家实施金融制裁的工具，还为美国提供客户资金往来信息，这是不合理的。

因此，SWIFT 应该改革最高权力机构的组织方式和监督管理机制，让各成员公平地参与对 SWIFT 的监督管理。应该由各成员组建监督管理委员会对 SWIFT 进行管理，制定明确的监督管理规则，要求 SWIFT 每年对业务情况、争端解决情况、信息安全治理等方面出具报告，以确保 SWIFT 的良好运行和独立、客观、公正。

各国积极建设跨境支付系统，推动全球支付体系多元化

在经济金融新型全球化格局下，美国为继续保持自己的领先主导地

位开始了逆全球化的抗争，并在全球范围内挑起贸易争端，其他国家或多或少都受到了影响，并意识到曾经以美国为主导建立起的全球化体系是非常不稳定的。为了维护国家金融安全以及推进本币国际化的发展，各国都着力建设、改善和优化本币的跨境支付清算体系，并尝试弃用SWIFT 的业务。因此，短期内全球支付体系可能呈现出多元化发展的特点，为跨境支付提供了更多新的解决方案，或能推动全球支付体系提升效率且降低价格。

俄罗斯为提升自身金融独立性尝试建立本土独立支付系统，这是俄罗斯对抗美国制裁的一种有力回应和有益尝试。中国于 2015 年建立了CIPS，主要目的是助力人民币国际化，扩大人民币跨境支付结算的使用量，发展全球各主要时区的人民币业务。同时，在双边贸易中，中国也在积极探索支付方式创新。各个国家都开始尝试摆脱对美元和 SWIFT 的依赖，或能倒逼 SWIFT 实现独立公正，制约美国在国际金融和贸易中的行为。

事实上，如果各国都纷纷建立独立支付系统，其成本是非常高的，所以短期内难有能够完全替代 SWIFT 的报文系统建成。未来，全球金融格局很大程度上将取决于一国货币在国际交易中的影响力，所以短期内各国仍会将跨境支付体系的建设优化作为重点。未来各国仍会和 SWIFT展开深入合作，毕竟 SWIFT 在全球支付体系中具有高度垄断性。当前，人民币在 SWIFT 中的排名稳定在全球第五或第六位，与 SWIFT 的合作有助于扩大 CIPS 全球支付影响力，促进人民币的广泛应用。

技术变革或将改变全球支付生态，打造全球支付新格局

长期来看，未来技术变革或将彻底改变当前的全球支付体系，创造出完全不同于当前的支付模式和全球支付生态。金融科技和数字货币近年来在跨境支付活动中开始发挥越来越重要的作用。数字货币或可代替美元成为新的中介货币，实现不同法定货币之间的兑换。当数字货币被广泛认可并被频繁用于经贸、金融交易时，全球跨境支付体系将被重塑。同时，数字货币通常是基于分布式账本技术的代币，该技术能够确保交易具有可追溯性且不易被篡改，大大改善了对支付信息的保护，提高了支付体系的安全性。区块链等技术的使用有利于国际支付体系摆脱某一国家的控制，避免各国受到某一强势主权国家的金融制裁。

当然，游离于传统货币体系之外的数字货币和去中心化的区块链也给跨境支付活动的监管带来挑战，特别是在反洗钱、反恐融资、税收和资本管制等方面。因此，未来对全球支付体系和跨境支付活动的监管更应该注重多边合作，不应由一个国家主导管理，国家之间应建立积极的跨区域多边监管合作关系，坚决抵制单边主义。

第十一章

国际金融中心的未来

当今世界，各国不仅在经济层面的竞争趋于增强，在金融层面的角力也日益激烈。从历史上看，一国一旦拥有国际金融中心，便会获得更强大的调动和支配金融资源的能力，这对一国发展具有巨大的作用。国际金融中心通常是具有巨大资本集聚和辐射功能的国际大都市，这类城市金融基础设施完备，市场参与者众多，因此能够在国际融资、国际支付结算及各类金融交易方面提供便捷的服务和支持。这对区域乃至全球经济都有重要推动作用。从经济发展的一般规律看，经济结构内部的层次性变化特征将更加明显，一般是遵循从第一产业为主的阶段逐渐向第二产业、第三产业为主的阶段过渡。从发达国家的经验看，以第三产业为主的发展模式是经济发展到高级阶段的重要特征。金融业作为第三产业的核心，在经济中的地位变得越来越重要。在金融业高度发展后通常会产生金融中心，即金融资源的集聚地。一旦某个国家或地区拥有了金融中心，便能够更大程度地控制金融资源，更大规模地吸引国际资本，更好地服务于经济发展。在区域或是在全球范围内，该国家或地区的国际影响力、政治影响力、经济影响力都将得到大幅提升。

世界经济在不断向前发展，与经济发展同步的是金融中心也先后经历了数次变迁。从经验上看，金融中心的演进呈现出由集中到分散的特征，空间分布存在一定的规律性。金融业的发展在某种程度具有先导作用，因此，金融中心的空间变化能够折射出经济发展的变化路径及经济实力的强弱演变。许多国家和地区普遍努力打造具有世界影响力的区域或者国际金融中心。同样，中国的经济体量已经可以确立在世界经济中的话语权，但要维护自身经济的可持续发展与金融安全，就必须要建立与自身经济地位相匹配的、具有较大影响力的国际金融中心。

金融作为现代经济的核心，在推动经济发展、实现资源配置方面有着重要作用。在全球经济金融一体化进程推进后，世界各国均不同程度地享受到了开放的红利。作为全球竞争的重要组成部分，金融中心建设不仅是发达国家确立全球话语权的重要保证，而且是新兴经济体在逐步赶超中致力实现的目标。一方面，国际金融中心作为国际金融市场的枢纽，可以促进国际资本流动，推动经济全球化进程；另一方面，拥有强大国际金融中心的国家可以通过聚集大规模国际金融资源，实现财富累积和风险转移，保护甚至扩展本国经济发展的成果。在经济全球化和经济金融化的今天，世界主要经济体都致力于打造自己的国际金融中心，以实现全球资源的有利配置，并争取未来经济金融发展的制高点。

国际金融中心演变的历程和基本特征

国际金融中心的演变

从 14 世纪初国际金融中心萌芽算起，至今大致已有 700 年历史。国际金融中心的演变大体可以分为 5 个阶段：一是以地理大发现（1500 年前后）为节点的农业经济时代晚期与商业革命时代的划分，二是以工业革命（1750 年）为节点的商业革命时代与工业化早期的划分，三是以金本位制崩溃（1914 年）为节点的工业化早期与工业化成熟时代的划分，四是以布雷顿森林体系崩溃（1973 年）为节点的工业化成熟时代与后工业化时代的划分。

农业经济时代晚期，国际金融中心的萌芽

农业经济时代大约为公元前 5000 年—公元 1500 年。在这一时期，货币和信用被广泛运用，出现了货币铸造、发行和管理的机构，以及信用机构。这一时期金融活动较为有限，世界金融体系处在萌芽状态，国际金融中心也处在萌芽期。

中世纪，只有商业和与商业有密切关系的金融活动才能给人们带来财富，此时大规模的远程贸易多数集中在两个区域：一个是处于北欧狭窄海域上的一些低地国家，另一个则是以意大利为中心的地中海地区。随着贸易与金融业不断发展，在这两个区域形成了两个著名的欧洲金融

中心——欧洲南部的意大利佛罗伦萨和欧洲北部的比利时布鲁日。

　　地处欧、亚、非三大洲之间的地中海拥有便利的水上交通。正是借助于这样的便利条件,地中海逐步聚集了众多的商品贸易活动,成为中西方贸易往来的交汇点,意大利商人由此得以逐步实现对贸易活动的垄断和控制。

　　佛罗伦萨在这一时期逐渐通过银行业发展起来,成为当时的金融中心。1338 年,仅在佛罗伦萨就有 80 家独立的"商业银行"。此外,最值得一提的是,13 世纪时,佛罗伦萨的银行家发明了汇票,汇票的出现大大方便了交易,降低了交易成本,提高了交易效率,商人们可以不带任何现金进行贸易。不仅如此,汇票还具有远期交易功能,在新贸易中产生的新债权、债务可以通过开具新汇票的方法转移到下一次的贸易中。由此可见,汇票不光是一种重要的货币替代物,而且推动了制度创新,促进了现代意义上的银行的发展。

　　在 13 世纪之前及其后的一段时期,北海和波罗的海地区依靠汉萨同盟逐渐形成一个新的贸易体系,该同盟主要是由德意志吕贝克、汉堡、罗斯托克等组成,主要从事从布鲁日到俄罗斯诺夫哥罗德州的贸易,偶尔会穿越俄罗斯到达黑海,再继续向北到达挪威的卑尔根,并且不时也会经过大西洋和比斯开湾到达伊比利亚和地中海。布鲁日作为汉萨同盟发展贸易的西部主要港口,逐渐成为一个重要的贸易转运地。中转贸易的发展促进了布鲁日金融业的发展,布鲁日金融中心与佛罗伦萨金融中心有着密切联系,意大利的银行家在布鲁日设立了分行或代表处,并向布鲁日提供贷款。同时,布鲁日还是低地国家和地中海地区之间贸易款项结算的中介。如果低地国家需要汇款至罗马,商人往往首先从低地国家购买商品到布鲁日销售,换取当地货币后,再从意大利银行家手里按罗马的汇率牌价购买汇票。

商业革命时代,国际金融中心的发展

　　1500—1750 年,即从地理大发现发端至工业革命前夕,为商业革命时代。地理大发现开拓了人们的眼界,鼓舞和激发了人们的斗志,葡萄

牙、西班牙、荷兰、英国、意大利、法国等国都竞相发展经济，争夺海上霸权，拓展海外殖民地。各国政府和商人都争先恐后地发展贸易。处在世界新航线上的葡萄牙、西班牙、荷兰、英国等国都逐渐繁荣起来。随着经济活动在各大洲之间展开，贸易范围不断扩大。商业革命的发展引发了金融革命，金融革命最主要的特征是金融工具、金融机构和金融业务出现了革命性变化。票据市场、证券市场和近代意义上的银行相继涌现。

欧洲经济中心在地理大发现后逐步由地中海一带转向大西洋沿岸的城市群。继法国香槟集市和汉萨同盟之后，比利时的安特卫普依靠优越的地理位置逐步成为新的商贸中心，并逐渐成为 16 世纪欧洲著名的金融中心。为了适应扩大的贸易需要，安特卫普创造性地建立了世界上第一个商品交易所，并发展了在商品交易会之间流动的纯粹金融汇票，利率为 3 个月 2% 或 3%。商贸的发展还吸引了金融人才聚集此地。意大利和德国的许多银行家为了赢得安特卫普巨大的市场，控制国际商业和金融，大批涌入安特卫普。由此，安特卫普逐渐发展成为欧洲的商贸中心和金融中心。

荷兰阿姆斯特丹的地理位置十分优越，它位于大西洋沿岸，与波罗的海、北海、大西洋相连，腹地十分肥沃。进入 17 世纪后，荷兰逐步壮大起来，阿姆斯特丹随之成为欧洲最大的商港，并逐步成为欧洲金融界的核心城市。阿姆斯特丹国际金融中心是世界上第一个真正意义上的国际金融中心。那个时期，复式簿记和经纪人制度在荷兰已经推广。同时，一系列金融创新也在实行，荷兰人逐步将商业银行、股票、保险等众多业务形态进行整合，逐步形成了一个融合度极高的金融体系，由此带来爆发式的财富增长。

在当时，荷兰因两项世界第一闻名于世：一是 1609 年，在阿姆斯特丹成立了世界上第一家证券交易所；二是这里出现了历史上第一家通过证券交易所向公众发行股票融资的公司——荷兰东印度公司。

此外，荷兰另一起比较出名的事件是在 1609 年创立了阿姆斯特丹银行，这是第一家现代意义上的银行。这便利了当时存款、兑换、贷款等业务；采用了汇票支付方式，建立了商业银行的票据业务，解决了国际票据交换与清算的难题。

工业化早期，国际金融中心的形成

资本主义工业化初期的主要贡献是完成了从工厂手工业发展转向机器大工业阶段，时间大约在 1750—1913 年。在这一时期，传统落后的手工劳动逐步被机器生产取代，大规模的工业化生产开始融入社会生产的方方面面，这是科技进步带来的一场革命性突破。同时，工业革命爆发以及资本主义制度的确立令工业化国家出现了两次经济飞跃，这同步带动了金融业的发展，现代意义上的金融体系开始逐步形成。

首先，英国爆发了第一次工业革命，这使得英国成为全球范围内率先完成工业化的国家，并成为世界最强大的经济体。第二次工业革命则几乎在一些资本主义国家同时出现，"用机器生产机器"是此次工业革命的典型特征。两次工业革命持续时间较长、影响范围较大，对全球经济增长和生产力提高产生了持续性的促进作用。

英国在启动工业化初期，伦敦因为拥有各项超然的条件，开始逐步成为世界性的国际金融中心。伦敦国际金融中心的影响力极大，在全球金融领域中扮演着极其重要的角色。从 1850 年起，直到 1914 年一战爆发，伦敦长期占据着国际金融中心的霸主地位，全球没有任何城市能够与伦敦比肩。整个 19 世纪，全球金融体系的主导权实际上在英国手上，其代言人就是英格兰银行，它主导了国际金融货币体系的规则与标准。整个 19 世纪可以说是英镑的时代，在一战爆发前，英国拥有超过西方一半的海外投资规模，金额超过 40 亿英镑。英国在这一时期是名副其实的资本头号输出国，在国际金融领域有着绝对的霸主地位。全球的国际结算、资金融通和其他各类金融交易大都需要通过伦敦进行。

英格兰银行是世界上第一家现代意义上的中央银行，于 1694 年在英国诞生，它以公债形式发行银行券成为公债制度的基础，国债交易市场形成。英国成为 18 世纪欧洲金融最发达的国家，是欧洲国家的榜样。西方经济史学家将英格兰银行的创立、公债的发行和稳固以及其他金融业的变革称为"金融革命"。与此同时，保险业在伦敦获得了巨大的发展，17世纪伦敦重要的海运地位使得商人对船只和货船的保险需求大增，而且英国人在保险方面一开始就是比较新颖和规范的。1601年，英国公布了第一部海上保险的法律，设立了延续90年的保险委员会，并在1670年成立了太阳保险公司，这是第一家火灾保险公司。1693年，世界上第一张生命表由英国人哈莱制成，这种科学计算人身保险费的方式成为现代人寿保险的开端。18世纪，皇家交易所、伦敦保险公司、英国火险公司纷纷成立。到1755年，伦敦力压阿姆斯特丹，为保险业最重要城市。

工业化成熟时代，国际金融中心由成熟走向分化

工业化成熟时代主要指1914—1973年，即从一战爆发到布雷顿森林体系的崩溃，金本位制度逐步退出历史舞台。这一阶段开始形成了以美国为主导的资本主义世界经济体系，美国不仅取得了世界经济领域中的霸主地位，而且同时在金融领域建立了以美元为中心的国际货币体系——布雷顿森林体系。

二战后，美国通过马歇尔计划等措施开始帮助欧洲各国和日本实现经济恢复，这些国家相继步入了跨越式发展阶段。日本和西欧多国从20世纪50年代中期到60年代保持了高速增长，经济实力不断增强。美国由于身陷各类战争以及与苏联存在潜在竞争关系，经济增长受到一定程度拖累（见表11.1）。仅以出口为例，联邦德国和日本在二战后初期几乎没有任何出口，但在1962年，两国的出口分别为美国的63.1%和23.4%。而到1968年，日本和联邦德国的出口贸易总额已经超过美国（见表11.2）。

表11.1　美国、日本和欧共体不同阶段经济增长率比较

	1950—1960年	1960—1970年	1970—1982年
美国	3.2%	3.9%	2.7%
日本	8.0%	11.1%	4.6%
欧共体	–	–	2.9%

资料来源：世界银行《一九八四世界发展报告》

表 11.2　美国、日本和联邦德国国际贸易地位对比（1962—1971 年）

年份	日本占美国出口比重（%）	联邦德国占美国出口比重（%）
1962	23.4	63.1
1965	31.7	67.1
1968	39.1	73.1
1971	55.4	89.7

资料来源：国际货币基金组织《国际金融统计年鉴》，1992：108-109

　　17 世纪末至 19 世纪中期，纽约依靠纽约港的便利条件，开始逐步取代费城成为美国的金融中心。伊利运河带来的一个直接的影响就是，纽约市的人口开始呈现爆炸式增长，正是借助于这样的便利条件，纽约拥有了大量的农产品和工业原材料，这极大促进了资金、商品和劳动力在纽约市和内陆腹地之间的快速流动。此外，伊利运河的开通为美国中西部产品运送到纽约提供了便捷的方式，使纽约成为美国最大的贸易港口。纽约逐步成为美国最大的经济中心，很快又变成了世界上有史以来最大的新兴城市。

　　在 20 世纪的两次世界大战中，美国经济全面超越了英国，尤其战争带来的军需刺激令美国大发战争财，大量黄金流向了美国。二战结束后，美国在全球经济金融领域处于霸主地位，纽约也逐步取代了伦敦，长期占据国际金融中心头把座椅的地位，成为国际金融领域名副其实的霸主。

　　二战后，国际金融市场的发展出现了一些新的特征，离岸金融市场规模开始逐步扩大，其中以伦敦为中心的欧洲货币市场最具代表性。欧洲货币市场的出现标志着国际金融市场发展进入了全新阶段，大规模的资本跨境流动开始出现。欧洲货币市场的发展有着深刻的历史背景，其目的是逃避可能存在的交易限制。一是这一时期，美苏关系急剧恶化，苏联及很多东欧国家担忧美国政府采取冻结其在美资产的手段，因此采取措施将美元资产转移至欧洲。二是美国的经常账户从 20 世纪 50 年代之后开始出现巨额逆差，由于特里芬难题的存在，布雷顿森林体系的维系出现困难，世界各国对美元能否保持坚挺充满忧虑。为了维持美元币值稳定，美国政府采取了众多措施限制美元外流，但这进一步加剧了世界各国对美元的担忧，许多资金通过各种手段逃离美国。三是英国在 1956 年入侵埃及后，其贸易收支状况严重恶化，为了稳定英镑币值，英国采取了限制资金流出的措施，不允许国内银行向国外提供英镑贷款。一些商业银行为此便开始从事美元信贷业务以获得利润，这直接促成了欧洲美元市场的出现。由于交易地不在美国境内，突破了传统的地域和金融制度约束，欧洲的美元交易没有受到过多限制，交易十分便捷，受到了许多国家的欢迎。在这样的便利条件下，欧洲许多城市，例如德国法兰克福、法国巴黎等均开始从事这类业务，并取得快速发展，逐步成为具有世界影响力的金融中心。四是 20 世纪 70 年代后，许多发达国家出现了高通货膨胀与高失业率并存的滞胀现象。很多国家对非居民的存款采取了扣除利息或者冻结等非常规做法。这导致非居民不断采取措施在这些国家开立外币账户，欧洲货币市场的规模得以不断扩大。正是由于各国政府采取的各类限制性措施，一个法律限制少、没有明确国籍的金融市场逐步诞生。同时，伴随着资本流动规模的扩大，欧洲货币市场的交易规模不断扩大，并成为推动国际金融市场发展的重要因素。

欧洲货币市场的发展摆脱了传统的金融市场发展模式，它不受地域和当地金融法律的管制和约束，相应的货币交易可以不受货币发行国的制约和管辖，这是真正意义上的离岸金融市场。更具代表意义的是，欧洲货币市场不仅摆脱了货币发行国政府的约束，而且不用考虑交易地点是否为货币贸易中心以及该地所在国是否具有超强的经济实力，只要满足相应的条件，例如没有过度的资本管制或者高额的税负，即使发展并不成熟、缺乏资金积累的地方都有成为国际金融中心的可能。正是由于这种金融交易突破了传统交易中存在的各类限制，国际金融市场开始摆脱过去高度集中的特点，逐步转向分散。除传统上较为强势的国际金融中心外，世界多地开始出现国际金融中心。这使得金融业务的分布和交易变得分散，各地区逐步搭建起互联互通的国际金融网络，业务覆盖范围、经营效率得到进一步提高。正是由于欧洲货币市场以及其他大洲金融市场的发展，以伦敦—纽约为主导的国际金融市场格局出现变化，第三世界国家逐步走向前台，在国际金融领域内拥有了更多的话语权，这也有效促进了这些国家的经济增长。

后工业化时代，国际金融中心多元化格局的形成

1973 年，布雷顿森林体系崩溃，各国货币发行均不再以黄金作为锚，世界开始进入完全意义上的信用货币时代。伦敦和纽约等老牌金融中心依然不断采取措施继续发展金融业，从而进一步巩固了自身地位。二战后，英国政府采取了一系列严厉的政府管制措施，并采取了大规模的国有化计划，伦敦的国际金融中心地位受到影响。但在欧洲美元市场获得发展后，伦敦再次获得迅速发展。商业银行不再将主要业务中心放在短期信贷业务，而是开始经营保险经纪、单位信托、消费信贷以及住房抵押贷款等综合化服务。美国则采取了多重措施进一步巩固纽约的国际金融中心地位：一是建立了石油美元定价机制，这进一步强化了美元作为世界货币以及最为重要的国际结算和储备货币的地位，纽约仍然是美元交易最为重要的城市；二是大力鼓励金融创新，开展更多的新兴业务；三是开始大规模进行证券交易业务。

这一时期，一个突出的特点是，亚太地区的经济金融业取得迅速发展。尤其是二战后，日本经济突飞猛进，东京凭借着当时的金融自由化浪潮，逐步走向国际金融舞台中央，成为国际认可的金融中心。东京能够成为国际金融中心的主要原因是得到了政府的推动。1973 年，日本政府放松了对外汇市场的管制，鼓励金融资本跨境流动。随后，日本政府从 1975 年开始大量发行国债，并于 1978 年在海外发行欧洲日元债券，这直接推动了东京债市的发展。进入 20 世纪 80 年代，日本进一步加大了金融自由化力度，先后撤销了 40 年的利息限制以及对银行业务的一系列管制，并提出要进一步推动金融市场自由化，鼓励海外投资者参与。同时，由于美国的介入和干预，日本相继采取了利率市场化以及金融业务自由化措施，并进一步开放了金融市场，日元逐步成为世界重要的交

易结算货币和储备货币，东京离岸金融市场也同步设立。在东京证券交易所上市的公司的市值甚至一度超过了美国证券市场，位居全球首位，1987 年达到 2.7 万亿美元。这也使得东京成为可以与纽约和伦敦相提并论的国际金融中心。

进入 20 世纪 90 年代，日本的经济泡沫破灭，股市、房地产市场均出现暴跌，日本金融业的发展遭遇重创。为此，日本政府再次进行金融体制改革，提出了金融改革三原则：自由化、公正化、全球化。众多措施的推进保护了东京的国际金融中心地位。目前，东京仍然是世界范围内最具影响力的国际金融中心之一。但由于日本经济长期衰落，东京的国际金融中心地位已远不及从前，在很多领域的金融市场份额和交易量已经被同在亚太的中国香港和新加坡赶超。

香港和新加坡具有非常相似的条件，二者之间存在一定的竞争关系。从发展情况看，香港整体上比新加坡的竞争力要更强一些，突出表现在以下几点。一是，虽然二者均具有优越的地理条件，进出口贸易均十分发达，并且二者所在的时区能够与欧美的国际金融市场形成互补，因此能够保证国际金融市场交易的连续性，但香港背后有中国内地市场的支持，香港的业务可以向内地进行延伸，中央政府也全力支持香港的发展。但新加坡的贸易对手主要集中在周边国家，与香港相比优势并不明显。二是，新加坡的国际金融中心地位主要靠政府引导和推动，金融自由化程度相对不高。虽然由政府主导建立国际金融中心大大压缩了时间成本，但正是由于受到政府政策刺激的影响，新加坡对世界金融市场变化的敏感性不强。相比较而言，香港一度被称为世界范围内最为自由的经济体，市场化色彩浓厚，行政干预较少，市场机制的作用能够充分发挥，跨境金融交易和资本流动均能够得到有效保护。三是，香港特区政府通过不断打造自由的经济环境和提升人员素质等措施培养出一大批高质量、高素质的金融人才，并提供了丰厚的条件吸引世界各地的优秀人才来港工作。而新加坡则主要重视整体交易，并不十分重视专业人才培养，与香港相比此项条件相对落后，很多时候当地的人才并不能很好地支持当地金融行业的发展。四是，香港金融管理局为市场发展提供了更加透明、高效的监管体系，并根据金融市场的动态调整监管规则，不断在监管、投资者参与和市场发展三者之间找到平衡点。新加坡虽然也建立了一套成熟的监管体系，但各方对新加坡的监管适当和适度问题存在很多质疑，这在一定程度上削弱了新加坡的竞争力。

但新加坡的金融创新能力要比香港强一些。新加坡的期货市场为投资者提供了多元化的贸易商品业务及衍生品业务，先后提供了包括单只股票期货、海峡指数期货以及日经指数期货等多种产品。丰富的交易品种和产品吸引了很多投资者和海外机构进入。

总体上看，香港虽然是世界公认的国际金融中心之一，但与纽约、伦敦等城市相比仍然有一定差距。由于纽约和伦敦拥有的经济条件和政治条件，香港并不具备取代这两座国际金融中心的实力。同时，亚太地区其他城市金融业务发展迅速，对香港的赶超步伐在不断加快，而香港内部经济发展存在一些问题。香港要想进一步巩固和提高自身的国际金融中心地位，需要采取有效的措施，加大改革和创新的力度。

通过对金融中心的发展进行梳理，我们可以发现，金融中心的形成可以从不同的角度进行划分。比较流行的一种划分方式是按照政策驱动和自然形成做出分类。政策驱动的金融中心主要以东京和新加坡为代表，其特征是政府通过众多措施和手段推动金融中心的形成。虽然这些城市可能并不具备成为金融中心的优势，但在一系列政策刺激后，经济条件和金融条件的改善逐步促进了金融中心的形成。自然形成的金融中心主要是以伦敦和纽约为代表，其金融中心的地位是随着经济实力的确立而逐步实现。当一国或者地区具备强大的经济实力时，该国或地区自然会产生与其经济地位相匹配的金融中心。通过对比可以看出，早期国际金融中心主要是自然形成，后期国际金融中心则主要依赖政府推动形成。考虑到金融自由化和世界金融一体化的趋势不会逆转，未来各国对金融市场的干预仍然不可避免。同时，金融业地位进一步提升将使得各国建立国际金融中心的意愿更加强烈，这也成为国际金融竞争中的重要组成部分。在全球化步伐进一步加快后，世界各国金融开发力度将进一步加大，国际资本流动也将更加频繁。如果没有成熟的国际金融中心，东道国在面对大规模的国际资本冲击时势必难以应对。

此外，还有一种分类方式是资金需求拉动型和资金供给推动型。市场经济发展到一定阶段后，对于资金的需求会急剧上升，大规模的资金需求带来金融服务的膨胀，就形成了资金需求拉动型国际金融中心。相应地，通过不断提升资金供给的数量来催生金融需求，则会形成资金供给推动型国际金融中心。

国际金融中心的基本特征

国际金融中心的变迁存在一定的规律：经济实力的强弱很大程度上决定了金融中心的分布。对于发展中国家来说，如果想在国际金融领域取得一定的话语权，就必须要有足够的经济基础。即使一地在特定阶段获得了国际金融中心地位，但如果经济基础薄弱，那么其国际金融中心的地位也很难维持。因此，一个普遍的经验是，唯有经济的稳定发展才能保证一国在世界金融市场中的地位，才能不断提升一国在世界经济金融领域中的话语权，而该国的经济中心城市自然也会随之成为重要的国际金融中心。

国际金融中心的演变随着时间的推移表现出从集中走向分散，又从分散走向集中的特征。国际金融中心地位的转移事实上是经济地位转移的缩影，这也伴随着不同的国家由兴盛到衰败的历程。从13世纪的佛罗伦萨开始，到18世纪的阿姆斯特丹、19世纪的伦敦、20世纪的纽约，然后到亚太，国际金融中心空间上的转移与经济地位的转移体现出同步的特征。未来各国经济的发展会继续深化，结构性变革仍然不可避免。相应地，国际金融中心的形成条件、发挥的功能等都可能会发生变化。新世纪国际金融中心所具备的特征与13世纪将大不相同。即便国际金融中心的形成存在某种偶然性，但其中也存在着很多必然因素。全球金融中心指数系列报告的结果显示，近年来全球国际金融中心格局在不断发生变化。

一是国际金融中心的区域分布特征明显，数量迅速增加。2007年3月，全球金融中心指数首期调查报告发布，其中共有46个城市被银行家、财富与资产管理专家认为是普遍意义上的国际金融中心。这些国际金融中心基本覆盖了全球,除欧洲和北美外,也涉及中东、南美、东南亚等多个地区的城市,包括里约热内卢、圣保罗、曼谷等并不是十分发达的城市。这也逐步改变了过去国际金融中心主要集中在发达地区的现象。

二是国际金融中心的竞争力同步得到提高,没有出现太大变化。近期出版的调查报告显示,从全球排名前25或前50的国际金融中心看,变化态势大体稳定,位次变化并不明显。欧洲的伦敦和日内瓦具备较强竞争力,但由于接连受到金融危机、欧债危机的冲击,影响力有所减弱。亚太地区的中国香港、东京和新加坡依然占据强势地位,上海的国际金融中心地位不断上升。在美洲,纽约的竞争力依然最强,北美其他部分城市的金融竞争力也有比较好的表现。

三是国际金融中心呈现马太效应,强者恒强特征明显。传统金融中心,例如纽约、伦敦、东京、香港等,在专业市场上仍然具备极强的竞争力,其他金融中心尚不能对这些城市造成威胁。分项业务的排名变化也主要是在传统金融中心之间发生,新兴经济体对这些金融中心的影响有限,尚不能带来竞争。

四是精细化、专业化的金融中心不断涌现,对大型国际金融中心造成一定竞争。虽然传统国际金融中心在各专业市场上占据领导地位,但专业化的金融中心开始蓬勃发展,其数量不断增加的同时,在不同领域内的影响力也在不断扩大,并逐步呈现出能够与大型国际金融中心分庭抗礼的局面。例如,马德里和卢森堡的债市快速发展,多伦多、日内瓦的财富管理市场日益增大,芝加哥、波士顿的财富管理市场不断扩张。

2020年,英国 Z/Yen 集团与中国(深圳)综合开发研究院共同编制了第27期全球金融中心指数,对全球最重要的金融中心进行了打分和排名(见表11.3)。该指数涵盖了城市声誉、人力资本、金融体系、营商环境等众多方面。从结果上看,在全球范围内排名前10的金融中心分别是:纽约、伦敦、东京、上海、新加坡、香港、北京、旧金山、日内瓦、洛杉矶。

表 11.3　全球主要金融中心指数

中心	27 期		26 期	
	排名	得分	排名	得分
纽约	1	769	1	790
伦敦	2	742	2	773
东京	3	741	6	757
上海	4	740	5	761
新加坡	5	738	4	762
香港	6	737	3	771
北京	7	734	7	748
旧金山	8	732	12	736
日内瓦	9	729	26	706
洛杉矶	10	723	13	735

资料来源:《第 27 期全球金融中心指数》

伦敦国际金融中心

　　伦敦是历史最悠久、规模最大的国际金融中心之一,至今仍在全球金融领域扮演着举足轻重的角色。18 世纪 60 年代,英国首先进入工业革命,从农业时代迈入工业时代,经济实力出现第一次巨大飞跃。截至 19 世纪 60 年代末,英国凭借世界 2% 的人口创造了相当于全球 40%~50% 的现代工业生产能力。伴随经济的高速发展,英国加速对外扩张步伐,殖民地遍布全球,成长为实力雄厚的"日不落帝国"。在英国崛起阶段,英镑逐步成为世界上使用最广泛的货币,全球 40% 以上的贸易结算都是通过英镑而非黄金进行。在一战前夕,英国的海外投资约占西方国家海外投资额的一半。英国借助在世界经济中的霸权地位和强大的殖民体系,一战前一度占据了金融霸主的地位。

　　然而,两次世界大战使得英国经济实力受到重大影响,金融体系遭遇重创,在国际金融市场中的地位也不断下降。二战后,伦敦作为世界第一金融中心的地位正式为纽约所取代,但伦敦凭借其健全的金融体系和悠久的金融历史，作为全球主要金融中心的地位仍然难以撼动。

二战结束后，美国为援助欧洲而实施的"马歇尔计划"使大量美元存款流向欧洲，加之美国在冷战期间对苏联实行资本管制，使得欧洲美元逐步在欧洲兴起。20世纪60年代以后，美国国际收支中的经常账户出现巨额逆差，这直接促使欧洲美元市场迅速崛起，也为伦敦国际金融中心带来了新的发展机遇。伦敦逐步成为规模最大的欧洲美元市场。

20世纪80年代，伴随其他国家金融业的蓬勃发展，伦敦再一次面临挑战。为此，撒切尔夫人于1986年推行旨在大幅度减少监管限制，致力于实现金融自由化的"大爆炸式"改革。20世纪90年代末，英国政府再次启动金融改革，通过统一金融监管来简化监管体系。这两次改革使伦敦金融业重新焕发了活力，强化了伦敦国际金融中心的地位。

21世纪以来，伦敦开启全球化战略，全力打造全球化的国际金融中心。但受到英国脱欧影响，伦敦作为全球金融中心的地位正受到挑战（见表11.4），在第24期《全球金融中心指数》报告中，纽约超过伦敦，成为全球第一金融中心。伦敦是全球最大的外汇交易中心，是世界上最大的股票基金管理中心，是全球资本的重要门户，其国际金融中心的地位具有坚实基础。但伦敦的金融中心地位未来仍面临众多的不确定性，除了新兴金融中心的崛起，英国脱欧的举动可能将降低伦敦作为国际金融中心的竞争力。据统计，伦敦有1/5~1/3的金融业务涉及欧洲客户，脱欧将导致一些金融机构迁往欧洲其他国家，苏黎世、法兰克福、阿姆斯特丹、维也纳和米兰金融中心排名将显著上升，成为英国脱欧带来的不确定性的主要受益者。

表11.4　伦敦主要金融市场全球份额的变化（%）

	1995 年	1998 年	2001 年	2004 年	2007 年	2010 年	2013 年	2016 年
跨境银行借贷	17	20	19	20	18	18	17	16
外汇交易量	30	33	31	32	35	37	41	37
全球场外利率衍生品交易量	27	36	35	42	44	46	49	39
基金管理规模	–	8	8	8	9	8	8	7

资料来源：英国银行业组织 TheCityUK，2017 年 12 月

伦敦是全球范围内最大的欧洲美元市场，石油输出国每日成交额最多时一度超过 500 亿美元，全世界 1/3 以上的欧洲美元交易都在这里完成。英国的英格兰银行以及众多的清算银行和商业银行总部也都设在伦敦，包括巴克莱、劳埃德等。

同时，伦敦也是世界上最为重要的保险中心之一，保险公司数量接近 1 000 家，其中包括大量的外国保险公司的分支机构。伦敦的保险公司市场规模庞大，在航空和航海领域全球领先，占据全球近 1/3 的市场份额。伦敦证券交易所是全球第二大证券交易中心，24 小时不间断运营。同时，伦敦的商品交易所也十分发达，囊括了众多的商品交易，既包括黄金、白银等贵金属交易，又包括棉花、木材、咖啡等商品交易。此外，伦敦的衍生品交易市场发展同样十分迅速。伦敦在 1982 年成立国际金融期货交易所，从无到有、从小到大，伦敦国际金融期货交易所一度成为世界第二大期货交易所，同时是世界第一大黄金交易所，投资者遍布全球，超过 90% 的有色金属交易汇集于此。世界原油生产也大都会参考伦敦的交易价位进行定价。

纽约国际金融中心

纽约国际金融中心的崛起历经三个阶段：17 世纪末至 19 世纪中期，纽约逐步成为重要的金融中心；19 世纪中期至一战前夕，纽约国际金融中心地位初显；二战后，纽约取代伦敦成为国际金融中心霸主。

17 世纪末至 19 世纪中期，纽约港优越的交通条件以及伊利运河的修建推动纽约成为美国最重要的商品集散地，纽约凭借巨大的商业贸易规模、强大的腹地经济以及证券市场制度创新，成功取代费城成为美国的金融中心。19 世纪早期，美国最大的银行以及证券交易所均落户纽约。

19 世纪中期至一战前夕，纽约证券市场迅猛发展，以股市为核心的证券市场结构形成。内战期间，华尔街投行开创性地发售战争债券为战争筹款，推动华尔街成为当时仅次于伦敦的全球第二大证券市场。工业股份公司的兴起从根本上改变了纽约证券交易所的市场结构，形成以股票为核心的金融体系。

二战后，纽约取代伦敦成为世界头号金融中心。在两次世界大战中，美国通过向参战国销售军火物资和提供资金迅速积累了大量财富，其经济实力迅速超越英国，成为资本主义第一强国。同时，美国开始主导世界贸易规则和金融规则的制定，发起设立联合国、国际货币基金组织以及《关税及贸易总协定》。美国还通过布雷顿森林体系将美元与黄金挂钩，美元成为全球最主要的清算货币和储备货币，由此确立了世界唯一关键货币的地位，纽约同步成为世界资本聚集及供应中心。随着纽约证券市场的不断革新及美国经济的高速发展，纽约资本市场开始走向繁荣，纽约取代伦敦成为世界金融霸主。

目前，纽约仍然是世界上最主要的国际金融中心之一，纽约在国际金融中心指数排名中始终名列前茅，它与伦敦基本稳居前两名的位置，虽然两者名次时而会互换。2013 年 3 月，Z/Yen 再次将纽约评为全球金融中心第二位，仅次于伦敦。从具体分类指标看：在行业方面，纽约在银行业和保险业位列榜首，在投资管理、政府监管、专业服务方面仅次于伦敦；在竞争力方面，纽约在人才资源、市场准入、商业环境、基础设施和综合竞争力等方面仅次于伦敦。但 2013 新华-道琼斯国际金融中心发展指数则显示，纽约在综合竞争力排名中连续 4 年蝉联第一，伦敦位居第二。该指数从金融市场建设、成长发展能力、产业支撑力度、城市服务水平以及国家环境共 5 个方面对金融中心城市进行全面考察评估，其中金融市场完善与发达程度是第一核心要素。第 27 期全球金融中心指数显示，纽约排名首位。纽约曼哈顿的华尔街成为"金融"的代名词，那里坐落着纽约证券交易所，汇聚着花旗银行、摩根士丹利、高盛、摩根大通、美国国际集团等全球著名金融机构的总部，是金融科技和金融创新的重要发源地。

为了充分利用金融资源，更大程度上实现金融资源优化配置，在美国政府和金融机构的共同推动下，一个以纽约为中心并覆盖众多地区的资本市场建立起来了。美国的资本市场布局合理、分工明确，既存在竞争，又互为补充，是全球功能最大、体系最为齐全的资本市场。美国的资本市场是"金字塔"体系，层次分明。处在最高层级的是美国证券交易所、纳斯达克证券交易所以及纽约证券交易所。这三大交易所均设在纽约，在世界范围内都处于顶尖地位。纽约证券交易所主要是供大型的蓝筹企业上市交易的场所，纳斯达克证券交易所设立之初主要是服务成长型企业。但在20世纪90年代，信息革命带来了产业变迁，众多高科技型企业迅速发展，纳斯达克证券交易所成为这些新兴科技企业重要的融资场所。纳斯达克证券交易所是市场经济自由化竞争的产物，在服务科技企业发展的同时也推动了自身的快速发展。纳斯达克证券交易所也逐步成为美国证券市场的重要标志。第二层是区域性的交易场所，包括费城证券交易所、波士顿证券交易所、芝加哥商品交易所等。这些具有地方性特征的交易所主要是为了服务当地成长型较强的中小企业，为它们提供上市融资服务。此外，这些区域性交易所与纽约证券交易所和纳斯达克证券交易所形成多重交易场所。很多在纽约证券交易所和纳斯达克证券交易所退市的企业会放到很多地方性场外交易中心进行交易。美国的全国证券市场系统已经成为全球最大、最为成功的资本市场体系。

在经过多年发展后，众多替代交易系统出现，逐步对证券交易所形成竞争。替代交易系统引入了类似证券交易所的机制，所提供的服务与证券交易所类似，这吸引了以机构用户为代表的大批客户参与。这些替代交易系统有众多优点，包括可匿名、成本低以及交易速度快等。也正是由于替代交易系统带来的竞争，传统交易所也在不断寻求创新和变革，通过改造交易所的组织架构、交易流程、业务类型及引入电子化交易等方式来保持自身的竞争力，增加客户黏性。

美国金融市场同样遵循自由竞争的理念，证券交易所的定位以及布局也是长期经过市场竞争和主体合作后形成的结果。正是由于这种竞合关系的存在，整个资本市场的交易效率和有效性得到了重组保证。

在二战后，凭借美国超强的经济实力支撑，以及自身的各项便利和优势条件，纽约逐步成为全球最为重要的国际金融中心。在国际金融中心逐步转移到美国后，美国更是采取了众多措施，不断维护和巩固纽约作为全世界最重要金融中心的地位。纽约之所以能够成为国际金融中心的霸主，主要原因包括以下几方面。一是美国拥有超强的经济实力。二战后，由于长期受到战争影响，欧洲、亚洲等地区的许多国家经济基础被严重破坏，美国经济几乎等同于世界经济。二是布雷顿森林体系建立后，美元成为核心世界货币，全球主要的交易结算行为和各国储备大都以美元为主。三是美国拥有健全的法律制度和严苛的监管环境。美国拥有健全的法律体系，并且执行度和可信度极高，包括合同法、证券法、公司法等私法和商法在内的法律体系十分严密。多重法律的存在能够最大程度保护金融市场的健康运转，这在极大丰富金融市场活动的同时也保护了投资者的利益。也正是由于拥有高效健全的法律体系，美国的资本市场长时期内吸引了大量的外国投资者进入。四是美国在 20 世纪 80 年代采取了金融自由化的措施，例如进一步开放了资本市场、允许混业经营、给予外资金融机构国民待遇以及推动利率、汇率市场化改革等。这也进一步增强了美国金融市场对国外投资者的吸引力。

法兰克福国际金融中心

法兰克福作为欧洲大陆最重要的区域性国际金融中心之一，凭借其在欧元区的独特地位发展成为国际金融中心。而法兰克福之所以能够成为国际金融中心，是政治、历史、文化、经济等因素共同作用的结果。从地理位置看，法兰克福拥有优越的地域优势。由于交通环境十分便利，法兰克福是欧洲十分重要的贸易枢纽。法兰克福在 1200 年左右设立了神圣罗马帝国铸币厂；在 1402 年成立了第一家银行 Wessel，为各类企业和商旅活动提供相应的货币兑换服务；在 1585 年成立了法兰克福证券交易所的前身——法兰克福交易所。18—19 世纪开始，法兰克福先后成立了多家商业银行。但在 1876 年，由于德意志第二帝国在柏林建立了中央银行，直到二战结束前，法兰克福的国际金融中心地位被柏林取代。

二战后，美国将在德国的军事管理总部设于法兰克福，为此美国力排众议，促成德意志联邦银行设在法兰克福，随后德国将复兴开发银行等政策性银行总部以及众多商业银行总部也陆续迁到法兰克福。因为当时的支付系统在很大程度上依赖纸质信息交换，各银行与央行之间的信息往来也需依靠信使传送，促使德国众多大银行选择将总部设在交通便利的法兰克福，法兰克福因此汇聚了德国多数金融机构。同时，法兰克福证券交易所也开始发挥重要作用。1958 年，欧洲经济共同体（欧盟前身）成立，联邦德国政府宣布马克可自由兑换，这促使联邦德国的资本市场逐步走向了国际化，同时也促进了法兰克福证券交易所的蓬勃发展。20 世纪 60 年代初，很多位于其他城市的银行都将总部设在了法兰克福，也有很多银行并购了位于法兰克福的机构，以便更好地参与法兰克福证券交易所的交易。尽管在 20 世纪 50 年代初法兰克福、柏林、杜塞尔多夫、汉堡和慕尼黑等城市都建立了外汇交易市场，但在 60—70 年代联邦德国马克面临升值压力期间，联邦德国央行仅在法兰克福干预货币市场，此举进一步增加了法兰克福作为金融中心的吸引力。20 世纪 60 年代后，德国 90% 的股市交易均在此完成。法兰克福逐步发展成为德国的金融中心，被称为"莱茵河畔的曼哈顿"。

布雷顿森林体系崩溃后，"石油美元"导致国际流动性迅速增加，银行的跨国发展势头迅猛。众多外资银行涌入法兰克福，目的是能够进入法兰克福证券交易所进行交易。当时，法兰克福的外资银行数量占联邦德国全部外资银行的 2/3，到 20 世纪末一直保持这一比例。1992 年，欧盟高峰会议在布鲁塞尔召开，会议决定将法兰克福定为欧洲央行所在地。至此，法兰克福正式成为欧洲的金融监管中心和货币政策中心，云集了众多的欧洲金融机构，金融市场的广度和深度不断拓展。法兰克福从德国的金融中心演变成为区域性的金融中心。1998 年 7 月，欧洲央行在法兰克福成立，法兰克福从此成为欧元区货币政策决策中心。特别是 2010 年欧债危机以来，欧洲央行在应对危机、捍卫欧元方面的作用越发突出，一举一动都成为市场焦点。2014 年，欧洲央行开始行使银行业监管职能，进一步巩固了法兰克福的欧元区金融中心地位。大量国际金融机构围绕欧德两大央行和德国联邦金融管理局，在法兰克福新设或扩大原有机构规模，以便获得最新的金融政策信息。法兰克福的国际金融中心地位由此确立。

　　为了提高德国在国际金融领域中的地位，20世纪90年代，德国开始不断推动股票、债券、期权、期货等市场的发展，提高市场中直接融资的份额，建立更加完善和国际化的金融体系。到1999年7月，德国上市公司总市值与GDP之比已上升到55%左右。此外，德国于2003年发布了德国金融中心的动议案，旨在探索通过金融创新工具及相关措施增强德国金融中心的竞争力。同时，借助于欧盟日益扩大的政治和经济影响力，法兰克福逐步发展成为国际性的金融中心。

　　法兰克福作为国际金融中心有其自身特点，被称为"银行之城"。德国的商业银行包括专业式银行和全能式银行两类。德国国内大部分银行是全能式银行，由于实行混业经营制度，德国的全能式银行除了可以经营存贷款、电子银行等传统银行业务外，也可以经营其他类金融业务，包括证券、保险以及理财等。在历年新华-道琼斯国际金融中心发展指数排名中，法兰克福均名列前茅。在经过多年努力后，法兰克福的国际金融中心地位已经得到全球认可。德国国内超过3/4的投资银行的总部均设在法兰克福，同时在法兰克福还有数百家外资银行。

　　负责对银行实施监管的德国央行和德国联邦金融管理局并不直接干预业务，而是制定监管框架，确保银行体系的有效性和稳定性。德国联邦金融管理局主要负责对单个金融机构实施监管，尤其是对银行执行法令和法规的情况进行监管和查处。德国央行主要对银行进行日常监督，评估金融报告和审计报告，开展现场检查与评定，了解机构的业务运营和风险管理，监管宏观金融市场和维护金融稳定。德国联邦金融管理局在金融法规的实施和监督上与德国央行密切合作，而德国央行也注意配合德国联邦金融管理局和德国财政部颁布的各项方针。相互合作使德国联邦金融管理局和德国央行的现有资源和各自专长在监管过程中能够得到有效配置。2014年9月4日，根据欧盟银行业单一监管机制的相关规定，欧洲央行于当年11月4日开始直接监管区内120家系统重要性信贷机构和集团，其中21家为德国银行。其余非系统重要性信贷机构和集团仍由欧洲央行委托各成员国监管机构进行监管。但为确保监管标准统一实施，欧洲央行有权在任何时候对非系统重要性机构实施直接监管。

法兰克福有完善的信贷市场、证券市场、外汇市场和黄金市场，拥有法兰克福证券交易所和欧洲期货交易所。法兰克福证券交易所经营了德国超过 80% 的证券交易业务，承载了超过 70 多个国家、接近 1 万家公司的股票交易，其中有超过 50% 以上的交易来自德国以外的其他国家，法兰克福曾一度成为继纽约、伦敦之后的世界第三大证券交易所所在地。

受益于英国脱欧以及德国经济的稳定发展，法兰克福有较大的潜力成为欧洲最重要的国际金融中心。与欧洲其他金融中心相比，法兰克福以银行业为主，同时资本市场业务发展前景也较好。总结来看，法兰克福之所以能够成为国际金融中心，原因主要包括以下方面。一是拥有较强的信息优势。法兰克福是欧洲货币政策的决策中心，同时也是德国金融业的监管中心，因此吸引了国内外众多金融机构入驻。二是基础条件雄厚。法兰克福在地理位置、交通通信基础设施方面拥有优越的条件，是欧洲重要的交通枢纽，法兰克福机场是欧洲最繁忙的机场之一。三是拥有可靠的经济基础。法兰克福是德国经济实力最强的城市之一，这也为其金融中心建设提供了可靠的基础。四是拥有众多的高端人才。法兰克福高校云集，这为金融业发展提供了充分的人力基础，高校和机构之间也建立了良好的互动合作关系。

东京国际金融中心

20 世纪 60 年代末，东京资本市场开始逐步建立，包括日本的股市、债市以及国际贷款市场等。从 1967 年 7 月起，伴随着日本资本交易的自由化，外国投资者可以开始购买日本的股票，当时外国人投资急剧增加，日本曾经出现了股价极速上涨的情况。国外投资者对日本股市波动敏感性较强，由于石油危机的发生，国外投资者对日本股票的购买从 1972 年的 28 亿美元下降到 1974 年的 6 亿美元。但是，在 1979 年以后，随着石油生产国开始以日元金融资产作为多样化的投资工具，外国投资者对日本股市的兴趣有所上升。1980 年，日本正式通过了《外汇及外贸管理法》修正案，修正案中对外国投资者进入日本国内市场的限制进一步放松，尤其放宽了特定公司的持股上限，这重新点燃了国外投资者对日本证券市场的投资热情。1979 年，国外投资者对日本股票的投资额为 55 亿美元，而到 1981 年迅速增长到 250 亿美元。随着石油生产国经济情况的恶化和日元的连续贬值，1982 年外国投资者对日本股票的投资热情又有所下降。但是，由于 1982 年美国纽约股市大幅飙升，与美国股市相比日本股票的投资价值明显被低估，1983 年外国投资者对日本股票的投资热情再一次回升。随着日本证券市场国际化的发展和外国投资者对日本证券投资的增加，外国证券公司也开始大量进入日本。1971 年，日本为此专门制定了关于外资证券业的相关法律。

1973 年 12 月，日本在东京证券交易所开设了外国股票交易市场，外国公司首次在东京市场发行股票。到 1976 年，日本的上市外国公司数量达到 17 家，但后续有一些外国公司从东京证券交易所退市。在东京证券交易所上市的外国公司一直不多，主要原因是：使股票保持持续上市的成本较高；购买外国公司股票的交易佣金较高；持有国内股票所获股利享有税收优惠，使日本的投资者对在本国上市的外国股票缺乏兴趣。日本的股票发行总额在工业化国家中一度位居第二，仅次于美国，这使东京证券交易所上市的股票市值在全球股市中占据重要位置。1981 年，东京证券交易所股票市值总计为 4 179 亿美元，虽然不到纽约证券交易所的一半，但是伦敦证券交易所的两倍多，是法兰克福证券交易所的 7 倍多。

从 20 世纪 60—70 年代起，日本的债市开始加速发展。日本在 1966 年恢复了战后国债的发行，政府债券规模的迅速增加也使得债市的容量和交易量迅速扩大。1969 年，日本新债券发行量达到 4.364 万亿日元，公共部门债券占比超过 30%；债券交易规模为 6.5 万亿日元，中央政府债券交易份额占比 5%。1981 年，日本债券新发行量上升至 33.119 万亿日元，其中增长速度最快的依然是中央政府债券，其发行量占比一度接近新增债券发行规模的 40%；债券交易总量上升至 312 万亿日元，中央政府债券的交易份额上升到 64%。随着债券发行规模逐步扩大，日本债券的交易规模也在逐步上升。

20 世纪 70 年代末，在内外经济环境双重影响下，日本开始推动以金融自由化、市场化和国际化为主旨的金融改革，为东京国际金融中心发展提供了条件。1973 年，日本放松外汇管制，鼓励金融资本跨境流动。随后，日本政府大量发行国债，又于 1978 年启动发行了欧洲日元债券，日本债市得到较快发展。20 世纪 80 年代后，日本加大金融自由化和国际化步伐，正式撤销利率限制和银行业务限制，逐步推进实施利率自由化、日元国际化等措施。1986 年 12 月，东京离岸金融市场正式开启。日本逐步建立了多层次金融体系。东京国际借贷市场份额、债市交易份额、国债期货交易规模一度位居全球首位，东京证券交易所曾超过纽约证券交易所成为全球最大的交易所。东京和伦敦、纽约证券交易所并称为世界三大证券交易所。

可以说，东京国际金融中心是 20 世纪 80 年代日本金融自由化和国际化的产物，是依靠政府主导推动发展本国金融产业的典范。早在 1974 年，在日本的外国银行家，特别是美资银行家就提出了设立东京离岸市场的概念，但日本政府始终未采纳。进入 20 世纪 80 年代，由于日本的国际贸易收支出现大量"黑字"，巨额的外汇盈余使日本成为世界上最大的债权国，美日经济摩擦日益尖锐，日本国际资本流动规模剧增，金融市场开放压力增大。1985 年，在美国的要求下，日本逐渐采取利率自由化、业务经营领域自由化、金融市场及产品自由化、进一步开放国内金融市场及日元国际化等多项改革措施。东京离岸国际金融市场于 1986 年 12 月正式开业运营，共有约 280 家银行参与交易，服务对象是各类非居民，主要是为非居民提供资金融通服务。东京离岸国际金融市场主要靠政府主导推动，市场结构采用了境内外市场相分离的方式，通过建立隔离墙，将境内业务与离岸业务隔离。该市场内所有的离岸交易必须要通过银行独立的账户进行，从离岸市场转移到境内市场的资金必须要遵循相应的金融规则。东京离岸金融市场采取了和纽约、伦敦相似的做法，例如取消存款准备金要求、豁免利息限制、面向非居民采取存款利息预扣税等措施，但离岸公司业务的所得税要正常缴纳。此外，东京可以经营多种外币交易业务，也可以进行日元交易。考虑到要隔离内外市场，存在转让性质的业务，例如可转让存款及银行承兑汇票等业务，不被允许在东京经营。

东京日元国际贷款市场可以分成两部分：第一部分是日本的金融机构向非居民进行的以日元为计价单位的贷款交易，第二部分是包括日本国内银行的海外分支机构在内的海外金融机构进行的以日元为计价单位的欧洲日元的贷款。在20世纪70年代，以城市银行为中心的日本各银行积极推进国际化的经营路线，扩大与非居民的金融交易和外汇交易。这一时期日本主要是采取辛迪加形式的大笔融资银团贷款方式，即承担主要责任的银行将作为日元资金借方的外国政府和中央银行以及其他的政府系统金融机构贷款业务集中起来，然后联络其他想参加融资的多个金融机构，共同组成协调融资银团。参加辛迪加银团贷款的金融机构范围从20世纪70年代开始逐渐扩大，原因是其间有关辛迪加银团贷款的各项规制，比如金额限制、参加金融机构的限制、与金融监管当局的各种手续等都逐渐被废除或放宽。到20世纪80年代，日元的国际贷款基本上可以相当自由地进行交易。但在80年代末，东京日元国际贷款市场的日元贷款有所萎缩，主要原因是日元急剧升值，尽管日元的中长期利率水平比其他国际货币要低，但是借方的实际资金成本是有所上升的。东京日元国际贷款市场的存在对于与日本在地理上和经济上都有密切关系的亚太区域来说有较大的作用，特别是对在债市上筹措资金具有一定局限性的发展中国家，东京日元国际贷款市场有利于其资金还流，这符合日本的利益，也是日本积极发展这一市场的原因。

近年来，由于日本的经济地位相对下降，且东京金融中心的国际化程度相对不足，其国际金融中心的总体地位不及从前，在某些细分市场被中国香港和新加坡超越，但它仍在全球重要国际金融中心占有一席之地。

国际金融中心的未来

亚洲区域有全球最集中的人口、全球最有活力且数量最多的城市，是全球最有发达潜力的重大市场。伴随"一带一路"倡议持续推进，中国同世界各国的双边及多边贸易日趋多元，跨境融资及跨境合作更将丰富，这将产生巨大的金融需求。不同国家和地区都将受惠于"一带一路"倡议带来的便利，新兴地区金融业将快速成长，新的国际或者区域金融中心将陆续涌现，作为"一带一路"的一端，亚太地区具有较大潜力出现新的国际金融中心。同时，发达地区金融业，例如"一带一路"的另一端——欧洲地区金融业也将获得巨大的收益，其国际金融中心地位将进一步巩固。"一带一路"沿线国家，尤其是发展中国家，可以借助"一带一路"更好地推动自身经济和金融业发展。

未来全球经济金融和创新的重心将向亚太区域转移

中国为全球经济发展提供了一个持续增长的巨大市场。中国进口在世界经济增长格局中占据着不可替代的地位，是全球经济增长的主要动力和重要源泉。未来 10 年，中国进口总额在 24 万亿美元以上。同时，中国已是全球众多国家和地区的第一大进口国，对亚洲、非洲、大洋洲、南美洲和东欧的进口份额均超过美国，中国的进口无疑对这些国家的经济发展形成了重要影响，也为全球贸易和经济增长做出了重要贡献。中国扩大进口为世界各国开辟了新的合作平台，为全球经济发展提供了新的增长点。

未来几年内，中国将超过美国成为全球最大的消费市场。随着消费升级步伐的加快，中国 14 亿人口的巨大市场、世界上最大规模的中等收入群体正释放出强烈的进口需求。同时，随着中国成为全球制造业第一大国，中国进口中原材料和零配件的比重会上升。中国目前是铁矿石、原油、大豆、铜、棉花、皮革等原材料，以及集成电路、液晶面板等零配件的第一大进口国。中国需求将提升全球原材料和零配件市场的产品供给。同时，中国的产业升级和创新发展需要大量进口高端机电和高新技术产品，这为发达国家的高端产品提供了广阔的市场，同时也促进了发展中国家对高端产品的研发与生产。以"一带一路"为引领的全球市场开放将带来需求的快速增长。同时，第四次工业革命为创新提供了重要动力。尤其是以人工智能、5G、量子技术等为代表的新一轮技术革命席卷全球，将推动产业和供给侧的转型升级。

贸易战将促使全球经济重心加速向亚洲转移。根据国际货币基金组织的数据，2017年欧盟对亚洲的出口大于欧盟对美国的出口，更重要的是，过去10年欧盟对亚洲的出口增速几乎是对美国出口增速的两倍。简单地从市场规模来看，亚洲目前对于欧盟的重要性远远大于美国对于欧盟的重要性，而欧盟对于亚洲的重要性也很快将超过美国对亚洲的重要性。

美国挑起的贸易战助推其他国家的经济一体化速度加快、范围扩大，推动全球经济重心加速向亚洲转移。"一带一路"倡议的实施将加强亚洲和欧洲区域的联系与沿线区域的经济增长。随着欧洲和亚洲打造更紧密的经济联系，双方之间的关税税率也将下降。"美国优先"政策的实施虽然可使3.2亿美国消费者受到关税墙的"保护"，但欧洲和亚洲的40多亿消费者将享受兼具竞争力与创造力的企业所提供的更多、更好且更廉价的产品和服务。贸易战正在为欧盟和亚洲加速开放市场、加强经济联系提供新的动力，将使欧盟与亚洲的贸易与投资增长比过去更快。

自"一带一路"倡议落实推进以来，中国先后同沿线多个国家以及各类国际组织合作签署了多项"一带一路"共建协议。中央高层会议指出要进一步加大对外开放力度，通过发挥好政策性、开发性及商业性金融的作用来推动"一带一路"建设。一国或者地区的经济发展离不开高效便捷的金融体系支持，如果金融体系的功能不能够充分发挥或者规划不合理，那么金融资源便不能被充分高效利用。"一带一路"倡议旨在推进沿线国家共同发展，因此需要各类要素资源能够充分流动，增强配置效率，使市场得以进一步融合，从而打造人类命运共同体，更好为各国人民谋福祉。

从国际经济历史格局变化看，中国在历史上一度是世界最强大的经济体，而后作为现代文明起源的欧洲成为现代意义上的经济强国，包括荷兰、西班牙、葡萄牙以及后来被称为"日不落帝国"的英国。在二战后，美国正式取代英国成为世界经济霸主。近年来，在全球经济发展中，以中国为代表的发展中国家对世界经济的贡献一直保持在较高水平，必将成为推动世界经济发展和全球经济金融格局变革的重要力量。

国际金融中心有望向亚太地区倾斜，形成"三足鼎立"格局

从历史规律看，经济重心的变迁和金融重心的变迁几乎是同步的，包括荷兰、英国等国，在经济逐步扩张的同时必然会有与其经济地位相匹配的金融中心。在世界经济中心转向美国后，金融中心自然从伦敦转向了纽约。在中国逐步走向世界舞台中央并成为可以与美国"掰手腕"的经济体后，世界经济重心将在中国实现对美国赶超的过程中逐步走向均衡，也就是从美洲逐步转向亚太地区。在不远的将来，中国有望成为世界第一大经济体，这必然要求中国有与其经济实力相匹配的金融实力。最强大的经济体拥有最强大的金融体系，这是世界经济金融中心在变迁过程中的基本经验。因此，中国的快速发展将使亚太地区逐步成为能够与美国相媲美的世界经济中心，这可能同步会产生下一个金融中心聚集区，北京、上海、深圳等地均有成为国际金融中心的潜力和可能。更为重要的是，亚太地区本身已拥有了较强的金融实力，尤其已经存在东京、中国香港、新加坡等全球认可的国际金融中心。亚太地区事实上已经具备成为地域化国际金融中心带的条件和实力。此外，在"一带一路"倡议中，亚太地区是"21世纪海上丝绸之路"的起点，地理位置极其关键，这一地区拥有众多的商品货物交易，拥有重大的基础设施建设需求，拥有极其便利的水利运输条件。在中国加强与东盟10国合作的过程中，更多的金融服务会被挖掘出来，更多资本也会被吸引过来。

中国是亚太地区最为重要的经济体，对世界的影响力越来越大，同时亚太地区存在着世界第三大经济体——日本。未来世界经济格局将逐步演变为美国、欧盟、亚太"三足鼎立"的局面，金融中心或也将随之出现类似的格局。

"一带一路"沿线有望产生区域性金融中心

"一带一路"倡议的主要目的是帮助沿线国家发展，更好地实现世

界经济大同，推进构建人类命运共同体。自"一带一路"倡议推进以来，中国企业在沿线国家已经建设了众多海外经贸合作区，累计投资数百亿美元，在上缴东道国税费的同时还为当地创造了大量的就业机会，推动沿线国家经济发展。但各国普遍认识到，没有强大的金融力量，经济发展会缺乏内在基础。在"一带一路"沿线地区尚缺乏真正意义上的、被世界普遍认可的国际金融中心。多数的国际金融中心在空间上与"一带一路"沿线国家距离太远，虽然在信息化大发展的今天，物理距离不是主要问题，但从实际情况上看，拥有国际金融中心的国家仍然能够在发展中获得更多便利。目前，沿线国家或地区大都不具备较强的经济实力，也不可能有较强的金融实力。但伴随着"一带一路"倡议的推进，巨大的金融服务可能会催生区域金融中心的发展。例如，处于丝绸之路核心区的新疆乌鲁木齐、中亚地区的阿拉木图等，都可能在"一带一路"建设中获益，从而成为区域性的金融中心。

欧洲一些国际金融中心的地位有望进一步强化

　　"一带一路"倡议的布局具有超前的视野。"一带一路"的起点是最具活力的亚太经济圈，终点是经济实力强、现代文明程度高的欧洲经济圈，这可以说是"世界上最长、经济基础最为雄厚、最具发展潜力的经济大走廊"。作为"一带一路"终点的欧洲地区国际金融中心数量最多、实力最强，包括伦敦、法兰克福、阿姆斯特丹等。尤其欧洲的文明和价值观在世界范围内具有非常高的认可度，这也令其他国家更容易接受这一地区国际金融中心的地位。在"一带一路"倡议落实推进后，中欧双方在 2014 年 3 月 31 日共同发表《关于深化互利共赢的中欧全面战略伙伴关系的联合声明》。该声明指出，中欧双方均认为"加强交通运输关系潜力巨大"，因此做出"共同挖掘丝绸之路经济带与欧盟政策的契合点"的决定，同时中欧要进一步探讨"在'丝绸之路经济带'沿线开展合作的共同倡议"，这些内容将逐步成为未来中欧进一步加深和拓宽"一带一路"合作的基础。

　　欧洲多国拥有良好的金融实力和光辉的金融历史，即使世界经济中心和金融中心转向美国后，欧洲的国际金融中心依然具有不可替代的作用。借助"一带一路"的契机，欧洲多国在更好地与中国开展合作的同时，也能够更加充分地挖掘沿线国家在融入"一带一路"过程中的发展机遇，与各国开展更多深层次的双边或者多边合作，更好地挖掘和创造金融需求。欧洲各国参与"一带一路"建设将直接获得可观的收益和红利。这不仅不会削弱欧洲重要城市国际金融中心的地位，而且在巨大的金融需求下，欧洲各国可以进一步巩固和强化其国际金融中心的基础和实力。

[1] ABELIANSKY A L, HILBERT M. Digital technology and international trade: is it the quantity of subscriptions or the quality of data speed that matters? [J]. Telecommunications Policy, 2017, 47(1): 35-48.

[2] ADB. Infrastructure and Growth in Developing Asia, ADB Economics Working Paper Series No.231, 2010.

[3] ADB. Meeting Asia's Infrastructure Needs, 2017.

[4] ALLEROLA E, ERCE A, SERENA J M. International Reserves and Gross Capital Flows Dynamics [J]. Journal of International Money and Finance, 2016, 60: 151-171.

[5] BLONIGEN B. Firm-Specific Assets and the Link Between Exchange Rates and Foreign Direct Investment [J]. American Economic Review, 1997, 87(3): 447-465.

[6] BORDO M D, LEVIN A T. Central Bank Digital Currency and the Future of Monetary Policy[R]. NBER Working Paper No. 23711, 2017.

[7] BYKERE A. Heat Map of Selected Vulnerability Indicators in Emerging Economies, 2014.

[8] CABALLERO R J, KRISHNAMURTHY A. International and Domestic Collateral Constraints in a Model of Emerging Market Crises [J]. Journal

of Monetary Economics, 2001, 48(3): 513-548.

[9] CAMPANELLA E. Global Inequality: A New Approach for the Age of Globalization [J]. International Affairs, 2016, 92(5): 1269-1270.

[10] CAPPIELLO L, FERRUCCI G. The Sustainability of China's Exchange Rate Policy and Capital Account Liberalisation[J]. European Central Bank Occasional Paper Series, 2008(82): 3-62.

[11] CBO. Estimating and Projecting Potential Output Using CBO's Forecasting Growth Model, 2018.

[12] CHEN Q B. Why China Should Invest Its Foreign Exchange Reserves in the Major US Banks[J]. China & World Economy, 2009(4): 1-10.

[13] CHEN S S, TAKETA K. An Assessment of Weymark's Measures of Exchange Market Intervention: The Case of Japan[J]. Pacific Economic Review, 2007.

[14] CHENG H F, GUTIERREZ M, MAHAJAN A, et al. A future global economy to be built by BRICS[J]. Global Finance Journal, 2007, 18(2): 143-156.

[15] CHENG L K. Three questions on China's "Belt and Road Initiative" [J]. China Economic Review, 2016(40): 309-313.

[16] COOPER R N. Global Inequality: A New Approach for the Age of Globalization. By Branko Milanovic [J]. Foreign Affairs, 2016, 95.

[17] DEMERTZIS M, MERLER S, WOLFF G B. Capital Markets Union and the Fintech Opportunity[J]. Policy Contributions, 2018.

[18] EDWARDS S. Crisis and Reform in Latin America: From Despair to Hope[J]. American Economist, 1996, 40(2): 98.

[19] Ernst & Young. From prospect to practice—Forging new opportunities for Hong Kong along the Belt and Road, December 2017.

[20] GOLDSTEIN M. The Asian Financial Crisis: Causes, Cures and Systemic Implications[M]. Washington, DC: Peterson Institute for International Economics, 1998.

[21] HELLER H R. Optimal International Reserves [J]. Economic

Journal, 1966, 76(302).

[22] HUANG Y. Understanding China's Belt & Road Initiative: Motivation, Framework and Assessment [J]. China Economic Review, 2016(40): 314-321.

[23] IIF. Heat Map of EM Vulnerabilities, 2018.

[24] IMF. Global Financial Stability Report October 2018: A Decade after the Global Financial Crisis, 2018.

[25] JEANNE O, RANCIERE R. The Optimal Level of International Reserves for Emerging Market Countries: A New Formula and Some Applications [J]. The Economic Journal, 2011.

[26] JIN J, The True Intent Behind China's AIIB Strategy. Fujitsu Research Institute, 2015.

[27] KÓNYA L. Saving and Investment Rates in the BRICS Countries[J]. Journal of International Trade & Economic Development, 2015, 24(3): 429-449.

[28] MEHROTRA A. China's Monetary Policy and the Exchange Rate[R]. Federal Reserve Bank of San Francisco Working Paper Series, 2010, 10: 5-23.

[29] MOHANTY M, TURNER P. Foreign Exchange Reserve Accumulation in Emerging Markets: What Are the Domestic Implications[J]. BIS Quarterly Review, 2006, 9: 39-52.

[30] Monitor Global Investment Trends[R]. UNCTAD, 2016.

[31] BECK R, WEBER S. Should Larger Reserve Holdings Be More Diversified? [J]. International Finance, 2011.14(3): 415-444.

[32] OECD. Financing Trends in Infrastructure, Risk And Returns[R]. The OECD Green Survey, 2016.

[33] Navigating the New Silk Road: Expert Perspectives on China's Belt and Road Initiative[R]. Oliver Wyman, 2017.

[34] PROSPECTS G E. Global Economic Prospects[R]. The International Bank for Reconstruction and Development/The World Bank, 2016.

[35] RADELET S, SACHS J. The onset of the East Asian financial crisis[R].

National bureau of economic research, 1998.

[36] RAJAA R, WILLETT T. China as a Reserve Sink: The Evidence From Offset and Sterilization Coefficients[J]. Journal of International Money and Finance, 2010, 29(5): 951-972.

[37] Schramm R. China's Foreign Exchange Policies Since 1979: A Review of Developments and an Assessment[J]. China Economic Review, 2003, 14(3): 246-280.

[38] SERBU R S. An Interdisciplinary Approach to the Significance of Digital Economy for Competitiveness in Romanian Rural Area Through Eagriculture[J]. Procedia Economics and Finance, 2014, 16(16) :13-17.

[39] SHAMBAUGH J. The Effect of Fixed Exchange Rates on Monetary Policy[J]. The Quarterly Journal of Economics, 2004, 119(1): 300-351.

[40] SPIEGEL M. A Look at China's New Exchange Rate Regime[J]. Pacific Basin Notes, September 2005.

[41] STULZ R M. The Limits of Financial Globalization[J]. The Journal of Finance, 2005, 60(4):1595–1638.

[42] SUBIRANA B. Zero Entry Barriers in a Computationally Complex World: Transaction Streams and the Complexity of The Digital Trade of Intangible Goods [J]. Journal of End User Computing, 2000, 12(2): 43-45.

[43] Economic Report of the President[R]. The White House, 2018.

[44] Financing for Development: Issues in Domestic Public Resource Mobilization and International Development Cooperation[R]. UNTCAD, November 2017.

[45] USITC. Digital Trade in the U.S. and Global Economies, Part 1. USITC Publication 4415, July 2013, Investigation No.332-531.

[46] USITC. Global Digital Trade 1: Market Opportunities and Key Foreign Trade Restrictions. USITC Publication 4716, August 2017, Investigation No.332-561.

[47] WANG Y. Offensive for Defensive: The Belt and Road Initiative and

China's New Grand Strategy[J]. The Pacific Review, 2016, 29(3): 455-463.

[48] World Development Report 1994: Infrastructure for Development[R]. World Bank, 1994.

[49] ZHANG Z C, LU M Z. Parallel Exchange Market as a Transition Mechanism for Foreign Exchange Reform: China's Experiment[J]. Applied Financial Economics, 2000, 10(2): 123-135.

[50] 巴曙松，白海峰. 金融科技的发展历程与核心技术应用场景探索 [J]. 清华金融评论，2016（11）：99-103.

[51] 白成琦. 战后日本资本输出的新特点 [J]. 计划经济研究，1985（Z4）：37-41.

[52] 白昱，赵云安. 日本金融国际化与金融危机 [J]. 经济社会体制比较，1996，（6）：60-65.

[53] 边瑞文. 利用"藏汇于民"应对国际收支不平衡的思考 [J]. 北方经济，2007，（24）：42-43.

[54] 边卫红，张伊. 全球政府债务问题的困境及对新兴经济体的启示 [J]. 金融监管研究，2015（47）：66-78.

[55] 曹勇. 做市商制度、人民币汇率形成机制与中国外汇市场的发展 [J]. 国际金融研究，2006（4）：67-73.

[56] 陈炳才，童展鹏. 中国金融改革开放的主要做法 [J]. 中国经济报告，2018，110（12）：85-89.

[57] 陈炳才. 我国外汇储备资产运用战略 [J]. 金融与经济，2012（3）：9-16.

[58] 陈建，宋祺. 东亚新兴经济体汇率制度选择困境及出路 [J]. 教学与研究，2014（5）：007.

[59] 陈建安. 日本的外汇制度与汇率政策调整中的美日博弈 [J]. 日本学刊，2006（4）：87-98.

[60] 陈捷，等."一带一路"中巴反洗钱金融情报机构合作的重要性 [J]. 北方金融，2017（9）.

[61] 陈卫东，王家强. 美联储加息的外溢效应 [J]. 中国金融，2016（1）.

[62] 陈卫东. 全面评估中国金融业开放："引进来"和"走出去"[J]. 新视野，2019，211（1）：58-64.

[63] 陈雨露. 全球新型金融危机与中国外汇储备管理的战略调整 [J]. 国际金融研究，2008（11）.

[64] 陈月江. 金融危机背景下的高额外汇储备问题 [J]. 浙江金融，2010，（4）:20-21.

[65] 戴建中. 拉美债务危机和东南亚金融危机比较研究 [J]. 国际金融研究，1999（8）：29-35.

[66] 戴相龙. 后危机时期的国际直接投资 [J]. 中国金融,2010（13）：8-10.

[67] 邓晓馨. 论我国外汇储备风险管理的战略性调整 [J]. 商业时代，2012（1）：51-53.

[68] 丁艳雅. 战后日本外汇外贸立法研究 [J]. 日本学刊，1994（6）：51-65.

[69] 丁志杰. 我国外汇储备激增的成因与对策 [J]. 国际贸易，2006（9）：33-37.

[70] 范希文. 债市国际化的逻辑与途径 [J]. 金融博览，2017（15）：44-45.

[71] 范一飞. 法定中国数字货币的理论依据和架构选择 [J]. 中国金融，2016（17）：10-12.

[72] 方立兵，刘海飞，李心丹. 比较"金砖五国"股票市场的系统重要性：基于危机传染的证据 [J]. 国际金融研究，2015（3）：64-75.

[73] 傅春荣. "藏汇于企"或可优化外汇储备结构 [N]. 中华工商时报，2010-03-15.

[74] 高柏，草苍. 为什么全球化会发生逆转——逆全球化现象的因果机制分析 [J]. 文化纵横，2016（6）：20-35.

[75] 高博，钟鑫，孙新博. 新一轮金融开放对我国证券行业发展的重要影响 [J]. 农村金融研究，2018，463（10）：30-34.

[76] 高媛，王涛. TISA 框架下数字贸易谈判的焦点争议及发展趋向研判 [J]. 国际商务（对外经济贸易大学学报），2018（1）：150-156.

[77] 辜胜阻，杨威.开放战略转型需要加快企业海外拓展 [J].经济纵横，2012（7）：7-13.

[78] 谷少永.论我国外汇储备持续增长的影响及对策 [J].中国商界，2010（11）：6-7.

[79] 谷宇，韩国高.后危机背景下基于预防动机的中国外汇储备需求研究 [J].国际贸易问题，2011（4）：150-161.

[80] 郭德友.外汇储备增长、美国债增持与中国通货膨胀的互动关系研究——基于代表性个人效用最大化的分析视角 [J].现代财经（天津财经大学学报），2013（3）：67-77.

[81] 黄思华.香港作为东盟企业上市平台前景广阔 [J].中银香港中银经济月刊，2018（1）.

[82] 汇丰银行：“一带一路”资金融通——钱从哪来 [EB/OL].（2017-05-31）http://stock.hexun.com/2017-05-31/194819591.html.

[83] 姜跃春.中国的“一带一路”建设对世界经济的影响 [G].国际问题纵论文集 2015/2016，2016.

[84] 荆林波，袁平红.全球化面临挑战但不会逆转——兼论中国在全球经济治理中的角色 [J].财贸经济，2017，38（10）：5-21.

[85] 李稻葵，胡思佳，石锦建.经济全球化逆流：挑战与应对 [J].经济学动态，2017（4）：111-121

[86] 李建军，李俊成.“一带一路”基础设施建设、经济发展与金融要素 [J].国际金融研究，2018（2）.

[87] 李建军，朱烨辰.数字货币理论与实践研究进展 [J].经济学动态，2017（10）：115-127.

[88] 李墨丝.超大型自由贸易协定中数字贸易规则及谈判的新趋势 [J].上海师范大学学报（哲学社会科学版），2017（1）：100-107.

[89] 李杨，陈寰琦，周念利.数字贸易规则“美式模板”对中国的挑战及应对 [J].国际贸易，2016（10）.

[90] 连平.国际货币政策转向及其全球效应 [J].债券，2017（8）.

[91] 刘洪愧，谢谦.新兴经济体参与全球价值链的生产效应 [J].财经研究，

2017（8）：19-31.

[92] 刘莉亚.我国外汇储备管理模式的转变研究 [M].上海：上海财经大学出版社，2010.

[93] 卢进勇，王光，闫实强.双边投资协定与中国企业投资利益保护 [J].国际贸易，2018（3）.

[94] 陆晓明，赵雪情.人民币跨境支付清算系统新发展与中资银行对策 [J].人民币国际化观察，2018（4）.

[95] 陆晓明.美联储利率决策框架的变化、困境及未来发展 [J].国际金融，2016（9）.

[96] 明浩."一带一路"与"人类命运共同体"[J].中央民族大学学报（哲学社会科学版），2015（6）.

[97] 皮天雷，刘垚森，吴鸿燕.金融科技：内涵、逻辑与风险监管 [J].财经科学，2018（9）：16-25.

[98] 商务部投资促进事务局，中国服务外包研究心."一带一路"战略下的投资促进研究 [R]. 2017.

[99] 宋爽，王永中.中国对"一带一路"建设金融支持的特征、挑战与对策 [J].国际经济评论，2018（1）.

[100] 孙国峰.后危机时代的全球货币政策新框架 [J].国际金融研究，2017（12）.

[101] 孙彦红.德国与英国政策性银行的绿色金融实践比较及其启示 [J].欧洲研究，2018（1）：26-42.

[102] 唐宜红.加强经贸政策协调，推进中国与"一带一路"国家经贸互通 [J].国际贸易问题，2018（1）.

[103] 推进"一带一路"建设工作领导小组办公室.共建"一带一路"倡议：进展、贡献与展望.2019 年 4 月.

[104] 推进"一带一路"建设工作领导小组办公室.共建"一带一路"：理念、实践与中国的贡献.2017 年 5 月.

[105] 万泰雷，李松梁，刘依然."一带一路"与债券市场开放 [J].中国金融，2017（22）：67-68.

[106] 王爱俭，方云龙，王璟怡．金融开放 40 年：进程、成就与中国经验 [J]．现代财经（天津财经大学学报），2019（3）．

[107] 王凤荣，王康仕．绿色金融的内涵演进、发展模式与推进路径——基于绿色转型视角 [J]．理论学刊，2018（5）：59-66．

[108] 王国刚．"一带一路"：建立以多边机制为基础的国际金融新规则 [J]．国际金融研究，2019，381（1）：38-45．

[109] 王任飞，王进杰．我国基础设施发展现状评析 [J]．经济研究参考，2006（38）．

[110] 王书朦．我国跨境资本流动的宏观审慎监管研究——基于新兴经济体的国际借鉴 [J]．金融发展研究，2015（11）：33-39．

[111] 王一鸣．创新"一带一路"投融资机制寻求更多合作机会 [N]．中国经济时报，2017-06-19．

[112] 王义桅．如何看待"一带一路"建设的国际规则之争？ [EB]．FT 中文网，2018-2-22．

[113] 王有鑫，张燕．美联储加息节奏，对中国影响几何 [J]．金融博览（财富），2018（2）．

[114] 王有鑫，赵雅婧．美联储加息前景及对中国外溢影响 [J]．清华金融评论，2017（4）．

[115] 王有鑫．美联储货币政策正常化演进路径：前进还是倒退？ [N]．金融时报，2017-06-27．

[116] 王有鑫．美联储缩表对中国影响及对策 [J]．清华金融评论，2017（11）．

[117] 吴庆．基础设施融资指南（第二讲）[J]．中国投资，2001（2）．

[118] 吴庆．基础设施融资指南（第三讲）[J]．中国投资，2001（3）．

[119] 夏斌．合理利用外汇储备需要"藏汇于民"[J]．经济导刊，2013（12）．

[120] 夏长杰．数字贸易的缘起、国际经验与发展策略 [J]．北京工商大学学报（社会科学版），2018，33（5）：1-10．

[121] 徐璐．新兴经济体跨境资本流动的脆弱性与政策应对 [J]．金融发展评论，2016（7）：29-38．

[122] 徐奇渊，杨盼盼，肖立晟．"一带一路"投融资机制建设：中国如

何更有效地参与 [J]. 国际经济评论，2017（5）.

[123] 徐奇渊，孙靓莹. 新兴经济体：三大外部冲击挑战国内政策空间 [J]. 国际经济评论，2015（3）：96–108.

[124] 徐秀军. 新兴经济体与全球经济治理结构转型 [J]. 世界经济与政治，2012（10）：49–79.

[125] 许德友. "一带一路"建设与全球治理中的中国话语 [J]. 汕头大学学报（人文社会科学版），2018，34（1）.

[126] 杨思灵. "一带一路"倡议下中国与沿线国家关系治理及挑战 [J]. 南亚研究，2015（2）.

[127] 姚前. 法定数字货币的经济效应分析：理论与实证 [J]. 国际金融研究，2019（1）：16–25.

[128] 叶辅靖，原倩. 我国金融开放的历程、现状、经验和未来方向 [J]. 宏观经济管理，2019，421（1）：27–33.

[129] 叶谦，沈文颖. 拉美债务危机和欧洲债务危机成因的比较及其对我国的启示 [J]. 经济问题探索，2011（10）：167–174.

[130] 易宪容. 金融科技的内涵、实质及未来发展——基于金融理论的一般性分析 [J]. 江海学刊，2017（2）：13–20.

[131] 余文健. 拉美债务危机：成因与对策 [J]. 求是学刊，1992（2）：62–67.

[132] 袁佳. "一带一路"基础设施资金需求与投融资模式探究 [J]. 国际贸易，2016（5）.

[133] 袁志刚，余宇新. 经济全球化动力机制的演变、趋势与中国应对 [J]. 学术月刊，2013（5）：67–80.

[134] 张丽平. "一带一路"基础设施建设投融资需求及推进 [N]. 中国经济时报，2017-04-18.

[135] 张茉楠. 积极构建一带一路投融资框架及合作体系 [N]. 证券时报，2016-07-19.

[136] 张茉楠. 全球数字贸易战略：新规则与新挑战 [J]. 区域经济评论，2018（5）：23–27.

[137] 张佩玉.促进政策规则标准联通推动共商共建共享发展 [J].中国标准化，2017（6）.

[138] 张中元."一带一路"背景下构建我国"走出去"企业社会责任软实力 [M].北京：社会科学文献出版社，2016.

[139] 赵子锐.中国金融业对外开放：成绩、挑战和应对策略 [J].吉林金融研究，2018，442（11）：14-18.

[140] 郑慧，陈炳才.新兴经济体预防金融危机的探讨 [J].中国金融，2010（15）：77-78.

[141] 中国银行.2017 年度人民币国际化白皮书 [R/OL].（2018-01-31）.https://www.boc.cn/aboutboc/bi1/201801/t20180131_11322243.html.

[142] 钟红."石油人民币"助力我国石油安全和人民币国际化 [J].人民币国际化观察，2018（3）.

[143] 周小川.共商共建"一带一路"投融资合作体系 [J].中国金融，2017（9）.

[144] 宗良，范若滢.经济学理论创新与黄金发展期 [J].中国金融，2018（14）：88-90.

[145] 宗良，范若滢.政府与市场"两只手"的有机结合——宏观经济理论历史演进、未来路径与理论模型 [J].金融论坛，2018（4）：3-11.

[146] 宗良，范若滢.宏观调控的创新思维、模型构建与中国实践 [J].国际金融研究，2018（11）：6-9.

[147] 宗良，吴丹.国际贸易理论的创新思维与动态综合竞争优势转换——历史演进、理论创新和模型构建 [J].武汉金融，2019（7）：16-22.

[148] 宗良，王婧溢.全球支付体系的弊端与变革路径 [J].当代金融家，2019（1）.

[149] 宗良，黄雪菲.新型全球化的前景、路径与中国角色 [J].金融论坛，2017（6）：7-13.

[150] 宗良，李建军，等.优化我国外汇储备资产结构的若干思考 [J].国际贸易，2010（9）.

[151] 宗良，等 . 人民币国际化理论与前景 [M]. 北京：中国金融出版社，2011.

[152] 宗良，等 . 危机后的全球金融变革 [M]. 北京：中国金融出版社，2010.

[153] 宗良，等 . 中国银行业海外发展战略 [M]. 北京：中国金融出版社，2015.

[154] 宗良 . 跨国银行风险管理 [M]. 北京：中国金融出版社，2002.

相关重大课题报告

[1]《"一带一路"战略实施中推进人民币国际化问题研究》（社科基金重大项目，主持人，李晓，子课题负责人，宗良，2015 年 7 月至 2017 年）

[2]《藏汇于民的前景与路径研究》，（国家外汇管理局重大课题，主持人，宗良，2014 年 10 月至 2015 年底）

[3]《美国主权信用评级下调对中国金融业的影响与对策研究》（国家自然科学基金课题，主持人，宗良，2011 年 9 月至 2012 年 2 月）

[4]《积极推动国际货币体系改革》（社科基金重大项目，主持人，李晓，子课题负责人，宗良，2010 年 12 月至 2013 年）

[5]《人民币国际化背景下的滨海金融中心建设》（主持人，宗良，2013 年 6 月至 2014 年 8 月）

[6]《人民币国际化背景下的金融衍生产品研究》（主持人，宗良，中国金融期货公司重大课题 2014 年 5 月至 2014 年 12 月）

[7]《2018 年金砖智库重大课题》（主持人，宗良、冯兴科，2018 年）

后记 /

全球化将走向何方，是走向终结还是走向新型全球化？这是困扰当今世界的一个迫在眉睫的重大课题。2019 年底暴发的新冠肺炎疫情更是加深了人们对于这一问题的忧虑。值此全球化的重要关口期，研判全球化的未来意义更大。近几年，我承担了多项重大课题，完成了多份重大课题报告，涉及全球化与"一带一路"等多个领域。同时，作为中宣部高级智库专家团成员，我曾两次出访欧洲交流，更是加深了对全球化和"一带一路"的理解。为全面梳理相关成果，助力新型金融全球化，我和世界金融论坛秘书长冯兴科先生商定推出一本专著。

近几年，在参与将中国银行建设成为全球一流银行的实践中，我们得到了在中国银行工作过的多位领导的大力支持，他们为本书提供了许多鲜活的素材。在此，要特别感谢我在不同时段的多位领导，他们分别是：中国建设银行董事长田国立先生、中国工商银行董事长陈四清先生、中国银行董事长刘连舸先生、中国农业银行行长张青松先生、中国进出口银行行长吴富林先生、中国邮政储蓄银行董事长张金良先生、山东省委常委刘强先生、内蒙古自治区副主席黄志强先生。

同时，我也非常感谢在金融领域给予我们支持的多位专家，他们是：中国国际经济交流中心副理事长魏建国先生、首席研究员张燕生先生、副总经济师张永军先生，中国社会科学院副院长高培勇先生，中国投资有限责任公司副总经理祁斌先生，清华大学中国经济思想与实践研究院院长李稻葵先生、经济管理学院院长白重恩教授，北京大学经济学院董志勇院长、苏剑教授，中国人民大学副校长刘元春教授，吉林大学经济学院院长李晓教授，中宣部胡凯红局长、兰斌处长，国家信息中心首席经济学家祝宝良先生，新时代证券首席经济学家潘向东先生，中国银行研究院院长陈卫东先生、副院长钟红女士、资深研究员张兴荣先生、资深经济学家周景彤先生等。

在完成本书相关课题报告的过程中，我还得到了多位青年才俊的支持和帮助，在此就不一一列出他们的名字了，谨表示衷心的感谢。借此机会，我要特别感谢我的博士生导师吴念鲁教授，他的无私关怀和支持给我提供了持续钻研的重要动力。

最后，中信出版社的编辑团队为本书的出版做了大量精细的工作，在此也由衷地感谢。

本书在较短时间内完成，加之我们的知识和水平难免有不足之处，敬请提出，深表谢意。

2020 年 9 月